KB063156

교육 그 자체

교육 그 자체

초판 1쇄 펴낸날 | 2020년 5월 15일
초판 3쇄 펴낸날 | 2021년 12월 28일

지은이 | 권재원
펴낸이 | 홍지연
총괄본부장 | 김영숙
편집장 | 고영완
책임편집 | 이선희
편집 | 정아름 김선현 전희선 조어진
디자인 | 전나리 박태연
마케팅 | 강점원 최은 이희연
관리 | 정상희
인쇄 | 에스제이 피앤비

펴낸곳 | ㈜우리학교
등록 | 제313-2009-26호(2009년 1월 5일)
주소 | 03992 서울시 마포구 동교로23길 32 2층
전화 | 02-6012-6094
팩스 | 02-6012-6092
홈페이지 | www.woorischool.co.kr
이메일 | woorischool@naver.com

ISBN 979-11-90337-33-5 03370

• 책값은 뒤표지에 적혀 있습니다.
• 잘못된 책은 구입한 곳에서 바꾸어 드립니다.

교 육

그

자 체

권재원 지음

우리학교

머리말

이 책은 '에세이'라는 부제를 붙이긴 했지만, 가벼운 읽을거리는 아니다. 다만 엄격한 논문 형식을 띤 학술적인 책이 아니라는 것, 굳이 따지면 학술서보다는 문학서 범주에 들어갈 것이라는 뜻에서 에세이일 뿐이다. 물론 문학은 학술보다 절대 가볍지 않다.

그동안 교육에 관해 적지 않게 썼다. 후배 교사들에게 보내는 편지글을 엮어 『교사가 말하는 교사 교사가 꿈꾸는 교사』라는 책을 냈고, 학부모들에게 보내는 호소문을 모아 『안녕하십니까, 학교입니다』라는 책을 내기도 했다. 꽤 많은 칼럼을 썼고, 그것을 엮어 책 두 권을 더 냈다. 청소년을 대상으로 쓴 교양서는 수십 권에 이른다. 단언하건대, 나는 교육에 관해 가장 많은 글을 쓴 현존 작가다.

하지만 내 교육실천의 기본 바탕이 되는 교육관, 교육철학, 교육원리를 체계적으로 정리한 책이 없다는 아쉬움을 늘 느끼고 있었다. 더 늦기 전에 나의 교육철학과 원리를 정리하고 싶었다. 무엇보다 교육에 관한 글을 그토록 많이 썼음에도 막상 "교육이란 무엇인가?" "교육은 어떻게 이루어져야 하는가?" 등의 직접적인 물음에 대한 답을 교묘하게 회피하고 지냈다는 자괴감이 나를 괴롭혔다.

교육철학이라 불러도 좋고, 일반 교육학이라고 불러도 좋다. 하여간 그런 책을 쓰고 싶었다. 몇 년간 수백 권의 책을 읽고 이를 바탕으로 처음 완성한 초고는 무려 12만 단어, 원고지로 2400매, 책 세권 분량을 훌쩍 넘겼다.

그런데 막상 읽어 보니 지루하고 식상했다. 저자와 편집자 말고는 아무도 읽지 않을 벽돌처럼 딱딱하고 두꺼운 책이었다. 그런 벽돌에 30년간 누적하고 발효시킨 내 생각을 담아낸다는 것이 너무 아쉬웠다. 무엇보다 학술적인 글이 요구하는 엄밀성을 지키면서 쓰다 보니 내 나름의 철학과 사상은 하얗게 증발하고, 박사학위 받느라 주워섬겼던 수많은 학자들의 이름만 쏟아져 나왔다.

그래서 강의록을 연상시킬 정도로 지루하게 개념을 설명하고 논증하는 방식을 포기하고 처음부터 다시 쓰기로 했다. 교육에 관해 완결된 설명을 하는 책을 쓰려는 욕심을 버렸다. 교육학의 기본 학설이나 개념을 설명하는 책을 쓸 사람은 따로 있으리라 생각했다. 나보다 학술적으로 훨씬 해박한 훌륭한 교육학자는 많다. 교육학을 체계적으로 설명하는 책은 그분들 몫으로 넘기기로 했다.

나는 교육에 관한 이런저런 학설을 공부하고 정리하고 이를 바탕으로 이론을 펼쳐 나가는 학자가 아니다. 나는 현장에서 교육에 관해 고민하고 반성하고 다른 가능성을 모색해 보는 교육실천가이며, 논증하기보다는 생각하고 고민하는 교육사상가다. 그러니 내가 일반 독자들에게 제공할 수 있는 책은 교육학 지식을 설명하는 책이 아니라, 수십 년간의 실천을 통해서 간직하고 키워 온 교육에 관한 내 고민과 생각을 보여 주는 책이 되어야 했다.

또한 언제까지 이런저런 해외 교육실천가의 책에 기대 교육을 사유해야 할까? 자기주장을 못 하고 계속 해외 이론가만 들먹이는 교육 명망가들을 보며 실망을 느낀 적이 많았다. 내가 쓰자. 내 실천과 사유를 바탕으로 우리 교육, 우리 학교에 맞는 그런 책을 쓰자. 이름 외우기도 힘든 외국인에게 우리 교육의 진단을 계속 맡기지 말자.

나와 교육의 대화, 교육에 질문을 던지고 답을 찾아 나서는 쉽지 않은 나의 여정을 담은 기행문. 바로 그런 책을 쓰고 싶었다. 책을 쓰는 과정이 곧 나의 교육이 되는 그런 책을.

그래서 이 책의 제목이 '교육 그 자체'다. 이 제목은 '짐이 곧 국가다.'처럼 '이 책이 곧 교육이다.' 식의 오만한 의미가 아니다. 이 책을 읽으면 교육을 알게 되며 교육을 할 수 있게 된다는 뜻이 아니라, 이 책을 읽음으로써 교육이 이루어진다는 뜻이다.

당연히 여기에 펼쳐 놓을 내 교육관과 교육철학이 절대적이라고 강변할 생각은 없다. 이 책은 '교육'이라는 두 글자를 씨앗 삼아 펼쳐 나간 내 생각의 타래다. 그 타래를 1,800매에 걸쳐 펼쳐 놓았으니, 나는 아무래도 실천보다는 생각을 많이 했던 교사인 모양이다.

앞으로 이와 비슷한 책들이 계속 나오기를 희망한다. 그리하여 교육을 둘러싼 백가쟁명이 이루어지고, 학부모들이 교육 서비스를 쇼

평하는 것이 아니라 교육을 대하는 다양한 생각을 쇼핑할 수 있는 저변이 만들어지기를 기대한다. 이 책이 디딤돌이 된다면 나는 그것으로 만족할 것이다.

책을 쓰면서 가장 곤혹스러웠던 점은 참고문헌을 처리하는 것이었다. 이 책은 학술서가 아니다. 다른 학자들의 책을 읽고, 검토하고, 인용한 것이 아니다. 일단 내 생각을 풀어 나가면서 쓴 책이다. 하지만 그 생각이 나만의 것이라고 감히 주장할 수 없음을 안다. 그래서 책 뒷부분에 참고문헌 목록을 덧붙였다. 직접 인용한 부분은 많지 않지만, 여러 책에서 얻은 지식과 생각에 큰 도움을 받았음을 밝히기 위해서다. 또한 독자의 더욱 폭넓은 책읽기를 위해 가능하면 우리말 번역본이 있는 책을 수록하였다.

적지 않은 분량의 책이지만 여전히 아쉬움이 짙다. 미진한 부분은 동료 교사들의 다양한 후속 작업을 통해 채워지리라 믿는다. 부디 이 둔하고 두꺼운 책을 시작으로, 앞으로 쏟아져 나올 교사들의 다양한 '교육 그 자체'의 생각들이 교육을 사업으로 보는 사교육업자나 단지 '유명한 것으로 유명한' 명망가들의 얄팍한 말에 이리저리 흔들리는 우리나라 교육 풍토에 무게를 잡는 중심추가 되기를 바란다.

2020년 5월, 권재원

차례

머리말 _____ 4

01 교육 그 자체를 향하여 _____ 11

02 공통의 장소를 찾아서 _____ 21

03 좋은 삶, 민주주의, 휴머니티 그리고 자유 _____ 43

04 자유를 향한 교육, 팔방미인을 기르는 교육 _____ 59

05 사람됨의 교육, 상징과 창조의 두 날개 _____ 83

06 존재자에서 존재로의 거대한 도약 _____ 95

07 변화를 가하는 자와 변화하는 자 _____ 121

08 성장한다는 것, 발달한다는 것 _____ 139

09 행복에 이르는 교육 _____ 175

10 교육의 안과 밖 _____ 193

11 배움을 다시 정의하다 _____ 217

12 창조성의 공동체로 가는 길 _____ 255

13 창조적 인재, 거인의 어깨에 올라서다 _____ 283

14 교육의 한 고리로서의 '평가' _____ 313

15 교육이 필요한 '부모됨' _____ 361

16 고대에서 현대까지, 학교라는 놀라운 제도 _____ 419

17 정치와 교육, 하나의 축을 이루다 _____ 453

18 약한 자여, 그대 이름은 교육 _____ 483

19 늙은 교사의 기도 _____ 525

참고문헌 _____ 530

01

교육 그 자체를 향하여

"모든 책은 제일 앞이 가장 어렵다."(마르크스).『자본론』서문에 나오는 말이다. 꼭『자본론』같은 고전이 아니라 라이트 노벨 같은 가벼운 읽을거리라도 마찬가지다. 책의 맨 앞부분은 작가와 독자의 교섭이 이루어지는 곳, 즉 작가가 사용하려는 언어의 의미와 독자가 이해하는 의미 사이의 차이를 좁히는 부분이기 때문이다. 이 교섭이 실패하면 아무리 쉬운 내용을 담은 책이라도 계속 읽어 나가기가 쉽지 않고, 성공하면 아무리 어려운 내용을 담은 책이라도 점점 수월하게 읽어 나갈 수 있다. 그래서 소설책 한 권도 장편이 단편집보다 읽기 쉽고, 인문사회과학 책도 단행본이 논문집보다 읽기 쉽다.

맹자나 소크라테스 같은 당대의 이름난 논쟁가의 저술은 "그대가 말하는 ~의 뜻은 ~인가?"라며 의미를 확인하고 거듭 확인하는 부분으로 가득하다. 논쟁에 앞서 언어의 의미를 두고 서로 이해하는 바가 같은지 확인하고 차이를 좁히기 위해 교섭을 시도한 것이다.

이것이 바로 이름을 바르게 한다는 뜻의 '정명(正名)'이다.

정명의 과정은 기호학적으로, 존재론적으로 이루어진다. 기호학적 정명은 언어의 의미를 중구난방으로 사용하지 않게 통일하는 것이다. 같은 언어를 서로 다른 의미로 사용한다면 소통이 불가능하다. 합의가 어정쩡하게 이루어지면 대화가 어긋나면서 다툼이 일어난다. '강아지'를 '반려동물로서의 개'를 두루 일컫는 말로 사용하는 사람과 '어린 개'라는 의미로 사용하는 사람이 '강아지'의 처우에 대해 이야기하면 통하는 것 같으면서도 어딘가 계속 잇갈리는 말을 주고받을 것이다. 우리가 경험하는 다툼의 절반 이상이 이렇게 서로 다른 뜻으로 사용하는 말에서 비롯된다.

존재론적 정명은 보다 적극적인 의미가 있다. 어떤 말의 의미를 결정했다면, 그 말이 합의된 의미와 다르게 사용되는 경우를 찾아 고쳐야 하기 때문이다. 합의된 의미와 거리가 먼 대상을 그 말로 부르는 것을 그만두게 하고 다른 말로 부르게 하든가, 아니면 그 대상을 그 말의 합의된 의미에 맞게 바꾸어야 한다. 바로 이 과정이 비판이다. 가령 칸트가 쓴 『순수이성 비판』은 순수이성을 비판한다는 뜻이 아니라 순수이성에 그 이름에 걸맞은 자리를 잡아준다는 의미다.

이와 같이 정명은 소극적으로는 어떤 말의 사용법에 대한 약속이며 적극적으로는 그 말의 그릇된 사용에 대한 비판이다. 이 두 정명은 마치 닭과 달걀 같은 관계를 이룬다. 어떤 용어가 사용되고 있는 현재 상황을 비판하면서 의미를 합의할 수도 있고, 먼저 합의한 다음에 어긋난 용례를 비판할 수도 있다.

정명은 유사과학, 사이비종교, 각종 이데올로기 등을 식별해 낼수 있는 가장 확실한 방법이다. 대부분 사이비는 정명의 과정을 생략하기 때문이다. 사이비는 말의 뜻을 이리저리 교묘하게 바꾸면서 상황에 따라 다르게 사용한다. 그리하여 어떤 상황에서도 듣기 좋은 말을 만들어 사람들을 현혹한다. 이런 것에 현혹되지 않으려면 어떤 주장을 듣거나 내세우기 전에 사용하는 말의 의미를 서로 합의하고 정리하고, 지금까지의 그 용어 사용법에 대해 비판하는 까다로운 과정을 반드시 거쳐야 한다. 물론 이 과정은 재미없고 지루하며 비판적이다.

주장이 강할수록 정명 과정은 더 엄격해야 한다. 주장할 말의 의미를 분명하게 밝히고, 그런 의미로 사용하는 것에 합의가 충분히 이루어진 다음에야 주장의 힘이 발휘되기 때문이다. 만약 전문용어가 아니라 일상적으로 자주 사용되는 용어를 사용한다면 이 과정은 더욱 어려워진다. 일상적인 용어를 사용하면 쉽게 이해시킬 수 있지만, 사용되는 의미와 용례도 그만큼 천차만별이라 오해의 폭도 커지기 때문이다. 때로는 말하는 사람이나 듣는 사람이나 저마다의 의미로 말하고 들을 수도 있다.

교육이 바로 그런 용어에 속한다. 교육은 매우 전문적인 영역에 속한다. 하지만 '교육'이라는 말은 시상하부, 이계도함수같이 특정한 사람만 사용하는 용어가 아니다. 교육은 누구나 입에 담는 일상적인 말이다. 사람으로 태어난 이상 교육받지 않고 어른이 된 예는 없다. 그래서 누구나 교육이라는 말을 입에 담는다. 그렇다 보니 그 의미가 무엇인지 생각해 보지 않고 각자 나름의 의미로 쓰며 무수히 많은 오해를 만들어 낸다. '대한민국에 교육비평가가 천만 명'이라는 말이 나오는 것도 당연하다. 중국이라면 교육비평가가 수억 명일 것이다.

우리는 '교육'이라는 말의 홍수 속에 살고 있다. 젊은 부부 열 중 아홉이 자녀교육이 제일 큰 걱정이라고 말한다. 혁신학교를 세우려는 교육청도, 집값 내려간다며 반대하는 주민들도 모두 저마다 '교육'을 내세운다. 그런데 막상 자신이 어떤 뜻으로 '교육'이라는 말을 사용하고 있는지는 돌아보지 않는다.

심지어 '교육'이라는 말을 상황에 따라 전혀 다른 의미로 사용하기도 한다. 가령 학부모에게 "우리나라 공교육에 가장 부족한 것은 무엇입니까?" 물어보면 "인성교육", "인성교육이 부족한 이유는 무엇입니까?" 물어보면 "입시 위주 교육" 때문이라는 답이 가장 많이 나온다. 하지만 공교육에서 부족하다는 그 인성교육을 보충하기 위해 특별한 노력을 기울이는 학부모는 찾아보기 어렵다. 오히려 인성교육이 부족해진 원인이라는 '입시 위주 교육'을 사교육을 통해 더 보완하려 한다. 이 때 교육 다르고 저 때 교육 다르다.

그들을 비난할 수는 없다. 오히려 이해와 용서가 필요하다.

"오, 주여! 그들은 자기가 무슨 말을 하는지 모릅니다."

그러니 무슨 무슨 교육, 무엇에 관한 교육, 교육혁신 따위를 이야기하기 전에 먼저 거기서 말하고 있는 교육의 의미가 무엇인지부터 따져 보고 합의해야 한다. 교육 앞에 붙는 수식어나 목적어를 논의

하기 전에 '교육 그 자체'에 대해 먼저 돌아보고 이야기하고 합의해야 한다. 교육이 무엇인지, 서로 어떻게 생각하는지 분명하지 않은 상태에서 그 내용, 대상, 심지어 혁신까지 떠들어 대는 건 성급하기도 하려니와 전혀 소득 없는 일이다.

그렇다고 "교육이란 무엇인가?"라는 물음에 대한 답을 찾기 전에 교육을 멈추어야 하는 것은 아니다. 만약 교사가 "교육이란 무엇인가?"라는 물음에 빠져 그 답을 찾느라 골몰한다면 수업은 한 시간도 못 하고 사유만 하다 경력이 끝날 것이다. 우리는 "삶의 의미란 무엇인가? 삶과 죽음의 차이는 무엇인가?"라는 물음의 답을 구하기 전에 우선 살아간다. 하지만 그냥 살아가는 삶과 이 물음의 답을 찾는 삶은 질이 다르며, 발전의 방향과 폭도 다르다.

교육도 마찬가지다. 이 물음의 답을 구하거나 말거나 삶을 살아가듯이, 교육은 이루어지며 또 이루어져야 한다. 삶이 우리를 기다려 주지 않듯, 교육의 책무는 사변의 결과를 기다려 주지 않는다. 하지만 이 물음의 답을 찾아가며 이루어지는 교육은 그렇지 않은 교육과 분명 다를 것이며, 시간이 지날수록 차이가 커질 것이다. 우리가 인생을 막살아도 되는 게 아니듯이, 교육자의 내면에는 이 물음에 대한 나름의 생각이 계속 이루어지고 있어야 한다. 이 물음이 있기에 우리는 교육에 관해 연구하고 공부하며, 또한 교육실천에 대한 평가와 반성이 이루어지며, 교육이 점점 나은 방향으로 움직인다. "교육이란 무엇인가?" 하는 사유는 교육 이전에 이루어져야 하는 것이 아니라 교육이 이루어지는 과정에 계속 함께해야 한다.

정해진 답은 없다. 540쪽 넘는 이 책에서도 끝내 답은 나오지 않을 것이다. 답은 만들어 가는 것이다. 교육을 실천하는 가운데 경험을 통해 얻은 깨달음과 미리 배웠던 것들이 서로 영향을 주고받는 과정에서 상호조정하면서 만들어 가는 것이다. 교육의 의미를 찾는 탐구 과정이 곧 교육이며, 교육 그 자체가 곧 의미를 찾는 과정인 셈이다.

교육은 어떤 단일한 행동이나 행위가 아니다. 교육이라는 두 글자는 지금은 물론, 역사적으로 이루어져 왔고 앞으로도 이루어질 수많은 서로 다른 행동과 행위를 포함한다. 이렇게 압축된 것을 풀었을 때 서로 반대되는 것들까지 튀어나오는 것은 전혀 이상한 일이 아니다. 가령 '야구'라는 두 글자를 풀어헤치면 공을 던지는 행동, 날아가는 공을 받는 행동, 날아오는 공을 때리는 행동, 다이아몬드 모양의 운동장을 달리는 행동이 우르르 쏟아져 나온다. '교육'은 '야구'보다 훨씬 더 많은 것이 압축된 개념이다. 교육의 의미에 대해 사유한다는 것은 상황에 따라 달라지는 교육의 이런저런 모습을 파악하고 그 다양한 모습 속에서 어떻게든 보편적인 것을 찾아보고자 애쓰는 것이지, 하나의 의미를 발견한 후 고집스레 적용하는 것이 아니다.

노련한 교사들은 이런 모순된 상황을 자주 경험한 사람들이다. 그들은 수많은 교육적 상황에 부딪히면서 교육이라는 이름을 내걸고 수많은 이질적인 행동, 심지어는 모순적인 행동을 하면서 상황을 헤쳐 왔다. 이것은 결코 즐거운 경험이 아니다. 이질적이고 모순된 상황의 연속은 적지 않은 교사들이 내적으로 소진되거나 우울증에 시달리는 원인이기도 하다. 널리 알려져 있듯 우울은 냉소를 동반한다.

이 우울과 냉소를 피하는 길은 세 가지다. 하나는 아예 교육의 의미를 생각하지 않는 것이다. 그저 물에 물 탄 듯, 술에 술 탄 듯, 그냥 대세를 따라가는 것이다. 의외로 이렇게 교직 생활을 버티는 교사들이 많다. 다른 하나는 나름의 교육관을 세운 뒤 이를 투철하게 실천하는 것이다. 멋있어 보이지만 아집이 될 가능성이 크다. 양극단 사이 어딘가에 세 번째 길이 있다. 상황에 따라 여기서는 이 교육, 저기서는 저 교육을 해야 하는 상황을 받아들이되, 그런데도 이런 다양한 교육실천을 관통하는 보편적인 핵심이 무엇인지 발견하는 것이다. 이것은 사유만으로는 불가능하다. 이는 논리적 연역이 아니라 여러 실천과 경험을 통해 모아 나가는 귀납적 과정이기 때문이다.

열두 개의 얼굴을 가진 관세음보살의 진짜 모습이 무엇인지 구태여 찾을 필요는 없다. 열둘이 아니라 천 개의 모습을 가지고 있다 한들, 그 모든 변형을 관통하는 자비와 연민이라는 관세음보살의 본질은 변하지 않는다. 교육의 의미를 찾는다는 것, 교육에 대해 정명한다는 것은 바로 이러한 과정이다. 교육이라는 개념을 내세우는 온갖 실천을 일단 긍정한 뒤, 이것을 관통하는 보편적인 의미를 각각의 실천을 반성함으로써 찾아보는 것이다. 이 과정은 깐깐하게 가장자리를 쳐 내는 최대공약수를 찾는 것이 아니라, 가능하면 많은 것을 포괄하는 최소공배수를 찾는 과정이다.

이 과정은 교사보다 오히려 학부모나 일반 시민에게 더욱 필요하다. 경험이 훨씬 부족하기 때문이다. 이들에게는 자신 그리고 자신의 자녀가 교육경험 전부다. 즉, 기껏해야 1~5명 정도의 교육사례만 알 뿐이다. 반면, 교사는 경력 10년만 넘어도 교육사례가 수천 건을 넘어간다.

경험이 부족할수록 좁은 경험을 일반화해 강한 주장을 하기 쉽다. 생각이 확고하므로 반성하지 않으며, 반성하지 않기 때문에 정작 자기 생각이 무엇인지 정확하게 설명하지 못한다. 그래서 학부모나 일반 시민을 모아 놓고 교육정책 토론을 하면 벌 떼 같은 소란만 일어날 뿐 아무런 합의에 도달하지 못하며, 결국 언변 좋은 사교육업자의 선동에 이리저리 휩쓸린다.

교육에는 정답이 없다. 그러니 정답을 찾을 것이 아니라 교육 그 자체에 대해 정명해야 한다. 교육이라는 이름으로 저마다 무엇을 뜻하는지, 그리고 교육이라 이름 붙은 세상 모든 것들의 공통된 점은 무엇인지, 서로가 생각하는 교육은 무엇인지, 우리는 저마다 어떤 교육적 경험을 하며 살아왔는지, 그 사례와 생각을 나누고 대화해야 한다. 교육 그 자체를 향해서. 그런 다음에야 교육에 관한 구체적 논의가 가능할 것이다. 어떤 기술이나 작전을 말하기 전에 먼저 현재 진행 중인 경기가 야구인지 축구인지부터 알아야 하듯이 말이다.

02

공통의 장소를 찾아서

정명에 앞서 먼저 합의된 최소한의 의미를 찾는 것이 유용하다. 이것이 없다면 토론 자체가 성립되지 않는다. 사용하는 의미의 70퍼센트가 달라도 동의할 수 있는 30퍼센트가 있으면 이를 근거로 합의를 시도할 수 있다. 이 최소한의 것을 아리스토텔레스는 '공통의 장소(topos)'라고 명명했다. 토포스를 확보해 두면 이견이 심하거나 논의가 쳇바퀴를 돌 때 일단 물러날 거점이 생긴다.

그렇다면 교육에는 어떤 공통의 장소가 있을까? 교육에 관한 의견이 아무리 분분해도 누구나 합의하지 않을 수 없는 것, 즉 누구나 합의하는 부분은 어떤 것일까?

첫 번째 토포스:
교육은 사람을 바꾼다

교육은 사람을 바꾼다. 이 사실을 누가 부정할 수 있을까? 무엇을 바꾸고 어떻게 바꾸는지는 나중에 이야기할 문제다. 어쨌든 교육은 사람을 바꾼다. 애써도 변화가 없거나 누군가 바꾸지 않았는데 저절로 바뀐 것은 모두 교육이 아니다. 어떤 작용을 가해 사람에게 변화를 일으켜야 교육이다. 모르던 것을 알게 되고, 새롭게 할 수 있는 것이 생기고, 못 하던 생각을 하는 것이 해당된다.

그렇다고 한 사람을 완전히 다른 인격으로 대체하거나 하는 끔찍한 짓을 교육이라 할 수는 없다. 이런 일에는 교육보다는 세뇌, 인간개조 등의 잔혹한 용어가 적당하다. 따라서 다음과 같은 도식을 그려볼 수 있다. 한 인격의 정체성을 말살할 정도의 강제적인 변화가 일어나면 세뇌, 작용을 가했음에도 변화가 일어나지 않았다면 교육의 실패. 이때 세뇌와 교육실패를 묶어서 '비교육'이라고 말할 수 있다.

교육: A → 작용 → A′

세뇌: A → 작용 → B

교육실패: A → 작용 → A

그렇다면 작용을 가하는 사람, 혹은 그 작용을 계획하는 사람이 필요한데, 그가 바로 교육자다. 작용을 받고 목적한 변화가 일어나는 사람, 또는 변화가 기대되는 사람은 피교육자다. 교육자와 피교육자의 위치는 유동적이다. 가령 조부모가 손자에게 예의범절을 가르치다가 손자에게 스마트폰 사용법을 배울 수도 있다.

다만 학교 같은 공식 교육기관에서는 교육자와 피교육자의 관계가 비교적 안정적으로 유지된다. 교사는 처음부터 학생의 변화를 목적으로 이런저런 작용을 가한다. 교사 역시 학생과 상호작용을 하면서 변화하지만, 이는 학생이 목적한 바는 아니다. 학생이 주는 자극을 양분 삼아 교사가 자신을 스스로 교육한 것이다.

두 번째 토포스:
교육은 삶을 더 좋게 바꾼다

교육이 사람을 바꾸는 작용이라는 것에 동의했다면, 다음은 쉽다. 그 변화가 좋아야 한다. 나쁜 방향으로 사람을 바꾸는 것을 교육이라 할 수는 없다. 가령 『올리버 트위스트』의 장물아비 페이긴처럼 고아들에게 각종 도둑질과 소매치기를 가르치는 것을 교육이라 할 수는 없다. 이 순간 바로 다음과 같은 질문이 튀어나온다.

"좋은 변화란 대체 무엇인가?"

일단 '삶'을 좋게 만드는 변화라고 해 두자. 그렇다면 좋은 삶이란 무엇인가?

여기서부터 어려워진다. 사람에게는 나름의 좋은 삶을 추구할 자유가 있다. 바로 '행복추구권'이다. 어떤 유형의 삶을 좋은 삶으로 규정하고 그 밖의 삶을 좋지 않은 삶으로 배제하는 것은 파시즘적 사고방식이다.

그렇다고 각자 저 좋을 대로 살아가는 것도 바람직하지 않다. 그러면 좋은 삶은커녕 삶 자체도 위태롭다. 사람은 공동체를 이루어야 살아갈 수 있기 때문이다. 따라서 저마다 가지고 있는 좋은 삶의 기준을 서로 조정하고 합의해야 한다. 이 조정과 합의의 과정을 통해 그 사회에서 공동되는 좋은 삶의 범위가 만들어진다. 즉, 좋은 삶이란 각자가 행복을 추구하는 과정에서 그 사회에서 합의되고 조정된 것, 사회와 개인의 교집합이다. 교육은 바로 이 교집합에 이르도록 변화를 일으키는 행위다.

이 조정과 합의의 과정은 개인과 사회가 처해 있는 자연적, 사회적 환경에 따라 달라진다. 따라서 교육의 목표는 시대나 사회에 따라 다르다. 심지어 같은 시대, 같은 사회에도 다양한 좋은 삶의 기준이 있다. 그리고 이 기준들은 시간이 지나면서 더러는 살아남고, 더러는 사라진다. 그럼에도 교육이 더 좋은 삶을 살도록 사람을 바꾸는 작용이라는 점만은 변하지 않는다. 따라서 교육을 고민한다는 것은 삶을 고민하는 것이며, 동시에 시대와 사회를 고민하는 것이다.

세 번째 토포스:
교육을 이루는 작용은 다양하다

좋은 삶에 대해 어느 정도 합의가 이루어졌다고 하자. 그러면 어떤 방법으로 변화를 일으킬까? 절대적으로 올바른 방법은 없다. 좋은 삶의 기준을 상황에 따라 늘 고민해야 하듯, 좋은 방법 역시 늘 고민해야 한다. 어떤 방법이 올바르다고 강변하는 것은 교육이 아니다.

교육은 어떤 단일한 행위가 아니다. 여러 행위의 종합이다. 가령 우리는 '야구한다'라는 말에서 어떤 단일한 행위를 떠올리지 않는다. 공을 던지고 받는 것도 야구, 방망이로 공을 때리는 것도 야구, 베이스를 향해 달리고 슬라이딩하는 것도 야구다.

마찬가지로 교육 역시 그 이름 아래 참으로 다양한 행위들이 집합을 이룬다. 가르치고, 배우고, 훈육하고, 훈련하고, 지도하고, 코칭하고……. 교육은 이러한 행위들이 일정한 조화를 이루는 종합이다. 융합이 아니라 종합이다. 이 행위들이 나름의 고유성을 유지한 채로 균형을 이룬 것이지, 이것들이 서로 뒤섞여 교육이라는 화합물이 된 것이 아니다. 교육자는 이러한 행위들을 상황에 따라 늘리거나 줄여야 한다.

이러한 여러 행위 중 어느 하나를 마치 교육의 결정적인 요소인 양 추어올리고, 다른 것을 낡은 시대의 유물처럼 폄하하는 것은 위험하다. 가장 나쁜 것은 이 행위 중 어느 하나를 상황과 무관하게 고집하는 것이다. 원래 나쁜 행위는 없다. 상황에 따라 좋기도 하고 나

쓰기도 한 것이다.

아직도 우리나라에서는 교육이라고 하면 선생이 학생에게 구체적이고 직접적인 영향력을 행사하는 방식, 즉 가르침, 지도, 훈련 방식을 선호한다. 이런 식의 교육경험에 익숙하다 보니 학생의 능동적인 활동을 늘리는 방식으로 교육이 바뀌면 불안감을 쉽게 느낀다. 선생이 계속 지시하고, 학생이 따라 해야 교육이 될 것 같은데, 얼핏 보면 선생은 가만있고 학생들만 자꾸 무엇인가 하고 있으니 저래서야 뭘 배우겠나 싶은 것이다.

혁신학교에 대한 보수층의 막연한 반감도 여기서 나온다. 가르치지 않으니 학력이 떨어질 것이라는 생각이다. 그러나 학력은 교육의 여러 행위가 조화를 이룰 때 향상되는 것이지, 일방적으로 지도하고 반복 훈련한다고 향상되는 것이 아니다. 물론 그런 방식이 효과를 발휘하는 영역이 있기는 할 것이다. 하지만 갈수록 복잡해지고 변화무쌍해지는 세계에 적응하며 살아가는 데 필요한 학력은 반복 훈련만으로는 향상되지 않는다.

그 반대 편향도 문제다. 특히 진보교육 쪽에서 자주 나오는 말 중에 "미래 교육은 티칭이 아니라 코칭이다."라는 식의 관점이 그렇다. 이는 티칭도 코칭도 이해하지 못하는 말이다. 미래에도 학생들의 잠재력은 스스로 발현되지 않으며, 아무리 정보의 바다에 접속해 있다 하더라도 가르치지 않으면 잡동사니에 불과하다. 또 정보의 바다에서 야만인이 되지 않도록 하는 규범과 규칙은 저절로 체화되지 않으며 의식적으로 훈육되어야 한다.

진보주의자 중에는 교육의 능동성을 선생이 아니라 학생 쪽으로 옮길수록 더 미래 지향적이고 멋져 보인다고 생각하는 편향을 가진 사람이 많다. 물론 그동안 우리나라 교육의 축이 학생에게서 너무 멀었던 것은 사실이다. 하지만 중요한 것은 균형이다. 이 균형은 한가운데가 아니라 학생의 상황에 따라, 교육 내용에 따라, 학생의 발달 정도에 따라 적절한 지점을 찾는 것이다. 해 보지 않고서는 알 수 없다. 교육은 상황에 맞춰 가르치고, 훈육하고, 훈련하고, 지도하고, 코치하는 행위를 적절히 배합하여 사람에게―주로 어린 세대에게―변화를 일으키는 사람의 행위다.

네 번째 토포스:
가르치고 배우는 것이 교육의 중심이다

교육에는 여러 행위가 있고, 모두 나름의 중요성이 있다. 하지만 그럼에도 교육에서 가장 중요한 행위는 가르치는 것이다. 유명한 교육사상가들도 '가르치다'와 '교육하다'를 딱히 구별하지 않고 뒤섞어 사용하는 경우가 많았다. 파울루 프레이리는『프레이리의 교사론―기꺼이 가르치려는 이들에게 보내는 편지』(1998)라는 책을 썼는데, 이 편지들 속에서 교사에게 요구하는 행동은 단지 가르치는 것을 훨씬 넘어선 범위였다. 파커 J. 파머는『가르칠 수 있는 용기』(1995)라는 책을 썼는데, 실제 내용을 읽어 보면 제목을『가르침을 넘어선 용기』라고 붙여야 할 것 같다.

가르친다는 것은 자신이 아는 것, 할 수 있는 것을 다른 사람에게 전달하는 작용이다. 이때 아는 것, 할 수 있는 것을 전하는 것이 가르치는 것이고, 이를 받아서 알게 되고 할 수 있게 되는 것이 배우는 것이다. 따라서 가르침은 항상 배움과 쌍을 이룬다. 누군가가 가르치면 누군가는 반드시 배운다. 배우는 사람이 없다면 아무리 열심히 앞에서 떠들더라도 그건 가르치는 것이 아니다.

가르침은 꽤 까다로운 행위다. 선생이 열심히 한다고 해서 학생이 반드시 배우는 것은 아니기 때문이다. 배움의 실패는 가르침의 실패다. 가르침과 배움은 다음과 같은 조건들이 충족되어야 일어난다.

1. 가르치는 것이 배울 가치가 있는 것이라야 한다. 그 가치는 미리 정해진 것이 아니다. 그 사람의 특질에 따라, 그 사람이 처한 상황에 따라, 그 사람이 살아가는 시대와 사회적 배경에 따라 달라진다. 1000년 전 유럽이라면 기마술, 펜싱, 레슬링, 활쏘기의 가치가 매우 높았겠지만, 지금은 취미에 불과하다.

2. 가치 있는 것을 알거나 할 수 있는 사람이 있어야 한다. 모르거나 하지 못하는 것을 가르칠 수는 없다. 그저 알거나 할 수 있는 정도로는 안 된다. 가르칠 정도가 되려면 그 분야에서 꽤 높은 경지에 이르러야 한다. 그렇게 다른 사람에게 전해 줄 수 있는 수준에 이른 사람이 바로 가르치는 사람, 선생이다.

3. 선생만으로는 가르침이 일어나지 않는다. 가치 있는 것을 알

고자 하며, 할 수 있기를 바라는 사람이 있어야 한다. 즉, 가르침을 받고자 하는 사람, 학생이다.

4. 가치 있는 것이 선생에게서 학생에게로 옮아가는 과정이 있어야 한다. 이 옮아가는 과정 덕분에 학생에게는 더 다양한 지식, 더 높은 기능이라는 변화가 일어난다. 재화와 달리 지식이나 기능은 선생에게서 학생에게로 옮아간다고 해서 줄어들지 않는다. 오히려 그 과정에서 선생의 지식과 기능도 한 단계 높아진다. 남을 가르치는 것이야말로 최고의 공부이다.

선생과 학생의 관계가 꼭 학교나 학원 같은 곳에만 있는 것이 아니다. 지식과 기능이 전해지기만 한다면 때와 장소를 불문하고 전하는 사람은 선생이고 받는 사람은 학생이다. 반드시 서로 만날 필요도 없다. 책이나 각종 매체를 이용한다면 이미 세상을 떠난 사람을 선생으로 삼아 배우는 것도 가능하다. 맹자는 공자가 세상을 떠난 다음에야 태어났지만 "공자는 나의 선생님이다."라고 말하곤 했다.

의도하지 않아도 누군가의 선생이 될 수 있다. 베테랑 조리장이 젊은 주방보조를 가르칠 생각 없이 단지 부릴 생각만으로 고용했더라도, 그 젊은이가 조리장이 하는 작업을 배우려고 유심히 관찰하고 모방한다면 그 베테랑 조리장은 자기도 모르게 선생이 된다.

공식적인 교사와 학생 사이에서도 의도하지 않았지만 가르치는 경우가 자주 나타난다. 대부분 교사는 자기도 모르는 사이에 정규 교육과정 이상의 것을 가르친다. 학창시절에 만난 선생님 중 기억에

남는 훌륭한 선생님을 떠올려 보자. 교과 내용보다는—다 까먹었을
것이다—그 선생님이 무의식적으로 가르쳤던 것들, 무심코 던진 한
마디, 진지한 표정이나 삶의 태도, 웃음과 격려, 수업시간이 아닐 때
교과 내용 외에 들려준 이야기 같은 것이 떠오를 것이다. 그 선생님
은 가르치지 않은 것을 통해 가르침을 준 것이다. 말장난 같지만, 실
제로 가르침과 배움은 이렇게 일어날 수 있다.

　가르치지 않아도 일어나는 배움이 있는가 하면 열심히 가르쳐도
아무 변화도 일어나지 않는 안타까운 경우도 있다. 선생의 목표와
학생의 욕망 사이에서 적절한 균형이 이루어지지 않았기 때문이다.
선생의 목표는 가르침이 끝났을 때 학생에게 전달되기를 기대하는
지식과 기능이다. 학생의 욕망은 알게 되는 것, 할 수 있게 되는 것
이다.

　이때 어느 한쪽으로 치우치면 안 된다. 만약 중심이 선생에게 기
울면 가르침은 학생을 윽박지르는 강압이 된다. 흔히 말하는 주입식
교육이다. 학생은 단지 배우는 시늉만 하거나 배우고 있다고 스스로
속을 뿐이다. 반면 중심이 학생 쪽으로 치우치면 즐겁고 재미있기는
한데 결국 아무것도 배운 게 없거나, 시간에 비해 너무도 배운 것이
부족한 결과가 오기 쉽다. 가르침이란 학생에게 아직 낯설고 익숙하
지 않은 것을 전하는 것이지, 이미 익숙하고 친근한 것을 계속 반복
하는 것이 아니다.

　그래서 가르침은 선생과 학생 사이에서 균형을 찾기 위한 끊임없
는 교섭의 과정이다. '잘 가르치는' 선생은 가르칠 내용이 많은 사람

도, 흥미진진하고 매혹적으로 전달하는 사람도 아니다. 가르칠 내용이 아무리 많아도 학생과의 교섭에 실패하면 지루한 주입이 되며, 결국 주입 또한 실패한다. 설사 전달 기술이 뛰어나 흥미진진하고 매혹적으로 포장하더라도 학생들은 잘 배웠다고 착각할 뿐, 실제로는 배우지 못한다. 사교육이나 강연업 종사자들이 이런 착각을 잘 팔아먹는다. 진정 '잘 가르치는' 선생은 자신이 준비한 내용, 설정한 목표를 학생과 만나는 과정에서 수정하고 재구성해 가면서 가르치는 사람이다.

그런데 여기서 의문이 생긴다. 가르침만으로 충분할까? 그렇지 않다. 가르침이 아무리 중요해도 교육의 전부는 아니다. 가르침만으로 해결할 수 없는 영역 또한 존재한다. 도덕과 취향은 그 한 예라 할 수 있다. 물론 바탕이 되는 도덕의 여러 원리, 성현의 말씀, 아름다움을 이루는 구성요소나 법칙, 예술가와 예술사에 관한 지식, 그리고 예술작품을 제작하거나 감상하는 기능 등을 가르칠 수는 있다. 하지만 이런 것을 배워서 아는 것과 실제로 도덕적으로 실천하고 훌륭한 미적 취향을 발휘하는 것은 별개의 문제다. 사람은 옳은 것, 좋은 것을 안다고 해서 반드시 실천하는 존재가 아니다.

아무리 도덕을 많이 배우고 알아도 귀찮아서, 두려워서, 이익이 없어서, 지루해서, 고통스러워서, 그 밖에 갖가지 이유가 실천을 가로막는다. 실천이 없으면 그 많은 배움은 무용지물이다. 그렇다면 본성을 거스르고 고통을 감수하면서까지 어떤 원칙을 실천하는 힘은 도대체 어떻게 만들어질까?

미적 취향도 마찬가지다. 위대한 예술가와 평범한 예술가의 차이는 단지 관련 지식이나 기법의 차이가 아니다. 오히려 풍부한 지식이나 숙련된 기법이 작가에게 매너리즘에 빠지게 하여 미적 창조를 방해할 수 있다. 아름다움의 영역에는 배움만으로는 되지 않는 그 무엇이 있다.

영성 역시 가르침을 넘어선 영역이다. 종교적 의미가 아니다. 감각적으로 인식할 수 있는 것 너머의 더 큰 실재에 대한 인식을 말한다. 그것은 자연일 수도, 다른 사람들일 수도, 공동체일 수도, 신이나 초월적 존재일 수도 있다. 개인이나 개체의 단위를 넘어 눈에 보이지 않는 더 큰 존재를 향해 자아를 확장하고 연결하고 의식하는 것, 이것은 직관적 영역이기 때문에 배우기만 해서 되는 일이 아니다.

이처럼 고차원적 의미에서 '배워서 될 일이 아닌' 것이 있지만, 오히려 너무 명확한 행동이라 굳이 의미를 헤아려 가며 배울 필요가 없는 것도 있다. 이 경우는 '배울 필요까지는 없는' 것이라 할 수 있다. 조금만 익혀서 하면 되는데 굳이 가르치고 배우는 과정을 거치는 게 도리어 시간과 에너지 낭비인 교육도 있는 법이다.

교육에서 가르침으로 포괄되지 않는 영역은 바로 이 두 종류다. 굳이 가르치고 배울 필요는 없는 것, 가르치고 배운다고 되는 일이 아닌 것으로 나눌 수 있다. 즉, 훈련과 훈육이다.

그 외의 교육 하나: 훈련

굳이 가르치고 배울 필요는 없는 것을 익히는 가장 간편한 방법은 짜인 행동을 반복하는 것이다. 이것이 바로 '훈련'이다. 가르침이 선생과 학생의 지속적인 교섭의 과정, 즉 배움과 쌍을 이루는 행위라면 훈련에는 이런 교섭의 여지가 없다. 교육자가 피교육자보다 완전한 우위에 있다. 목표하는 변화와 거기에 도달하기 위한 과정을 모두 교육자가 정한다. 목표는 '무엇을 몇 회 연속할 수 있다' 같은 방식으로 구체적으로 정해진다.

훈련의 기본은 반복이다. 오직 주어진 목푯값에 도달하는 것만이 중요하다. 이 목표를 왜 완수해야 하는지 피교육자가 이해하면 좋겠지만, 이해하지 않아도 상관없다. 이 과정에서 피교육자의 위치는 철저히 수동적이다. 묘기를 훈련받는 코끼리가 서커스단의 재정 상태나 자신들이 묘기에 성공하면 흥행에 얼마나 도움이 되는지 알 필요는 없다. 차라리 묘기에 성공하면 맛있는 먹이가 오지만, 실패하면 회초리가 날아온다고 알고 있는 편이 효과적이다.

에라스뮈스가 비판했던, '소년들의 따귀를 때려 가며 라틴어 동사의 활용형을 암기시키는' 교육이 바로 훈련이다. 따귀를 맞는 소년들에게 뚝뚝 따로 떨어져 있는 라틴어 동사들은 아무런 의미가 없다. 당장 따귀를 맞지 않는 것이 더 중요하다. 반복, 또 반복. 그러다 보면 어느새 외워지긴 할 것이다. 필경 전통사회의 우리 조상들도 이런 식으로 천자문을 익혔을 것이다. 사실 천자문의 내용은 어린아이는커녕 웬만한 어른도 이해하기 어려울 정도로 깊은 형이상학이다. "하늘은 검고, 땅은 누르며, 우주는 넓고 거칠다." 따위의 문장이 어린아이의 삶과 무슨 상관이란 말인가? 그냥 하늘 천, 따 지 하면서 거듭 반복할 뿐이다.

머나먼 중세 때 일이라고? 이보다는 좀 덜 고통스러웠겠지만, 우리도 어린 시절에 비슷한 과정을 거쳤다. 곱셈의 원리와 구구단 중 무엇을 먼저 익혔을까? 구구단을 먼저 외웠을 것이다. 구구단을 배웠을까? 배우지 않았다. 그 의미를 알게 된 것은 곱셈의 원리를 배운 다음의 일이다. 그렇다면 구구단을 어떻게 익혔을까? 반복 훈련을 통해서다.

서커스 동물의 묘기, 중세 아이들의 라틴어나 한자 그리고 우리 어린 시절의 구구단은 그 자체가 목적이 아니다. 목적이 되려면 그 의미를 알고 있어야 한다. 단지 벌을 피하거나 상을 받고 싶어 계속했을 뿐이다. 이처럼 훈련을 반복하게 하는 힘은 주로 훈련 자체가 아니라 그 결과로 주어지는 보상이다. 벌이나 매 같은 부정적인 보상도 있고 먹이나 상, 칭찬 같은 긍정적인 보상도 있다.

그렇다면 훈련은 사람을 수동적인 존재로 만드는 것이니 배제해야 할까? 그렇지 않다. 우리 삶 속에는 구태여 능동적일 필요가 없는 사소한 일도 많기 때문이다. 우리 뇌는 너무 바쁘다. 매사를 능동적으로 판단하고 결정하려 든다면 일상생활 자체가 불가능하다. 우리가 살아가는 시간 중 능동적인 변화가 필요한 순간은 극히 일부분에 불과하다.

훈련이 비인간적이고 심지어 잔인하게 여겨질 수 있는 것은 사실이다. 그렇다고 훈련이 교육이 아닌 것은 아니다. 그저 훈련과 가르침이 지향하는 바가 다를 뿐이다.

생존 수영 프로그램이 있다고 하자. 이 프로그램의 목표는 수난 사고가 났을 때 생존에 필요한 수영 기능을 갖추는 것이다. 따라서 가장 효율적인 수영 방법이 있고 그걸 익히는 효율적인 절차가 있다면, 학생들에게 반복 연습을 시켜 이 동작을 몸에 배게 하는 것, 즉 훈련이 최상의 교육이다.

그런데 이 수영이 생존 수영이 아니라 체육 교과의 한 단원으로 편성됐을 때는 사정이 다르다. 이때는 수영이라는 운동을 통해 얻는 몸과 마음의 유익한 효과가 목표가 되며, 수영은 훈련의 대상이 아니라 가르침의 대상이 된다. 가르침을 통해 학생의 삶이 더 풍부해질 수 있겠지만, 헤엄치는 기능을 익히는 시간은 훈련보다 훨씬 더 오래 걸릴 것이다. 수영을 더 잘하게 되리라 장담할 수도 없다.

그러니 가르침과 훈련 중 무엇이 더 우월한지, 인간적인지, 교육적인지 따지는 건 소득 없는 일이다. 사고는 예고 없이 닥치기 때문에 각종 생존 기술이나 응급구호 기술은 일단 훈련부터 해야 하며, 가르침은 나중의 일이다. 기본적인 기술은 훈련으로 익히고, 안전에 대한 인식, 태도, 세상을 안전하게 만드는 실천 등은 가르침으로 보완하는 것이다.

심지어 학문 분야에서도 훈련은 중요하다. 학자들이 하는 일의 대부분은 지루하고 따분한 반복 작업이다. 막스 베버는 『직업으로서의 학문』에서 "이렇게 지루한 단순 작업으로 시간을 보내기에 자신이 너무 총명하고 창의적이라고 생각하는 사람은 이 바닥을 떠나라."라고까지 말했다. 반짝이는 학문적 성취와 발견 뒤에는 '일단 외워 두는 것'들을 익히는 지루한 시간이 깔려 있다. 이런 단순 작업을 견디는 힘과 태도는 훈련을 통해 길러진다.

　이처럼 교육에서는 훈련과 가르침의 적절한 배합이 성공과 실패를 가른다. 실패한 교육의 속 내용을 살펴보면, 가르쳐야 할 것은 훈련하고 훈련해야 할 것은 가르친 경우가 많다. 수학이나 과학 교육을 공식 암기와 응용문제풀이 과정의 반복으로 진행한다면 가르쳐야 할 것을 훈련하는 셈이다. 그런데 응급처치 교육 시간에 강사가 슬라이드를 보여 주며 진뜩 설명만 늘어놓고 정작 제세동기 작동은 한두 번 해 보고 만다면 이것은 훈련해야 할 것을 가르치려 드는 것이다. 안타깝게도 이런 현상은 우리나라 교육현장에서 빈번하게 나타난다.

그 외의 교육 둘: 훈육

　도덕이나 미적 가치는 '배우는 것만으로는 안 되는 일'이다. 배웠으면 그에 따라 생각하고 실천하는 과정이 이어져야 한다. 이때 필요한 것이 바로 훈육이다. 훈육은 상황이나 규범에 따라 충동, 욕구, 성향 등을 통제하고, 해야 할 행동은 하고 하지 말아야 할 행동은 하지 않게 하는 과정이다. 그런데 그동안 우리나라에서 훈육이라는 말은 오용되어 인기가 없다. 특히 훈육이라고 하면 주로 몽둥이 들고 복장 단속하고 특정 행동을 강요하는 것으로 여겨졌다. 그래서 훈육이라는 말에 거부감이 느껴진다면, 이를 동아시아 전통사회에서 즐겨 사용했던 수양이나 도야 등의 용어로 대신해도 의미는 같다.

훈육은 행동을 규제한다는 점에서 훈련과 비슷하지만, 그 차원이 다르다. 훈련에는 앎, 깨우침이 필요 없지만, 훈육은 앎과 깨우침을 전제한다. 훈육은 어떤 행동을 하거나 하지 않도록 하는 것이 목적이 아니라, '해야 할' 행동과 '하지 않아야 할' 행동을 분별하도록 하는 것이 목적이다.

가르침이 머리로 알게 되는 과정이라면, 훈육은 마음으로 느끼는 과정이다. 따라서 가르침과 훈육은 한 쌍이 되어 교육을 완성한다. 가르침만 있고 훈육이 없다면 세상은 머리만 복잡하고 입만 살아 있는, 그러나 정작 필요한 일은 서로 미루는 자들로 가득할 것이다. 배워서 알게 된 도덕원리, 도덕법칙은 반드시 기꺼이 실천할 수 있을 정도로 몸에 스며들어야 한다. 도덕은 앎에서 시작하여 수양으로 마무리되는 셈이다(바렐라, 1992).

훈육은 가르침과 따로 떨어져 있지 않다. 각종 예절, 규범, 도덕 등은 훈육의 대상이지만 또한 가르침의 대상이기도 하다. 훈육은 내면의 변화, 느낌의 변화를 통해 바람직한 행동을 하게 한다. 이는 어떤 행동을 몸에 배게 하는 수준이 아니다. 어떤 행동이 올바른지, 어떤 행동이 잘못되었는지 알고 있는 상태에서 올바르다고 아는 행동을 하고, 올바르지 않은 행동을 하지 않는 것이다. 이 과정이 때로 억압적으로 보이는 까닭은 잘못이라는 것을 알면서도 쾌락에 굴복하고, 올바르다는 것을 알면서도 고통이 두렵거나 귀찮아서 행하지 않는 나약한 속성과 우리가 싸워야 하기 때문이다.

건강에 해롭다는 음식은 한결같이 맛있고, 건강에 나쁜 활동은 재미있다. 건강에 유익한 음식은 맛없고, 건강에 유익한 활동은 힘들고 지루하다. 결국, 많은 사람이 건강에 해롭다는 것을 알면서 기름지고 달콤한 음식을 과량 섭취하며, 건강에 이롭다는 것을 알면서도 채소나 운동을 피한다. 자기 몸에 대해서도 그러한데, 다른 사람과 공동체에 이로운 선택을 하는 것은 얼마나 더 어려울까? 우리가 선인이나 의인을 칭송하는 까닭은 그만큼 그 일이 어렵기 때문이다. 하지만 행하지 않는 도덕, 행하지 않는 가치, 행하지 않는 예절 따위가 무슨 소용이 있겠는가? 그리고 이러한 실천이 빠진 교육은 또 무슨 의미가 있겠는가?

문제는 우리나라에서 이 과정이 훈육이 아니라 훈련을 통해 이루어져 왔다는 데 있다. 교권이냐 학생인권이냐, 하는 해묵은 논쟁도 주로 훈육을 훈련이라는 방식으로 해결한 데서 비롯됐다. 학생들은 자신들이 짐승처럼 길들임의 대상이 된다며 훈육에 반발하지만, 어른들은 훈육이 인권 앞에 가로막힐 때 학생들이 짐승처럼 될까 두려워한다.

그런데 어린아이와 청소년은 아직 발달이 덜 이루어진 '어린' 사람들임을 간과하면 안 된다. 초등학교, 중학교는 급격한 발달이 이루어지는 시기다. 부모들 표현을 빌리면, 해마다 '아주 낯선 아이'가 된다. 이 발달 과정은 대체로 중학교 3학년 무렵에 일단락된다. 그래서 흔히 이 나이쯤 되면 "말귀를 알아듣는다."라고 한다.

그럼 말귀를 알아듣지 못하는 시기에 훈육은 어떻게 이루어져야 할까? 2500년 전 공자가 이에 관해 중요한 단서를 남겨 주었다. 공자는 우선 나고 들고 앉고 서는 법, 즉 각종 예법, 한마디로 몸가짐을 가르쳤다. 이 과정은 일단 훈련의 방식으로 이루어졌을 것이다. 몸가짐이 잘못될 때마다 지적하고 바로잡도록 했다. 조금 더 나이를 먹으면 몸가짐의 중요성을 옛 성현의 사례와 연결해 가며 일깨워 주었다. 바로 훈육이다.

제자들에 따르면 그다음에는 시, 음악 순서로 배웠다. 여기서 시와 음악은 오늘날 기준으로는 모두 음악이다. 시는 노래, 음악은 기악이라고 볼 수 있다. 풍부한 '느낌'을 체험하게 한 것이다. 공자는 음악에 작가의 마음이 들어 있다고 믿었다. 선한 음악을 즐겨 부르고 연주하면 자연스레 선한 것을 좋아하고 사악한 것을 싫어하는 취향이 자리 잡을 것이라 믿었다.

서양에도 여기에 해당하는 활동이 있다. '도야', '교양'이라고 번역되는 '아우스빌둥(ausbildung)'이다. 서양의 교양 교육 역시 실제적인 필요가 아니라, 마음의 바탕을 만들기 위해 배우고 익히는 것들로 이루어진다. 이 전통은 미국이나 유럽에서 비롯되어 전 세계에 퍼진 대학의 교육과정에 아직도 남아 있다. 이른바 '교양 과정'이라 불리는 분야가 그것이다. 교양 과정은 주로 전공과 직접 관련 없는 각종 인문, 자연, 예술 교과로 이루어져 있다. 지식을 익히기 전에 먼저 그 바탕이 되는 교양을 쌓는 것이다. 교양 과정은 배우는 내용 자체를 목적으로 하지 않는다. 그것을 배우는 과정에서 자연스레 스며드는 인품을 가꾸려는 것이 목적이다. 즉, 가르침이 아니라 훈육이다.

인격은 칭찬과 벌 혹은 훈계의 누적으로 이루어지지 않는다. 선한 것을 좋게 느낄 만큼 선한 경험을 직접적으로, 또한 간접적으로 많이 하면서 몸에 배게 해야 한다. 다행히 인류는 수천 년 문명의 역사를 통해 선한 행위의 결과물을 다양하게 축적해 왔다. 이를 통해 풍부한 경험으로 자신을 가꾸어 나가는 과정이 훈육이 되어야 할 것이다. 그러한 훈육의 마무리는 교양 있는 사람, 그리고 수행하는 사람의 탄생이다.

이제 교육의 토포스를 다시 정리해 보자.
1. 교육은 사람을 바꾼다.
2. 이 변화는 삶을 좋게 만든다.
3. 이 변화에 이르는 방법에는 여러 가지가 있다.
4. 여러 가지 방법 중에서 가장 많은 비중을 차지하는 것은 '가르침 - 배움'이다.

이 네 가지에 동의하는가? 그렇다면 계속 책장을 넘겨 보자. 동의하지 않는가? 그렇다면 마음속에 반론을 정리해 가며 책장을 넘길지 말지 결정하라.

03

좋은 삶, 민주주의, 휴머니티 그리고 자유

교육의 네 토포스 중에 '삶을 좋게 만든다'라는 정리가 나왔다. 그런데 이 '좋은 삶'이란 표현은 문제를 정리하기보다 오히려 펼친다. '좋음'이 대체 뭐란 말인가? 어떤 삶이 '좋은 삶'인가? 이 물음은 동서를 막론하고 모든 철학의 가장 근본적인 물음이다. 결국, 교육이 무엇인지 대답하기 위해서는 철학의 근본물음까지 건드려야 하는 셈이다. 얄팍한 교육평론가가 난무하는 우리나라의 현실이 더욱 답답해 보이는 까닭이기도 하다.

'좋은 삶'과 민주주의

존 듀이는 교육학의 고전이 된 저작의 제목을 『민주주의와 교육』(1916)이라고 붙였다. 민주주의를 위한 교육도 아니고, 교육에서의 민주주의도 아닌, 민주주의와 교육이다. 듀이는 민주주의가 아니고 서는 진정한 교육이 불가능하며, 교육이 뒷받침되지 않는다면 민주 주의가 아니라는 의미에서 이런 제목을 붙였다. 대단히 난해하고 두 꺼운 책이지만, 억지로 요약하면 이렇다. 민주주의에서는 사람들이 실패를 통해 배우고 새로운 것을 시도할 수 있으므로 더 좋은 삶을 살 수 있는 방향으로 자신을 바꿀 수 있다. 따라서 민주주의는 곧 교 육이다.

어째서 그럴까?

우선 좋은 삶이란 무엇인지부터 따져 보자. 좋은 삶의 조건이야 사람마다 상황마다 다르겠지만, 삶의 당사자가 행복하다고 느끼는 것이 가장 중요하다는 점은 모두 동의할 것이다. 재산이든 명성이든 사랑이든 아무리 이런저런 좋은 조건을 다 갖추어도 당사자가 행복 하지 않으면 그 삶은 좋은 삶이 아니다.

그렇다면 우리는 어떤 상황에서 행복하다고 느낄까? 만약 행복감 이 감정이라면 슬픔이 사라지고 기쁨이 늘어나는 것과 연결될 것이 다. 그렇다면 우리는 언제 기쁨을 느낄까? 기쁨이란 자신의 가능성 과 역량이 확장되는 것을 느끼고 의식할 때의 정동(affectus, 情動)이다 (스피노자). 가능성과 역량의 확장. 이게 바로 교육이다. 그렇다면 교 육의 목표는 좋은 삶과 행복이며, 좋은 삶과 행복은 가능성과 역량 의 확장이며, 따라서 '교육의 목표는 교육이다.'가 된다. 이것은 결코 순환논리가 아니다. 교육이 곧 삶이며, 삶이 곧 교육이며, 교육은 다 른 어떤 것의 도구가 아니라 그 자체로 가치를 가진 자기목적적 행위라는 뜻이다(이홍우, 1999).

확장되는 가능성과 역량은 개인을 넘어 가족, 그리고 더 큰 공동체까지 확장된다. 사실 가능성과 역량이 확장되고 있음을 확인할 수 있는 가장 확실한 방법은 자신이 공동체에서 중요한 위치를 차지하고 공동체를 더 좋게 만드는 일에 기여하고 있다는 것을 확인하는 것이다. 따라서 공동체 전체의 개선에 참여할 수 있는 사람은 그 공동체의 범위만큼 행복하다. 기회가 구성원들에게 넓게 개방될수록 더 많은 사람이 행복해지며 더 좋은 삶을 만들어 간다.

이때 공동체의 개선에 참여할 기회가 일부 구성원에게만 주어진다면? 그런 사회는 구성원 대다수의 행복을, 마찬가지로 교육의 기회를 제한하는 사회다. 모든 구성원이 공동체 개선에 참여하는 동등한 권리를 가지는 사회, 즉 민주주의 사회에서만 사람은 완전한 행복에 이르며 온전한 의미의 교육이 가능하다. 이렇게 민주주의와 교육이 연결된다.

개인의 교육, 그리고 개인의 행복은 공동체 전체를 위해서도 중요하다. 공동체의 개선에 참여할 사람들의 범위를 제한하는 것은 공동체 전체의 잠재력과 역량을 제한하는 것이나 다름없기 때문이다. 물론 소수의 엘리트가 매우 유능하여 공동체의 삶의 조건이 현저하게 개선될 수도 있다. 하지만 그 과정에서 소수의 엘리트를 제외한 사람들은 아무것도 배우지 못하고, 아무 변화도 이뤄 내지 못한다. 또한, 유능한 소수의 엘리트가 조금만 잘못하면 그동안의 번영이 신기루처럼 무너지고 말 것이다.

모든 구성원에게 공동체 개선에 참여할 기회를 동등하게 보장하더라도 교육이 없다면 이는 신기루나 다름없다. 공론은 국회나 공청회처럼 정해진 곳에서 형성되는 것이 아니다. 평소 사회 구성원 사이에서 크고 작은 규모의 자유로운 대화와 토론이 끊임없이 일어나고 있는 가운데 형성된다. 이러한 대화와 토론이 씨줄과 날줄처럼 엉켜 복잡하게 사회 전체를 포괄할 때 누구의 생각이라고 특정할 수 없는, 그리하여 사회 전체의 생각이라고 말할 수밖에 없는 공의가 만들어신다. 이 공의에 의해 공동체의 중요한 일을 결정하는 것이 바로 민주주의다.

그런데 참가자들이 공론의 대상이 되는 주제와 대상에 대해 잘 알지 못한다면 아무리 많은 사람이 모여 자유롭게 토론한다 해도 제대로 된 의견이 나올 수 없다. 결국, 잘 알고 있는 소수, 혹은 잘 아는 것처럼 보이는 소수 엘리트가 공론을 장악한다. 민주주의의 모양을 한 독재다.

공론에 참여하기 위해 만물박사가 될 필요는 없다. 그러나 공론에 참여할 때 배울 준비가 되어 있어야 하며, 배울 수 있는 방법과 역량을 갖추어야 한다. 그래야 공론이 이루어지는 과정에서 그 주제와 문제에 대해 배울 수 있고, 문제에 대해 주로 발언하는 엘리트들을 온당하게 평가할 수 있다. 자신보다 관련 분야에 대해 더 많이 알고 있는 사람이 있으면 기꺼이 배울 준비가 되어 있지만, 무작정 추종하는 대신 비판적인 균형감각을 잃지 않는 사람들이 바로 민주시민이다. 이런 사람들로 구성된 공중은 서로의 의견을 존중해 가며 비판적으로 토론하고, 그 결과 결정된 공의에 대해서는 복종할 것이다.

그러니 민주주의가 아니고서는 교육이 이루어지지 않고, 교육이 이루어지지 않고서는 민주주의가 성립되지 않는다. '좋은 삶'이란 민주시민으로 사는 삶이며, 민주주의 공동체에서의 삶이다. 교육이란 사람을 민주시민으로 바꾸는 것이며, 민주시민이란 교육받은 사람이다.

인류라는 공동체의 대의:
휴머니티

민주주의를 말하면서 의도적으로 '국가'라는 말 대신 '공동체'라는 말을 사용했다. 이는 민주주의가 국가보다 작은 규모 혹은 더 큰 규모에서도 적용되기 때문이다. 공동체의 규모는 가족, 친족, 지역사회, 국가에서부터 가장 크게는 인류 공동체까지 확장될 수 있다.

자신이 개선에 기여한다고 느끼는 공동체가 다양하고 그 규모가 클수록 우리는 행복의 기회, 교육의 기회를 더 넓게 가질 수 있다. 따라서 좋은 삶의 기회를 넓히기 위해서는 국가, 민족을 넘어 인류 공동체 차원에서도 생각하고 행동할 수 있어야 한다.

남다른 자연 감수성을 가진 사람이라면 지구상의 다른 동물이나 식물들까지 포함한 '생명 공동체'로 공동체의 범위를 확장할 수도 있다. 더 나아가 우주의 모든 존재를 망라하는 '존재 공동체'까지도 생각해 볼 수 있겠지만 이런 경지까지 가면 거의 부처가 되는 셈이다. 우리 중생들은 '인류 공동체'의 일원으로 자신을 인식하는 정도가 한계다.

인류 공동체라고 하니 거창하게 들리겠지만, 우리는 일상적으로 이 공동체의 구성원으로서 자신이나 다른 사람을 규정하고 생각한다. 말이 전혀 통하지 않는 다른 나라, 다른 민족의 구성원들끼리 모였을 때 초면에 서로 공격적으로 반응하는 경우는 거의 없다. 대개는 안 통하는 말을 몸짓, 손짓으로 보충해 가며 의사소통을 시도한다. 나이가 어릴수록 그렇다. 여러 국적의 아이들을 한자리에 모아 놓으면 각자 자신의 나라말을 하면서 서로 알아듣기라도 하는 것처럼 재미있게 잘 논다.

인류라는 공동체의 공의는 '도덕(moral)'이라는 형태로 나타난다. 그런데 때로 이 도덕은 가족이나 국가 등 인위적으로 만들어진 공동체의 공의, 즉 법, 관습, 윤리(ethic) 등과 충돌하기도 한다(니버, 1960). 이를테면 '국가나 민족의 이름으로 사람을 죽이라.'는 요청이 대표적이다. 이때 아무 고민 없이 국가의 공의에 따라 최선을 다해 살인을 저지르는 사람을 우리는 '애국자'라고 높이 평가해야 할까? 쉬운 문제가 아니다.

국가의 요청 대신 인류의 요청에 먼저 응답한 경우도 많았다. 일제강점기 때 조선인 독립운동가를 돕다가 체포당한 일본인들이나 나치 치하에서 유태인을 돕다가 체포당한 독일인들, 혹은 베트남전쟁을 거부하며 입영영장을 찢어 버린 만 명이 넘는 미국 청년들을 매국노라고 비난할 수 있을까? 이들은 조국에 등을 돌리면서까지 더 높은 차원의 공동체에 봉사하려 한 것이다.

이들은 국가나 민족의 이름으로 내려오는 요청이라 할지라도 그것이 '인류라는 이름 앞에 떳떳한가 아니면 부끄러운가'를 준거로 판단했다. 국가가 요구하는 행위가 휴머니티를 황폐하게 만들고 인류라는 이름 앞에 부끄러움을 준다면 조국을 배신하는 행위가 오히려 올바른 행위이며, 조국을 타락으로부터 구원하는 행위가 된다.

휴머니티에 기여하는 것. 그것은 인류라는 종, 인류라는 거대한 공동체의 역량과 가능성을 넓혀 나가는 데 기여하는 것이다. 즉, 인류라는 이름으로 살아가게 될 존재에게 더 넓고 다양한 삶의 선택지를 만들어 가는 일이다. 아렌트의 말대로 다양성이 '인간의 조건'이라면 그 다양성을 넓혀 가는 것은 사람을 더욱 사람답게 만드는 것이 된다(아렌트, 1958).

다양성은 자신과 다른 생각, 다른 삶의 방식을 마지못해 용납하는 정도로는 확대되지 않는다. 휴머니티를 침해하지 않는 한 다른 생각, 다른 삶의 방식을 자신의 것과 동등하게 존중해 주는 태도가 필요하다.

다양성은 존중(respect)이라는 토양에서 자라난다. 그런데 존중은 더 적극적인 행위를 요구한다. 만약 상대를 존중한다면, 내가 내 나름의 가치 있는 삶을 실현할 수 있듯이 다른 사람 역시 그 나름의 가치 있는 삶을 실현할 수 있도록 양보나 도움을 제공해야 한다. 이것이 바로 배려(care)다. 휴머니티에 대해 긍정적인 기여를 한다는 것은 결국 존중과 배려다. 존중과 배려로 인해 사람은 삶의 선택지를 넓혀 갈 수 있고 인류 공동체는 점점 더 높은 차원으로 진화할 수 있다.

이것이 교육의 최종적 기준, 최후의 심판관이다. 교육의 최종적 목적, 즉 좋은 삶을 살도록 사람을 바꾼다는 것은 존중하고 배려할 수 있는 사람으로 변화한다는 것이다(나딩스 & 브룩스, 2016). 존중과 배려는 상대방뿐 아니라 자기 삶의 선택지도 확장한다. 즉, 스스로도 행복하게 만든다. 반면 삶의 선택지를 제한하고 서로를 존중하는 대신 억압하고, 적대시하고, 이용하게 하는 것은 휴머니티를 황폐하게 하는 나쁜 변화다. 나쁜 변화를 일으키는 작용은 교육이 아니다. 이는 한 사람이 더 나은 사람으로 발전할 가능성을 파괴하는 것이다. 인격적인 상해나 다름없다.

사람은 다양한 삶의 방식들을 가진 사람들끼리 상호작용하고 상호학습함으로써 DNA를 넘어선 변화를 만들어 냈다. 사람은 생물학적인 진화에 머물지 않고 문화적으로 사회적으로 진화함으로써 만물의 영장이 되었다. 그런데 DNA에 새겨진 매우 사소한 특성—피부색, 성별, 성적 경향성, 혈통 등—에 근거하여 서로 선택지를 제한하도록 가르친다면 이는 사람을 짐승으로 전락시키는 것이다.

휴머니티의 조건, 자유

존중과 배려는 단지 개인이 마음먹는다고 할 수 있는 것이 아니다. 어떤 외적 압력이나 강제가 없어야 한다는 전제조건이 필요하다. 바로 자유다. 간섭받지 않는 상태에서 점점 늘어나는 선택의 여지를 즐기는 것 말이다. 드디어 행복의 본질에 다가왔다. 그리고 그 선택의 여지를 늘려 나가는 과정, 바로 교육이다.

자유란 단지 간섭받지 않는 선택만을 의미하지 않는다. 선택지를 능동적으로 늘려 가는 과정에서 간섭받지 않는 선택이다. 만약 선택지가 점점 줄어드는 가운데 선택 과정만 자유롭다면, 가령 윌리엄 스타이런의 소설『소피의 선택』에서처럼, 나치 학살자들이 유태인 어머니에게 두 자녀 중 누구를 살릴 것인지 선택하게 한다면 이것은 자유에 대한 조롱이다.

억압적인 지배자들은 자신들이 선택지를 제시하고 선택할 자유를 주었다고 주장한다. 그 선택지는 딱 둘이다. 복종이냐 거역이냐. 인류의 역사는 엄청난 희생과 고통을 감수하면서 거역을 선택했던 수많은 투쟁의 역사이기도 하다.

그런데 지배가 사라지면서 자유도 함께 사라지는 역설적인 경우도 많다. '무지' 때문이다. 무지한 사람은 지배자의 명령에 복종해야 한다는 것 말고는 알지 못한다. 무지한 사람은 명령을 능동적으로 거역하지 못한다. "그는 이렇게 하라고 명령하지만 나는 이러저러한 이유로 인해 그것을 거부한다."라고 선언하지 못한다. 무지한 사람의 거역은 실수 혹은 다른 충동에의 굴복이지, 자유가 아닌 경우가 많다. 무지한 사람은 무서워서 명령에 복종하고, 충동을 이기지 못하여 명령을 위반한다. 충동에 따라 행동하는 사람은 자기가 무엇을 하는지 모른다. 단지 자기가 하려는 일을 간섭하는 명령이, 즉 간섭과 규제가 성가실 뿐이다. 만약 이런 상태에서 간섭이나 규제가 제거된다면 어떤 선택지가 남을까? 아무것도 남지 않는다. 그냥 충동에 따라 행동할 뿐이다. 지배자의 명령보다 더 강력한 폭군인 충동의 노예가 되어 버린다.

따라서 자유를 누리려면 먼저 자신의 충동을 객관적으로 바라볼 수 있어야 한다. 이렇게 충동을 객관적으로 바라보고 인식하면 '욕망'이 된다. 충동은 "나는 ~을 원한다." 같은 식으로 주이가 있는 문장으로 말할 수 없다. 충동에 사로잡힌 사람은 행위가 끝나고 충동이 해소된 다음에야 그 존재를 알아챈다. 흔히 '욱하는 기질'을 이야기한다. 욱한 사람은 자신의 상태를 알지 못한다. 일을 저지른 다음에야 욱해서 그랬노라, 변명할 뿐이다. 그때 주인은 그 사람이 아니라 욱이다. 반면 욕망은 "나는 ~을 욕망한다."라고 말할 수 있다. 즉, 욕망은 그 대상, 목적을 구체적으로 명시할 수 있는 의식된 충동이다(다마지오, 2003).

이렇게 대상을 명시하는 순간 충족시킬 것인가, 포기할 것인가, 유보할 것인가, 선택할 자유가 주어진다. 이때 자신의 처지와 환경을 두루 고려하여 합리적으로 할 것인가, 아니면 단지 직관에 맡길 것인가, 역시 각자의 자유로운 선택에 맡겨진다. 충동을 인지함으로써 욕망하는 순간 자유가 따라온다. 물론 자유는 그 선택의 결과 또한 책임지도록 요구한다.

순간적인 배고픔을 못 이겨 주인의 음식에 손댄 노예는 일단 먹고난 다음에야 채찍질을 겁내지만, 일하는 자신은 굶는데 무위도식하는 주인이 산해진미를 누리는 부조리에 대한 항거로 주인의 음식을 먹어 치운 노예는 손을 대기 전에 이미 채찍질 혹은 그보다 더한 결과를 염두에 둔다. 만약 이 노예가 음식을 먹음으로써 얻는 것에 비교해 잃는 것이 너무 크다고 판단해 그 욕망을 포기한다면 이 역시 겉보기에는 복종이지만 사실은 자유다.

자신의 욕망을 포기하고 억제하더라도 여러 선택지를 고려하여 억제를 선택했다면 쇠사슬에 매인 것처럼 보여도 마음은 자유롭다. 만해 한용운이 그의 역설적인 시 「복종」에서 "복종하고 싶은데 복종하는 것은 아름다운 자유보다도 달콤합니다. 그것이 나의 행복입니다"라고 노래한 참뜻이 여기에 있다.

자유는 어떤 행동이나 신체 상태에 관한 판단이 아니다. 자유는 마음의 상태, 느낌이다. 겉으로는 아무리 제멋대로 사는 것처럼 보이는 사람이라도 자신이 어떤 선택지를 가졌는지 알지 못한다면 그 사람은 자유 자체를 인지하지 못한다. 그래서 자유롭다 못해 방탕해 보이는 삶을 살면서도 오히려 자유를 갈망한다. 이 갈증을 채울 진정한 자유를 알지 못하기 때문에 결국 파멸한다. 벼락출세한 스타나 재벌 2세, 3세의 각종 약물 스캔들도 이래서 일어난다.

반면 겉으로는 답답하게 꽉 막힌 생활을 하는 것처럼 보여도 여러 선택지를 고려하여 자신의 처지에 맞는 것을 선택하는 사람이라면, 그는 자신의 자유를 의식하고 있다. 그리하여 남이야 뭐라 하건 간에 거침없는 마음을 누리며 부족함 없는 삶을 살 수 있다. 그가 가진 것은 선택지의 숫자가 아니라 선택지를 간파할 수 있는 지성이다.

해방은 단지 권력자를 거꾸러뜨리고 권력을 쟁취하는 과정이 아니다. "내가 선택할 것이다."라고 선언하는 것에 해방이 있다. 선택지를 인지하고 확장할 만한 지성이 없는 상태에서 어찌어찌 지배자를 거꾸러뜨리거나 지배자가 거꾸러진다 하더라도 해방은 오지 않는다.

억압이 외부의 지배자에게서 오는 것만은 아니다. 지배자는 우리 내면에도 있다. 외부의 권위와 지배가 내면화되이 자발적인 복종을 이끌기 때문이며, 의식의 수면 아래 은폐된 충동이 호시탐탐 그 폭정의 기회를 노리고 있기 때문이다. 이들과 맞서지 못하면 '내가 내 주인이 아닌 상태'가 된다. 내가 내 주인이 아닌데 다른 사람의 지배에서 벗어나기를 바랄 수 없다.

외부의 억압자와 달리 내면의 억압자는 쉽사리 드러나지 않는다. 그리고 마치 자유로운 선택인 양 우리를 자유의 반대 방향으로 몰고 간다. 내면의 억압자는 무지의 장막에 숨어 있다가 세상에 대한 앎, 사람에 대한 앎, 이를 통한 자신에 대한 성찰이 이루어질 때 마지못해 그 뻔뻔스러운 얼굴을 드러낸다(프롬, 1941). 이 앎은 저절로 오지 않는다. 이 앎은 의식적인 작용, 즉 교육을 통해 온다. 교육은 사람을 바꾸어 더 자유롭게 하는 것이다. 즉, 자신의 내면을 제대로 바라보고 이해하는 것이다.

그러나 내면이 아무리 자유롭더라도, 외부로부터의 억압을 아무리 씩씩하게 무찌르더라도 세계에 대한 지식이 모자라면 그 자유는 찻잔 속의 자유에 그친다. 억압을 물리쳤음에도 세계에 대해 알고 있는 것이 없다면 자기 앞에 어떤 선택지가 더 있는지 알 수 없다. 결국, 혼란을 거듭한 끝에 과거로 돌아가기가 십상이다. 19세기까지 우리나라와 중국의 민중은 억압을 견디지 못하고 여러 차례 봉기했고 또 여러 차례 성공했다. 하지만 이들은 하나의 왕조를 무너뜨린 뒤에 다른 누군가를 왕으로 삼는 일만 반복했다. 국가를 경영하고 다스리는 데 필요한 지식을 충분히 갖추지 못했기 때문에 폭군을 무찌르기는 했으나 그 자리를 대신할 다른 주인을 찾을 수밖에 없었던 것이다.

반면 18세기 유럽 민중의 봉기는 왕조의 교체에 그치지 않고 민주주의라는 새로운 체제를 세우는 혁명으로 이어졌다. 이는 르네상스와 과학혁명을 통해 알게 된 세계에 대한 지식이 구텐베르크의 활판인쇄술과 각종 학교의 보급을 통해 널리 공유되었기 때문이다. 기존의 지배계급이었던 귀족, 성직자 말고도 나라를 경영하고 세상을 운영할 사람들이 얼마든지 있었고, 이들은 교육을 통해 계속 확대 재생산되었다.

자유를 통해 능동적으로 선택의 폭을 넓혀 온 인류의 발걸음은 자연적인 과정이 아니라 교육의 결과다. 교육은 가능성으로 머물러 있는 자유를 실현하는 과정이다. 중세 유럽 대학에서 가르쳤던 교과들을 자유 교과(liberal arts, 인문교양 교과라고도 한다)라고 불렀던 까닭도, 무지의 장막을 걷어 충동의 노예(악의 노예)에서 해방된다는 의미를 담고 있었다. 휴머니티를 고양한다는 것은 자유를 확대하는 것이다.

자유가 사람을 만들고 교육이 자유를 만든다. 교육은 해방이다. 교육은 무지로부터의 해방이며, 이를 통한 간섭과 억압으로부터의 해방이다.

04

자유를 향한 교육,
팔방미인을 기르는 교육

자유가 가능성과 선택지의 확장이라면 여기에 딱 어울리는 우리말 표현이 바로 팔방미인이다. 이 말은 원래 '어느 방향에서 봐도 아름다운 사람'이라는 뜻이지만, 나중에는 '여러 방면에 능통한 사람'을 이르는 말이 되었다. 그런데 그동안 이 말은 부정적인 의미로 사용됐다. "권재원은 팔방미인이다."라고 말한 경우, 이 속에는 "권재원은 어느 한 분야에도 정통하지 못하고 이 분야, 저 분야 집적거리기만 한다."라는 비아냥이 숨어 있다. 하지만 자유의 관점에서 이 말을 바라보자.

홈 파인 공간을 넘어서는 팔방미인

팔방미인의 반대말, 자유가 위축된 사람을 어떻게 표현할까? 프랑스 철학자 질 들뢰즈가 여기에 딱 맞는 표현을 찾았다. 들뢰즈는 '매끈한 공간', '홈 파인 공간'이라는 시각적인 비유를 사용하여 자유와 억압을 표현했다(들뢰즈, 1980).

어떤 표면 위에 우유를 한번 흘려 보자. 표면이 매끈한 유리판이라면 우유가 만들어 내는 갖가지 도형을 구경할 것이다. 어떤 모양을 만들어 낼지, 어디로 흘러갈지 예상할 수 없다. 유리판이 기울어져 있다면 그 방향으로 가겠지만 흘러가며 그릴 모양은 예측 불허다.

이제 이 유리판 위에 다이아몬드 송곳 같은 것으로 깊게 홈을 파보자. 그러면 우유는 그 홈을 따라 흘러갈 것이다. 우유가 흘러가며 그릴 도형의 모양, 그리고 흘러갈 방향 모두 예측 가능하다. 홈 파인 모양을 그리고, 홈 파인 방향으로 흘러갈 것이다. 홈이 한 줄 패여 있으면 한 줄을 그릴 것이고, 홈이 원형이면 원을 그릴 것이고, 홈이 지그재그면 지그재그를 그릴 것이다.

자유는 우리가 매끈한 표면과 홈 파인 표면 중 어디서 살아가는지에 달려 있다. 홈 파인 표면을 매끈한 표면으로 만들 수는 없다. 이미 새겨진 홈을 갈아 없애려면 그 홈을 제외한 나머지 공간을 다 깎아 내야 하기 때문이다. 하지만 홈이 있는 표면에 여기저기 새로운 홈을 무수히 새겨 넣는다면? 표면은 사방팔방으로 그어진 무수한 홈으로 덮일 것이고 매끈한 표면과 마찬가지로 우유가 어디로 흘러갈지 예측하기 어려워질 것이다.

사람은 유전자에 각인된 기질을 어느 정도 가진 상태에서, 또 이미 오랜 역사를 통해 규칙과 제도가 심리구조로 내면화된 사회에서 태어난다(기든스, 1991). 즉, 이미 어느 정도 홈 파인 공간에서 삶을 시작한다. 하지만 교육을 통해서 사람은 기존의 홈을 가로지르는 새로운 홈을 계속 그려 넣을 수 있다. 아니, 교육만이 새로운 홈을 계속 새겨 넣을 수 있다. 교육이 유일한 해방의 희망이다.

그런데 교육이 가진 이런 해방의 힘을 망각하고 오히려 미리 파인 홈을 더 깊고 튼튼하게 만들어 삶의 흐름이 새 나가지 못하게 밀봉하는 용도로 교육을 남용하는 경우가 많다. 우리나라에서 학교는 다양한 아이들의 인생을 하나의 굵은 직선 모양의 홈 파인 표면에 몰아넣고, 그 홈 밖으로 새 나가지 못하게 단속하는 역할을 해 왔다. 그것으로도 모자라서 학원 등 사교육을 투입해 그 홈을 더 깊고 물샐틈없이 만들었다. 그래서 우리나라에서는 팔방미인을 부정적인 의미로 사용하면서 오히려 "우물을 파도 한 우물을 파라."는 격언을 강조해 온 것이다.

한 우물을 판다는 것은 홈 하나를 판다는 것이다. 만약 한 우물이 아니라 여기저기 우물을 파면 그 표면은 매끈한 공간에 가까워진다. 팔방미인에 대한 폄하와 한 우물 파기에 대한 예찬에는 매끈한 표면에 대한 두려움, 사람들을 이미 패여 있는 홈에 몰아넣고자 하는 의지가 담겨 있다. 누구의 의지? 그 홈을 판 사람, 그 홈을 관리하는 사람의 의지다.

하지만 한 우물 파기는 즐거운 일이 아니다. 사람의 두뇌는 전문화 도구가 아니라 범용 도구다. 사람의 뇌가 가지는 가장 큰 탁월성은 속도와 용량이 아닌 가소성이다(바렐라, 1991). 즉, 사람은 기본적으로 팔방미인인 존재다. 사람들은 어지간한 외곬에 옹고집이 아닌한, 자발적으로 한 우물 파는 삶을 선택하지 않는다. 한 우물 파기는 대부분 외부의 압력, 강제, 혹은 내면화된 공포의 결과다.

한 분야에서 큰 업적을 남기려면 외곬으로 한 우물을 끈질기게 파고들어야 한다는 반문이 나올 수 있다. 하지만 그렇게 외곬으로 알려진 사람들도 알고 보면 팔방미인, 그것도 엉뚱한 분야에까지 관심을 가진 팔방미인인 경우가 많다. 가령 뉴턴은 수학과 물리학에 새로운 홈을 그린 사람이지 기존의 홈에 매달린 사람이 아니며, 수학과 물리학 외에도 상당히 폭넓은 관심사를 가진 인물이었다. 모차르트 역시 하루에 네 시간씩 자면서 음악에만 몰두한 것으로 알려졌지만, 여러 언어를 구사할 정도로 외국어에 능했고 셰익스피어에 정통한 연극 마니아이기도 했다. 만약 모차르트가 음악이라는 한 우물만 팠다면 시대를 초월한 걸작을 만들어 내지 못하고 그저 성공한 궁정 음악가로 삶을 마쳤을 것이다.

천재는 머리가 좋은 사람이 아니라 파인 홈에 자신을 얽어매려는 압력에 저항할 용기를 가진 사람들이다. 그리고 그 용기는 누구나 가질 수 있다. 사람은 원래 타고난 팔방미인이기 때문이다. 먹성부터 별스럽지 않은가? 사람처럼 육식과 초식, 하늘, 땅, 물 가리지 않고 먹을거리를 찾아내는 동물이 있을까? 사람은 나무를 탈 수 있지만 원숭이만큼은 아니며, 헤엄을 치지만 수달이나 비버 같지는 않고, 사냥할 수 있지만 사자나 늑대에 비하면 어설픈 킬러다. 하지만 이 모든 것을 할 수 있는 팔방미인은 사람을 제외하면 찾아볼 수 없다. 어느 한 기능에 최고로 특화되어 있지 않지만 거의 모든 분야에 두루두루 능하기에 사람은 환경이 어지간히 달라지더라도 어떻게든 적응해서 살아남았다. 북극의 얼음 위에도 티베트 고원에도 사하라 사막에도 아마존 정글에도 사람이 산다. 지구 구석구석까지 종족을 퍼뜨린 동물은 사람과 사람을 따라다닌 개뿐이다.

사람의 이러한 두루두루 능함은 본능의 선물을 많이 받았기 때문이 아니다. 사람이 처음부터 받고 태어난 선물은 오직 두 가지, 호기심과 학습능력뿐이다. 사람은 호기심이 많다. 덕분에 큰 화를 자초하기도 하지만 반대로 늘 새로운 것과 마주치며 경험을 확장할 수 있다. 사람은 단지 호기심을 충족하는 데 그치지 않고 새로운 것을 따라 하고 배운다. 호기심 많은 사람은 끊임없이 학습한다. 그리하여 계속 세상에 대한 새로운 지식과 능력을 획득하고 장착한다. 그렇게 팔방미인이 되어 간다.

사람은 왜 새로운 것을 경험하려고 할까? 왜 끊임없이 새로운 것을 따라 하고 익히려 할까? 그것이 즐겁기 때문이다. 그리고 즐거움이 지속되는 것이 행복하기 때문이다. 사람뿐 아니라 신경계가 어느 정도 발달한 동물은 나름의 '행복 회로'를 가지고 있다. 이들은 생존에 유리한 행동을 하면 행복감을 느끼도록 진화했다. 개는 사회성 동물이기 때문에 동료가 많을수록 행복감을 느낀다. 한편 고양이는 영역 동물이기 때문에 제 구역 안에 동료가 없을수록 행복을 느낀다.

무엇보다 사람의 생존능력은 범용성의 확장에 있다. 따라서 다양한 경험을 하고 새로운 것을 익힐 때 행복감을 느끼며, 그 반대에 해당하는 한 우물 파기나 파인 홈에 고정되면 고통과 불쾌감을 느끼도록 진화했다. 사람을 한 우물이 아니라 팔방미인 쪽으로 유도하기 위해 발달한 즐거움의 원천이 바로 '재미'다. 사람은 변화무쌍한 일에서 재미를 느끼며 반복되는 일에서 지루함, 나아가 괴로움을 느낀다. 동서양을 막론하고 지옥에 관한 상상에서 공통으로 나타나는 상황이 바로 반복이다. 지옥은 곧 반복이다.

　실제로 현생인류가 등장한 30만 년 역사에서 한자리에 머물러 앉아 농사지은 역시는 불과 5000년에 불과하다. 29만 5000년 동안 사람은 떠돌아다니며 이것저것 다양한 일을 하며 살았다. 사람은 본성상 정주민이 아니라 이주민이다. 수십만 년간 이어져 온 이주민의 본성이 단지 5000년 만에 사라지지는 않는다. 하지만 정착생활이 생존에는 더 유리하기 때문에 DNA의 한계를 넘어 정착생활을 하고 문명을 일궈 낸 것이다. 그렇다고 이주민의 본성이 사라지지는 않았다. 이를 거주지의 이동이 아니라 관심과 흥미의 이동을 통해 해소하고자 했을 뿐이다. 우리가 문명과 문화라고 부르는 체계 안에는 당장 생존에 필요하지 않은, 즉 일종의 잉여나 과잉에 해당하는 것이 가득하다. 사람은 시간이 나면 노는 존재가 아니라 어떻게든 시간을 내 노는 존재다. 즉, 유희하는 존재다.

공간의 불평등:
너희는 홈을 파고 있으라

정신적인 이주민의 즐거움을 누릴 기회, 답답한 홈을 벗어나 매끈한 표면으로 이주할 기회를 일부 집단이 독점하고자 할 때 사회적 불평등이 발생한다. 역사적으로 불평등은 부의 불평등뿐만 아니라 바로 공간의 불평등이었다. 사회가 조직화되고 분업화되면서 어느 정도 반복을 감수해야 했을 때, 약자에게 이 반복을 모조리 몰아넣고 강자만 매끈한 자유를 누리는 것, 자유를 누리는 계층과 홈 파인 표면에 속박된 계층이 분리된 것이 바로 불평등이다.

인도의 카스트제도에는 이러한 자유의 차별적 분배가 확연히 드러난다. 인도의 카스트제도는 신분뿐 아니라 그 신분이 해야 할 업무까지 규정하고 있다. 그런데 낮은 신분일수록 그 규정이 세밀하고 구체적이다. 만약 야자 따는 카스트에 속해 있으면 그 사람과 후손은 평생 야자만 따며 살아야 한다. 반면 높은 신분일수록 분업이 포괄적이다. 예를 들어 브라만 신분의 경우, 구체적으로 어떤 일에 종사해야 한다고 딱히 규정되어 있지 않다. 자유를 누리는 것이다.

갑오개혁 이전까지 우리나라의 신분제 역시 위로 갈수록 홈이 모호하고 아래로 갈수록 홈이 깊고 선명하다. 천민은 구체적인 직업을 정해 세습하도록 하고 있다. 뱃사공, 도축업자, 마부, 광대, 무당 같은 신분이 이에 해당한다. 하지만 양반은 특별히 역할을 제한하지 않았다. 가령 문관의 아들인 이순신이 무관으로 전향하는 데 어떤 제약도 없었다. 양반인 겸재 정선은 사대부의 길 대신 화가의 길을 선택할 수 있어도, 도화서에 소속된 화공들은 대대손손 그림만 그려야지 임금의 파격적인 은혜가 내려지지 않는 한 사대부의 길을 선택할 수 없었다.

이렇게 한 우물만 파야 하는가, 여기저기 들쑤시며 여러 우물을 팔 수 있는가. 한 홈에서만 이동할 수 있는가, 여러 홈을 선택할 수 있는가. 나아가 새로운 홈을 그릴 수 있는가. 이것이 바로 자유의 본질이다. 인류의 역사가 마르크스의 말대로 계급투쟁의 역사라면, 이 투쟁의 목적은 생산수단의 소유가 아니다. 왜 생산수단을 소유하고자 할까? 더 많은 부를 위해서다. 부가 왜 필요할까? 노동, 특화되고 분업화된 노동, 즉 홈 파인 공간에서 벗어나기 위해서다.

그런데 근대 산업사회에 들어서자 이 한 우물 파기, 한 홈에서만 이동하기가 거의 최악의 수준으로 지독해졌다. 우물의 종류가 갈수록 세밀해졌다. 밥물 뜨는 우물, 찻물 뜨는 우물, 세척물 뜨는 우물이 분류되고 거기에 따라 투입되는 사람들도 따로 정해졌다. 심지어 우물에서 하는 일도 두레박 내리기, 물 뜨기, 두레박 올리기, 물 담기, 물 나르기 등으로 세밀하게 나뉘었다. 이제는 한 우물에 매이는 것으로도 모자라 이렇게 세밀하게 나누어진 동작만 계속 반복해야 했다.

이것이 바로 산업사회의 핵심을 이루는 분업, 좋게 말해 '특화'다. 이렇게 특화된 노동은 당연히 특정한 계급에 전가되었다. 산업사회의 노동은 사람의 기질과는 전혀 맞지 않았으며 지루했고, 병적이며 혐오스러웠다. 그럼에도 노동자계급에 속한 사람들이 이러한 일을 감수한 까닭은 노동하지 않을 경우, 선택의 여지가 '길바닥에 나앉는 것' 외에는 없기 때문이다. 프롤레타리아의 어원은 '가진 것이 자식밖에 없는 자'라는 뜻의 라틴어 프롤레타리우스(proletárĭus)다. 자식을 내다 팔거나 잡아먹을 수는 없는 노릇이니 혐오하고 고통스러워하면서도 그러한 노동을 계속할 수밖에 없다. 그 과정에서 인간성은 대량생산 속도만큼이나 빠르게 황폐해졌다.

노동자는 이중으로 억압받는다. 돈이 없어서 이런 노동이라도 할 수밖에 없게 강제된다. 이렇게 편협하고 반복적인 일만 하다 보면 종합적인 인간성을 상실하고 마치 기계 부속품처럼 되어 버린다. 결국, 보다 인간적인 일을 할 수 있는 능력과 희망마저 잃어버린다. 노동할수록 사람됨의 과정이 완성되는 것이 아니라 사람됨을 상실하는 것이다.

애덤 스미스는 산업사회의 이런 미래를 예견하고 노동자와 그 자녀가 편협한 인간성과 그로 인해 도덕적 타락에 빠지는 것을 예방하려는 방안으로 교육을 제시했다. 특정 계층의 전유물이었던 교육을 노동자계급을 포함한 모든 계층에게, 특히 빈곤계층에게 제공하자는 주장이다. 평생 한 우물에 속박된 노동자와 그 자녀에게 다른 우물에 대한 경험을 제공할 수 있는 방법은 교육뿐이었다.

그러나 근대 학교제도는 분업의 파괴적인 영향력을 완화하고 인간성을 유연하게 회복시킨 것이 아니라 도리어 부자연스러운 분업체계에 사람을 적응시키는 훈련과정이 되었다. 노동자의 기계화를 예방하기는커녕 기계로 만드는 제도와 과정이 되어 버린 것이다. 학생들은 마치 공장의 작업 단위처럼 편성되었고, 단위마다 담임교사가 관리자 역할을 담당해 정해진 진도표와 시간표에 따라 교육이 이루어지도록 했다. 마치 작업 시간표와 표준 공정에 따라 일하는 노동자처럼 말이다.

노동뿐 아니라 사회 전체가 이런 식으로 기계화되었다. 꼼꼼하게 짜인 실정법과 위계와 권한이 분명한 관료제가 들어섰고, 공공부문뿐 아니라 거의 모든 사회조직이 관료제 방식으로 바뀌었다. 과거의 양반이나 귀족과 달리 근대의 공무원에게는 어떤 인간적인 고려나 재량의 여지가 없다.

공무원이 가장 많이 하는 말에 이미 그 본질이 드러난다.

"규정에 없습니다. 절차를 따를 뿐입니다."

일상생활조차 이 기계적인 분업을 피하지 못한다. 삶의 구석구석이 상품화되고 관료주의의 통제 아래 들어갔다. 이제 태어난 순간부터 사람은 노동할 때나 노동하지 않을 때나 이 기계화된 반복적 리듬에서 벗어날 수 없게 됐다. 세상이 온통 견고한 홈 파인 공간이 되었고, 태어날 때부터 어느 하나의 홈에 할당되어 평생 그 라인만 따라 움직이게 되었다. 막스 베버는 이러한 상황을 '자유 상실'과 '의미 상실'이라고 불렀다(시턴, 2003).

자유는 선택지를 늘려 가는 과정이다. 그런데 기계적이고 세밀한 분업의 확대는 사람의 삶에서 선택의 여지를 계속해서 줄여 나간다. 차라리 자유라는 말을 알지 못했던 중세의 농노라면 자유에 대한 갈증이라도 없겠지만, 근대를 살아가는 사람은 자유의 맛은 알지만,

그것이 하나하나 사라지는 모습을 구경해야 한다.

　노동자라면 자신이 하는 노동이 제품의 완성에 어떤 기여를 하는지 확인할 수 있어야 한다. 사회 구성원이라면 자신의 행위가 사회 전체의 발전을 위해 어떻게 기여하는지 확인할 수 있어야 한다. 그러나 세밀하게 나누어진 분업체계의 한 토막을 반복적으로 수행하는 사람은 자신이 하는 일이 전체에서 어떤 역할을 하는지 모른다. 평생 파인 홈 안에서만 움직이는 사람은 여러 홈을 포괄하는 공간 전체를 바라볼 기회가 없다. 따라서 이 행동이 무엇을 위한 것인지 모른 채 그저 노동을 반복할 수밖에 없다. 그래서 이들은 고달픈 몸과 마음을 달래며 말한다.

　"아이고, 의미 없다."

　산업혁명 이후 노동자를 비롯해 대부분의 사람에게는 팔방미인의 길이 막혔다. 심지어 부유층이라 할지라도 팔방미인이 될 여지가 많지 않다. 잦은 야근, 회식, 회의, 그 밖에 치열한 경쟁이 불러오는 각종 스트레스에 시달리다 보면 이미 업무 이외의 세계는 극도로 축소되고, 업무에서 벗어난 시간에는 되도록 빠른 시간 안에 많은 쾌락을 얻고자 한다. 물론 자본주의 사회에서는 쾌락의 상품이 시장에 널려 있다. 그러나 노동자들의 경우는 회사와 집을 오가는 것 외에 다른 삶의 여지를 찾기 어렵다. 취미나 여가는 남의 이야기다. 자신의 선택지와 가능성을 늘려 나갈 기회가 거의 없는 것이다.

자유를 되찾는 교육

교육은 이 갑갑한 홈에 갇힌 사람들에게 과연 자유를 찾아 줄 수 있을까? 우선 교육은 지식과 기술의 습득을 통해서나 혹은 가치관이나 사고방식을 유연하게 해 금기를 줄임으로써 선택지를 늘려 준다. 지식과 기술이 다양한 사람, 가치관이 편협하지 않아 꺼리는 것이 적은 사람은 선택의 폭이 넓고 대처할 수 있는 상황도 다양하다.

자유를 위해 엄청나게 많은 선택지가 필요한 것도 아니다. 어차피 사람은 두뇌라는 생물학적 하드웨어의 범위 안에서만 지식과 기술을 늘려 나갈 수 있다. 인지과학자의 연구에 따르면, 사람의 두뇌는 한 번에 15개 이상의 단어 처리가 힘들 정도로 기능이 제한적이다 (이글먼, 2012). 당장 실험해 보자. 쉼표 없이 15개 이상의 단어를 나열한다면 어떻게 될까? 그 의미를 파악하기가 몹시 어려울 것이다. 이 책을 쓰는 나 역시 그 한계를 늘 의식한다. 문장 하나에 10개 이상의 단어가 연결되지 않도록 애쓰는 편이다.

우리의 자유가 기껏 그 정도까지인가? 아니다. 사람은 이미 가지고 있는 지식과 기술을 다양한 방식으로 변형해 여러 가지 분야에 적용할 수 있다. 작업대 위에 7~8개 정도의 지식과 정보만을 놓을 수 있지만, 이 7~8개를 어떻게 조합하느냐에 따라 무려 8!개의 선택지를 만들어 낼 수도 있다. 전통 교과에 비유하자면, 국어 시간에 배운 것을 반드시 언어적 상황에서만 사용할 까닭이 없고, 기술 시간에 배운 것을 음악이나 미술 시간에 사용하지 않을 까닭이 없다. 지식과 기술의 영역, 칸막이를 넘어서면 이때부터 무한한 지식과 기술의 조합이 열린다.

사람의 두뇌를 도구상자에, 지식, 정보, 기능을 공구에 비유해 보자. 만약 이 도구상자의 크기가 공구 4개 이상을 담을 수 없다면 무작정 공구를 사들이는 것은 자원의 낭비에 불과하다. 이때는 같은 공구를 다르게 사용하는 방법을 개발해야 한다. 망치로 못 박는 일만 하라는 법은 없다. 무릎 이상을 검사할 수도 있고, 컵라면 뚜껑을 눌러 두는 도구가 될 수도, 마늘을 다지는 도구가 될 수도 있다. 게다가 망치의 머리 부분만 쓰라는 법도 없다. 손잡이도 여러 가지 다양한 용도로 쓸 수 있다. 망치 하나가 공구 5~6개의 역할을 할 수 있다. 물론 같이 들어 있는 다른 세 공구, 가령 렌치, 플라이어, 드라이버 역시 한 가지로 여러 역할을 할 수 있다.

이렇게 하나의 도구가 특정한 기능에 국한되는 것이 아니라 범용성이 높은 도구가 되는 것이다. 이 범용성은 도구들의 조합을 통해 더 높아진다. 평소에는 같이 사용하지 않던 도구들을 조합해 이전에는 하지 못하던 작업을 할 수 있다면 이는 사실상 새로운 도구를 만들어 낸 것이나 마찬가지다.

이제 계산해 보자. 네 개의 공구를 5~6개씩의 다른 용도로 사용한다면 이미 저 도구상자에는 20여 개의 공구가 들어 있는 셈이다. 그리고 다시 5~6개씩의 용도를 가진 네 개의 도구를 이리저리 조합하여 새로운 기능을 창출한다면 이론적으로는 저 도구상자 안에 20!라는 엄청난 숫자, 거의 천문학적 숫자의 공구가 들어 있는 셈이 된다. 이것이 범용성 높은 도구의 힘이다.

사람 역시 마찬가지다. 특정한 일자리에 너무 특화된 사람은 그 일자리 밖에 나가면 쓸모없는 사람이 되기 쉽다. 하지만 범용성이 높아 어느 분야, 어느 영역에 가더라도 거기서 요구하는 지식과 기술을 빠르게 익힐 수 있다면 산업구조 변동에 따른 대규모 실직사태가 일어나더라도 어떻게든 적응해 나갈 것이다.

범용성을 높이는 일이 특별한 기회나 시간을 요구하는 것도 아니다. 심지어 고도로 분업화된 단순한 반복 노동을 하는 동안에도 가능하다. 단순한 반복 노동을 하고 있더라도 그 노동에 사로잡히지 않고 늘 자유롭고 창조적인 생각을 멈추지 않는 사람은 여러 가지 다른 가능성을 생각해 낼 수 있다. 그 노동을 새로운 노동으로 발전시킬 수도 있고, 하다못해 그 노동을 좀 덜 지루하게 수행할 요령을 생각해 낼 수도 있다(칙센트미하이, 1996).

이러한 능력은 당연히 노동하기 전에 갖추어져 있어야 한다. 즉, 아동기와 청소년기의 교육이다. 따라서 교육은 지나치게 전문화되는 것을 경계해야 한다. 만약 노동 이전에 이루어진 교육이 그 노동에 필요한 지식, 기능에 치우쳐 있다면, 결국 노동 과정 속에서 그 노동의 범위를 벗어나는 것들을 발견하거나 만들어 내지 못할 것이며, 노동 너머의 세계를 인식하지 못한다.

물론 구체적인 노동에 필요한 지식과 기술을 습득하는 것은 중요하다. 하지만 교육, 특히 어린아이와 청소년의 교육은 무엇보다 노동에 들어서기에 앞서 범용성을 최대한 높이는 데 목적을 두어야 한다. 어떤 특정한 분야의 지식과 기술을 다루더라도 이는 범용성을 높이는 교육의 소재일 뿐, 그 자체가 목적이 되어서는 안 된다.

구체적인 업무에 대응하는 능력이 아니라 상황을 해석하고 그때그때 필요한 지식이나 기술이 무엇인지 파악하여 배우고 익힐 수 있는 범용적인 능력이 바로 '역량'이다. 능력은 구체적인 대상이 있는 '~할 수 있는 능력'이다. 역량은 그 상태로는 구체적인 대상이 없지만, 상황에 따라 어떤 능력이든 되는 힘, 즉 능력의 가능성이다. 능력은 구체적인 지식과 기술을 얼마나 많이 지니고 있는가로 파악할 수 있지만, 역량은 용도가 정해져 있지 않은 범용성의 크기이기 때문에 다양한 상황에 직면하기 전에는 파악되지 않는다. 계속 똑같은 일만 시키면서 그 사람의 역량의 크기를 파악할 수는 없다.

21세기 들어 '구체적인 능력보다는 전체적인 역량을 키우는 교육이 중요하다.'라는 주장이 계속 나왔다. 특히 공식적으로 세계 여러 나라 학생의 역량을 평가하는 프로그램인 PISA(국제학업성취도평가, Programme for International Student Assessment)가 등장하면서 '역량중심교육'이라는 말은 거의 유행어가 되어 버렸다. 이게 별 대단한 뜻을 가진 건 아니다. 각 분과 교육의 벽을 넘어 배운 것을 범용할 수 있도록 한다는 것이다. 망치가 다만 못 박는 도구로만 사용되지 않듯이, 어떤 교과에서 배운 내용을 단지 그 교과, 그 분야에만 국한하여 사용하는 편협성을 극복한다는 것이다. 즉, 한 사람을 특정한 용도에만 적합한 사람이 아니라 어디에 보내도 제 소임을 수행할 수 있는 범용성 높은 사람으로 키운다는 것이다.

교육은 팔방미인의 행복

다시 팔방미인으로 돌아와 보자. 팔방미인은 전문성이 부족한 사람이다. 팔방미인은 어느 한 분야에 특화되지 못한 사람이다. 이런 사람은 산업사회에 맞지 않는다. 늘 '주의가 산만하다'라는 꼬리표가 붙어 다닌다. A업무를 맡겼는데 엉뚱하게 C를 생각하고 나중에 AC를 만들어 내는 사람이다.

하지만 팔방미인은 범용성이 높은 사람이다. 어느 하나에 특화되어 있지 않지만, 그만큼 어느 하나에 매여 있지도 않다. 다른 사람이 하나의 선택지에 매달릴 때 팔방미인에게는 7개의 다른 선택지가 있다.

선택지가 늘어난다는 것은 결국 자유가 늘어난다는 것이다. 삶의 생기가 커진다는 것이며, 삶이 기쁨으로 가득하다는 것이다. 팔방미인은 행복한 사람이다. 전문인은 어느 한 분야에서도 제대로 성취하지 못한 팔방미인을 비웃지만, 막상 자신의 삶이 어디로 증발했는지 슬퍼한다. 많은 전문직이 자신이 그토록 자랑스러워 하는 그 전문영역이 아니라 그 밖의 것들, 이를테면 술, 인간관계, 소비에서 기쁨을 찾으려고 배회한다.

팔방미인이 전문인보다 자유롭고 생동감에 넘치며 기쁨으로 가득한 삶을 사는 까닭은 간단하다. 사람의 본래 모습이기 때문이다. 현생인류는 팔방으로 관심을 펼치고 팔방의 능력을 다양하게 재조합함으로써 우직하게 한 우물을 파던 다른 사람속(호미닌) 경쟁자들을 물리치고 지구의 주인이 되었다(페이건, 2010). 이 능력을 억지로 누르고 기계적인 리듬과 동작에 맞춰 평생 한 우물을 파라고 한다면 그건 인간성에 대한 억압이다. 고통스러울 수밖에 없다.

교육이 바뀌어야 할 방향이 여기에 있다. 근대 이후 만들어진 공교육체제는 어릴 때는 팔방의 가능성을 보여 주다가 나이 먹을수록 이중 하나의 방향을 선택해서 한 우물을 파는 쪽으로 유도한다. 학생들 역시 저학년일수록 즐겁고 행복하며 학년이 올라갈수록 점점 고통스러워 하고 불행해 한다. 마침내 일터에 나서는 나이가 되면 행복했던 어린 시절을 그리워하며 어린아이처럼 살고 싶어 하는 심리적 퇴행마저 겪는다. 더욱이 갈수록 기승을 부리는 사교육은 어린 시절부터 팔방의 가능성을 삭제하고 대학입시라는 아득히 먼 미래에 초점을 둔 일방의 교육을 강요한다. 이건 교육이 아니라 어린이 학살이다. 이러한 학살극에 오히려 부모가 앞장서고 있으니 참혹하다.

언제까지 이럴 것인가? 교육은 가능성을 확대하고 자유를 확대하는 과정의 연속이 되어야 한다. 어린아이가 팔방의 가능성을 보여 주었다면, 학년이 올라갈수록 팔방이 십방, 십방이 백방이 되는 방향으로 발전시키는 교육이 되어야 한다. 그것이 바로 자유의 교육이고, 사람의 교육, 사람을 위한 교육이다.

팔방이 팔의 제곱, 팔의 세제곱이 되도록 하는 일은 결코 혼자 힘으로는 되지 않는다. 사실 혼자 힘으로는 팔방은커녕 이방, 삼방도 벅차다. 그럼에도 불구하고 사람은 얼마든지 선택지를 넓혀 갈 힘을 가지고 있다. 혼자가 아니기 때문이다. "백지장도 맞들면 낫다."는 말이 괜히 나온 것이 아니다. 홀로 떨어진 사람은 짐승 이하의 존재가 되지만 사회를 이룬 사람은 바벨탑 신화가 상징하듯 신에게 도전할 수도 있는 존재가 된다. 더구나 그 힘은 서로 연결된 사람의 수가 커질수록 멱함수로 증가한다.

물론 연결망이 무작정 확장된다고 힘이 확장되는 것은 아니다. 다른 사람들과 어떤 관계를 맺느냐에 따라 팔방은 멱함수로 늘어날 수도 있지만, 거꾸로 로그함수로 고꾸라질 수도 있다. 스피노자는 이를 '기쁜 만남'과 '슬픈 만남'이라고 불렀다. 기쁜 만남은 누군가와 접속함으로써, 심지어 직접 만나지 않더라도 접속할 가능성을 생각하는 것만으로도 역량이 확장되는 그런 만남이다. 반면 슬픈 만남은 만나거나 심지어 접속할 가능성을 생각하는 것만으로도 역량이 분산되고 힘을 빼앗기는 그런 만남이다. 이런 종류의 만남은 의외로 많다. 누군가를 생각하거나 떠올리는 것만으로도 하던 일이 손에 안잡히고 자꾸 신경 쓰이는 그런 사람과의 관계가 바로 슬픈 만남이다(스피노자, 1990).

결국, 행복한 삶이란 기쁜 만남을 늘려 가고 슬픈 만남을 줄여 가는 것이다. 교육은 그 과정 자체가 기쁜 만남을 늘려 가는 것이 되어야 한다. 교사와의 기쁜 만남, 동료와의 기쁜 만남, 그리고 시간과 공간을 초월한 인류의 위대한 정신과의 기쁜 만남, 어쩌면 평생 만날지 못 만날지도 모르는 인류 공동체의 이름 모를 동포들과의 만남 말이다. 또한 교육은 기쁜 만남을 만들어 가려는 성향, 그리고 만들어 갈 수 있는 역량을 길러 주는 것이 되어야 한다.

물론 접속이 쉬운 일은 아니다. 여러 가지 객관적인 조건상 기쁜 만남이 되어 마땅한 사람들끼리라도 접속 즉시 그 효과가 나타나는 건 아니다. 오히려 어려움을 겪기도 한다. 그동안 서로 경험한 문화, 관습, 규범 등이 다르다는 사실이 뜻밖의 장애물이 된다. 게다가 사람은 의식뿐 아니라 무의식 세계의 조종을 받는다. 마음은 언제든 의외의 상황을 만들어 내고, 뜻밖의 상태에 빠져들곤 한다. 그러니 두 사람만 모여도 의외의 상황이나 갈등이 일어날 수 있다. 아니, 당연히 일어난다. 하지만 그런 여러 어려움을 고려하더라도 접속이 펼쳐 낼 가능성과 기쁨이 더 크기 때문에 사람은 기꺼이 그 어려움을 감수한다. 가시에 찔릴 가능성을 알고서도 장미에 손을 뻗치는 아이처럼.

그렇다면 접속을 확대하는 것 역시 능력 아닐까? 물론이다. 대부분의 사회는 결합손이 제한되어 있다. 아무나 손만 뻗는다고 잡을 수 없다. 대학에만 입시가 있는 게 아니다. 심지어 아이들 또래집단에도 자리가 제한되어 있다. 따라서 어떤 사회든 참가하려면 그 사회가 요구하는 것이 무엇인지 알아야 하고 그걸 갖추어야 하고 갖추었음을 표현할 수 있어야 한다.

지금 몸담은 사회보다 더 다양한 사회에 몸담으려면, 그리고 규모도 더 크고 영향력도 많은 사회의 구성원이 되어 더 크게 기여하려면, 당연히 지금보다 더 다양한 지식과 기술을 갖추고, 역량을 키워 범용성을 높이고 사회에 더 많은 선택지를 제공할 수 있어야 한다. 그런데 지금보다 더 많은 지식과 기술을 획득하고, 역량을 비약적으로 키우려면 지금보다 더 다양한, 규모가 더 큰 사회에 참여하여야 한다. 풀리지 않는 딜레마다.

이 고약한 닭과 달걀의 교차점에 교육이 있다. 교육은 지식과 기술을 늘리고 역량을 확장하기 위해 인위적으로 조성된 환경이다. 실제 사회라면 지식, 기술, 역량을 이미 충분히 갖추어 놓지 않으면 구성원으로 받아들이지 않을 것이다. 하지만 학교는 현재의 필요에 구애받지 않는 일종의 모의사회이기 때문에 현재의 지식, 기술, 역량을 갖추지 않은 사람도 구성원으로 받아들인다. 개인적으로는 경험할 수 없는 다양하고 규모가 큰 사회활동의 기회를 미리 경험할 수 있다. 여기서 교육이 기대하는 바는 활동을 통한 기여가 아니라 활동을 통해 지식, 기술, 역량을 갖추는 것이다. 그리하여 지금보다 다양하고 큰 사회의 구성원이 된 다음, 교육을 통해 갖춘 지식, 기술, 역량으로 기여하면 된다.

결국 교육이 매개변수가 됨으로써 다음과 같은 경로가 가능해진다.

출생→교육→사회1→자유→교육→사회2→자유→교육→사회3 ……→자유→행복

이렇게 선동적으로 말할 수도 있다.

삶의 최종 목적은 행복이다. 그리고 행복은 자유의 함수다. 자유를 원하는가? 그렇다면 교육받으라. 더 많은 교육을 받아라.

혹은 우리에게 익숙한 단어를 빌리면 이렇게 말할 수 있다.

"자유를 위해 공부하라."

더구나 교육은 실제 삶의 공간보다 비교적 안전한 곳에서 이루어

진다. 원래 자유는 선택의 불확실한 결과에 대해서도 받아들일 것을 요구하는 위험한 것이다. 하지만 교육은 그 위험을 감당할 수 있는 범위를 최소화한 환경에서 이루어진다. 실제 삶에서는 한 번의 선택이 인생을 돌이키지 못할 정도로 망칠 수 있지만, 교육에서는 그릇된 선택을 수정하고 다시 도전할 기회가 주어진다. 물론 이런 환경은 저절로 주어지지 않는다. 자기 조정과 재도전의 과정을 지켜보고 적절히 개입하는 존재가 있기 때문에 가능하다. 이들이 바로 교육자다.

일방인은 사람이라기보다는 기계다. 반면 어느 하나에도 집중하지 못하고 관심을 여기저기 뻗치기만 한다면 이 역시 좋지 않다. 물론 일방을 벗어나 팔방으로 가려면 낯설고 위험하다. 두렵다. 교육은 이 두려움을 극복하는 용기를 키워 주어야 한다. 교육은 팔방미인을 만든다. 교육은 사람을 만든다. 교육은 자유를 만든다. 자유는 행복이다.

교육은 팔방미인의 행복이다.

05

사람됨의 교육,
상징과 창조의 두 날개

"내가 어떻게 해서든, 네 녀석 사람 만들어 내보낼 거다."

교육자들에게 낯설지 않은 말이다. 강한 의지와 헌신의 의지를 가진 교육자가 말썽꾸러기 제자에게 할 법한 전형적인 대사다. 혹은 반대 입장에서 하는 전형적인 대사도 있다.

"이 못난 놈을 선생님께서 그래도 사람 만들어 주셨습니다."

이런 말들은 사람이라는 종의 유전자를 통해서는 설명할 수 없는 후천적인 영역이 존재함을 의미하지만, 그럼에도 모든 사람에게 공통되는 보편적인 사람의 자격, '사람됨'이라는 것이 있다는 것을 전제한다. 그래서 우리는 자주 이 '사람됨'이라는 말을 사용하여 누군가를 비난한다.

"이 되어 먹지 못한 놈." "막 되어 먹은 놈." "사람의 탈을 쓰고 어떻게 그럴 수가?"

'사람됨'은 교육에 대해 냉소적인 시각을 드러낼 때도 사용된다.

"아무리 많이 배우면 뭐해? 먼저 사람이 되어야지."

교육은 선택지를 늘려 가는 과정

아무튼 이 '사람됨'이라는 말은 결국 교육과 연결된다. 이 '사람됨'이라는 것이 유전자에 기록된 게 아니기 때문이다. 유전자에 기록된 것이 잘못되었다면 '되어 먹지 못한' 사람은 비난이 아니라 동정과 배려의 대상이 되어야 한다. 타고난 게 그런 것을 어떻게 탓할 수 있을까? 도덕적 비난은 태어난 이후의 삶을 통해 만들어진 성격, 인품, 행실을 대상으로 한다. 그리고 태어난 이후 형성된 것은 공식적이든 비공식적이든 교육의 결과다. 더구나 근대 이후 교육은 점점 공식화, 제도화되고 있다. 만 3세만 되면 벌써 부모 품을 떠나 공식적인 교육기관에 간다.

그렇다면 그 사람이 받은 교육을 비난할 일이지 왜 사람을 비난하는가? 교육은 세뇌가 아니기 때문이다. 교육의 마지막 목적은 자유다. 교육은 선택지를 늘려 가는 과정이지, 그중 어느 것을 정해 주는 과정이 아니다. 여러 선택지를 만들어 주고 알려 주고 판단할 능력을 갖춰 주었다면 선택은 이제 각자의 자유다. 따라서 선택 결과에 대한 책임은 오롯이 본인 몫이다.

무책임하다는 비난의 소리가 들린다. "난 다 알려 주었으니, 나머지는 알아서 선택해. 난 모르는 일이니까." 이럴 셈인가, 하는. 하지만 이는 무책임이 아니라 신뢰다. 교육이 충분히 이루어졌다면 사람들이 여러 선택지 중 '좋은' 것을 선택할 것이라는 믿음, 좋은 선택들을 계속해 나가는 과정에서 좋은 방향으로 '사람됨'이 이루어질 것이라는 믿음 말이다.

그렇다면 교육이 충분하지 않거나 올바르지 않은 교육을 받았다면? 그런 교육을 받은 사람은 더 좋은 선택지의 존재를 모르거나 찾아내지 못한 상태, 즉 무지로 인해 자유롭지 않은 상태에서 그릇된 선택을 할 수 있다. 심지어 악한 쪽을 선호하는 성향을 지닐 수도 있다. 선한 선택을 하지 않는 사람은 '나쁜 사람' 정도가 아니라 '사람이 덜된' 혹은 '사람 같지 않은' 사람이다.

사람은 사람으로 태어난 것만으로는 온전히 사람이 '되지 못하는' 존재다. 사람은 태어나고, 자라고, 또한 교육받아야 한다. 그래야 사람이 된다. 이렇게 그 '됨'이 교육에 맡겨진 존재는 지구상에 사람이 유일하다. 다른 생물들은 태어나는 순간 이미 '되어' 있거나 '거의 되어' 있다. 지렁이는 수정된 순간 지렁이다. 태어난 이후의 삶은 지렁이로서의 삶, 딱 그것이다. 매미는 수정된 순간 이미 매미다. 땅속에서 굼벵이로 계속 살아가다 몇 해가 지난 어느 여름, 나무 위로 올라가 허물을 벗고 매미가 되어 소리 지르며 노래하고 생식한 뒤 가을에 죽을 것이다. 이들은 태어나기도 전에 유전자만으로 앞으로의 삶이 예정되어 있다. '좋은 지렁이', '좋은 매미'라는 평가를 할 수도 없다. 지렁이나 매미가 되거나 죽거나다. 이미 정해져 있는 삶, 아니면 죽음. 여기에는 선택지가 없다.

지렁이나 매미는 하등동물이고, 조류나 포유류 정도만 되면 그들만의 특징적인 생존기술을 교육을 통해 익힌다는 반론이 있을 수 있다. 실제로 어미 없이 자란 치타나 사자는 제대로 사냥을 하지 못한다. 하지만 교육처럼 보이는 동물의 행동 역시 이미 본능에 의해 정해져 있다. 어미는 새끼에게 그런 행동을 가르치게 되어 있어서 그렇게 할 뿐이다. 이미 무엇을 가르칠 것인가도 본능에 따라 정해져 있다.

말은 망아지에게 달리는 법을 가르친다. 특별한 동기가 필요 없다. 왜 달려야 하는지 이해할 필요도 없다. 어미 말은 망아지를 교육하지 않는다. 다만 말의 본능인 달리기를 새끼에게 촉발하는 본능을 발휘할 뿐이다. 사자나 치타는 사냥하게 되어 있다. 그게 본능이다. 물론 서식하는 지역의 동물 특징에 맞는 구체적인 사냥법은 어미와 함께 자라면서 연습하지 않으면 익히지 못한다. 하지만 이것 역시 사냥이라는 본능과 습성의 바탕 위에서의 일이다. 치타나 사자가 사냥 말고 다른 먹이 획득 방법을 가르치거나 배울 수 없고, 어미 치타나 사자가 새끼에게 사냥을 가르치지 않을 수도 없다. 이 역시 본능일 뿐이다.

동물들은 오랫동안 본능과 습성에 맞아떨어지는 환경에 적응하여 살아왔으며, 환경 자체를 이해하려는 시도는 하지 않았다. 어느 정도 발달단계가 높은 동물들도 생태 환경에 맞춰 사는 몇 가지 요령을 자손에게 전해 주었을 뿐이다. 특정한 환경에 얽매여 있기 때문에 그 환경의 한 부분이나 다름없는 생존방식은 본능 혹은 습성이며, 이를 후손에게 전하는 것은 교육이 아니라 단지 자연의 한 부분일 뿐이다.

어느 날 얼룩말 무리 중 누군가가 빠른 발을 이용하여 도주하는 대신 진용을 짜서 맞서면 사자도 무찌를 수 있음을 알아내고, 무작정 도망가는 대신 조직적인 발차기 공격으로 사자에 맞서는 얼룩말이 늘어나는 상황 같은 것은 일어나지 않는다. 달리고 도망가는 본능의 범위를 벗어나는 행동은 아예 얼룩말의 존재 범위 바깥에 있다. 다만 이런저런 달리기 방법의 변형만이 있을 뿐이다.

공격하는 사자나 치타에게도 역시 은폐, 접근, 기습, 단거리 추격이라는 사냥의 기본은 바뀌지 않는다. 힘들여 추격하는 대신 얼룩말이나 영양이 자주 다니는 길목에 함정을 판다거나, 길목을 미리 차단하고 있다가 손쉽게 사냥한다거나, 절벽으로 몰아넣고, 길목만 차단하여 가둬 놓은 뒤 천천히 시간을 두고 잡아먹는 일은 일어나지 않는다. 따라서 이들의 사냥술 역시 본능의 한 부분일 뿐, 교육의 대상이 아니다.

따라서 이들은 익숙하게 살아오던 환경이 바뀌면 새끼는 물론 어른도 속수무책이다. 소용없어진 옛 방법을 고집스레 반복하다 멸종의 길을 가거나, 바뀐 환경에 적합한 습성과 본능을 가진 돌연변이가 태어나기를 기다리는 수밖에 없다.

설사 본능과 습성을 넘어서는 새로운 행동방식을 만들어 보려는 의지가 있어도 물리적인 한계에 부딪힌다. 본능과 습성이 너무 많은 영역을 차지하고 있어서 이들의 뇌에는 다른 것을 추가할 여유가 없기 때문이다. 컴퓨터나 스마트폰으로 비유하자면 삭제나 변경이 불가능한 프로그램이 너무 많이 설치되어 있어, 새로운 프로그램을 설치할 만한 용량이 남아 있지 않은 상황이다.

사람은 다르다. 사람은 다른 동물보다 뇌의 용량이 현저하게 크지만, 태어날 때 이미 설치된 본능이나 습성은 매우 적다. 컴퓨터나 스마트폰으로 치면 프로세서 성능도 뛰어나고 저장용량도 월등히 큰데, 운영체계 외에는 고정된 프로그램이 거의 설치되어 있지 않은 상태다.

따라서 사람은 타고난 생존기술이 거의 없다. 살아가면서 이를 스스로 개발하거나 획득해야 한다. 미성숙 출산이라 사실상 태아 상태에서 세상에 나오는데, 생존에 필요한 기술마저 따로 배워야 하니 위태롭기 짝이 없다. 태어나서 2년 안에 버젓이 한 개체의 역할을 할 수 있는 대부분의 포유동물과 달리, 사람은 10년은 배워야 웬만한 생존기술과 지식을 장착할 수 있다.

이 10년간은 심지어 신체의 성장도 유보된다. 생존기술과 지식을 배우는 일에 에너지를 집중해야 하기 때문이다. 뇌는 평소에도 우리가 섭취하는 에너지의 20퍼센트를 소모하지만, 무엇인가를 배우면서 기억형성과 관련된 활동을 할 때는 1.5배 정도 더 많은 에너지를 소모한다. 그래서 사람은 학습이 가장 활발히 일어나는 시기에 먼저 집중적으로 학습을 하고, 이것이 어느 정도 마무리된 10대 이후에 신체가 성장한다(이글먼, 2012). 결국 사람은 개나 고양이 같으면 한평생에 해당하는 15년 정도의 기간을 온전한 사람이 되지 못한 상태로 보낸다.

이렇게 오랜 시간 동안 '사람이 되어 가기' 때문에 온갖 종류의 다양한 사람이 나타난다. 사람은 사람이되, 이전에는 없던 그런 사람이 만들어지는 것이다. 이 중에는 기존의 전통과 관습을 뛰어넘는 이른바 괴짜들도 섞여 있다. 유전자의 돌연변이가 나타나려면 수천 년, 수만 년 동안 우연을 기다려야 하지만, 이런 후천적인 괴짜들, 유전자 구조로는 별다른 차이와 변화가 없지만 생각, 행동, 능력에서 독특하고 남다른 사람들은 대략 15년 만에, 그것도 여러 종류가 나타날 수 있다. 덕분에 사람은 환경이 어지간히 바뀌어도 적응해 왔다. 환경이 바뀌면 어제의 괴짜가 오늘의 영웅이 된다. 게다가 유전자와 달리 이런 후천적 능력이나 행동방식은 교육을 통해 전파된다. 돌연변이를 통해 환경에 적응하려면 그 돌연변이가 여러 세대에 걸쳐 번식해야 하지만, 사람은 새로운 능력이나 행동방식을 가진 괴짜가 동료와 자손에게 이를 가르쳐 줌으로써 길어야 한 세대, 경우에 따라서는 거의 실시간으로 전파와 가르침을 마무리할 수 있다.

상징, 전수, 압축, 창조

더구나 사람은 매체를 통해 이 괴짜들의 업적을 저장한다. 저장된 것은 교육을 통해 다시 전수되면서 세대를 거듭할수록 점점 증가한다. 다른 동물이 유전자에 기록하고 생물학적으로 전수하는 것을 사람은 매체에 기록하고 교육을 통해 전수한다. 처음에는 다른 동물 같으면 태어나자마자 할 수 있는 많은 것을 사람은 따로 배워야 한다는 점에서 불편하기까지 했겠지만, 시간이 지날수록 사람과 동물의 격차가 벌어진다.

세대가 지날수록 저장되고 전수되는 양은 기하급수적으로 늘어난다. 이렇게 늘어난 양을 제한된 공간에서 저장하고 처리하기 위해 사람은 상징을 사용한다. 컴퓨터로 비유하면 파일을 압축하는 것이다. 그리하여 사람의 교육에서 이 상징 사용법, 즉 언어와 수학이 중심적인 자리를 차지하게 되었다. 상징 사용법을 배우지 않으면 사람은 단지 두 발로 걸어 다니는 털 없고 근력 약한 영장류의 한 동물에 불과하다.

시간이 갈수록 전수할 것이 늘어나기 때문에 상징의 압축률은 더욱 높아진다. 내용이 상징으로 압축되고, 다시 여러 상징이 개념으로 압축되고, 개념이 다시 더욱 고도로 추상적인 이념으로 압축된다. 이런 압축을 풀어내기 위해 더 많은 교육이 필요하게 되었고, 태어난 이래 사람이 되기 위해 거쳐 가야 하는 교육의 과정은 더 길고 까다롭고 복잡해졌다. 그 결과 '사람됨'이 완료되었다고 인정받는 연령도 점점 늦어지고 있다. 오늘날에는 15세 청소년에게 한 사람의 온전한 몫을 기대하지 않는다.

교육은 여러 다양한 문화적 변종, 괴짜가 만들어 낸 것을 전수하는 역할을 하지만 반대로 이런 변종, 괴짜를 만들어 내는 역할을 하기도 한다. 즉, 교육은 전수 과정일 뿐 아니라 창조 과정이기도 하다.

교육이 집중적으로 이루어지는 6~15세가 사람의 두뇌회로가 가장 활발하게 형성되는 시기, 머리가 아직 덜 굳어 유연한 시기, 지능이 결정화되지 않고 유동성인 시기이기 때문이다.

어린아이나 청소년은 쉽게 배운다. 단지 배우는 데 그치지 않고 이것을 조합하여 엉뚱한 것으로 바꾸기도 한다. 나이를 먹을수록 배운 대로 행동하는 어른들과 달리 아동과 청소년은 배운 것을 엉뚱하게 사용한다.

엉뚱한 사용의 경험은 개인보다는 집단을 이루었을 때 더 활발하다. 어린 시절을 조금만 돌아보면 알 수 있다. 아이들은 친구들과 어울려 놀기만 하면 누가 먼저 하자고 했는지도 모르게 엉뚱한 짓들을 생각해 낸다. 창조성은 여러 두뇌의 복잡한 연결망에서 발현되는 현상이다(데이비스 & 수마라, 2006). 더구나 그 두뇌가 유연하게 형성되어 가는 과정에 있다면 연결망에서 발현되는 창조적인 산물이란 어른의 상상 범위를 넘어선다.

이러한 창조 경험은 나중에 어른이 된 다음에도 유용하게 사용된다. 창조적 업적을 남긴 천재들은 대체로 어린 시절의 온갖 엉뚱하고 유치한 생각을 잊지 않고 현실화함으로써 역사에 이름을 남겼다. 천재는 어린 시절에 만들어지고 어른은 그것을 구현할 도구를 갖추고 있다. 천재와 도구가 만나면 위대한 창조가 일어난다.

창조는 다양한 환경에 적응해야 하는 인류의 도구상자에 추가되고 다른 사람과 후손에게 전해진다. 교육은 도구상자를 전달하는 과정이면서 동시에 도구상자를 더 풍부하게 만드는 과정이다. 교육은 사람이 되게 하는 과정이자 동시에 그 사람됨의 내용을 만들어 내는 과정이기도 하다.

사람은 살아남기 위해서는 학습해야 하며, 종족을 유지하기 위해서는 교육해야 한다. 한편 사람은 교육 때문에 지구상의 거의 모든 자연환경에 적응하여 살아가며, 생물학적으로는 바뀐 것이 거의 없음에도 불구하고, 수만 년 전과 거의 달라진 게 없는 동물과는 달리 100년, 아니 10년 전과 비교해도 현저하게 변화된 생활을 한다.

물론 변화 발전의 가능성이 높은 덕분에 태어남이 사람됨을 보장하지 않는다는 대가도 치렀다. 지렁이는 '지렁이됨'을 위해 따로 노력할 필요가 없다. 하지만 사람은 태어났다고 해서 사람됨이 보장되지 않는다. 출생은 단지 앞으로 사람이 되어 가기 위한 기나긴 여정의 시작을 의미할 뿐이다. 더구나 그 사람됨의 내용도 미리 정해져 있지 않다. 되어 가는 과정에서 깨우쳐야 한다. 지금 이 시점에서 과연 사람됨에 필요한 것이 무엇인지 말이다. 심지어 그 과정에서 새로 만들어 내기도 해야 한다.

자신과 동료들이 새로 창조한 것을 사람됨의 한 요소로 인정받는 과정은 때로는 투쟁을 요구하기도 한다. 이 모든 것이 교육을 이루고 있다. 그런 의미에서 우리의 삶은 교육으로 가득하다. 태어남은 교육의 출발을 알리는 신호다.

06

존재자에서 존재로의
거대한 도약

사람으로 살아가는 것은 참으로 피곤하다. 피곤하다는 것을 의식할 수 있기에 더 피곤하다. 사람이라는 종이 정해져 있고 그 종이 사는 방식 또한 이미 정해져 있으며, 그래서 태어난 순간부터 이미 삶의 행로가 정해져 있다면 우리를 괴롭히는 수많은 고민과 번뇌는 없다.

하지만 우리는 그렇게 살아가지 못한다. 여기서 사람에게만 주어진 특권이라면 특권, 굴레라면 굴레가 시작된다. 하필이면 이 굴레는 늘 교육과 함께한다. 그래서 사람들은 교육을 싫어한다. 교육을 저주한다. 교육자를 원망한다. 지금까지 지구상에 알려진 온갖 시, 노래, 산문, 소설, 연극, 그림 따위를 다 뒤져 봐도 교육과 교육자를 예찬한 것보다는 비난하고 풍자하고 조롱하는 것이 훨씬 더 많다.

교육은 억울하다. 이미 사람으로 태어난 이상 그렇게 살아갈 수밖에 없고, 교육이 아니고서는 사람이 이 세상에서 종족으로 유지될 수 없으니 말이다. 사람의 굴레가 먼저 존재하고 그 굴레가 교육으로 나타나는 것이지, 교육이 그 굴레 자체는 아니다. 더구나 그게 과연 굴레일지 축복일지 일단 충분히 살아 봐야만 알 수 있다.

존재자에서 존재로

대제 그 굴레일 수도 있고 축복일 수도 있는 것, 그리하여 교육이라는 탈을 쓰고 나타나는 것의 본질은 무엇일까? 바로 하이데거가 말한 존재와 존재자의 분리다(하이데거, 1927). 사실상 사람 외에는 존재가 없는 것이나 마찬가지니 그냥 '존재'라 해도 될 것이다. 사람은 있을(be) 뿐 아니라 되는(become) 존재다. 존재는 무엇이고자 한다. 존재는 무엇이 되고자 한다. 이를 위해 다른 것과 관계를 맺으며 다른 것을 무엇이라 규정한다. 반면 존재자는 그저 거기에 있을 뿐이다.

만약 되어야 할 대상, 되어야 할 상태가 하나뿐이라면 '존재' 개념은 잉여에 불과하다. 그런 경우에는 굳이 '된다'고 말할 이유가 없다. 단지 시간의 문제만 남는다. 고정된 길이라면 어차피 시간이 지나면 그렇게 되는 것 외에는 다른 길이 없기 때문이다. 실제로 우리는 미리 정해진 결과를 표현할 때 "시간 문제다."라는 말을 한다.

하지만 사람은 그저 '사람'이 되는 것이 아니다. '사람' 안에 들어갈 규정들은 미리 정해져 있지 않다. 그 자체로는 아무 내용이 없다. 따라서 '사람' 앞에 '어떠어떠한'이란 수식어가 붙어야 한다. 사람은 그냥 사람이 되는 것이 아니라 '어떠어떠한' 사람이 된다. 따라서 사람은 단지 어른과 비슷한 규모의 신체를 갖추고 생식능력을 갖춘다고 '사람이 되었다.'라고 불릴 자격을 얻지 못한다. 의미 없는 시간, 어떤 사건과 결부되지 않고 기계적으로 흘러간 크로노스의 시간(Chronos, 그리스신화에 등장하는 '시간의 신'으로 연속적이고 순환적인 시간을 의미한다)에서는 존재가 만들어지지 않는다. 사람이 된다는 것은 단지 자연적 시간의 흐름을 넘어, 시간에 이야기와 내용을 부여하는 의미 있는 무엇인가가 되는 것이다. 누구나 시간만 지나면 도달하는 어떤 상태를 넘어 자신의 역사, 자신의 무엇을 지닌 사람이 된다는 의미이다. 이 시간은 고유한 시간, 자신의 시간이 되며, 사람마다 다른 시간이 된다. 바로 존재와 한 덩이를 이루는 카이로스(Kairos)의 시간이다.

사람은 세상에 단지 있을 뿐인 '존재자'와 '~으로 되는', '~으로 존재하고자 하는' 존재로 분리된다. 일단 이 세계에 존재하기 위해서 우선은 존재자일 수밖에 없다. 데카르트식으로 말하면 연장(extension, 크기, 형태, 운동 등 물체의 속성)을 가지고 이 세계 공간에서 일정한 부분을 차지한다(데카르트, 1637). 물론 데카르트는 사람이, 오직 사람만이 이 물질적 세계에서 '사유'를 가지고 있다고 했다. 그리고 이 사유가 바로 세상의 모든 연장 가진 존재자를 규정한다.

사유 없이 연장만을 가진 존재자에게는 시간이 없다. 자신은 멈춰 있고, 시간은 외부에서 그들과 무관하게 규칙적으로 흘러간다. 존재자의 시간, 존재자의 의미는 외부의 다른 존재가 정한다. 심지어 존재자는 자신의 존재조차 의식하지 못한다. 자신의 존재를 의식한다는 것은 이미 자신을 나름대로 규정한다는 것이며, 자신의 공간과 시간을 잠시 { } 기호로 묶어 둘 수 있다는 것이다. 자신을 규정한다는 것은 자신의 규정 바깥으로 나와, 자신을 존재자로 마주 선다는 것이다. 하지만 이렇게 자신과 마주 서는 일은 좋든 싫든 사람에게만 가능하다.

가령 개나 고양이는 자신을 어떤 개, 어떤 고양이라고 규정하지 못한다. 그들은 단지 개와 고양이로 살아갈 뿐이며, 단지 하나의 집합일 뿐이다. 그중 어느 특정한 개, 특정한 고양이에게 어떤 의미를 부여하고 그들을 다른 개, 다른 고양이와 구별되는 무엇으로 만드는 주체가 있다면, 그건 그들이 아니라 다름 아닌 사람이다. 개나 고양이에게 마주 서는 존재는 자신들이 아니라 사람이다.

아직은 사람이 이 세상의 유일한 존재다. 사람은 비단 개, 고양이뿐 아니라 이 세상의 모든 존재자를 규정하며, 세계 속에서의 자리와 의미를 정해 준다. 물론 그 존재자들은 이를 전혀 알지 못하며 의식하지 못한다. 즉, 이들은 주체가 아니다. 인공지능의 경우, 겉보기에는 다른 존재자를 인식하고 규정하는 것처럼 보이지만 실제로는 그 의미를 모른 채 실행한다. 단지 주어진 상황에서 적절한 반응이라고 판정받을 확률이 가장 높은 행동을 할 뿐이다. 만약 인공지능이 진정 존재라면 확률이 가장 높은 선택지나 행동을 자신의 의지로 거부할 수도 있어야 한다. 물론 이는 불가능하다.

그런데 사람이라고 모두 존재가 되는 것은 아니다. 또 모든 존재가 동등한 수준의 존재도 아니다. 사람은 존재가 되려면 우선 자기 자신부터 규정할 수 있어야 한다. 즉, 주체가 되어야 한다. 근대 세계관의 뿌리라는 데카르트의 명저 『성찰』은 다른 존재들의 근거가 되는 자기 자신을 규정하기 위한 끈질긴 사유의 과정이다.

하지만 이 과정은 데카르트처럼 침대에 누워서 혹은 벽난로 앞에 앉아서 골똘히 생각하는 식으로 이루어지지 않는다. 데카르트 역시 그렇게 생각에 몰두하고 있을 때는 이미 고차적인 존재가 된 상태였다.

존재자로 태어난 사람이 자신을 의식하고 자신을 '~한 존재'로 규정하는 과정이 바로 '됨'이다. 사람은 자신조차 의식하지 못하고 충동과 본능에 따라 살아가는 그런 존재자가 아니라, 자신을 외부에서 바라보며 규정하고 만들어 가는 주체가 됨으로써 사람이 된다. 사람은 자신을 사람이라 부를 수 있게 됨으로써, 그리하여 다른 존재자들과 자신을 분리하여 부를 수 있게 되면서 비로소 사람이 된다.

이 됨의 과정은 계속된다. 만약 하나의 규정성에서 멈춰 버린다면 그 순간 이미 존재는 다시 존재자 속으로 빨려 들어가 석고처럼 굳어 버린다. 이 '되는' 과정은 영원한 진행형(~ing)이다. 이 진행형이 완료형으로 굳어지는 순간, 사람은 엄청난 무력감을 느낀다. 이는 마치 죽어 있음과 같은 상태다. 사람은 자신을 이 세상의 생명 없는 존재, 주체 없이 규정되는 존재와 비교함으로써 살아 있음을, 힘 있음을 느낀다. 이 살아 있음과 힘 있음이 만들어 내는 긍정적인 정서가 바로 기쁨이며, 그 기쁨의 지속이 행복이라고 이미 말했다. 그러나 이 과정이 멈춰 버리게 되면 자신이 더 이상 존재가 아니라는 것을 의식할 수 있는 사람은 차라리 동물보다 훨씬 고통스럽다. 그래서 한 번 자유의 달콤한 맛을 본 사람은 두 번 다시 자유 없는 상황으로 돌아가려고 하지 않으며, 자유를 위해서는 기꺼이 목숨까지 건다.

하지만 아직 자유를 맛보지 못한 사람, 존재의 기쁨을 누려 보지 못한 사람, 여전히 타인에 의해 존재자로 규정되는 사람은 오히려 존재를 향해 나아가는 걸음을 두려워한다. 오직 주어진 선택지에 따라 반응하기만 하면 됐는데, 심지어 선택지라는 개념조차 없이 살았는데, 저 시커민 심연처럼 열려 있는 선택지는 도리어 지옥문처럼 보인다. 규정되는 존재자에게는 기쁨이 없다. 물론 두려움도 없다. 이들에게는 순간순간 자신의 충동이 충족되는 쾌락과 그것을 가로막는 고통이 있을 뿐이다. 기쁨-슬픔, 쾌락-고통은 다른 종류의 짝이다. 기쁨-슬픔은 의식의 결과, 즉 대뇌피질의 작용이며 쾌락-고통은 말초신경과 호르몬의 작용일 뿐이다.

기쁨이 없는 이들에게는 미래가 없다. 자신도 의식하지 못하는데 자신이 살아가는 배경이 되는 시간과 공간을 의식할 수 없기 때문이다. 오직 충동만이 있으며, 그 충동조차 의식하지 못한다. 단지 충족되는 순간의 쾌락, 충족되지 못하는 순간의 고통, 그리고 이것이 누적된 조건반사만이 있을 뿐이다.

반면 존재는 끊임없이 자신을 의식하고 규정하기 때문에, 자신의 존재 배경이 되는 시간과 공간 역시 의식한다. 무엇인가를 규정한다는 것은 시간과 공간 속에 존재자를 위치시키는 것이다. 이때 시간은 의미 없이 흘러가는 크로노스의 시간이 아니라 의미를 지닌 카이로스의 시간이 된다. 존재는 시간과 공간을 재구성하고 의미를 부여한다. 존재는 세계를 구성한다. 따라서 존재는 자신이 수많은 존재가 구성하고 재구성하는 세계들 사이에 서 있음을 인식한다. 세계는 무심한 배경이 아니다. 서로 부딪치고 포개지고 타협하면서 유지되는 동적 균형의 상태다. 즉, 세계는 불확실하다. 세계는 마치 자전거처럼 계속 운동하지 않으면 균형을 잃어버리는 위태롭고 미묘한 곳이다. 불확실할 뿐 아니라 위험하기까지 하다.

사람, 스스로 세상에 자신을 던지다

존재는 한 지점에 멈춰 설 수 없는 자전거처럼 하나의 규정 속에 자신을 계속 남겨둘 수 없다. 존재는 시간과 공간의 흐름 속에서 다른 존재자들을 끊임없이 규정하며, 마찬가지로 자기 자신 역시 계속 규정하며 운동해야 한다. 이는 끊임없이 불확실한 시공간 속으로, 저 어두운 심연 속으로 자신을 밀어 넣어야 한다는 것이다. 이를 하이데거, 그리고 나중에 사르트르는 "자신을 집어 던진다(entwerfen)."라고 표현하였다. 자신을 집어 던진다는 것은 이미 자신을 분리할 수 있음을, 그리하여 주체로서의 자신과 대상으로서의 자신을 향해 마주 설 수 있음을 의미한다. 이렇게 자기 자신에 대해 존재로 설 수 있는 사람만이 다른 존재자들 앞에서 존재로 설 수 있으며, 자신을 미지의 심연으로 집어 던질 수 있는 사람은 세계의 여러 존재자에게 의미를 부여하여 세계를 존재로 채워 넣을 수 있다(변광배, 2005).

그런데 사람은 태어난 순간 이미 누군가로부터 규정되기 마련이다. 이미 태어나기도 전에 부모로부터 끊임없이 어떤 규정을 받으며, 태어난 이후 부모나 사회로부터 계속 규정받는다. 이런 규정들이 내면화되면 사람들은 이를 마치 자신의 규정인 양 받아들인다. 규정된 주체, 주체 아닌 주체, 자신 아닌 자신이다. 하지만 이런 규정된 길만을 따라가서는 영원히 존재로 설 수 없다. 자신을 규정하려면 다른 존재에 의해 이미 규정되어 있는 자신을 부정하고 해체하여 불확실성 속으로 밀어 넣어야 한다. 이 과정은 때로는 심한 갈등을 일으키기도 한다.

사람들은 존재자를 규정하는 것을 자신의 힘이나 권력으로 생각한다. 따라서 규정된 자신을 해체하고 스스로 규정하려는 시도는 그것을 자신의 권력에 대한 도전이라고 받아들이는 기존의 존재와 갈등을 일으킨다. 이때 사랑이야말로 이 갈등을 해소할 수 있는 궁극적인 힘이다. 사랑하는 사람이 존재로 서는 것을 내 권력의 상실, 내가 규정할 수 있는 대상의 감소로 받아들일 수는 없다. 오히려 축하할 일이다. 반대로 사랑한다고 하면서 그 대상이 존재로 독립하는 것을 불쾌하게 받아들인다면 이는 집착에 불과하다. 사람은 자기 자신과도 마주 서는 존재다. 하물며 아무리 사랑하는 사이라 할지라도 나란히 서지 않는다. 마주 선다. 그 마주 섬을 기꺼이 받아들이는 힘이 바로 사랑에 있다.

마주 섬은 기존에 확실해 보였던 것을 위태롭게 한다. 내가 지배하고 있다고 믿던 것들이 살아 움직인다. 나를 사랑한다고 믿었던 사람이 알고 보니 나를 지배하고자 했다. 사랑한다고 믿었는데 알고 보니 내 지배욕이나 소유욕에 불과했다. 나의 정체성이라고 생각했던 것이 알고 보니 다른 존재들로부터 가해진 온갖 규정의 혼란스러운 집합이었다. 이것을 깨닫는 순간 이 세상에 그 어느 것도 확실하지 않으며, 엄청난 현기증을 느낄 수 있다. 그리하여 앙투안 로캉탱(사르트르의 소설 『구토』의 주인공)은 이유 없는 구토를 하며, 그 구토의 원인이 "존재자의 맛" 때문이라고 한 것이다.

이제 거대한 선택지가 앞에 놓였다. 불확실성에 대한 공포를 대가로 치르더라도 자유의 기쁨을 누릴 것인가, 아니면 확실성과 규정성 아래 자신을 매어 둘 것인가? 문제는 일단 자신이 다른 존재들 때문에 규정된 존재자임을 자각하는 순간, 확실성을 선택하는 것은 구토를 유발할 정도의 굴종 느낌을 대가로 치러야 한다는 점이다.

여기서 용기가 필요하다. 자유는 불확실성을 향해 기꺼이 자신을 열고 획득하는 가능성만큼 펼쳐진다. 자유의 대가로 맞닥뜨릴 위험도 감수할 것인가, 다른 존재에 의해 규정되는 존재자로 살아갈 것인가는 결국 본인의 선택이다. 그런데 문제는 사람은 존재자가 된 자신 또한 의식할 수 있다는, 아니 원하지 않아도 의식한다는 것이다. 자유 없는 존재자가 편하게 살아갈 수 있는 유일한 방법은 자신이 타자에 의해 규정되는 것 자체를 의식하지 않을 때뿐이다. 그러나 이는 사람에게는 애초에 불가능한 일이다. 그래서 영문도 모르고 구토할 수밖에 없다. 영문도 모르는 고통을 느끼고, 영문도 모르는 분노를 느낀다.

"자유가 아니면 죽음을 달라."라는 말은 단지 비유가 아니다. 실제로 많은 사람이 자유를 위해 죽음을 불사하는 선택을 해 왔다. 더는 타자에 의해 규정되지 않는 삶을 위해 불확실성, 심지어 생명의 불확실성 속으로 자신을 던진 사람들의 사례는 무수히 많다. 그리고 사실상 단 한순간의 자유, 단 한순간 존재의 기쁨을 누리고 생명을 잃어버린 사례 역시 헤아릴 수 없다. 마지막 순간, 그들은 후회했을까? 그랬을 것 같지 않다. 오히려 단 한순간이라도 사람임을 만끽하고 후회 없는 삶을 살았다고 생각했을 것이다. 우금치를 허옇게 뒤덮은 동학군의 시신들은 그렇게 설명된다.

사람에게 불확실성을 향해, 심지어 목숨까지 걸고 자신을 던질 수 있게 만드는 힘은 어디에서 왔을까? 사람에게 존재로 서게 하는, 그리하여 사람이 되게 만드는 힘의 근원은 무엇일까? 단지 용기와 결단력이면 충분할까? 그렇다면 용기와 결단력은 또 어디서 온 것일까? 아니면 자유를 향한 충동이 사람의 본성이기 때문일까? 그렇다고 받아들이면 또다시 문제에 부딪힌다. 존재로 서고자 한 저 용기 있는 자유로운 행동이 원래 사람이라는 규정성에 포함된 속성에 따른 것이 되어 버리니 말이다. 즉, 자연 혹은 신이라는 존재에 의해 규정된 존재자에 불과한 것이 된다.

따라서 자유를 위해, 존재가 되기 위해 자신을 집어 던지는 용기 있는 행위는 충동에 의한 것도, 인간의 본성에 의한 것도, 인간의 규정성에서 비롯된 것도 아니라야 한다. 사람은 원래 그리하게 되어 있지 않다. 이 용기와 결단은 어디까지나 태어난 이후 획득한 것에서 비롯된 행동이라야 하며, 그것을 바탕으로 스스로 선택한 것이라야 한다. 사람은 스스로 자신을 던짐으로써 존재가 될 수 있을 뿐이다. 자신을 던지도록 설계된 것이 아니다. 존재가 될 가능성을 가지고 태어난 것은 자연의 선물이지만, 존재가 되고자 하는 성향은 자연의 선물이 아니다.

그런데 하이데거도, 사르트르도, 또 에리히 프롬도, 그 밖에 존재 문제를 다룬 철학자들은 이 문제를 철저하게 다루지 않았다.

"사람은 왜 자신을 던지는가?"

인간의 본성이라고 하는 순간 그 용감한 행동이 결국 존재자의 그것으로 전락해 버리는 이 모순. 도대체 무엇이 단지 존재자로 머물렀을 사람을 일으켜 세워 존재의 길로 가도록 만들었을까? 이 문제에 대한 애매한 처리 때문에 이 '존재' 개념은 아도르노를 비롯한 비판이론가들의 섬멸적인 공격을 받았다. 오히려 '존재'라는 또 다른 고정된 속성을 부여함으로써 형이상학에 빠지고 말았다는 비판, 플라톤의 이데아, 헤겔의 절대정신과 마찬가지라는 비판 말이다.

이 까다로운 빈틈, 결정적인 빠진 고리에 바로 교육이 들어간다. 위대한 철학자들은 너무도 위대한 두뇌를 가지고 태어나서인지 좀처럼 교육을 진지하게 다루지 않는다. 특히 그들은 어린 시절과 청소년기에 받은 교육을 잘 언급하지 않는다. 천재들이라서 모든 학습을 스스로 한 것인지, 아니면 교육이 대체로 여성들의 일이라서 무시하는 것인지 모르겠지만 결정적인 고리에서 항상 교육을 빼먹는다. 심지어 이들은 교육을 언급할 때, 특정한 규정성 아래 자신을 가두어 두려 했던 억압으로 다루는 경우가 많다. 즉, 자신을 수많은 규정의 사슬로 얽어매어 존재자의 위치를 벗어나기 어렵게 만든 원흉으로 본다. 그래서 존재자의 틀을 벗어나려면 교육받은 자신, 교육에 의해 규정된 자신을 깨어야 한다고 말이다.

존재라는 깊은 주제를 다룬 작가들도 비슷하다. 그 주제를 펼치는 공간으로 주로 학교를, 그것도 부정적이고 어둡게 설정한다. 헤르만 헤세의 『데미안』, 『수레바퀴 아래서』, 토마스 만의 『토니오 크뢰거』, 제임스 조이스의 『젊은 예술가의 초상』, 서머싯 몸의 『인간의 굴레』 등등 수많은 작품에 나타난 학교의 모습은 거대한 억압 그 자체다. 이러한 작품들을 보면 사춘기 무렵 학교를 향해 욕설을 퍼붓고, 교사의 따귀를 치지 않으면 존재가 되지 못할 것 같은 느낌을 받는다. 실제로 학교에서 어긋난 소년을 일종의 자유의 화신처럼 묘사하는 오래된 문학적 전통이 있다. 현실에서는 그 어긋난 소년이 학교와 교사보다는 주로 다른 소년들을 괴롭히지만.

이는 교육이 가진 변증법적 속성 때문에 비롯된 오해다. 나중에 상세히 다루겠지만 교육은 자신의 부정이라는 목표를 향해 달리는 모순적인 운동 과정이다. 무엇에 대하여 마주 선다는 것은 일단 그 '무엇'에 대한 규정을 필요로 한다. 알지 못하는 것을 향해 마주 설 수 없다. 알지 못한다면 마주 서고도 마주 섰음을 알지 못한다. 만약 나를 세우고 나와 마주 서려면? 우선 존재자로서의 내가 있어야 하며, 존재자로서의 나의 규정을 알아야 한다.

교육은 자신을 존재로 서게 하는 것

교육은 이 규정들, 그동안 역사를 거쳐 온 수많은 존재가 세계에 대해 내린 규정들을 익히는 과정이다. 물론 이 과정에서 자신에 대해 내려지는 이런저런 규정에 짓눌릴 수도 있다. 하지만 이는 교육의 왜곡이지, 교육 그 자체가 아니다. 교육은 어떤 사람을 무엇이라 규정하는 것이 아니라, 그 사람이 스스로 자신과 세계를 규정할 수 있는 상태로 만드는 것이다. 그리고 수많은 규정, 수많은 존재자를 인식하면서 존재의 힘, 즉 규정할 수 있는 능력을 길러 나가는 과정이다.

만약 이런 과정이 없다면 자유를 위해 내던질 자신을 인식이라도 할 수 있을까? 자신을 규정하며 존재자로 가두어 두려는 그 틀을 인식이라도 할 수 있을까? 그 틀 바깥에 무한한 가능성이 펼쳐져 있을 것이라는 생각이라도 할 수 있을까? 규정할 수 있는 존재로서 자신의 가능성을 깨달을 수 있을까?

이런 것은 유전자에 아로새겨진 본능도, 나이가 되면 저절로 발현되는 것도 아니다. 대체 어디에서 왔을까? 교육이다. 교육을 '존재의 발현을 가로막는 외적인 압력이자 방해물에 불과하다.'라고 주장하면, 존재 역시 본능과 본성의 발현에 불과하다는 자가당착에 빠진다. 낭만적 교육관을 가진 일부 진보주의자들이 이런 자가당착에 잘 빠진다. "누구도 나를 규정할 수 없어!" 이들은 절규한다. 하지만 그런 생각 역시 전부 교육의 결과다. 홀로 명상을 통해 깨달음을 얻는 일은 부처나 가능한 일이다.

교육이 아니었더라면 하이데거는 결코 자신을 바라보지 못했을 것이며, 열린 존재를 향해 자신을 던지거나 혹은 던지라고 말하지 못했을 것이다. 교육이 아니었더라면 사르트르는 이 세상을 가득 채운 존재자들의 갑갑한 부패를 느끼지 못하고 구토도 하지 않았을 것이다. 교육받지 않은 사람은 자신을 의식조차 못하기 때문이다. 교육을 받아야 자신이 받는 교육 속에서 자신을 특정한 규정성 속에 가두려 하는 억압성을 발견할 수 있다.

애초에 교육은 학생이 스스로 규정성을 발견하고 자신을 존재로 세우는 것을 목표로 한다. 교육은 학생이 스스로 교육을 극복하는 것을 목표로 한다. 바둑이나 무술에서 제자가 스승을 이기는 것을 "은혜 갚았다."라고 표현하는 속에 교육의 복잡한 속내가 들어 있다. 교육은 학생이 존재로 거듭남으로써 교육받은 것을 부정할 수 있을 때 비로소 성공한다.

심지어 교육받은 지배계급이 인민을 규정하고 존재자로 가두어 두는 역할을 한다 해도 마찬가지다. 교육은 복잡한 과정이기 때문에 교육자가 목표로 하는 것만 관철되지 않는다. 학생은 결코 선생이 가르치는 것만 배우지 않는다. 무엇보다 교육은 자신의 충동을 억제하는 법을 익히게 한다. 자신의 충동을 억제하는 순간 사람은 이미 존재자의 틀에서 나와서 자신을 바라보게 된다. 설사 교사가 지도자를 우상화하는 교육을 할지라도 학생은 꾹 참고 듣고 있어야 하는 자신에 대해 반문하면서 한 단계 성장하고 넘어선다.

안다는 것은 무서운 일이다. 일단 무엇인가를 알게 되면 그것이 진실이건 아니건 간에 알기 이전까지의 삶, 세상을 되돌아보게 된다. 이 과정 자체가 이미 규정하는 과정이며, 존재로 거듭나는 과정이다. 거짓된 지식을 통해 그릇된 주체로 서게 되더라도 주체로 선 경험, 존재가 된 경험은 남는다. 진실을 알게 되는 순간, 거짓된 주체를 깨고 새로운 존재로 거듭날 수 있다(프레이리, 1970). 그래서 영리한 독재자들은 자신을 정당화하는 이론을 개발하고 교육하는 쪽보다는 아예 대중에게 교육을 안 하는 쪽, 그리고 사치, 퇴폐, 향락으로 대중의 이성을 마비시키는 쪽을 선호했다.

우리는 교육받은 대중이 늘어나자 이들이 자유의 물결이 되어 독재자를 몰아낸 사례를 많이 알고 있다. 우리나라부터 그렇다. 1970년대와 1980년대 반독재 민주화운동에 앞장섰던 이들은 주로 교육수준이 높은 사람들이었다. 여촌야도라는 말에서 드러나듯 교육수준이 낮을수록 오히려 독재정권 지지자가 많았다. 독재정권이 짠 교육과정, 독재정권이 감시하는 학교교육, 독재자의 권력을 정당화하는 내용으로 가득 채워진 교과서라 할지라도 교육받은 사람들은 그렇지 않은 사람보다 자유를 향해 움직일 가능성이 더 컸다.

그런데 여기서 교육은 받는 것만을 의미하지 않는다. 사람은 교육받음으로써 되어 갈 뿐 아니라 교육함을 통해서도 되어 간다. 사람의 삶은 온통 가르치고 배우는 과정의 연속이다. 사람은 끊임없이 스스로 교육한다. 태어난 지 얼마 안 되는 영아들조차 스스로 교육한다. 자기 신체를 계속 움직이면서 자신에 대해 배우는 것이다.

그래서 영아들도 '나'와 '내 손', '내 발'을 세계와 분리하여 생각한다. 사람의 교육을 막을 방법은 뇌를 마비시키는 것 외에는 없다.

사람은 교육받는다. 또한 교육한다. 그 덕분에 충동을 극복하고 자신을 바라보고 자신을 통제할 수 있게 된다. 동물은 다리를 움직이게 하는 충동에 따라 다리를 움직이지만, 사람은 "내 다리를 움직여야 해. 움직여서는 안 돼." 등 의식의 판단에 따라 충동을 조절하고 규제할 수 있다. 이는 겉보기에는 스스로 뒤집어쓴 제약이나 억압처럼 보인다. 하지만 이 제약과 억압은 스스로 판단하고, 스스로 주체가 되어 규율하는 것이다. 자유로운 규율, 즉 '자율'이다.

이 '자율'이야말로 사람됨의 핵심이다. 사람이 자유라는 씨앗을 뿌려 가꾼 결실이 바로 '자율'이다. 자율적인 사람만이 자신을 열고 세계에 던질 수 있고, 존재가 될 수 있고, 사람이 될 수 있다. 먼저 자신을 규정할 수 있을 때 다른 존재자를 규정할 수 있게 되며, 자신을 규정하려면 우선 충동 같은 외적인 힘에 휩쓸리지 않는 규정의 주체, 존재를 세워야 하기 때문이다.

사람은 존재자다. 하지만 교육을 통해 자신을 '~으로' 규정하고 되게 함으로써 존재가 된다. 사람은 세상 모든 존재자를 '~으로' 되게 하는 존재다. 사실상 사람만이 이 지구상의 유일한 존재다. 하지만 배우지 않으면 그저 여러 존재자 중 하나로 남을 뿐이며, 심지어 자신에 대해서도 존재가 되지 못한다.

흔히 "공부해서 사람이 되었다."라고 한다. 교육을 통해 이전과 다른 존재가 되었는데, 그게 '사람'이라니 참 묘하다. 어째서 "더 나은 사람이 되었다." 하지 않고 "사람이 되었다."라고 할까. 공부하지 않으면 열등한 사람, 무능한 사람이 아니라 "사람이라 할 수 없는 사람"이 된다는 뜻일까? 물론 그런 반인권적인 의미는 아닐 것이다. 다만 교육 없이는 '존재로서의 사람'이 되지 못한다는, '존재자로서의 사람'에 머무른다는 의미일 것이다.

지구상의 유일한 존재가 사람인 것과 마찬가지로, 존재가 되지 못하면 온전한 의미의 사람이 아니다. 그저 영장류에 속하는 한 동물일 뿐이다. 사람은 자신의 '사람됨'을 직시할 때 사람이 된다. 자신의 사람됨을 의식하지 못하는 영아는 자신이 아니라 다른 사람에 의해 사람으로 인정받는다. 영아가 자신을 사람으로 인식하려면 사람 아닌 것들과 다른 사람들을 알아야 한다. 즉, 배워야 한다.

그런데 사람으로 살아가기 위해서는 사람이 되는 것만으로도 부족하다. 사람이면서 또한 다양한 무엇인가가 되어야 한다. 됨이 많을수록 삶의 목표도 많아지고, 삶의 선택지가 많아지므로 더 자유로운 존재가 된다.

사람은 평생에 걸쳐 살아가는 시간 대부분을 이렇게 무엇인가 '되어감'에 쓴다. 즉, 자신을 다양하게 규정하는 존재가 되고자 한다. 무위도식하는 백수건달도 집에서 뒹굴기만 하며 살아가지 않는다. 투기판을 기웃거리며 '노름꾼'이 되건, 약한 사람을 괴롭히는 '양아치'가 되건 간에 뭐라도 되려 한다.

계속 교육받고 교육하는 것이 삶의 본질

　이쯤 하자. 존재니 존재자니 하는 추상적이고 복잡한 논의는 머리 아프다. 대부분의 사람은 이런 사변적인 생각을 하지 않는다. 정규 교육과정은 물론 이후에라도 이런 식의 철학적인 사유를 교육받고 훈련하는 사람은 극소수에 불과하다. 그렇다면 공부한 소수만이, 그리하여 자신과 사람을 개념적이고 추상적으로 파악하여 대상화할 수 있는 소수만이 사람됨을 의식할 수 있는, 즉 존재란 말인가? 플라톤이라면 대번에 그렇다고 대답했을지도 모르겠다. 그리고 수학, 영어, 과학 따위로 이루어진 교육과정을 걷어치우고 '사람됨'을 얻을 수 있는 교육과정으로 바꾸라고 일갈했을지도 모르겠다.

　그렇다면 정말 수학, 영어, 과학 따위는 사람됨의 공부가 아닐까? 물론 어려운 수학 문제를 잘 풀게 되었다거나 영어로 원어민과 유창하게 대화할 수 있다고 "사람 되었다."고 말하기는 어렵다. 하지만 향상된 수학이나 영어 실력이 전체적인 역량을 키우고 삶을 더 넓히는 데 사용되었다면, 그럼으로써 자신을 포함한 이 세상의 수많은 존재자의 새로운 측면을 발견하고 이들을 다양한 방식으로 '~되게' 하였다면 분명 '사람됨'의 공부가 된 것이 아닐까?

　소위 공부 잘하는 학생들이 이기적이고 인간성도 편협할 것이라는 선입관이 있다. 그러나 학교에서 10년 이상 근무한 교사들은 안다. 공부 잘하는 학생들이 인간성도 좋은 경우가 많다. 수학, 영어 등 이른바 교과 공부도 잘하게 되면 예전에는 미처 보지 못했던 부분을 볼 수 있게 되며, 예전에는 미처 생각하지 않았던 사람들까지 염두에 두는 등 보다 넓은 사람이 될 수 있기 때문이다.

심지어 수학 공식이나 영어 단어를 외우는 과정 자체가 이미 '자율'의 과정이다. 그 공부가 장차 변호사가 되어 어려운 사람들을 돕겠다는 장구한 목표를 둔 것이건, 부모님이나 선생님의 진노가 두려워서 하는 것이건 현재의 쾌락을 추구하는 충동을 억누르는 수련이기 때문이다. 어떤 동물도 한 달 뒤의 처벌받지 않을 가능성을 위해 현재의 쾌락을 포기하지는 못한다.

문제가 되는 경우는 공부를 잘하는 것이 아니라 지나치게 잘하는 것, 즉 공부를 잘하려고 무리하는 경우다. 하지만 세상에 지나치면 해로운 것이 어디 공부뿐일까? 무엇이든 지나치면 해롭다. 그리고 따져 보면 공부를 지나치게 잘해서 망가진 인간성보다는 아예 만들어지지도 못한 인간성이 훨씬 나쁜 결과를 가져온다.

따라서 우리는 자신 있게 말해야 한다.

"공부해야 사람 된다."

교육은 단지 되기로 예정된 것이 되도록 하는 것을 넘어선다. 새는 날아갈 것이고, 사자는 사냥하겠지만, 사람은 교육에 따라 신부터 악마까지 그 어떤 것도 될 수 있다.

"공부해서 남 주자."라는 말은 하나 마나 한 소리이다. 애초에 자기 자신만을 위하는 마음으로는 공부하기가 어렵다. 공부는 자신을 주체와 대상으로 나눌 수 있는 능력에서부터 시작하니 말이다. 미래의 나를 위해 현재 나의 충동을 억제할 수 있는 사람은 당연히 나에게 의미 있는 다른 사람들을 위해 나의 충동도 억제할 수 있다. "남 주자."는 착한 마음과 공부는 별개의 것이 아니다.

한편 사람으로 산다는 것이 이렇게 까다롭고 피곤하니 차라리 사람으로 태어나지 않았더라면 하고 생각할 수도 있다. 충분히 이해할 수 있다. 태어나는 것만으로 충분하지 않고 따로 공부까지 해 가면서 사람이 '되어야' 한다니 얼마나 피곤한가? 동물이나 식물, 아니면 저 산 위의 바위로 태어났더라면 속 편하지 않았을까?

교육이 집중적으로 이루어지는 시기에 어린아이나 청소년들은 이런 상상을 종종 한다. 동물이나 자연을 의인화한 민담이나 동화에는 "차라리 사람이 아니라 ~로 태어날 걸." 하는 일종의 소원과 꿈이 반영되어 있다. 우리나라에서 오랫동안 사용되어 온 '개 팔자' 비유나 서양 문화권에서 자유의 상징으로 종달새를 그토록 많이 사용해 온 데서 볼 수 있듯이, "차라리 어떤 동물로 태어났으면 훨씬 즐거웠을 거야." 식의 보편적인 꿈은 사실 흔한 이야기에 속한다.

그런데 사람이 아니라 ~로 태어났다고 해서 정말 속 편할까? 편한지 아닌지조차 알지 못할 것이다. 자신을 대상으로 바라볼 수 없는 동물이 심지어 자신의 내면까지 대상으로 따로 분리해 편한지 불편한지 생각할 수는 없다. 단지 그 순간의 쾌락과 고통, 충동과 공포만이 있을 뿐이다. 쾌락을 주는 것을 계속 추구하고, 고통을 주는 것을 회피하고, 충동에 따라 행동하며, 공포를 느끼면 공격 혹은 도주한다. 이 과정에 과연 내가 있고 나의 내면이 있을까?

따라서 개나 종달새가 되면 불편하지 않지만 편하지도 않을 것이고, 불행하지도 않지만 행복하지도 않을 것이다. 물론 우리 눈에 행복해하는 동물들이 보이기도 한다. 하지만 그것은 행복 반응이다. 그런 반응을 일으킨 자극을 선호하도록 프로그램된 결과다. 생존에 유리한 것을 선호하도록 유도하는 그런 반응. 동물들은 평생 행복 반응을 불러오는 자극을 추구하며 살아간다. 하지만 행복 반응을 아무리 격렬하게 해도 그건 행복이 아니다. "이런 격렬한 반응을 하다니, 나는 정말 행복해."라고 느끼지 못하기 때문이다. "저 개가 행복한가 봐."라고 규정하는 것은 그 개가 아니라 사람이다.

고대 그리스의 현인 솔론이 말했듯이 행복은 그 순간의 느낌이 아니다. 행복은 지나간 시간을 돌아보고 내리는 평가다. 현재 아무리 즐겁게 살고 있어도 행복을 장담할 수 없다. 행복은 삶의 마지막 순간에 지금까지의 삶을 돌아보며 "나는 행복하구나." 하고 평가할 때 밀려드는 그 느낌, 어떤 개별적인 기쁨이나 쾌락으로도 환원되지 않는 그 뿌듯하고 풍요로운 느낌이다(헤로도토스).

오직 사람만이 행복을 느낄 수 있다. 사람만이 행복할 수 있는 존재다. 심지어 그리스도교나 이슬람교의 신이나 천사―실제로 있다면―도 행복할 수 없다. 그리스도교나 이슬람교의 신과 천사는 '악할 수' 없다. 이들에게는 선택지가 없다. 따라서 돌아보고 평가할 만한 삶이 없다. 늘 같은 종류의 선택만을 할 것이기 때문이다.

자신이 행복한 상태임을 느끼고 알 수 있다는 것은 참으로 큰 기쁨이며 특혜다. 빔 벤더스의 영화 〈베를린 천사의 시〉에는 이 행복을 부러워하는 천사의 고뇌가 나온다. 물론 이런 식의 부러움 때문에 사람의 몸을 선택한 천사들은 행복과 함께 밀려드는 번민과 불행 앞에 당황한다. 매 순간 시커먼 입을 벌리고서 자신을 집어 던지기를 기다리는 심연 앞에서 두려워한다. 사람의 행복은 불행의 가능성, 불확실성의 두려움이라는 대가를 치른 덕택이다. 하지만 행복해 본 사람은 안다. 이런저런 대가를 치르기는 했지만, 그 정도면 싸게 치른 것이라는 사실을.

그러니 사람으로 태어난 것을 부정적으로 보지 말자. 이미 태어났는데 되돌릴 수도 없지 않은가? 그렇다면 남은 선택지는 하나. 계속 자신을 던져야 한다. 멈출 수 없는 자전거처럼. 바꿔 말하면 이렇다. 계속 교육해야 한다. 교육받기도 하고 교육하기도 해야 한다.

"치, 아무것도 모르면서."

아이들이 자주 하는 볼멘소리다. 이 속에 사람의 교육에 담긴 깊은 비밀의 단서가 있다. 아이 역시 어른에게 무엇인가 가르치려 하는 것이다. 아이 역시 자신의 의도대로 어른이 바뀌길 원하는 것이다. 자기 생각을 이해하고 받아들이도록, 자기들 나름의 세계를 이해하고 흥미를 느낄 수 있도록. 물론 대부분의 어른은 이를 전혀 의식하지 못하고 일방적으로 교육한다. 하지만 아이는 계속 자기 나름의 방식으로 어른을 교육한다. 이게 어른의 관점에서는 반항이나 저항으로 보일 뿐이다.

세상 모든 것을 알고, 세상 모든 것을 할 수 있는 사람은 없다. 사람은 저마다 다른 사람이 모르는 것, 하지 못하는 것을 적어도 하나 이상 가지고 있다. 아이도 예외는 아니다. 때때로 공룡백과나 거대한 로봇백과를 펼치고 혹은 예쁜 인형옷을 늘어놓고 어른을 가르치려고 애쓰는 아이의 앙증맞은 입술을 보라.

공자는 "세 사람이 가면 그중 내 스승이 될 만한 자가 적어도 하나 있다."(『논어』, 「술이」편)라고 했다. 이때 스승이 꼭 군사부일체 같은 권위를 가지는 그런 스승을 뜻하는 것은 아니다. 나를 가르칠 만한 것을 가진 사람이라는 뜻이다. 내가 모르는 것을 알고, 내가 하지 못하는 것을 하는 사람이면 능히 스승이 될 수 있다. 세상에는 배울 것이 무척 많으며, 가르쳐 줄 사람도 그만큼 많다. 거꾸로 만나는 사람 중 적어도 셋 중 하나꼴로 뭐라도 배울 점이 있는 사람이 없다면, 나의 인간관계가 너무 편협하지 않은지 검토해 봐야 한다는 뜻이다.

07

변화를 가하는 자와
변화하는 자

지금까지 살펴보면 마치 교육이 가장 근본적인 인간의 조건인 것처럼 보인다. 그렇다면 교육에는 조건이 없을까? 교육이라는 행위를 구성하는 최소한의 전제조건은 없을까? 당연히 있다.

목표: 교육이 기대하는 변화

교육은 사람의 변화라고 했다. 그렇다면 그 변화가 무엇인지, 어느 정도나 기대하는지의 정도, 즉 목표가 정해져 있어야 한다. 특정한 지식이나 기능의 획득일 수도 있고, 행동방식이나 습관일 수도 있으며, 발현을 기다리는 잠재력, 기존 능력의 향상 혹은 도덕이나 가치관의 변화일 수도 있다.

사람의 노동이 실현되기 전에 머릿속에서 미리 이루어지듯, 교육도 먼저 머릿속에서 이루어진다. 교육하는 사람이건, 받는 사람이건 머릿속에 교육을 마치고 난 상태에 대한 기대가 미래형으로 존재한다. 변화된 상태는 이전보다 더 좋은 상태일 것이다. 이런 기대되는 미래의 상태가 바로 교육의 목표를 이룬다(듀이, 1916). 계획 없이 이루어지는 일이 노동이 아니듯, 목표 없이 이루어지는 교육은 교육이 아니다.

그런데 긍정적인 변화에 대한 기대가 모두 교육의 목표는 아니다. 교육이 아니면 일어날 수 없는 변화만이 교육 목표다. 가령 "내년에는 키가 더 자라날 것이다."라는 기대는 긍정적이긴 하지만 교육 목표는 아니다. 성장에 영향을 주는 가장 결정적인 변인은 교육이 아니라 시간이다. 질병이나 장애가 있지 않은 한, 사람은 시간이 지나면 자란다. 심지어 신체뿐 아니라 인지능력이나 도덕적 판단력조차도 일정 수준까지는 자연스러운 성장의 결과일 수 있다.

시간이 필요한 경우로는 성장뿐 아니라 성숙도 있다. 성장은 길이, 무게, 부피, 수 등 양적 증가를 의미하며, 성숙은 그 구조나 조직이 튼튼하고 안정적으로 자리 잡는 것이다. 신체의 성장은 키나 몸무게가 늘어나는 것이며, 신체의 성숙은 뼈, 근육 등이 커진 사이즈에 맞게 운동능력, 회복능력을 갖추는 것이다. 두뇌의 성장은 두뇌의 용적, 시냅스의 숫자가 늘어나는 것이고, 두뇌의 성숙은 이 시냅스들이 효율적인 연결망을 형성하는 것이다. 성숙을 기다리지 않고 성장이 지나치게 빨리 일어날 경우, 몸과 마음이 일시적인 불균형으로 인해 아프거나 불안정한 상태에 빠질 수 있다.

성장이든 성숙이든 자연적인 현상은 교육의 목표가 아니다. 그렇다고 교육이 자연적 현상에 개입하지 않아야 하는 것은 아니다. 교육은 성장과 성숙의 균형을 잡아 주어 성장의 고통과 혼란을 예방하고 건강하게 자라도록 할 수 있다. 즉, '성장의 고통과 혼란을 극복하고 건강하게 자란 어른'을 기대할 수 있고, 이것을 교육의 목표로 삼을 수 있다. 어른 몸집으로 다 자란 신체는 교육의 목표가 아니지만, 튼튼하고 균형 잡힌 어른으로 성장하는 것, 혹은 더 커지고 강해진 자신의 몸과 마음을 제대로 사용하도록 하는 것은 교육의 목표다.

더구나 교육은 성장과 성숙 그 자체에 대해 가르쳐 줄 수 있다. 그래서 어린아이와 청소년으로 하여금 자신의 성장과 성숙 과정을 스스로 의식하고, 예상하고, 바람직한 방향으로 유도하는 주체로 일으킬 수 있다. 이것이야말로 진정 사람다움이다. 오직 사람만이 자신의 성장을 의식하며 나름의 방향까지 설정할 수 있다.

심지어 모든 동물의 가장 원초적 본능인 성에도 교육이 개입할 수 있다. 사람 역시 여타의 동물과 마찬가지로 성욕을 느끼며, 가르쳐 주지 않아도 성관계를 할 수 있다. 여기까지는 성장의 결과이며 교육 목표도 아니다. 하지만 성관계를 위생적이고 안전하게 하는 방법, 성생활과 일상생활 등 다른 생활과의 균형을 이루는 절제, 성적 파트너 상호 간의 책임감, 성폭력과 성관계의 차이에 관한 인식 등은 성장한다고 저절로 생기지 않는다. 이는 당연히 교육 목표에 들어간다. 성교육은 성을 가르치는 것이 아니라 성과 관련한 지식, 윤리, 문화적 전승을 가르침으로써 성생활을 전체 생활 속에서 안정적으로 자리 잡게 하는 것이다. 그럼으로써 가장 강력한 충동인 성욕조차 '의식'할 수 있는 '사람'을 만드는 것이다.

결국 교육의 목표는 '개인에게나 사회적으로나 가치 있는 것이지만 의도적으로 전수하지 않으면 갖출 수 없는 것'이다. 의미 있고 가치 있는 것이지만 의도적 전수 과정 없이도 획득할 수 있거나, 의도적으로 전수해야 하지만 개인에게나 사회적으로나 의미 있고 가치 있다고 보기 어려운 것은 교육 목표가 될 수 없다(이홍우, 1996).

그렇다면 교육에서 '의미 있음'은 대체 무엇일까? 어떤 것을 본인의 삶 속에 자리를 차지하게 하고, 그것을 자신의 삶과 관련 지어 설명할 수 있고 다른 사람에게 이해시킬 수 있을 때 그것은 의미를 얻는다. 단지 아는 것과는 다르다. 아무리 지식과 정보를 머리 가득 담고 있어도 노동, 작업, 행위, 즉 삶 속에 자리 잡게 하지 못한다면 그 배움은 '의미 없다'. 배움이 의미 있으려면 왜 배우는지, 배움으로써 자신의 삶이 어떻게 개선될 수 있는지 자신의 언어로 말할 수 있어야 한다. 그런 배움만이 교육이라는 이름으로 불릴 수 있다.

서커스단에서 이런저런 묘기를 부리는 동물들은, 그 묘기에 대해 어떻게 설명할 수 있을까? 만약 이 동물들이 즐거워하는 관객들을 보며 삶의 보람을 느낄 수 있다면 이 묘기를 익히는 과정은 교육이다. 하지만 동물들이 묘기를 부리는 까닭이 회초리가 무서워서 혹은 당근이나 물고기를 더 먹기 위해서라면 묘기를 익히는 과정은 단지 조련이다.

그렇다면 대치동의 밤을 환하게 밝히는 어린아이, 청소년들은 과연 사'교육'을 받는 것일까, 아니면 사'조련'을 받는 것일까? 아동노동도 금지된 나라에서 학교와 학원에서 주 52시간 노동시간을 우습게 만들 정도의 긴 시간 동안 교육이 아니라 조련을 받아야 한다면 이것이야말로 아동학대 아니겠는가?

하지만 겉모습만으로는 판단할 수 없다. 만약 학생이 공부의 내용이 자신의 삶에서 어떤 의미를 가지는지 자신의 언어로 설명할수 있다면, 겉으로 아무리 가혹해 보이더라도 틀림없이 교육이다. 그 잘잘못을 가리기 전에 어쨌든 분명한 목표가 있다. 하지만 설명의 근거가 부모나 다른 어른의 기대, 질책 등이라면, 혹은 공부 내용이 아니라 다만 수치로 환산되는 점수나 그 점수로 줄 세우는 석차라면 이는 결코 교육 목표라 할 수 없다. 목표가 없다면 이는 교육이아니다. 단지 조련에 불과하다. 조련은 사람에게 하는 것이 아니다. 이 아이들은 짐승으로 취급되는 것이다.

비대칭성: 선생과 학생

교육에는 목표가 있을 뿐 아니라 그 목표를 이룬 사람과 아직 이루지 못한 사람 간의 비대칭성이 존재한다. 물론 비대칭적이라고 불평등이나 지배를 정당화하는 것은 아니다. 다만 아무리 민주적이고 개방적인 교육일지라도 능동적인 쪽과 수동적인 쪽, 즉 가르치는 쪽과 배우는 쪽의 구별이 있을 수밖에 없다는 뜻이다(몰렌하우어, 1983).

이 조건을 부정하는 것은 교육을 부정하는 것이다. 완전히 대칭적인 관계로 만나서 무엇인가 주고받는다면, 혹은 대칭적인 관계를 맺은 사람들끼리 뭔가를 하면서 전체적으로 성장한다면 이는 교육이 아니라 협업이다.

물론 협력의 결과, 의미 있고 가치 있는 변화가 일어나는 경우도 많다. 하지만 협력의 목적은 사람의 변화가 아니라 일을 하는 것이다. 그 목표는 사람에 있지 않고 일에 있다. 교육은 사람의 변화를 목적으로 하는 활동이다.

따라서 교육에는 최소한 두 사람이 필요하다. 변화를 가하는 쪽과 변화하는 쪽. 혼자 공부한다고? 그 경우에는 책이나 교재 속에 가상의 상대방이 있다. 자연 속에서 그야말로 홀로 경험과 사색을 통해 학습하고 성장하는 사람을 생각해 볼 수도 있다. 하지만 이는 18세기 계몽사상가들이 잘하던 '자연 상태'라는 상상실험에서나 가능한 상황이다. 자연 상태라는 이름에 어울리지 않게, 실제 자연 속에서는 있을 수 없는 상황이다. 사람은 태어날 때 이미 사회 속에서 태어나기 때문에 혼자 무엇인가를 한다는 것은 자연 상태가 아니라 상당한 문명 상태에서나 가능하다.

그런데 변화를 가하려는 사람과 변화의 대상이 되는 사람이 만난다고 반드시 교육이 일어나는 것이 아니다. 변화를 가하려는 쪽은 변화의 대상이 되는 쪽에 비해 우월한 위치에 있어야 한다. 이 양자 간의 차이가 바로 교육의 조건이다. 교육은 우월한 위치에 있는 사람이 다른 사람 혹은 사람들에게 그 우월함의 근거가 되는 것을 전수하여 비대칭성을 해소하는 과정이다.

이는 뜨거운 물과 차가운 물 사이의 대류를 통해 전체적인 물의 온도가 평형을 이루는 과정과 흡사하다. 뜨거운 물에 해당하는 사람이 바로 선생(스승)이 되고, 차가운 물에 해당하는 사람이 학생(제자)이 된다. 다만 스승과 제자의 관계는 서로 만나 결국은 미지근한 물이 되는 윗물/아랫물의 관계와 달리, 제자가 스승의 열기를 받아내더라도 스승이 식지 않는다. 오히려 덕분에 스승이 더 뜨거워질 수 있다. 그렇다 하더라도 결국 둘 사이의 차이가 줄어드는 것만은 사실이며, 둘 사이의 차이를 줄이는 것이 교육의 목표라는 점도 분명하다. 스승은 제자가 자신을 더는 필요로 하지 않게 되어야 성공하는 모순적인 존재다.

여기서 말하는 스승과 제자는 교육이 일어나고 있는 상황에서의 관계를 말하는 것이지, 상당 기간 고정되는 사회적 지위나 신분 같은 것이 아니다. 우리는 삶의 매 순간 무엇인가를 배우며, 그 순간마다 상황에 따른 스승 – 제자 관계를 맺는다. 이 관계는 수십 년간 계속될 수도, 단 몇 분 만에 해소될 수도 있다.

이 관계는 언제든지 그 위치를 바꿀 수 있다. 여기서 스승이 저기서 제자가 될 수도 있으며, 심지어 상황에 따라 지금의 제자가 내일의 스승이 될 수도 있다. 다만 그 위치가 어떻게 바뀌든 간에 교육이 이루어지는 순간, 즉 지식, 기능, 가치, 태도 등의 변화가 일어나는 순간, 분명 그 변화를 일으키는 자극을 주는 사람과 받는 사람은 구별되기 마련이다. 그것이 찰나의 순간일지라도, 혹은 찰나마다 바뀔

지라도 말이다.

이런 의미에서 사람의 삶은 스승과의 끊임없는 만남이라 할 수 있다. 어쩌면 우리는 기억하지도 의식하지도 못하는 사이에 수백 명, 수천 명의 스승을 만나고, 누군가의 스승이 되었을 것이다. 하지만 실제로 수백 명의 스승을 두고 있다고 말하는 사람은 없다. 가령 젊은이가 키오스크 주문대 앞에서 고생하는 노인에게 주문과 결제 방법을 가르쳐 주었다고 노인이 젊은이를 스승이라 부르지는 않는다.

스승과 제자라는 말이 서로를 부르는 일종의 호칭이 되려면, 즉 누군가를 만날 때마다 '선생님'이라고 부를 정도로 그 위상이 자리를 잡으려면 양자 간의 비대칭적 위치가 상당 시간 지속하여야 하며, 이 비대칭적 관계를 통해 학습하는 것이 학습자에게 의미 있고 가치 있는 것이라야 한다. 가령 스파르타쿠스는 노예로 살아가는 방법을 가르치는 감독관을 스승이라 부르지 않았을 것이다.

이렇게 스승의 의미를 좁히더라도 우리는 살아가며 적어도 한 사람 이상의 스승을 만난다. 학교 등 공식적인 교육기관에서만 만나는 것이 아니다. 16년간 다닌 공식적인 학교에서 만나는 수많은 교사가 반드시 학생과 비대칭적으로 우월한 위치에 있지는 않기 때문이다. 학년이 낮을 때는 그럴 가능성이 크겠지만, 고등학생 이상이 되면 반대로 학생이 비대칭적으로 우월한 위치에 있을 수도 있다. 물론 이 경우에 교사가 억지로 자신의 비대칭적 관계를 고수하려 들면 이른바 '꼰대'로 전락할 것이다.

교사뿐 아니라 동료 학생 중에서도 스승이 나올 수 있다. 형제가 스승이 될 수도 있으며, 동네 어르신 혹은 우연히 만난 누군가가 스승이 될 수도 있다. 부모 역시 스승이 될 수 있다. 어쩌면 스승이 될 가능성이 가장 큰 사람이 부모일 것이다.

책을 읽으면 저자가 있고, 예술작품을 감상하면 작가가 있다. 만약 어떤 저자의 책, 어떤 작가의 작품을 상당 기간 지속해서 감상하면서 삶에 많은 영향을 받았다면, 그들이 바로 스승이다. 자기보다 그 분야에 관해 아는 것이 적거나 예술성이 떨어지는 사람의 책이나 작품을 읽거나 감상하지는 않을 것이기 때문에, 이때는 교육의 필수조건인 비대칭성이 발생한다. 만약 이 비대칭성이 해소된다면 더 이상 그 책을 읽거나 작품을 감상하지 않게 된다. 아무리 연거푸 읽거나 감상하더라도 계속 이 비대칭성이 남아 있는 책이나 작품을 우리는 "심오하다."라고 말하며, 이런 책이나 작품에 '고전'이라는 이름을 붙인다. 따라서 고전을 남긴 작가나 예술가는 인류 모두의 스승이다.

이렇게 스승과 제자의 관계는 시간의 제약을 뛰어넘는다. 우리는 살아생전 만나 볼 수 없을 만큼 멀리 떨어져 있는 사람, 혹은 이미 사망한 지 오래된 사람을 스승으로 삼을 수 있다. 마찬가지로 만날 가망 없는 멀리 떨어진 누군가, 혹은 우리가 사망한 뒤에야 우리가 남긴 흔적을 통해 공부할 누군가를 제자로 삼을 수도 있다. 역사적으로는 이런 사례가 매우 많다. 가령 맹자는 공자를 자신의 스승이라 불렀지만, 실제로는 공자가 사망한 후 한 세대 뒤에 태어난 인물이다. 쇼팽 역시 모차르트를 평생의 스승으로 삼았지만, 실제로는 그가 사망하고 20년 뒤에 태어난 인물이다.

21세기 들어 크게 발달한 정보통신기술은 스승과 제자의 관계에서 공간의 제약도 제거해 버렸다. TED나 MOOC(온라인공개수업) 등을 통해 태평양, 대서양 건너에서 이루어지는 훌륭한 강의와 강연을 언제든지 들을 수 있고 배울 수 있다. 또 누구라도 탁월한 점이 있는 사람은 유튜브 같은 개방형 매체를 이용해 전 세계 불특정 사람들을 대상으로 전달할 수 있다. 불특정 다수 중 비대칭성이 발생하여 접속하는 사람들이 있다면 스승이 되는 것이다.

이런 의미에서 스승보다는 '선생'이라는 단어가 더 타당해 보인다. 선생은 문자 그대로 '시간상으로 앞선 사람'이라는 의미가 있다. 선생은 해당 분야의 경험을 먼저 알고 배우고 익힌 사람이다. 따라서 아직 모르거나 경험하지 못한, 혹은 나중에 경험하는 사람에게 가르쳐 줄 비대칭성이 발생하는 것이다.

대체로 선생이 스승이 될 가능성이 크긴 하다. 한 세대 정도 먼저 태어난 사람이라면 아무래도 많은 분야에서 상당 시간 동안 계속 앞서 있을 가능성이 크기 때문이다. 하지만 장담할 수는 없다. 사회변동의 속도가 빨라지고, 사회적 상호작용이 전 세계적으로 복잡하게 얽혀 있는 오늘날에는 어디에서 어떤 새로운 지식이 발현할지 모른다. 따라서 이제는 한 세대쯤 먼저 태어났다는 것이 앞서 알고 있음을 보장하지 못하며, 곳곳에서 역사회화(reverse socialization)의 가능성이 발생하고 있다.

교육의 변증법

교육은 모순적인 과정이다. 교육은 어떤 분야에서 두 사람 이상의 사람 사이에 발생하는 탁월성의 차이, 비대칭성을 조건으로 한다. 그런데 교육의 목표는 이 차이를 해소하거나 줄이는 것이다. 즉, 교육의 목표는 자신의 조건을 소멸시키는 것이다(쇼이얼, 1995). 교육의 목표는 교육의 부정, 교육 필요성의 제거다. 그래서 무술이나 바둑처럼 승부를 겨루는 분야에서 제자가 스승을 이겼다는 것은 교육 효과가 100퍼센트 이상 발휘되었다는 사실의 입증이다.

하지만 어디까지나 이론적인 가정이다. 교육이 자신을 부정하는 경우, 즉 선생과 제자 사이의 비대칭성이 소멸하는 경우는 흔히 일어나지는 않는다. 교육의 완성, 비대칭성의 소멸을 향해 달려가는 과정은 마치 무지개를 향해 달려가는 과정과 같다. 매번 목표를 달성할 때마다 달성한 목표에서 비롯되는 새로운 목표가 저 앞에서 손짓한다. 제논의 역설에 나오는 아킬레스와 거북의 경주 같다.

이런 점에서 교육은 전형적인 변증법적인 운동을 한다. 교육은 자기 조건에 대한 부정에서 그 동력을 얻는다. 하지만 완전한 부정에는 결코 이르지 못한다. 그 부정의 과정에서 이미 조건에 변화가 일어나기 때문이다. 교육이 이루어지는 과정에서 배워야 하는 상황에, 가르치고 배우는 사람들에게 변화가 일어나 새로운 비대칭성이 만들어진다.

비대칭성이 발생하는 까닭은 문제를 해결하기 위해서다. 이 문제는 현재 상태의 지식이나 방법으로는 해결되지 않는다. 능동적으로 해결하지 않는 한 계속 부정적인 영향을 주지만 지금까지의 방식으로는 적응하거나 해결할 수 없는 환경의 변화다. 새로운 적응을 위해서는 이전에 알지 못하던 것, 할 수 없던 것, 이전의 자신과는 다른 생각과 행동이 필요하다. 그러니 여기에 필요한 능력과 자원을 갖춘, 즉 비대칭적 위치에 있는 선생이 필요한 것이다.

그런데 사람은 환경 바깥에 서 있는 존재가 아니다. 사람 역시 그 환경을 이루는 부분이다. 선생과 학생 모두 마찬가지다. 따라서 교육의 결과, 선생과 학생 역시 환경 변화의 원인이 된다. 더구나 배워서 문제를 해결하기 위해 환경에 가한 작용이 반드시 원하는 결과를 가져온다는 보장도 없다. 오히려 해결책이 또 다른 문제의 원인이 될 수도 있다. 변증법 용어로 표현하면 현존재에 대한 부정을 통해 성립된 반정립이 다시 자체 모순으로 인해 부정되면서 끊임없이 새로운 문제를 발생시키며 운동한다. 헤겔의 변증법은 정립(정) - 부정(반) - 지양(합)의 과정이지만, 교육의 변증법은 정립(정) - 부정(반) - 부정의 부정(반) - 부정의 부정의 부정(반)……의 무한한 연속이다.

교육은 스스로 필요성을 부정하는 것을 목표로 움직인다. 그런데 자신의 필요성을 부정하는 그 작용이 오히려 끊임없이 필요성을 창출하면서 끝없이 변화, 발전한다. 교육의 필요성이 사라진 상태라고 여겨지는 모든 순간은 다름 아닌 새로운 교육의 필요성이 발생하는 순간이다.

공부가 공부를 낳는다. 실제로 공부를 많이 한 사람일수록 더 열심히 공부한다. 공부의 필요성을 더 많이 느끼기 때문이다. 이들을 점점 더 많은 공부로 몰아넣는 것은 대부분 바로 직전에 공부한 내용에서부터 파생된 것들이다. 공부를 처음 시작하던 순간에는 전혀 예상하지 못했던 것들이다. 교육이 이루어지면 이루어질수록, 공부를 하면 할수록 배우고 익혀야 할 것들은 점점 많아지며, 스승도 제자도 더 열심히 공부하게 된다. 만약 스승이 더는 그 공부를 감당하지 못하면 다른 선생을 찾아야 한다. 공부를 열심히 할수록 만나야 할 선생도 많아진다.

해도 해도 끝이 없는 공부, 이 끝없는 공부를 전통사회에서는 학여불급(學如不及)이라 하여 "배움에는 그 끝이 없는 것처럼 해야 한다."고 말했다. 어찌 들으면 잔혹하게 들린다. 이렇게 끝없이 공부해야 할 이유가 도대체 무엇이란 말인가? 하면 할수록 새로운 공부의 필요성이 생긴다면, 애초에 공부를 안 하는 게 더 합리적인 선택이 아닐까? "아는 것이 병이다."라는 속담처럼?

공부라면 지긋지긋하게 생각하는 사람들에게는 엉뚱하게 들리겠지만, 해도 해도 끝이 없는 공부를 계속하는 이유는 지루함을 피하기 위해서다. 지루한데 공부를 한다고? 책만 보면 잠이 쏟아진다는 사람도 있는 마당에? 하지만 사실이다.

변화가 없으면 지루하다. 변화 없는 상태는 아무런 일도 일어나지 않는 상태가 아니다. 변화 없는 상태는 반복이다. 그런데 이 반복의 리듬은 생명의 근원이기도 하다. 해의 출몰, 심장의 박동, 허파의 호흡. 이 반복의 리듬이 멈추면 모든 생명이 끝난다.

하지만 사람은 여기서 그치지 않는다. 사람은 이 반복의 매 순간에 이전과 다른 차이를 심어 넣는다. 이렇게 반복되는 가운데 차이를 새겨 넣으면서 사람은 그 시간을 우리 외부에서 흘러가는 크로노스의 시간에서 사건과 이야기와 함께 흘러가는 카이로스의 시간으로 바꾼다.

사람은 반복 속에 차이를 새기는 존재다. 그리하여 전에 없던 것, 우연한 것을 발생시킴으로써 지식과 기능을 만들고 얻는다. 이는 본능이라는 도구를 충분히 가지지 않고 거의 텅 비다시피 한 거대한 공구상자를 가지고 태어난 사람의 생존비법이다. 이렇게 반복 속에 차이를 만들어 냄으로써 사람은 그 거대한 공구상자를 채워 나간다.

진화는 즐거움이라는 선물을 준다. 즉, 적응에 도움이 되는 행위를 하면 즐거움을 선사한다. 아니, 거꾸로다. 적응에 도움이 되는 행위에서 즐거움을 느끼는 개체들이 생존해 자손을 퍼뜨렸다(밸컴, 2006). 사람은 새로운 것을 탐구하고 배우는 속에서 즐거움을 느끼는 본성을 타고났다. 반대로 사람은 차이 없는 반복을 괴로워한다. 그것이 바로 지루함이다. 그래서 신을 모욕한 시시포스에게 내려진 가장 무거운 형벌은 사지가 갈기갈기 찢기는 게 아니라 같은 일을 끝없이 반복하는 것이다.

반복하지 않으려면 새로운 것을 찾아야 하며, 새로운 것을 찾으려면 배워야 한다. 배운 것이 익숙해져 반복되기 시작하면 또 배우고, 또 배우고 새롭게 배운다. 그렇게 배움에는 끝이 없다. 배움이라면 벌써 하품이란 반사작용이 튀어나오는 까닭은 반복에 차이를 새겨 넣는 과정이라야 할 배움이 오히려 끝없는 반복으로 전락했기 때문이다. 즉, 교육이라는 이름으로 실은 조련을 했기 때문이다. 배움의 즐거움을 복원하는 것, 반복에서 차이를 생성하는 과정으로서의 교육을 되살려야 한다.

성장한다는 것,
발달한다는 것

"날아라 새들아 푸른 하늘을, 달려라 냇물아 푸른 벌판을. 5월은 푸르구나, 우리들은 자란다. 오늘은 어린이날 우리들 세상"

어린 시절 수없이 불러 보았을, 지금도 해마다 5월 5일이면 울려 퍼지는 어린이날 노래다. 계속 변주되어 나오는 '푸르름'에 주목하자. 하늘도 푸르고 벌판도 푸르고 5월도 푸르다. 아마 우리들(어린이)도 푸를 것이다.

이 푸르름은 청색(blue)을 뜻하는 게 아니다. 우리말에는 파란색 안에 청색과 녹색(green)이 같이 있다. 하늘과 냇물의 청색과 벌판의 녹색이 모두 푸르다고 표현된다. 하지만 "5월은 푸르구나" 할 때 이 푸르름의 이미지를 한꺼번에 끌어안는 것은 바로 벌판, 즉 풀과 나무가 자라는 벌판의 녹색이다. 이 녹색 벌판 위를 뛰어놀며 자라는 어린이를 끌어들임으로써 나무와 풀처럼 무럭무럭 하늘까지 자라는 이미지를 만들어 냈다. 짧은 가사지만 꽤 절묘하다.

성장과 성숙

어린이는 '자라는' 존재다. 아동기와 청소년기를 '한창 자랄 나이'
로 부르기도 한다. 한창 자라기 때문에 잘 먹어야 하고, 한창 자라기
때문에 이런저런 실수도 용서받을 수 있다. 아이들은 자란다. 자라
니까 아이들이다. 그런데 이 노래에서 말하는 '자람'은 녹색이다. 이
는 식물의 것이다. 식물은 양적으로 자란다. 키가 커지고 잎이 무성
해진다. 묘목과 큰 나무의 차이는 오직 이 양적 차이뿐이다. 이런 식
물적인 자람이 성장(growth)이다. 아동기와 청소년기를 성장기라고
한다면 한마디로 세포 수가 늘어난다는 뜻이다. 세포 수가 늘어나면
키가 크고, 부피가 늘고 체중도 늘어난다. 두뇌의 경우는 뉴런의 연
결, 즉 시냅스가 늘어난다.

다른 분야에서도 성장이라는 말은 보통 양적인 확대를 말한다.
'영국의 성장'은 영국이라는 나라의 영토와 인구가 늘어나는 것이
다. 경제의 성장은 1년간 나라 안에서 생산한 상품의 가치가 늘어난
것, 한마디로 쓸모 있는 것을 더 많이 생산하는 것이다. 기업의 성장
은 두말할 것 없이 매출과 영업 이익이 늘어나고, 자본 규모가 커지
는 것이다.

하지만 양적인 성장이 아이를 어른으로 만들어 주지는 않는다. 본
인이 감당할 수 없는 성장, 혹은 특정한 부분과 분야에 치우친 성장
은 오히려 재앙이다. 전체적으로는 조금 덜 성장하더라도 각 부분이
균형 있게 성장하면서 양적으로 확대된 부분을 감당할 수 있어야

한다. 즉, 성숙(maturation)해야 한다. 성숙은 양적인 성장의 한 단계를 마무리하면서 더 많은 성장이 가능한 상태로 만드는 과정이다. 뉴런 수가 늘어나는 게 성장이며, 늘어난 뉴런을 충분히 활용할 수 있도록 연결망을 안정시키는 게 성숙이다(샤퍼, 1999). 키와 몸무게가 늘어나는 것은 성장이고, 근육과 골격이 충분히 튼튼해져 커진 몸집을 감당할 수 있게 되는 것은 성숙이다.

영토가 넓어지고 인구가 늘면 나라가 성장하는 것이고, 법과 제도가 커진 영토와 늘어난 인구를 감당할 수 있는 수준이 되면 성숙이다. 국내총생산이 늘면 경제가 성장한 것이고, 늘어난 국내총생산을 낭비 없이 국민 복리를 위해 잘 쓰면 성숙한 것이다.

성장과 성숙은 나란히 가는 것이 이상적이지만, 대체로 먼저 성장하고 나중에 성숙하는 경우가 많다. 성장한 만큼 성숙하고, 성숙의 바탕 위에 성장하는 식으로 진행되는 것이다. 성숙을 앞지르는 성장은 문제를 일으킨다. 어린이와 청소년의 성장이 그러하다. 어린이와 청소년의 성장 속도는 성숙을 기다려 주지 않는다. 갑자기 커진 몸집이 제 길이와 무게를 감당하지 못해 통증을 느낀다. 뉴런 수가 급격하게 늘어나고, 특히 이 성장이 전전두엽에 집중되면서 갑자기 생각이 많아진다. 신경호르몬의 작용도 활발해진다. 느낌도 민감해진다. 하지만 이 모든 것들이 제대로 정리되지 않아 정서적으로 매우 불안해지거나 우울해진다. 이것이 성장통이다(라이스, 1999).

하지만 성장통은 성숙의 신호이기도 하다. 성숙이 진행되지 않는다면 성장통도 없이 거대해진 시스템이 그냥 무너지고 만다. 성장통

은 몸과 마음이 성장을 감당하려 애쓰고 있다는 신호다. 성장의 속
도를 조금 늦추고 잠시 기다려달라는 신호이기도 하다. 성숙은 재촉
한다고 빠르게 되지 않는다. 느긋하게 속도를 늦추고 기다려야 한다.

충분히 성숙하기 전에 새로운 성장을 요구하거나 혹은 빨리 성숙
하라고 재촉한다면 '성장통'은 단지 하나의 증상을 넘어 '성장질환'
이 되고, 나아가 만성질환이 되고 만다. 특히 마음의 경우가 더 심각
하다. 신체의 성장을 재촉하는 경우는 많지 않다. 어차피 신체의 성
장을 재촉할 수 없다는 건 상식적으로 알고 있다. 하지만 마음의 경
우는 더 많은 지식을 쑤셔 넣는다거나, 훈육을 더 엄하게 한다거나
하면서 재촉하는 경우가 많다. 대치동 밤거리를 맥없는 모습으로 채
우는 어린이와 청소년은 대부분 성숙 속도를 크게 앞서는 마음의
성장을 강요받고 있다.

얼른 보면 남보다 성장이 빨라 기특하고 대견해 보인다. 자기 학
년보다 훨씬 위 학년의 지식을 알고, 까다로운 수학 문제를 풀고, 영
어책을 읽는다. 하지만 실제로는 성장과 성숙의 균형이 맞지 않아
몸과 마음이 망가지고 있다. 어느 한 분야에서 과도하게 성장이 이
루어지고 있다면 다른 분야의 성장 동력을 가로채고 있다는 뜻이다.
성숙의 과정이 제대로 이루어지지 않은 채 성장만 계속된다면 결국
그 무게를 이기지 못하고 스스로 무너지고 만다. 스스로 감당할 수
있는 수준 이상으로 영토를 넓힌 로마제국이 끝내 무너진 것처럼.

성장과 성숙이 이루어지는 곳이기에 학교는 오랫동안 '정원'으로
비유됐다. 근대 유아교육의 선구자 프뢰벨이 자신이 세운 교육기관

을 '어린이의 정원'('Kindergarten'이란 독일어를 영어에서는 그대로 사용하고, 한·중·일에서는 이를 한자로 옮겨 '유치원'이 되었다)이라 불렀듯이 말이다. 어린이날을 5월에 정한 것도 식물이 가장 무럭무럭 자라는 계절이기 때문이다.

교육자 또한 종종 농부나 정원사에 비유된다. 농부는 식물을 재배할 때 여러 가지 조건, 가령 물, 흙, 햇빛 등을 가장 적합하게 갖추는 데 온 힘을 다할 뿐, 식물 자체에는 쉽사리 손을 대지 않는다. 나무를 잡아당긴다고 더 빨리 자라지 않는다. 보챈다고 열매가 더 빨리 익지도, 과육이 더 풍부해지지도 않는다. 오히려 손을 자꾸 대면 해롭다. 농부가 부지런히 환경을 맞춰 주면 식물은 알아서 잘 자라고, 때가 되면 알아서 풍성한 열매를 맺는다.

아이들도 그러하다. 아이들에게 필요한 것은 적절한 영양과 안전, 그리고 성장에 유리한 여러 가지 긍정적인 자극이 있는 환경이다. 어른이 할 일은 이러한 환경을 잘 갖춰 주고, 해로운 것을 제거해 주는 것이지, 아이들의 성장 과정에 직접 개입하는 것이 아니다. 구태여 아이들에게 자꾸 손을 대거나 빨리 더 많이 자라라고 재촉할 필요도 없다. 부모의 초조하고 불안한 마음이 아이들의 성장을 촉진하지 않는다. 오히려 초조해하고 불안해하는 모습이 아이들의 성장 과정에 부정적인 자극으로 작용할 위험이 더 크다. 아이들은 적절한 환경만 갖춰 준다면 알아서 잘 자란다.

그런데 이때 빠지기 쉬운 오류가 완벽한 환경의 오류다. 적절한 환경을 마치 온실 같은 것으로 착각하는 것이다. 모든 식물은 생장하는 지역의 환경에 적응한 것들이다. 덥고 습한 날씨가 식물의 성장에 유리하다고 사방을 차단하고 덥고 습한 날씨를 인위적으로 조장하면, 그 식물은 겉보기에는 무럭무럭 자라겠지만, 결코 튼튼하게 자라지는 않는다. 설사 각 식물에 가장 적합한 환경을 맞춰 주었더라도, 그런 식물은 적응력이 떨어져 온실 밖에 심으면 바로 죽어 버릴 것이다.

아이들도 마찬가지다. 모든 것을 갖춰 줄 필요는 없다. 치명적인 유해 요인만 적절히 통제된 정도의 환경이 가장 적절한 환경이다. 유해 요인이 전혀 없이 오직 유익한 요인들로 가득 채워진 환경은 오히려 아이를 망친다. 남은 평생 그런 환경에서 살아가게 할 것이 아니라면 아이의 미래를 말살하는 위험한 환경이다. 자연은 특별한 경우가 아니면 부모가 자녀보다 먼저 죽도록 한다. 그러니 저런 환경은 부모가 자신의 마음을 안정시키기 위해 조성한 것이지, 자녀를 위해 조성한 것이 아니다. 이는 사랑이 아니라 이기심이다(코르착, 1983).

양적인 성장, 질적인 발달

성장과 성숙이면 충분할까? 이게 교육의 전부라면 교육자의 역할이 너무 수동적이지 않을까? 실제로 낙관적이거나 낭만적인 교육관을 가진 교육자들은 성장과 성숙을 교육의 목표로 삼고, 정원사나 농부의 역할 정도로 교육자의 역할을 제한한다. 아이들은 적절한 환경과 지나치지 않은 보호만 있으면 훌륭한 어른으로 자라날 힘을 스스로 가지고 있으니 교육자는 되도록 개입하지 말고 기다릴 줄 알아야 한다는 것이다. 심지어 도널드 핀켈은 '침묵으로 가르치기'를 제안한다(핀켈, 2000).

이들의 주장에도 타당한 측면이 있다. 실제로 교육, 특히 우리나라 교육은 아이들에게 너무 손을 많이 댔다. 핀켈이 주장하는 것 역시 아무 말도 하지 말라는 것이 아니다. 학생이 생각하고 말할 여유를 주라는 것이다. 하지만 이런 주장을 과장하면 교육의 주체가 학생이라는 잘못된 생각으로 빠지게 된다.

이런 낭만적 교육관은 사람의 본질이 선하다고 전제한다. 세상의 모든 악과 무지는 제대로 배우지 못한 탓이 아니라 제대로 자라지 못한 탓이며, 제대로 자라지 못한 까닭은 자연스러운 성장의 속도를 무시한 채 무리하고 인위적인 개입을 한 데 있다는, 즉 잘못된 교육 때문이라는 것이다. 여기서 말하는 잘못된 교육은 대개 지나친 개입, 과도한 교육이다.

교육뿐 아니라 대부분 진보주의 사상이 선한 성장의 인간관에 기반을 두고 있다. 가령 사회주의는 인위적으로 조작되고 왜곡된 사회 구조가 아니라면 사람들은 탐욕을 부리지 않고 공동체 구성원들끼리 자원을 적절히 분배할 것이라는 믿음을 전제한다. 진보주의 교육은 교육자의 개입을 줄이고 아이들이 자연스럽게 자라게 한다면 훌륭한 성품을 바탕으로 저마다 타고난 소질과 적성에 따라 성장할 것이라는 믿음에 기반하고 있다. 식물의 씨앗이 겉보기에는 비슷해도 적절한 성장 조건만 갖춰 주면 사과, 배, 딸기, 수박, 쌀, 밀 등 다양한 열매를 맺어 내듯, 아이들 역시 자연스러운 성장 조건만 갖춰 주면 각자 타고난 소질과 특징을 발현해 의사, 과학자, 철학자, 농부, 기술자, 교사 등으로 자랄 것이라는 가정이다.

하지만 이 착하디착한 성장의 교육관은 엉뚱하게도 교육 그 자체를 부정해 버리는 모순에 빠진다(몰렌하우어, 1983). 아직도 많은 교육자의 심금을 울리는, 시인 워즈워스의 "어린이는 어른의 스승"이라는 경구를 문자 그대로 받아들이는 식이다. "믿고 맡겨 두고 기다리면 아이들은 스스로 내면의 힘을 발휘하여 문제를 해결하고 성장한다."라는 말은 매혹적으로 들리지만, 사실은 매우 무책임하다. 실제로 믿고 맡겨 두고 기다렸을 경우, 아이들은 내면의 힘을 발휘하기보다는 혼돈 상태에 빠지거나 불안해하는 경우가 훨씬 더 많다.

심지어 교육에서의 비대칭적인 관계를 일종의 권력 – 지배 관계로 해석하고 그 관계를 역전시키는 것이 진보이며 해방이라는 과도한 주장을 하는 진보주의자들도 있다. 푸코의 영향을 받은 것으로 보이는 이들은 교육과 학교에서 일어나는 모든 현상을 권력 – 지배 관계로 환원시킨다. 이런 논리를 따라가면 교육에서 진보란 교사와 학생의 주도권 다툼에서 학생 손을 들어주는 것이 된다.

실제로 일부 교육관료는 진보교육감에게 잘 보이기 위해 '학생중심교육'이라는 말을 만들어 유포하기도 했다. 교육을 이렇게 주도권, 중심성의 문제로 바라보면서 '교사의 개입이 적을수록 혁신적이고 진보적인 교육'이라는 착각이 널리 유포되기도 했다. 몰렌하우어는 이런 식의 그릇된 사고방식을 아예 '반교육학'이라고 불렀다.

그런데 성장과 성숙만으로 아이들이 어른이 될 수 있다고 믿는다면 반교육학이라 불리는 관점이 옳다. 농부나 정원사는 식물을 교육하지 않는다. 식물에 어떤 변화를 끌어내려 하지도 않는다. 다만 조건을 갖춰 주고 자연의 시간표를 기다릴 뿐이다.

만약 아이들도 그렇다면 대체 교육이 무슨 소용이 있을까? 충분히 학습할 수 있을 정도의 지적 성장과 성숙이 이루어질 때까지 치명적인 위험에 처하지 않도록, 또 오염된 문명과 문화에 노출되지 않도록 환경만 잘 다듬어 주고 기다리면 아이들은 알아서 책을 보고 자연을 탐구하며 지식을 익혀 나갈 것이다. 타고난 소질을 계발하여 다양한 종류의 어른으로 자라날 것이다.

하지만 이 목가적이고 낭만적인 전제를 받아들이고 싶지 않다. 이래서야 인류에게 무슨 발전이 있고 진보가 있겠는가? 사람됨은 타고난 유전자의 한계를 넘어서는 발전을 이루고 이를 교육을 통해 퍼뜨리고 전수하는 과정에서 이루어진다고 했다. 하지만 자연스럽게 발현되는 성장이라면 사실상 유전자의 노예가 되는 것과 구별하기 어렵다. 심지어 숙명적으로 들리기까지 한다.

이런 관점은 교육자에게는 체념과 달관을 요구한다. 교육자가 할 수 있는 일이란 아이들이 어떤 방향으로 성장할지 그 운명을 발견하는 것뿐이다. 하지만 실제 인류의 역사는 끊임없이 새로운 일, 새로운 역할을 창출하면서 진행됐다. 성장과 성숙에는 이런 역동성과 발전의 여지가 없다.

사람이 자라는 과정에 성장과 성숙 이상의 무엇이 있다는 뜻이다. 사실 성장과 성숙이 이루어졌다는 것은 자라는 과정에서 하나의 출발점에 불과하다. 다른 사람과 세상에 그 수준만큼 상호작용하며 학습할 수 있는 준비가 드디어 되었다는 뜻이다. 진짜는 그다음부터 시작된다.

우리는 마냥 어린 줄 알았던 어린아이나 청소년이 이전과는 전혀 다른 방식으로, 즉 의젓하게 생각하고 행동해서 놀라는 경험을 한다. 이때 우리는 이런 말을 한다.

"아니, 이 녀석이 언제 이렇게 컸지?"

'컸다'라는 말이 양적인 의미가 아니라는 것은 명백하다. 어느 날 문득 자녀의 키가 자신과 비슷해진 것을 발견하거나 힘이 더 세진 것을 발견했을 때도 역시 "이 녀석이 이렇게 컸네." 하고 말하지만, 저 큼과 이 큼의 의미는 분명히 다르다.

심지어 어른에게도 "많이 컸다."라는 말을 쓰기도 한다. 어른이라도 이전보다 합리적이고 현명한 판단을 내리는 경우가 늘어나면 "그 친구 많이 컸다."라고 말한다. 물론 이 경우에도 양적인 성장을 말하는 것이 아님은 분명하다.

이처럼 사람은 양적으로는 전혀 자라지 않았음에도 자란다. 주로 질적인 변화다. 구조가 달라지거나, 방법이 달라지거나, 이전과 전혀 다른 존재로 바뀌는 것이다. 이런 질적인 변화에 사용하는 용어가 발달(development)이다. 아이가 자라 어른이 되는 과정은 성장의 과정이기도 하지만 발달의 과정이기도 하다. 아이는 몸과 마음이 양적으로 커질 뿐 아니라 질적으로 달라진다. 아예 다른 사람이 되는 것이다.

사람은 '정체감'이라는 습성으로 인해 자아를 연속되는 주체로 인식한다. 하지만 잠시 마음의 실험을 해 보자. 10년 전의 나와 지금의 나는 얼마나 비슷하며 얼마나 다른가? 과연 그 두 '나'를 다른 사람이 각각 따로 만났다면 같은 사람이라고 느낄 수 있을까? 상당히 다를 것이다.

더구나 아이와 그 아이가 자란 어른은? 이 둘이 단지 양적인 차이일까? 아이가 충분히 자라면 어른이 되는 것일까? 어린아이와 어른의 차이, 단지 신체뿐 아니라 생각이나 행동의 차이가 단지 살아온 시간이 더 적다는 양적인 차이에 불과한 것일까? 당연히 그렇지 않다. 아이와 어른 사이에는 단지 양적인 차이로만 설명하기 어려운 질적인 차이가 있다. 심지어 다른 종처럼 느껴지기도 한다. 유아의 행동은 어른보다는 차라리 개나 고양이에 더 가깝다.

아이는 성장할 뿐 아니라 발달한다. 아이는 여러 단계를 거치며 질적으로 다른 존재가 되어 간다. 어른이 된다는 것은 몸집이 커질 뿐 아니라 새로운 단계의 존재가 되는 것이다. 이것이 발달이다.

발달은 유전자 프로그램이 아니다. 유전자에 프로그램된 것은 발달의 가능성뿐이다. 발달은 적절한 성장과 성숙과 더불어 이루어지는 세상과의 상호작용, 즉 삶의 경험을 통해 이루어진다. 성장은 유전자에 담긴 정보가 실현되는 과정이다. 유전자에는 다 자란 상태의 사람에 대한 정보가 담겨 있다. 그 이상 자라지도 않는다.

교육자가 있건 없건, 사회 속에 있건 외딴 섬에 홀로 있건, 영양만 계속 공급받을 수 있다면 성장은 계속 이루어진다. 하지만 이렇게 성장만 계속한 사람은 설사 키가 180센티미터가 넘는 거구에 묵직한 바리톤으로 말할지라도 문명의 주체인 사람과는 거리가 멀 것이며, 기본적으로 어린아이와 사고와 행동이 크게 다르지 않을 것이다. 루소가 "천진난만한 야만인"이라고 불렀듯이.

아이가 그내로 자라서 어른이 되는 것이 아니다. 빌달의 과정을 거치지 않으면 그냥 덩치 큰 아이에 불과하다. 성장이 자연적인 과정, 생물학적인 과정이라면 발달은 후천적이고 사회문화적인 과정이다. 물론 루소가 말한 "천진난만한 야만인"은 존재하지 않는다. 아무리 "야만인"이라 할지라도 나름의 사회 속에서 살고, 따라서 사회문화적으로 형성된 어른과 아이의 차이가 있을 것이기 때문이다. 다만 그 사회의 복잡성에 따라 발달 정도의 차이가 날 것이다. 비교적 단순한 사회에서는 아이와 어른의 질적인 차이가 크지 않을 것이고, 복잡한 사회에서는 여러 단계의 발달을 거쳐 상당히 다른 존재가 될 것이다.

사회의 규모와 복잡성 정도에 따라, 그 구성원으로 제 노릇을 해야 하는 어른에게 요구되는 발달의 정도 또한 다르다. 교육은 단지 성장을 돕는 것이 아니라 사회가 요구하는 발달 수준에 이르도록 하는 것이다. 단지 기다려 주는 정도, 적절한 환경을 갖추어 주는 정도로는 부족하다. 교육은 사회적 요구와 학생의 상태 사이에서 매개자가 되어야 한다. 그사이의 격차가 크면 더 적극적으로 이를 줄여야 하며, 다양한 방법을 개발하고 동원해야 한다.

사회적 요구는 시대와 상황에 따라 달라진다. 시대와 상황은 기다려 주지 않으며 언제든지 새로운 요구를 한다. 대체로 요구하는 발달 수준이 갈수록 높아지는 경향이 있다. 그렇다고 성장과 성숙을 넘어서는 발달을 요구할 수는 없기 때문에 교육 시간이 늘어난다. 사회가 발전할수록 교육을 충분히 받았다고 인정되는 학령기가 길어지는 이유다.

이 발달에 바로 사람됨의 본질이 들어 있다. 사람은 발달하는 동물이다. 사람은 성장기도 길지만, 발달기는 더 길다. 사실상 사람은 평생에 걸쳐 발달한다. 성장을 마친 다음에도 사람의 발달 과정은 멈추지 않는다. 심지어 신체도 그렇다.

사람의 신체는 20세를 전후한 시기에 성장을 멈춘다. 하지만 사람의 신체는 그 이후에도 계속 더 강해지고 효율적으로 된다. 근육과 지방의 비율이 조절되고, 근육과 관절을 효율적으로 사용하는 방법을 익히고, 이런 방법이 소뇌에 저장된다. 이러한 변화는 양적으로는 전혀 성장하지 않고, 심지어는 오히려 위축되기까지 하는 신체에서 더 큰 힘을 끌어낸다.

1990년대만 해도 야구선수에게 30세는 은퇴를 준비하는 나이였다. 하지만 오늘날 야구선수들은 30~35세 사이에 오히려 전성기를 누린다. 20년 만에 사람의 유전자가 달라지지는 않았을 것이다. 30세 이후 신체능력의 쇠퇴가 진행되는 것은 그때나 지금이나 마찬가지다. 하지만 오늘날의 선수들은 신체를 활용하고 관리하는 새로운 방법, 경기를 운영하고 관리하는 정신적인 능력을 개발하고 연결 지으면서 전체적인 경기력을 향상했다. 선수로서 새로운 발달단계에 들어선 것이다.

정신적인 발달은 더욱 극적인 모습을 보여 준다. 사람의 두뇌는 사실상 출생 후 3년 사이에 대부분 성장을 마친다. 그리고 대체로 14세 이후에는 뉴런의 숫자는 물론 시냅스도 늘어나지 않는다. 그런데 사람의 정신능력 발달은 오히려 청소년기에 일어난다. 이 발달은 성장 관점에서 보면 오히려 역성장에 가깝다. 신경 연결망을 확장하는 것이 아니라 오히려 축소하기 때문이다. 비유하자면 무성하게 펼쳐진 연결망에 가지치기하는 과정이 인지발달 과정이다.

이 가지치기는 유전자에 정해진 프로그램대로 이루어지는 것이 아니다. 유전자에 정해진 프로그램은 '헵의 법칙'이라고 불리는 매우 단순한 규칙 두 가지뿐이다(Hebb, 1949).

1. 두 개의 뉴런 A, B가 서로 반복적이고 지속적으로 점화(firing)하여 어느 한쪽 또는 양쪽 모두에 어떤 변화를 일으킨다면 상호 간 점화의 효율은 점점 커지게 된다.
2. 뉴런은 서로 다른 연결망에 속할 수 있으며 이 중 보다 효율적인 연결망 쪽이 강화된다.

이 두 법칙은 사람이 태어나면서부터 가지고 있다. 하지만 그 이후의 결과는 경험에 따라 달라진다. 경험은 한두 번 보고 듣거나 체험한 것이 아니다. 충분히 반복되거나 아주 강한 효과를 남겨 거의 영구적인 뉴런 연결망을 확보한 행위, 그러한 체험의 덩어리가 경험이다.

모든 사람은 경험의 가능성을 가지고 태어난다. 또한 모든 사람은 의미 있는 경험을 영구적인 뉴런 연결망으로 만들어 보존할 능력과 가능성을 가지고 태어난다. 하지만 연결망의 모습은 저마다 다르다. 심지어 일란성 쌍생아라 할지라도 다르다. 흔히 40세 이후 얼굴에 살아온 인생이 기록된다고 한다. 하지만 가장 정확한 기록은 뉴런의 연결망이다. 뉴런의 수나 연결망 형성의 속도는 유전자가 정할지 모른다. 하지만 그 결과 어떤 연결망이 형성될지는 살아온 경험이 정한다. 어떤 경험을 하느냐에 따라 높은 수준의 발달을 할 수도, 거의 발달하지 못할 수도 있다.

사람의 발달, 특히 인지발달을 등산로가 생기는 과정에 비유해 보자. 등산로들은 누가 만들었을까? 아무도 모른다. 왜 하필 그런 길들이 생겼을까? 여기에는 분명 과학적이고 합리적인 이유가 있다. 가장 짧은 거리라거나, 경사도가 완만하다거나, 위험 구간이 없다거나 등등. 하지만 그 이유가 먼저 밝혀지고 그에 따라 길이 생긴 것이 아니다. 길이 먼저 생기고, 나중에 따져 보니 그런 이유가 있을 뿐이다.

어떤 경로에 등산로가 형성되기 쉬운지 예상할 수 있는 일반적인 원리는 있다. 봉우리와 봉우리 사이의 잘록하게 낮은 부위에 산을 넘어 다니는 고갯길이 생길 것이다. 봉우리와 봉우리 사이는 능선을 따라 길이 생길 것이다. 고개를 넘어가는 길은 주로 골짜기를 따라 길이 생길 것이다. 전국의 모든 국립공원 탐방로 정보를 수집해서 패턴을 분석하면 이런 결과가 나온다. 하지만 이는 결과일 뿐이다. 실제로 등산로는 우연히 지나다니는 사람들의 수많은 발자국이 겹치고 겹쳐 형성된다.

그 과정은 성공과 실패, 선호와 비선호의 연속이다. 누군가가 산길을 간다. 그 사람에게는 어느 길이 최적 경로인지에 대한 사전 정보가 없다. 다만 갈 만한 길이라면 계속 갈 것이고 아니면 다른 길을 찾을 것이다. 그 과정에서 발자국과 흔적이 남는다. 이제 다른 사람이 그 산길을 간다. 우선 먼저 남아 있던 흔적을 따라갈 것이다. 갈 만하면 계속 그 흔적을 따라갈 것이고, 마음에 들지 않으면 다른 경로를 찾는다. 이런 과정이 수천 회 이상 반복된다면? 결국 최적 경로에 가까운 코스에 발자국이 늘어나며, 이후 그 길에 들어서는 사람들은 발자국이 가장 많은 경로를 추종함으로써 이를 강화할 것이다.

하지만 이렇게 형성된 등산로가 반드시 최적 경로라는 보장은 없다. 처음 이 지역을 통과한 사람들이 지나간 코스가 최적 경로는 아니더라도 비교적 안전하고 편안하게 지나갈 수 있다면 그 뒤를 따르는 사람들은 굳이 최적 경로를 악착같이 찾지 않고 이미 형성된 길을 따라갈 것이다. 최적 경로가 줄 수 있는 약간의 편익보다는 새 경로를 찾는 탐색 비용이 더 클 것이기 때문이다. 하지만 누군가가 이 비용을 감수하고 최적 경로를 기어코 찾아내면 이후 발자국들은 그리로 몰려들 것이다.

이런 식으로 등산로는 최적 경로를 향해 수렴되는 과정에서 여러 코스를 남겨 둔다. 최적 경로나 이에 준하는 길은 발자국이 집중되면서 점점 뚜렷해지고 그렇지 않은 경로는 지나다니는 사람들의 흔적이 점점 희미해진다. 국립공원관리공단이나 산림청은 가능하면 최적화된 경로를 중심으로 등산로를 정비하고 희미한 길을 '비법정 탐방로'로 지정하여 차단한다. 그러면 그 희미한 길은 지나다니는 사람이 사라지면서 결국 풀과 나무에 덮여 사라지고 말 것이다.

이제 이 등산로가 형성되는 과정을 학습과 발달의 과정으로, 사람들이 길로 다니는 것을 경험이라고 생각해 보자. 사람의 두뇌는 유연하고 가소성이 뛰어나다. 어느 방향으로든 길이 만들어질 수 있다. 어떤 경험을 하는가, 또 어떤 경험이 의미 있을 정도로 반복되는가에 따라 발달의 경로와 수준이 정해진다.

사람마다 두뇌와 뉴런은 대체로 차이가 없다. 이 뉴런들이 어떤 연결망을 형성할 것인가는 이후 경험에 따라 정해진다. 경험을 통해 강화된 연결망은 점점 확고해지고, 추가적인 경험이 없는 연결망은 점점 사용되지 않아 희미해지다가 다른 연결망에 흡수된다.

하지만 경험하는 대로 연결망이 만들어지는 것은 아니다. 바로 발달의 단계가 있기 때문이다. 발달은 보편적이면서 동시에 특수성을 가지는 과정이다. 아무리 발달이 경험의 결과라 하더라도 발달의 대체적인 경로나 순서는 사람이라는 종에 속한 이상 보편적이다. 몸과 마음의 성숙 정도에 따라 경험의 수준도 다르다. 즉, 같은 경험을 해도 몸과 마음의 성숙 수준에 따라 다른 수준의 경험이 된다.

대체로 이 경험의 수준은 감각적, 구체적, 추상적 순서로 높아진다. 감각기관으로 확인되는 것만을 경험할 수 있는 단계, 감각기관의 경험이 만들어 낸 여러 표상을 이용하여 경험할 수 있는 단계, 그리고 아무런 표상 없이 순전히 개념만으로 경험할 수 있는 단계. 자라면서 경험의 질과 수준이 달라지는 것이다.

이를 등산로를 찾아다니는 능력에 비유할 수 있다. 처음에는 직접 다니면서 길을 찾는다. 이런 경험이 충분히 쌓이면 지형을 읽으면서 길을 추리해 낼 수 있다. 이 경험이 다시 충분히 쌓이면 산에 가지 않고 지도나 위성사진만 보고도 최적 경로를 찾아낼 수 있게 된다. 앞 단계의 경험이 충분하지 않으면 다음 단계로 넘어가기 쉽지 않다. 이 과정이 발달이다. 뱀은 생애의 일정 시기마다 허물을 벗으며 점점 몸집을 키워 가지만, 사람은 일정 단계의 발달을 거치면서 지적으로 정서적으로 점점 고차적인 존재로 올라선다.

발달단계를 둘러싼 다양한 입장들

루소 이전에는 어른과 아이를 단지 양적인 차이로만 인식했다. 아이는 몸이 덜 자라고, 마음이 덜 자라고, 지식과 경험이 부족한 미숙한 사람으로 여겼다. 아이를 그렇게 바라보았으니 교육은 부족한 것을 채워 넣는 과정으로 여겨졌다. 지식과 도덕을 채워 넣어 어른으로 만든다는 것이다. 내용의 난이도만 다를 뿐 아이나 대학생이나 기본적으로 같은 방식의 교육이 이루어졌다. 과제를 주고 암송하고 반복 훈련을 한다.

하지만 루소는 어린아이는 어린아이의 과제가 있고, 소년은 소년의 과제가 있고, 어른은 어른의 과제가 있다고 보았다(루소, 1762). 어린아이의 교육은 훌륭한 어린아이로 완성되는 것이지 어른이 되는 것이 아니다. 따라서 아동기, 청소년기의 교육은 내용뿐 아니라 목적과 방법에서도 전혀 달라야 한다. 루소는 그 전환기를 대략 14세 전후, 즉 흔히 말하는 사춘기, 청소년기로 보았다. 이 시기를 경계로 감성의 동물인 사람이 이성의 동물로 제2의 탄생을 하기 때문이다. 이 순서가 맞느냐 틀리느냐는 따지지 말자. 중요한 것은 아동기와 청소년기 이후의 사람을 같은 사람이 아니라 다른 종류의 사람으로 보았다는 점이다.

루소는 어른과 어린아이는 그사이 여러 차례 발달단계를 거친 질적으로 상당히 다른 존재라는 점을 명확히 했다. 따라서 어른에게 해당하는 교육의 양을 줄인다거나 수준을 낮춘다고 어린아이에게 적합한 교육이 되는 것이 아니다. 어린아이에게는 어린아이에 적합한 교육, 어린아이 수준의 발달 목표가 따로 있다고 보았다. 발달 수준에 맞지 않는 교육은 성장을 촉진하는 것이 아니라 오히려 정상적인 발달 경로를 왜곡하여 몸과 마음을 상하게 한다.

그러나 루소는 발달단계를 너무 단순하게 생각했다. 어린아이는 감성이 발달하는 시기이며, 사춘기 이후가 이성이 발달하는 시기라고 보고 어린아이에게는 자연을 벗 삼아 감성을 기르는 교육을 해야 하고, 청소년기 이후에야 주지적인 교육을 해야 한다는 그의 주장은 그대로 받아들이기에는 너무 순진하다. 실제로 루소의 말에 따라 12세가 될 때까지 학문적 교육을 하지 않고 거의 문맹 수준으로 방치했다가 자녀교육에 실패한 사례들이 있었다. 심지어 페스탈로치도 그중 하나였다.

하지만 선구자에게 디테일까지 요구할 수는 없는 법. '발달 수준에 맞는 교육'이라는 기본적인 발상 자체는 여전히 유효하다. 루소는 유럽 상류층 부모의 자녀양육 방식을 바꾸었다. 영유아기의 발달단계가 최대한 친밀감을 키우는 것이라는 점을 받아들인 유럽의 귀족들이 어린 자녀를 농가에 맡겨 두고 사교생활을 즐기던 예전 풍속을 버리고, 모유를 먹이고 직접 아이를 키우는 방식을 받아들였던 것이다.

19세기 후반 이후 심리학이 성장하면서 발달을 심리학적으로 연구한 학자들이 줄을 이었다. 이 중 피아제, 비고츠키, 콜버그, 에릭슨 등이 손에 꼽힌다.

피아제는 사람의 발달을 인지적 측면과 도덕적 측면에서 관찰하고 이론으로 제시했다. 그런데 도덕발달 과정 역시 인지발달 과정과 상당히 중첩되기 때문에 사실상 인지발달 이론이다. 피아제의 발달단계 이론의 핵심은 사람은 성장할 때마다 특정 단계의 인지발달 과정을 거치며, 각 인지발달단계가 세계를 인식하고 해석하는 방법과 수준을 규정한다. 따라서 발달단계를 넘어선 교육은 아무리 많이 해도 소용없다. 아무리 높은 수준의 교육 내용을 쑤셔 넣더라도 아동은 자기 발달단계 수준에서 이를 받아들이기 때문이다(샤퍼, 1999).

사람은 각자 나름의 인지구조(스키마)를 가지고 있다. 이 인지구조가 질적으로 새로운 방식으로 재구성되는 것이 발달이다. 이 발달은 새로운 자극을 얼마나 적절히 처리해 낼 수 있느냐에 따라 정해진다. 새로운 경험을 할 때 사람은 기존의 스키마에 이를 포함하려 한다. 이를 위해 새로운 경험을 기존 스키마에 맞춰 해석하여 통합한다. 그런데 이 통합이 이루어지지 않으면, 즉 새로운 경험이 기존의 스키마로 해석되지 않으면 불균형 상태가 발생한다. 이 혼란한 상태를 수습하려면 스키마를 새롭게 재구성하거나 아니면 경험을 기존 스키마에 맞춰 재해석해야 한다. 이 과정이 조절이다. 이러한 동화와 조절의 과정이 적절하게 이루어질 때 사람은 인지구조를 점점 고차적인 수준으로 발달시킬 수 있다.

하지만 동화와 조절이 불가능한 수준의 경험은 어떻게 될까? 즉, 기존의 스키마로 해석할 여지조차 없는 그런 경험은? 이런 경우는 조절에 실패하면서 불균형 상태가 계속된다. 해결되지 않은 불균형이 바로 스트레스의 원인이다. 이는 아이의 마음에 지속적인 상처를 남긴다. 무분별한 조기교육은 사실상 아동학대나 다름없는 까닭이다. 존 스튜어트 밀 같은 천재조차 어린 시절의 조기교육이 자기 마음에 깊은 상처를 남겼다고 회고했고, 오랫동안 우울증으로 고생했다. 아이들은 자신의 발달단계에 맞는 수준에서 풍부한 경험을 통해 마음을 키워 나가야 한다.

한편 피아제와 같은 시대를 살았던 러시아의 발달심리학자 비고츠키는 피아제의 이론이 가지는 발달의 의미를 높이 평가하면서도 동시에 발달이 마치 아동만의 힘으로 자동으로 이루어지는 과정처럼 보이는 오해의 여지를 남겼다고 비판했다(Vygotsky, 1962). 비고츠키가 보기에 피아제는 인지발달 과정에서 마치 아동이 개인으로서 세계와 상호작용하는 것처럼 주장한다. 하지만 실제 인지발달 과정은 사회적, 집단적 과정이며, 이러한 사회적, 집단적 역동 없는 인지발달은 명백히 한계를 가진다.

비고스키는 사람의 여러 인지능력 중 직접 대상과 그 표상을 다루는 저차적 사고능력, 상징과 추상을 다룰 수 있는 고차적 사고능력을 구분하고, 저차적 사고에서 고차적 사고로의 발달 과정은 자연적인 과정이 아니라 사회적인 과정이라고 주장했다. 특히 이미 고차적 사고의 단계에 들어선 어른이라는 매개 없이는 불가능하다고 주장한다(Vygotsky, 1986).

비고츠키에게 인지발달 과정이란 사회적 역동의 과정이다. 이 사회적 역동은 서로 다른 능력을 갖춘 복수의 사람 간의 상호작용을 통해 서로 비계가 되어 줌으로써 일어난다. 이 복수의 사람은 제각각 서로 다른 영역에서 다른 사람보다 높은 단계에 있기 때문에 여러 다양한 상황에서 서로의 사다리가 된다. 이때 이미 고차적 사고의 단계에 도달한 사람의 도움, 즉 교육자의 역할이 중요하다. 교육자는 더욱 높은 발달단계와 아동의 현재 발달단계 사이에 아동이 서로 협력하여 도전할 수 있는 수준의 발달영역(근접발달영역)을 조성함으로써 발달을 이끈다. 이러한 의도적이고 사회적인 개입이 없다면 자연적 발달은 저차적 사고능력의 범위를 넘어설 수 없다.

안타깝게도 비고츠키의 이론은 종종 영재교육으로 오해되어 과도한 사교육을 정당화하기도 한다. '어른이 의도적으로 높은 발달단계의 과업을 조성하면 아동의 발달이 자연적인 범위를 추월할 수 있다.'라는 식으로 왜곡되어 과도한 선행학습을 하는 사교육업자의 광고문구에 등장하는 것이다. 하지만 이는 비고츠키에 대한 모욕이다. 근접발달영역이 어디까지나 '근접'이라는 데 유의해야 한다. 어디에 근접했다는 것일까? 바로 아동의 잠재적 발달영역이다.

아동의 발달단계를 한참 넘어서는 과업을 미리 제시하고 억지로 끌어당긴다고 해서 발달이 더 빨리 일어나지 않는다. 오히려 아동에게 깊은 좌절감만 안겨 다음 단계의 발달로 나아갈 내적인 힘과 동기를 잃어버리게 할 뿐이다. 비고츠키가 강조한 것은 선행학습이 아니다. 학습과 발달이 개인적인 과정이 아니라 집단적인 역동이라는 것, 그리고 이 과정에서 학생의 발달단계를 넘어선 동료의 도움이 결정적이라는 것이다. 이는 유능한 동료, 선배 등 누구라도 될 수 있으나, 역시 전문적인 교사가 담당하는 것이 가장 효과적이다. 따라서 루소와 그 후예처럼 "이성이라는 손님이 자연스럽게 찾아올 때까지" 아동을 자연스럽고 자유롭게 풀어 두어서는 절대 "이성적인 존재"의 단계에 들어서지 못한다.

비고츠키가 제시한 발달에 대한 새로운 관점은 실제로 14세에 이미 도달했어야 할 추상적인 사고 수준의 인지를 발달시키지 못한 성인이 매우 많다는 경험적 자료를 통해 증명되었다. PIACC(국제성인문해력평가) 결과는 우리나라 성인의 거의 절반이 중학교 3학년 수준의 문해력에 도달하지 못했다는 것을 보여 주었다(OECD, 2014). 발달의 결정적인 시기에 적절한 교육을 받지 못했기 때문이다. 개발도상국 시절, 교사를 제외하면 어른 중에서도 고차적 사고능력을 발휘할 수 있는 사람이 드물었던 시절, 학교가 아니고서는 근접발달영역을 형성할 기회를 얻지 못했던 시절, 학교를 충분히 다니지 못한 것이다.

근접발달영역 외에도 비고츠키가 발달이론에 미친 중요한 영향은 신체의 중요성을 강조한 것이다. 기존의 발달이론은 주로 정신적인 영역에 치우쳤다. 신체는 자연에 속하는 것으로 '성장'하는 것으로 보았기 때문이다. 하지만 비고츠키는 인지와 정서라는 것이 단지 두뇌만의 작용이 아님을 강조했다. 모든 정신적 활동은 '매개된 활동'이다. 사람은 두뇌만으로 생각하고 느끼지 않는다. 사람의 정신은 두뇌가 신체와 감각기관을 통해 직접 외부 세계에 작용과 반작용을 하는 가운데 발생한다. 학습은 지성과 세계의 단순한 주고받음이 아니라, 지성과 세계 사이의 다양한 매개―자신의 신체, 타인의 신체, 타인과의 상호작용, 사물, 문화 등―가 얽혀 있는 복합적인 역동의 과정이다. 따라서 비고츠키 이론에서는 엄밀히 말해 '인지발달'이라는 개념은 따로 존재할 수 없다. 발달은 신체와 감성을 포함하는 전면적 과정이다.

건강한 정신 없이 건강한 신체도 성립되기 어렵다. 신체의 상태는 주인의 삶의 경험, 자주 가졌던 마음의 상태에 따라 달라진다. 운동,

단련, 규칙적인 생활 등 자기 신체에 대한 철저한 관리, 스트레스를 받지 않는 긍정적인 마음가짐 등이 신체에 어떤 영향을 주는지 생각해 보라. 일란성 쌍생아처럼 유전적으로 같은 신체라도 서로 다른 경험이 누적되면 건강한 신체와 병든 신체, 튼튼한 신체와 쇠약한 신체로 다른 길을 간다. 유전병이나 감염병을 제외한 질병은 대부분 생활의 결과, 즉 누적된 경험의 결과다. 신체를 점점 더 건강하고 활기 있게 만들어 갈 것인가, 퇴행하고 병약한 상태로 가져갈 것인가는 신체에 어떤 경험을 시키느냐에 달려 있다.

사람의 경험은 마음이 앞서고 행동이 뒤따른다. "건강한 신체에 건강한 정신이 깃든다."라는 말을 뒤집을 필요가 있다. 실제로 뇌는 심리적 타격과 신체적 통증을 같은 것으로 인식한다. 흔히 "마음이 아프다."라고 표현하는데, 뇌는 실제 통증으로 인식하는 것이다. 마음의 병이 몸의 병이 되어 건강을 해치는 경우는 흔히 볼 수 있다.

그런데 정신도 신체에 의존한다. 정신은 두뇌 작용이며, 두뇌는 엄청난 에너지를 필요로 하는 신체의 한 부분이기 때문이다. 신체의 신진대사 작용이 원활하지 않으면 엄청난 에너지를 소모하는 두뇌 역시 제대로 기능하지 못한다. 이 경우 신체 전체의 보존을 위해 대뇌피질보다 호흡계, 순환계에 자원이 우선하여 할당된다. 몸이 아프거나 식사나 수면이 부족할 때, 생각이 제대로 안 되거나 산만해지는 경험을 했을 것이다. 일단 살고 생각은 나중에 하자는 신체의 반응이다. 몸 상태에 따라 인격도 달라진다. 원만한 성품의 소유자도 질병에 시달리거나 신체가 허약해지면 성마른 성품으로 바뀌는 경우가 많다. 건강한 신체발달 없이 정신만 발달하기를 기대하는 것은 자동차의 프레임, 차륜, 타이어 등의 개량 없이 엔진 출력만 높이는 것이나 다름없다. 이런 자동차는 속도를 감당하지 못하고 대형 사고를 일으킬 것이다.

경험은 정신활동 혹은 신체활동만으로 이루어지지 않는다. 경험은 인지, 감정, 그리고 도덕성이 신체와 함께 어우러진 활동의 결과다. 발달이 경험의 결과라는 것은 결국 신체, 인지, 감정, 도덕 등이 밀접하게 상호작용한 결과라는 것이다. 더구나 이 상호작용은 개인이 아니라 다른 사람들과의 집단적 역동을 통해 일어나는 복잡한 현상이다.

사람은 평생 발달하는 존재

경험이 계속되는 한 발달도 계속된다. 사람은 성장기가 끝났다 하더라도 이 상호작용의 역동이 계속되는 한 발달을 멈추지 않는다. 오히려 더 고도화될 수 있다. 대체로 사람은 나이를 먹을수록 사회에서 차지하는 지위와 역할이 중요해지고, 상호작용하고 접속하는 사람들의 유형이나 숫자가 다양해지기 때문이다.

물론 모든 사람이 그런 것은 아니다. 대개는 25세를 정점으로 신체적 능력의 정점을 찍고 쇠퇴기에 접어들면서 여러 관문을 지나 죽음에 이른다. 이처럼 인생은 한순간도 남김없이 다채로운 변화와 경험으로 가득하다. 이 다채로운 변화와 경험을 그저 쇠퇴와 영락으로만 받아들이느냐, 순간순간을 즐기며 가능성을 넓혀 가느냐는 각자의 책임이다. 즉, 성장기 이후의 발달은 전적으로 교육의 영역이다(린드만, 1926).

그런데 루소, 프로이트, 피아제, 비고츠키, 콜버그에 이르기까지 발달을 연구한 학자들은 대부분 청소년기 이후의 발달에 그다지 관심을 기울이지 않았다. 성인이 되었다는 것은 마치 발달을 완수한 것처럼 여겨졌다. 민주정치의 꽃이라는 보통선거제도가 이런 발달관에 기초하고 있다. 일정 나이가 되면 나라를 책임질 수 있는 수준에 이른다는 믿음이다.

하지만 사람의 두뇌는 가소성을 가진 범용 도구다. 15세를 넘겼다고, 20세를 넘겼다고 그 상태로 고정될 리 없다. 이후에도 좋은 방향이든 나쁜 방향이든 계속 발달한다. 20세 이후에 퇴행을 거듭하여 청소년에게도 미치지 못하는 수준으로 역발달할 가능성도 얼마든지 있다. 따라서 성인일수록 오히려 교육의 중요성이 더 커진다. 성장이 끝난, 아니 역성장 시기이기 때문에 오직 교육의 힘만으로 발달해야 한다.

이런 취지에서 성인 발달심리학의 선구자인 에릭슨은 아예 출생에서부터 사망에 이르기까지 인생 전체를 계속되는 발달의 단계로 규정하였다. 또한 각 발달단계마다 달성해야 할 발달 과업을 명시하고 이를 달성할 경우와 그렇지 못할 경우 삶이 어떻게 달라지는지도 보여 주었다(에릭슨, 1959; 에릭슨 & 에릭슨, 1998).

에릭슨에 따르면 인생은 태어나서 죽을 때까지 발달의 연속이다 (각 단계에 대한 구체적인 내용은 부록을 참고하라). 물론 에릭슨의 스케줄에 따라 인생을 살 필요는 없다. 또 기대수명의 연장, 평균 취업과 혼인 연령 지연 등으로 인해 에릭슨이 처음 발표했을 당시와 지금의 청년기, 장년기, 노년기의 연령은 상당히 다르다. 새로운 단계가 추가되어야 한다는 주장도 있다. 가령 장년기를 30~50세와 50~70세 두 단계(이른바 인생 2막)로 나누고, 노년기는 70세 이후로 하자는 식이다.

중요한 것은 단계의 종류와 숫자가 아니라 나이 먹어서 그 나이에 요구되는 발달단계에 이르지 못하면 그 이후 단계에서 계속 인생이 어긋난다는 점이다. 발달은 성장과 달리 자연적인 과정이 아니다. 즉, 계속 교육받아야 한다. 계속 공부해야 한다. 계속 경험을 통해 배워야 한다. 그런데 대부분의 사회에서 청년 전기 이후 공식적 교육이 종료된다. 각 단계마다 발달 과업을 이뤄야 남은 삶이 제대로 진행될 거라고 말하면서도 그에 필요한 교육은 제공하지 않는 것이다. 성인이라면 스스로를 교육시킬 수 있어야 한다는 믿음일 수도 있다.

아무리 봐도 이건 과신이다. 그렇다고 성인이 어린아이, 청소년처럼 학교에서 교사의 지도를 받는 그런 교육을 받아야 한다는 뜻은 아니다. 다만 성인이 스스로를 교육하고, 성인이 서로를 교육할 수 있는 물적, 사회적 인프라는 꼭 필요하다. 지금 우리나라는 이 모든 것이 부족하다.

발달이론은 교육학에서 매우 중요한 부분이다. 사람의 발달단계를 고려하지 않으면 교육은 실패할 뿐 아니라 부작용까지 일으킨다. 그런 점에서 교육자나 교육전문가가 아닌 독자의 이해를 돕기 위해서 발달이론 중 가장 널리 알려진 피아제와 에릭슨의 이론을 간략하게 소개한다. 이들과 더불어 역시 중요한 발달이론가인 비고츠키의 경우는 아직도 관련 연구와 논쟁이 진행 중이라 여기서는 보류한다 — 지은이.

● 피아제의 인지발달단계

감각운동기(0~2세) : 나이에 너무 큰 의미를 둘 필요는 없다. 흔히 말하는 '아기' 시절이다. 나이를 해가 아니라 개월로 세는 시기, 젖먹이 시기. 한마디로 자극에 대한 반응 수준이나 반사 수준의 행동만 하는 시기다. 언어를 사용하지 못하며, 감각과 이에 따른 반응으로 신체운동 기술을 사용하여 행동한다. 하지만 차츰 감각기관으로 얻은 정보를 기억하고, 실제로 보거나 듣지 않아도 머릿속에서 표상을 형성하는 능력이 생기면서 '의식'이 발생한다. 이로써 차츰 반사나 반응이 아니라 목적을 가진 의식적인 행동을 하게 된다. 가령 불쾌한 자극에 대한 반응으로 울던 아기가 어른의 행동을 끌어내기 위한 목적을 가지고 의도적으로 울기 시작한다. 이때부터 전조작기로 넘어간다. 물론 이 시기가 꼭 2세까지로 정해진 것은 아니다. 교육적으로는 이 시기에 되도록 신체를 많이 사용하게 하고, 감각기관으로도 많은 자극을 주는 것이 좋다.

전조작기(2~6/7세) : 아직 조작을 하지 못하는 시기라는 뜻. 여기서 조작이란 생각 속에서 여러 가지 행위를 작동할 수 있는 능력이다. 즉, 실제로 하지 않고 머릿속에서 무엇인가를 떠올리고 이리저리 조작하여 어떤 상태로 만들 수 있는 능력이다. 생각은 할 수 있으나 조작은 하지 못하는 시기다. 이 시기에는 언어를 사용하고, 눈앞에 없는 사물이나 상황을 머릿속으로 떠올릴 수 있다. 즉, 표상이나 상징을 만들 수 있다. 따라서 이 시기 아동은 혼잣말을 많이 하며, 그림도 많이 그리고, 소꿉놀이나 병원놀이 같은 가상놀이를 많이 한다. 하지만 표상이나 상징을 조작할 수 없기 때문에 다른 사람의 입장에서 생각하지 못한다. 유아들은 자기중심적이다. 내가 싫은 것은 다른 사람도 싫고, 내가 좋은 것은 다른 사람도 좋다. 가령 이 시기 아동에게 어떤 그림을 그리게 한 뒤, 다른 사람들한테는 어떻게 보일까 그려 보라고 하면 똑같은 그림을 그린다. 따라서 이 시기의 유아에게 "다른 사람의 입장"에 서 보라고 요구하는 것은 교육적으로 아무 효과가 없다. 어떤 면에서는 같이 사는 사람에게 호의의 표시로 죽은 쥐를 선물하는 고양이의 상태다. 사람이 쥐를 보고 기겁을 하고 화를 내도 고양이는 절대 왜 그러는지 이해하지 못할 것이다. 자기가 좋은데 당연히 너도 좋아야 하는 것 아닌가 할 뿐이다.

구체적 조작기(7~11세) : 상징이나 표상을 머릿속에서 조작할 수 있다. 즉, 머릿속에 떠올린 어떤 물체를 다른 위치에서 바라보면 어떻게 될지 직접 다른 위치에 가 보지 않고서도 생각해 낼 수 있다. 이는 대단히 중요한 능력인데 바로 다른 사람의 입장을 취해 볼 수 있다는 것이다. 따라서 이 시기부터 아동은 자기중심성을 벗어날 수 있다. 또한 이 시기부터 여러 사물을 어떤 특징을 중심으로 비슷한 것들로 분류할 수 있게 되며, 여러 사건을 논리적인 순서로 나열할 수 있게 된다. 좀 거칠게 말하면 이때 비로소 사람꼴을 갖추게 된다고 할 수 있다.

다만 '구체적'이라는 단서에서 확인할 수 있듯이, 그 대상이 구체적으로 존재하는 것만을 머릿속에서 조작할 수 있다. 비유하면 머릿속에서는 언제나 가상의 영화나 슬라이드가 돌아가고 있다. 하지만 텍스트나 수식으로만 이루어진 생각은 돌아가지 않는다. 따라서 실제로 경험했거나 보고 들은 것만을 소재로 생각할 수 있다. 상상력이라는 것 역시 이미 보고, 듣고, 겪은 것들의 조합이다.

형식적 조작기(11세 이후) : 형식이라는 말에서 확인할 수 있듯, 구체적인 사물이나 상황을 떠올리지 않고서도 그것을 대표하는 상징이나 개념만을 사용하여 여러 조작을 할 수 있는 시기. 따라서 실제로 보고 듣거나 경험하지 않은 것, 가령 책으로 읽은 것만으로도 머릿속에서 조작적 사고가 가능하다. 이 단계에 이르면 자신의 경험이나 직면한 상황을 명제를 세워 표현할 수 있고, 직접 보고 듣고 경험하지 못하는 것들도 추상적인 개념을 통해 이해하고 표현할 수 있다. 과학적 사고는 이 단계에 이르러야 비로소 가능하다.

● 에릭슨의 인생발달단계와 발달 과업

영아기(0~1세) : 이 시기는 양육자와의 신뢰 있는 관계 형성이 가장 중요하다. 양육자가 유아의 신체적, 심리적 욕구와 필요를 적절히 충족시켜 주면 신뢰감이 형성되며, 그렇지 않으면 불신감이 형성된다. 이 시기에 형성된 신뢰감이 이후 모든 사회적 상호작용의 바탕이 된다. 이때 양육자가 영아의 욕구를 너무 즉각적으로 충족시키지 않는 것이 중요하다. 그렇게 되면 나약하고 자기중심적이 될 수 있다. 때로는 거부할 필요도 있지만, 유아가 어떠한 희망도 품지 않을 정도로 거부하면 안 된다.

유아기(2~3세) : 자신의 몸과 마음을 통제할 수 있느냐의 시기. 치밀어 오르는 여러 충동 중에서 자기 의지에 따른 선택을 할 수 있는가, 그리고 차츰차츰 발달하는 근육을 제 뜻대로 움직일 수 있느냐의 시기다. 이를 대표하는 지표가 배변훈련과 걸음마다. 이는 각각 충동과 근육의 통제를 상징한다. 여기에 성공하면 자율성을 갖게 되며 실패하면 수치심을 느끼게 된다.

아동 전기(3~6세) : 또래와의 놀이가 이루어지는 시기. 이 시기 아동은 나름의 자기 세계를 만들며, 서로 모여 있지만 각자 자기 세계에서 이야기하는 '집단 독백'도 일어난다. 이 시기에는 자신에 대한 책임의식을 가져야 하는데, 이는 훈육이 필요한 시기라는 뜻이다. 이 과업에 실패하면 죄책감을 가지게 된다.

아동 후기(6~11세) : 흔히 학령기라고 한다. 이 시기에는 학교에서 기본적인 인지기술을 획득하고 또래집단과의 협력을 익힌다. 특정한 지식이나 기술을 익히기보다는 어떤 지식이나 기술을 익히는 데 필요한 근면성을 몸에 익히는 시기다. 만약 여기에 실패하면 열등감이 발달하기 쉽다.

청년 전기(11~18세) : 흔히 말하는 청소년기. 이 시기는 자아 정체성을 세우는 시기다. 신체적으로, 정신적으로 집중적인 발달이 이루어지는 시기이다 보니 이전의 자신, 현재의 자신, 미래의 자신을 일관된 주체로 연결하는 것이 어려워질 수 있다. 이때 일관성 있는 정체성을 세우는 데 실패하면 계속 혼란스러운 인생을 살게 된다.

청년 후기(18~30세) : 흔히 말하는 청년기. 공식적으로 성인으로서 사회생활을 시작하는 시기다. 우선 가정을 꾸리는 일, 직장 등에서 동료들과 관계를 맺는 일 등 친밀성을 이룩하는 일이 중요한 과업이다. 다른 사람과 친밀한 관계를 맺으려면 우선 정체성이 확립되어 있어야 한다. 그렇지 않으면 다른 사람은 물론 자신에 대해서도 믿음을 주지 못하기 때문에 결국 고립되고 만다. 이렇게 고립된 사람들은 자기 자신 혹은 특정한 다른 사람에게 지나치게 집착하기 쉽다.

장년기(30~65세) : 이른바 한창 일할 나이다. 따라서 이 시기에 가장 중요한 과업은 생산성이다. 자신의 성취에 만족하느냐 아니면 실패하면서 침체에 빠지느냐가 이 시기의 갈림길이다. 이때 생산은 반드시 돈을 버는 것을 뜻하는 것이 아니라 다음 세대에 전할 수 있는 의미 있는 무엇인가를 남길 수 있느냐다. 생산성이 떨어져 침체할 경우에는 사회나 타인에게 책임을 지지 않고 자아도취에 빠지거나 편협한 사람이 되기 쉽다.

노년기(65세 이상) : 인생을 정리하는 시기. 이때는 생산적인 일에서 은퇴해 그동안의 삶을 돌아보게 된다. 이때 이 삶이 일관성 있게 이어지면 만족감과 행복을 느끼겠지만, 일관성이 없어지고 무의미한 사건들의 연속이라면 절망과 분노를 느끼게 된다.

09

행복에 이르는 교육

죽음의 순간까지 한평생 계속되는 교육. 어찌 생각하면 인생이 참 고달프다고 느껴진다. 유전자에 아로새겨진 몇 가지 생존기술만 익히고 반복하다가 자연재해나 천적을 만나 삶을 마감하는 동물이 훨씬 속 편하겠다는 생각도 든다. 그래서 개 팔자가 상팔자라고 했나?

이미 고대 현인들도 이런 생각을 했다. 소포클레스는 그의 비극 『콜로노스의 오이디푸스』에서 이렇게 슬프게 노래했다. 마치 에릭슨의 발달 과업을 인생단계마다 빠짐없이 실패하면서 늙은 사람을 보는 것 같다.

태어나지 않는 것이 더할 나위 없이 좋은 일이지만, 일단 태어났으면 되도록 빨리 왔던 곳으로 가는 것이 그다음으로 가장 좋은 일이라오. 경박하고 어리석은 청춘이 지나고 나면 누가 고생으로부터 자유로우며, 누가 노고에서 벗어날 수 있단 말이오? 시기, 파쟁, 불

화, 전투와 살인. 그리고 마지막으로 비난받는 노년이 그의 몫으로
덧붙여지지요. 힘없고, 비사교적이고, 친구 없고, 불행 중의 불행들
이 빠짐없이 모두 동거하는 노년이.

— 『콜로노스의 오이디푸스』, 1224~1238행 (천병희 역. 푸른숲, 2017)

여기서 오이디푸스가 슬퍼하는 까닭은 어느 한순간도 멈추지 않
고 바뀌거나 사라져 가는 덧없음이다. 즉, 끊임없는 변화, 무상함이
다. 그리하여 인생은 끝없는 고통의 연속이다. 하나 해결했다 싶으
면 이미 지나가 버리고 새로운 고통이 다가온다.

고대의 두 가지 인생관

이러한 숙명적인 비관론은 고대인들의 공통된 사고방식으로 보
인다. 불교 역시 인생을 생로병사라는 고통의 연속으로 보았다. 그
리스도교에서는 인생을 원죄로 인해 저주받은 과정이며 반드시 구
원받아야만 하는 속박으로 본다.

우리는 현대인이니, 고대인의 이런 비관을 구태여 따라갈 필요는
없다. 고대인이야 이렇게 40년만 비관하고 나면 죽음이라는 안식
을 맞이할지 모르겠지만, 오늘날의 인생은 그 두 배가 넘는다. 즐겁
게 살기에도 지칠 정도의 시간이다. 그런데 놀랍게도 같은 고대인이
면서도 공자는 훨씬 낙관적인 인생관을 보여 주었다. 공자가 부처나

예수보다 특별히 더 안락한 삶을 살지 않았음에도 그러했으니 대단한 멘탈이다.

공자가 말한다.

> 나는 열다섯 살에 배움에 뜻을 두고, 서른 살에 자립하였고, 마흔 살에 의혹하지 않았고, 쉰 살에 천명을 알았고, 예순 살에 귀로 들으면 그대로 이해되었고, 일흔 살에 마음이 하고자 하는 대로 해도 법도에 넘지 않았다(吾十有五而志于學 三十而立 四十而不惑 五十而知天命 六十而耳順 七十而從心所欲 不踰矩).
>
> —『논어』, 「위정」편

에릭슨보다 2500여 년 전 인물이 30세 이후에도 인생을 계속 발달의 과정으로 본 것, 그리고 일종의 발달 과업을 제시한 것이 놀랍다. 아마 지금까지 그 어떤 인생관보다도 낙관적이면서 또한 교육적인 인생관일 것이다. 여기에는 노쇠에 대한 슬픔과 무력감도, 죽음에 대한 공포도 없다. 다만 점점 더 나은 사람이 되어 가는 자신을 발견하는 기쁨만이 느껴진다.

무엇이 공자에게 이 연속되는 변화의 과정을 '덧없음', '무상함'이 아니라 '발달'로 보게 했을까? 우선 첫 단추를 잘 끼웠다. 바로 '배움', 즉 교육이다.

공자는 또 이렇게 말한다.

나는 한때 하루 종일 먹지도 자지도 않으며 생각에 빠진 적이 있으나 아무 유익함이 없었다. 배우는 것만 못했다(子曰 吾嘗終日不食 終夜不寢 以思 無益 不如學也).

— 『논어』, 「위령공」편

공자는 의혹이 생기면 이걸 싸안고 끙끙거리기보다는 그 분야에서 자신보다 나은 사람을 찾아가 묻고 배우는 일을 마다하지 않았다. 심지어 의혹이나 고민이 없어도 자신보다 나은 점이 있는 사람을 보면 묻고 배웠다. 길을 가다 훌륭한 음악이나 노래를 연주하는 사람이 있으면 반드시 청하여 다시 듣고, 따라 하고, 같이 연주할 수 있게 된 다음에야 멈추었다고 한다. 의혹이나 고민의 해결이 아니라 그 곡을 배우고 익히는 것 자체를 즐긴 것이다. 공자는 틈날 때마다 자신이 다른 사람보다 나은 점은 오직 배움을 좋아하는 것뿐이라고 겸손하게 단언하였다.

배움과 익힘, 그 기쁨의 인생

대체 공자는 왜 이렇게 공부를 좋아했을까? 『논어』의 첫 문장에 답이 나온다. 이 문장은 너무 유명하여 동아시아에서 교육 수준이 어느 정도 되는 사람은 누구나 다 알고 있지만, 그래도 심오하고 멋진 문장이니 다시 한번 읊어 보는 것도 좋겠다.

배우고 때맞춰 그걸 익히면 기쁘지 아니한가? 벗이 있어 먼 곳에서부터 찾아오면 즐겁지 아니한가? 사람들이 알아주지 않아도 성내지 않으면 군자가 아니겠는가?(學而時習之不亦說乎, 有朋自遠方來不亦樂乎, 人不知而不慍不亦君子乎)

— 『논어』, 「학이」편

이 문장에는 교육의 핵심이 다 들어 있다고 해도 과언이 아닐 정도로 무게 있는 말이다. 이 문장을 하나하나 뜯어보면 이렇다.

배운다는 것은 자신이 알지 못하거나 하지 못하는 것을 외부에서 얻어 자기 안으로 가져오는 과정이다. 배움은 누군가를 선생으로 모시고 자신이 학생이 되는 것이다. 이게 꼭 학교나 학원에 다니는 것을 뜻하지는 않는다. 길을 가다 훌륭한 음악을 연주하는 사람에게 청해 배운 공자는 그 순간 학생이 되는 것이다.

익힌다는 것은 외부에서 들여온 것을 자신의 내부에 정착시키는 과정이다. 이 과정이 까다롭다. 사람의 내면은 컴퓨터처럼 입력하고 저장키를 누른다고 저장되지 않는다. 사람의 내면에는 태어날 때 가지고 온 기질적인 것, 그 전에 이미 배우고 익혀 두었던 것들이 잔뜩 있으며, 이것들이 서로 나름의 균형을 이루고 있다. 이것이 피아제의 동화 – 조절 과정이다.

배운 것, 외부에서 들여온 것은 이미 무엇인가가 잔뜩 쓰여 있는 나의 내면 세계에 들어와 기존의 것들, 즉 지금까지의 삶의 누적, 경험과 연결되어 새로운 전체로 통합되어야 한다. 그러려면 새로 배운 것을 지금까지의 자신의 삶, 경험과 연결하여 의미를 부여할 수 있어야 한다. 이 과정에서 새로이 들여온 것도 가공되고, 기존의 것들도 가공된다. 만약 아무 의미를 부여할 수 없다면 아무리 뼈를 깎는 노력으로 외웠다 하더라도 장기 기억장치에 저장되지 못하고 망각되거나 무의식의 창고에 처박힐 것이다. 익힘 실패다.

이 과정을 요리에 비유해 볼 수 있다. 훌륭한 요리는 여러 재료가 서로 섞여 저마다의 맛을 뽐내는 요리다. 그러면서도 각각의 재료, 각각의 맛이 따로 놀지 않는다. 모든 재료가 서로 어울리기 위해 조금씩 바뀐다. 각각의 재료는 고유의 맛을 잃지 않았지만, 그렇다고 각자의 맛을 고집하지 않는다. 엉터리 요리는 재료가 전부 겉돌거나, 아니면 몇몇 재료의 맛이 너무 강하여 다른 재료의 맛을 덮어 버린다. 가령 엄청나게 맛이 강한 양념으로 잔뜩 버무려 놓으면 아무리 맛 좋은 재료를 집어넣는다 하더라도 양념 맛이 되고 만다. 이렇게 될 경우 기껏 들여온 맛 좋은 재료는 단지 낭비되고 만다.

기왕 요리에 비유한 김에 다른 방식으로도 비유해 보자. 훌륭한 요리는 재료뿐 아니라 완성된 각각의 요리(접시)를 어떻게 배치하느냐에 따라 결정되기도 한다. 각각의 요리가 최상급이 아니더라도 적절하게 조합되면 최고의 식탁을 만들 수 있다. 이런 최고의 식탁은 먼저 나온 요리가 나중에 먹게 될 요리의 연결고리가 되어 준다. 반면 엉터리 요리는 각각의 접시 사이에 연관이 없다. 각각의 요리가 아무리 최고 수준이라 하더라도 서로 간의 연결고리 없는 요리들의 나열은 오히려 식사를 괴롭게 만든다.

배움과 익힘으로 돌아와 보자. 각각의 배움은 기존의 경험들, 기존의 학습된 것들과 잘 어울려야 한다. 각각의 배움이 아무리 심오하고 고차적인 지식과 경험으로 가득하다 하더라도 자기 내면에 자리 잡은 기존의 것들을 지워 버리거나, 혹은 기존의 것들 사이에 묻혀 버리거나, 배운 것들이 서로 따로 놀면서 통합된 전체를 이루지 못한다면 학습은 실패한다. 이런 배움은 아무 변화를 일으키지 못하거나 오히려 부작용만 일으킨다. 공자는 이 진리를 매우 단순하고 강렬하게 토로한 것이다. "배우고, 때맞춰 익히면."

열심히 공부해서 배우라. 그리고 그것을 자신의 삶, 경험과 연결 지어 통합시켜 자기 것으로 만들어라. 그런데 여기서 '때'라는 말이 매우 중요하다. 이때는 '틈틈이'라는 뜻이 아니다. "모든 일에는 때가 있다." 할 때의 바로 그 '때'다.

이 익힘은 살아가면서 마침 그것이 필요하거나 의미를 찾을 수 있는 그 상황에서 끄집어내어 되새기는 과정이다. 또 새로운 것을 배우면서 마침 연관되는 예전에 배웠던 것이 새로워지는 순간이 올 수도 있다. 예전에 배웠던 것이 더 잘 이해된다거나, 가려졌던 부분이 밝혀진다거나, 새로운 의미로 다가온다. 이 역시 좋을 때다.

이렇게 배운 것을 사용하고 기존의 경험에 연결 지음으로써 우리는 그것의 참뜻을 알게 된다. 이렇게 참뜻을 깨우치는 순간, 배우고 익히는 과정, 즉 교육은 짜릿한 기쁨을 준다. 처음 배울 때는 그냥 그런 줄 알았는데, 배웠던 것이 이렇게 의미 있게 사용될 수 있으며, 그 속에 이렇게 깊은 뜻이 있음을 깨우친 순간의 소름 돋는 경험은 직접 해 보지 않으면 아무리 설명해도 이해할 수 없다. 공자는 이 경험을 말하고 있는 것이다.

"기쁘지 아니한가?"

바로 여기에 끊임없는 발달의 연속인 인생을 '무상함', 그리고 거기서 비롯되는 '고해'가 아니라 오히려 '기쁨'으로 바라보는 발상의 전환이 있다. 인생은 무상하다. 인생은 실제로 끊임없는 문제의 연속이다. 하지만 사람은 여기에 능동적으로 대처할 수 있다. 자신을 변화시키고 환경을 변화시키면서 스스로 역량을 키워 나간다. 그러면서 이전보다 높은 차원, 더 복합적이고 유기적인 존재로 발달한다. 그리고 이 발달의 과정을 스스로 의식할 때 느끼는 팽창감, 그 자체가 강력한 보상이 된다. 고해로 가득한 삶을 기쁨으로 바꾸는 일은 도피도, 죽음도, 참선도 아니고 다름 아닌 교육이다.

"즐겁지 아니한가?"

배우고 익힘에는 그 자체 이외에는 특별한 동기가 없다. 개인의 입신양명도, 집안의 융성도, 심지어는 부국강병, 백성구제, 홍익인간 등의 그럴듯한 목표도 없다. 물론 배우고 익힌 결과, 그것을 달성할 수는 있다. 그리고 공자는 배운 것을 이런 일에 사용하는 것을 긍정적으로 바라보았다. 하지만 오직 배우고 익힘 그 자체의 즐거움만 목표로 한다면, 이미 그것만으로도 충분하다.

공자는 자기 제자 중 배우고 익힌 것을 바탕으로 정치에 진출한 자로, 자공, 문학에 진출한 자장뿐 아니라 오직 배우고 익힘 그 자체만 즐겼던 안회, 증점도 높이 평가했다. 배우고 익힘으로써 나의 경험세계를 점점 풍부하게 확장해 나가는 즐거움, 그것만으로도 부지런히 공부할 이유는 충분한 것이다. 세상에 즐거움보다 더 강력한 동기가 어디 있겠는가?

스피노자는 나의 힘, 가능성이 확장되고 있다는 것을 느끼는 정동을 '기쁨'이라고 불렀다. 반대로 나의 힘, 가능성이 소모되고 있다는 것을 느끼는 정동을 '슬픔'이라고 불렀다. 기쁨의 순간이 계속 이어지는 것, 기쁜 경험이 계속성 있게 연결되는 것, 그것을 인식하고 느끼는 것이 바로 행복이다(스피노자).

배우고 때에 맞게 익히는 삶만큼 행복한 삶이 또 있을까? 이 배우고 익히는 경험에는 유효기간도 범위도 없다. 일본의 어느 독서가는 하루에 한 권씩 책을 읽어도 평생 자기 서재의 책을 다 읽지 못할 것 같다며 탄식했다. 세상에 배울 거리는 무한하다. 더구나 배움이 또 다른 배움을 불러온다. 배움은 실로 "다다름이 없는 것과 같다(學如不及)."

오늘날은 배우고 익히는 일이 공자 시대와 비교도 되지 않을 정도로 간편해졌다. 신분의 제약도 없고, 돈도 많이 들지 않고, 큰 수고가 필요한 것도 아니다. 조금 낭만적으로 표현하면 작은 초당 하나와 책상, 그리고 책만 있으면 된다. 아니, 책도 필요 없다. 전자책 리더기 하나와 인터넷만으로도 충분하다. 책값이 부담되면 공공도서관에서 빌려도 된다.

이 기쁨은 서로 나눌 때 배가 된다. 사람은 사회적 동물이기 때문에 서로 연결되어 있음을 의식할 때 기쁘고, 단절을 의식할 때 슬프다. 사람은 서로 연결됨으로써 가능성(스피노자의 'puissance')을 더 키울 수 있다. 물론 이 사람들이 기쁜 만남을 할 경우다. 그래서 공자는 말한다.

"벗이 있어 먼 곳에서부터 찾아오면."

사람들이 더 많이 연결되면 연결될수록 스피노자적 가능성은 기하급수적으로 늘어난다. 2명이 3배, 4명이 15배의 힘을 만들어 내는 식이다. 이렇게 크게 늘어나는 힘만큼 기쁨도 늘어나며 행복감도 커진다. 월드컵 축구경기에서 우리나라가 승리했을 때 수천만이 함께 기뻐하고 있다는 느낌은 단지 기쁨이라는 말로는 도저히 담아 낼 수 없는 짜릿한 감동과 전율, 고도의 행복감을 선사한다. 수많은 사람이 함께 기뻐하고 있음을 실제로 경험할 수 있는 대형경기장, 광장이라면 거의 광기에 가까울 정도로 기쁨이 폭발하며, 이 폭발적 기쁨이 빠르게 전염되며 증폭된다.

"단지 공놀이에 불과한" 그리하여 며칠만 지나면 휘발되어 버릴 기쁨을 고도의 행복감으로 증폭시키기 위해서는 수만 명, 수백만 명의 공동경험이 필요하다. 그러나 공부의 기쁨은, 이를 나눌 사람이 한 사람만 늘어나도 몇 곱절 더 크게 증폭된다. 심지어 알아주는 사람이 단 한 명만 있어도.

그래서 "배우고 때맞춰 익히면 기쁘지 아니한가?" 다음에 어찌 보면 맥락 없이 "벗이 있어 먼 곳에서부터 찾아오면 이 또한 즐겁지 아니한가?"라는 말이 따라 나왔을 것이다. 여기서 말하는 벗은 요즘 흔히 말하는 친구가 아니다. 우리나라는 친구라는 말을 너무 남발한다. 가령 독일에서는 뜻을 깊이 나눌 수 있는 사이인 친구(Freund)와 다만 가깝게 지내는 지인(Bekannte)을 구별한다.

그렇다면 이 붕(朋)은 우(友)와 무엇이 다를까? 이 글자는 옥을 꿰어 늘어뜨린 모양을 본 따 그린 상형문자다. 이 옥을 꿰어 늘어뜨린 것은 고대 중국의 화폐 단위였다고 한다. 즉, 귀한 것을 서로 나눌 수 있는 사이라는 뜻이다. 함께 놀고 익숙해져 친밀한 감정을 느끼는 사이가 아니다. 한편 우라는 글자는 손을 서로 마주 잡은 모양을 본뜬 것이다. 생각해 보자. 손을 맞잡을 수 있는 사이와 귀한 것을 나눌 수 있는 사이의 차이를.

그러니 "배우고 때맞춰 익히면 기쁘지 아니한가?"라고 말한 다음 찾아와서 더 즐거울 벗은 우가 아니라 붕일 수밖에 없다. 이 벗이 구태여 멀리서부터 찾아온 까닭이 단지 정을 나누고, 술이나 한잔하자는 것이 아닐 것이다. 이 벗은 귀한 것, 즉 "배우고 익히는 기쁨"을 나누고자 온 것이다. 무엇인가 배우고 익혀 기쁜 나머지 그걸 들고 찾아온 것이다.

내가 배우고 익혀서 얻은 기쁨이 벗과 함께 나눌 수 있게 되어 곱절로 커졌다. 또 그 벗으로 인해 새로이 배우고 익힐 수 있기에 기쁨이 네 곱절로 커졌다. 만약 찾아온 벗이 하나보다 많다면(붕은 기본적으로 복수형이다) 서로서로 배우고 익힌 것을 나누는 과정에서 그 기쁨이 몇 곱절이나 될지 헤아리기도 어렵다. 심지어 벗이 먼 곳에서 찾아왔다. 그 기쁨에 가중치를 부여하자.

배우고 익혔다. 기쁘다. 이 기쁨의 원천인 배움은 아무리 해도 다

이르지 못할 만큼 무한하다. 더구나 그것을 함께할 벗이 먼 곳에도 있다. 이쯤 되면 행복에 겨울 정도다. 이렇게 행복하니 이미 배우고 익힌 목적은 달성하고도 남았다. 더 바랄 것이 없다. 그러니 세상의 명예나 이익 따위가 뭐 그리 중요하겠는가? 이미 기쁨을 나눌 벗이 있는데, 구태여 불특정 다수의 인정 따위 바랄 까닭이 없다.

그래서 말한다.

"사람들이(세상이) 알아주지 않아도 성내지 않는다."

사실 공자는 세상의 인정, 즉 당시 기준으로는 관직을 마다하는 사람이 아니다. 오히려 적극적으로 추구했다. 처음에는 제 뜻을 펴지 못하는 것을 탄식하며 "나에게 나라를 맡긴다면 이런저런 일들을 다 이룩할 수 있을 텐데."라는 식의 말도 많이 했고, "아무개 같은 자가 저런 자리에서 국정을 주무르다니." 하며 험담도 했다. 여러 나라를 떠돌아다니며 '상갓집 개'라는 비아냥까지 들어가며 구직활동을 하기도 했다.

그러나 자신의 소명이 교육에 있음을 깨닫고 후학 양성에 몰두한 이후에는 그런 미련을 끊었다. 오히려 공자 본인은 등용되지 않고 제자들만 관직을 얻어 떠나갔지만 개의치 않았다. 그 동력이 바로 배우고 익히는 기쁨, 그리고 벗이 있어 먼 곳에서 찾아오는 즐거움이었으리라.

후학을 양성한다는 것은 본인의 배우고 익힘을 계속한다는 것과 같다. 가르침에는 차별이 없다는(有敎無類) 정신에 따라 다양한 배경을 가진 제자들을 받아들였으니 그 양과 폭도 만만치 않았을 것이다. 더구나 『논어』에 나오듯이 공자의 제자들은 '질문쟁이'들이다. 이 많은 질문에 응대하는 것 역시 상당한 배움이고 익힘이다. 이미 공부를 통해 얻을 수 있는 최고의 것을 다 얻은 것이다. 자신의 성장과 발달을 확인하는 기쁨. 그리고 그 기쁨을 함께할 벗. 나머지는 단지 부록에 불과하다. 있으면 더 좋지만 없어도 그만이다.

'교육 그 자체'를 목적으로 하는 교육

이것이 바로 이 책의 제목 '교육 그 자체'의 경지다. 교육 그 자체를 목적으로 하는 교육. 물론 교육의 목적이 '교육 그 자체'라는 것을 깨닫고 부지런히 공부하다 보면 덕분에 부와 명성을 얻을 수도 있겠지만 이는 조금 거들 뿐인 부수효과다. 있으면 좋겠지만 없어도 서운하지 않다. 그래서 공자는 "사람들이 알아주기를 바라지 않는다."라고 말하지 않고, "알아주지 않아도 성내지 않는다."라고 했다.

여기서 '성내다'라는 뜻으로 사용된 온(慍)이라는 말은 분노와 다르다. 굳이 비유하자면 서운해 하거나 살짝 삐진 상태를 말한다. 무엇인가 바라는 대로 되지 않아 마음이 좀 상한 상태다. 하지만 '교육 그 자체'가 목적이며 기쁨의 원천이라면 구태여 세상에 대해 서운해할 필요가 없다. 오히려 작은 보상이라도 주어진다면 고마움만 있을 뿐이다. 그런 사람이 바로 군자다.

물론 자그마치 2500년 전 이야기니, 오늘날 이걸 그대로 받아들이는 건 불가능하며, 바람직하지도 않다. 하지만 여기서 요즘 우리 나라 사회가 보여 주는 무력함, 동기없음에 대한 해답을 찾을 수 있다. 우리나라의 가장 큰 문제는 동기부족이다. 동기가 부족하니 비전도 없다. 의욕도 없다. 출산도 하지 않는다. 생산직, 사무직, 전문직 등 분야를 막론하고 모든 분야 노동자들이 출근을 싫어하며, 일에서 자신을 찾지 못한다. 모두 큰돈을 번 뒤 건물주 따위가 되어 노동에서 벗어날 꿈만 꾸고 있다. 재산이 50억이 넘는 부부 교수―교사도 아닌―조차 꿈이 '강남 건물주'가 되는 것이다. 그러니 혁신도 일어나지 않고 생산성도 떨어진다. 1970년대의 "잘살아보세"라는 일차원적인 욕망이 그리울 정도다.

이렇게 사회가 무력한 상태로 빠진 까닭을 한두 가지 이유로 환원할 수는 없다. 하지만 노동에서 배우고 익히는 계기를 찾지 못한다는 게 분명 중요한 원인 중 하나일 것이다. 오늘날 자기가 담당한 노동을 자신의 향상과 발전의 계기로 삼는 사람은 거의 없다. 돈이나 지위 같은 외적 가치가 노동의 동기가 되고, 노동은 단지 그 수단, 심지어는 필요악이 되어 버렸다. 노동은 가능하면 생략하고 싶은 고된 중간 과정이, 삶에서 너무 많은 시간과 에너지를 빨아들이는 악의 구렁텅이가 되어 버린 것이다.

자신이 향상되고 고차적으로 올라서는 경험. 바로 교육이다. 그렇다면 사람이 어떤 일 '그 자체'에서 동기를 얻을 수 있는 경우는 바로 그 일이 곧 교육이 될 경우일 것이다. 일하는 가운데 배우고 익히고, 이를 동료와 나눌 수 있는 계기가 생긴다면 어떤 노동이라도 그 자체로 목적이 되고 동기가 되고 보상이 되는 고차적인 일이 된다. 교육은 노동을 격상시키는 계기다.

반면 노동에서 배우고 익히고 나누는 일이 없다는 것은 아무리 그 일을 하더라도 자신의 선택지, 가능성, 역량이 확장되는 방향으로 바뀌지 않는다는 뜻이다. 함께 노동하는 동료도 기쁨을 나누고 배가시키는 벗이 아니라 제한된 보상을 놓고 다투는 경쟁자가 된다. 배우고 익히는 기쁨, 벗과 배우고 익힘을 나누는 즐거움을 누리려면 '업무시간'이 끝난 후 별도의 활동을 해야 하지만, 그러기에는 너무도 노동시간이 길다. 기본적인 생리적 활동을 할 시간만 겨우 남는다.

더구나 계급에 따라 노동이 분리되었다. 노동에서 기획과 구상의 부분, 즉 교육적 계기가 되는 부분은 따로 분리되어 자본가나 그들이 선택한 상층 노동자에게 할당되었다(브레이버맨, 1974). 그 밖의 대다수 사람은 정해진 노동의 실행만을 반복한다. 따라서 그 결과로부터 약간의 성과급 외에는 아무것도 얻지 못한다. 피드백이 실행하는 사람이 아니라 기획과 구상을 수행하는 사람들에게로 가기 때문이다. 실행하는 노동자들은 배움 없는 익힘만을 반복한다. 하지만 기획하고 구상하는 사람 역시 노동을 교육으로 삼지 못한다. 익힘 없는 배움만 계속하기 때문이다. 이렇게 분리된 활동은 오래 지속하지 못하며, 결국 노동과 교육은 분리되어 별도의 일이 되고 만다.

노동에서 "배우고 익히면 기쁘지 아니한가?"의 계기를 살리는 것이 오늘날 한국사회를 멍들게 하는 무력증을 치유할 중요한 방편이 될 것이라 믿는다. 그리고 이는 아동기와 청소년기에 갖추어져야 한다. 아동기와 청소년기에 이미 공부는 시험을 치기 위한 것, 시험은 대학에 들어가기 위한 것 하는 식으로 길든다면, 영원히 교육을 통한 기쁨과 행복을 상상도 하지 못할 것이다. 일은 단지 돈을 벌거나 명성을 얻는 수단으로만 생각할 것이며, 원하는 돈이나 명성을 얻어도 행복하지 않을 것이다. 빌 게이츠나 워런 버핏 같은 세계적인 부자들이 경쟁적으로 과시적 소비를 하고 호화 파티를 여는 대신, 활발하게 기부활동이나 사회봉사에 나서는 까닭을 여기서 찾을 수 있다. 그들은 부와 명성만으로는 기쁨과 행복을 얻을 수 없음을 깨달았기 때문이다.

10

교육의 안과 밖

이제까지 교육은 중요하다, 교육은 다른 무엇의 수단이 아니라 그 자체로 행복의 계기이자 인간성의 근본이다 등등 온갖 좋은 말은 다 붙여 주었다. 이제 남은 일은 교육을 하는 것이다. 그런데 어디서 출발할까? 여기에 교육을 바라보는 두 개의 대립적 관점, 교육과 관련해 가장 오래되고 아직 해결되지 않은 쟁점 중 하나가 불꽃을 튀기며 등장한다. 교육이란 학생의 안에 잠재된 것이 발견되고 발현되는 과정인가, 아니면 학생의 외부에서 가해지는 일종의 조작(operation) 과정인가? 이른바 안과 밖의 문제다.

충돌하는 두 개의 관점

원목을 다듬어 기둥과 대들보를 만드는 과정에 교육을 비유해 보

자. 원목을 깎고 다듬어 기둥도 만들고 대들보도 만드니 이는 나무 외부에서 가해지는 외적 작용처럼 보인다. 나무는 원래 기둥이나 대들보로 태어나지 않았고, 자연 상태에서 아무리 시간이 지난다고 해도 나무토막이 기둥이나 대들보가 되지 않는다. 이 나무토막을 기둥이나 대들보로 만드는 것은 나무가 아니라 기술—대목장이 보유한—이다. 하지만 기둥이나 대들보가 될 만한 조건을 갖추지 못한 목재에 아무리 열심히 톱질, 대패질한들 그게 과연 기둥이나 대들보가 될까?

그렇다면 중요한 것은 목재일까 아니면 대목장의 기술일까? 기술이 중요하다고 보면 교육을 어른이 아이에게, 선생이 학생에게 작용을 가하는 외적 작용이라는 관점을 취하게 된다. 목재가 중요하다고 보면 교육이란 학생 내면에서 스스로 일어나는 과정이며 선생은 다만 도울 뿐이라는 관점을 취하게 된다. 이 두 관점은 늘 부딪치며, 교육은 항상 이 두 관점의 동적 균형 상태에서 이루어진다.

이 중 학생 안으로부터의 교육을 주장하는 사람들이 좀 더 많지 않을까 싶다. 교육자든 학부모든 "공부는 자기가 해야 하지 누가 시킨다고 해서 될 일이 아니다." 식의 말을 흔하게들 한다. 이 말 속에는 "학생은 자신이 타고난 소질, 적성에 맞는 공부를 자신의 동기에 의해 수행해야 한다."라는 관점이 녹아 있다. 이렇게 교육이 학생 안에서의 과정이라는 관점을 취하면 교육은 학생이 원래 가지고 있던 것을 발견하여 드러내게 하는 과정이 된다.

문제는 이게 말로는 쉬워도 실제로 교육실천을 그렇게 하기 어렵다는 것이다. 말로는 뭐라고 했든 대부분 부모는 자녀가 장차 어떤 어른이 되면 좋을지 먼저 생각하며, 그에 필요한 것을 준비하는 프로그램에 자녀를 투입한다. 교사들 역시 대체로 교육과정을 이수할 경우 변화될 학생의 상태를 미리 정해 두고, 이 변화를 촉진하는 여러 가지 방법을 만들어서 정해진 순서에 따라 적용한다. 결국 드러나 보이는 교육실천 과정은 분명 밖으로부터의 교육이다.

교육을 외부로부터의 작용으로 본다는 것은 교육의 목표가 되는 가치, 능력, 규범 등이 이미 주어져 있음을 전제한다. 이것은 학생의 것이 아니지만, 그렇다고 교육자의 것도 아니며, 특정한 그 누구의 것도 아니다. 공동체의 것이며, 사회의 것이며, 혹은 자연의 것이다. 이는 학생 개개인의 의사와 관계없이 강제적으로 주어지는 목표인 만큼 틀림없는 것이며 검증된 것이라야 한다. 따라서 오랜 세월을 통해 가치 있는 것으로 검증된 기존의 교육 목표와 내용, 그리고 그것을 충분히 알고 있는 교육자가 학생에 대해 완전한 우위에 선다. 학생은 변덕스럽고 아직 아는 것이 부족하기 때문에 그 지도에 철저히 따라야 한다.

교육이 내부로부터의 발현이라는 관점을 취하면 자신이 어떤 사람이 될 수 있고, 어떤 사람이 되고자 하는지를 가장 잘 아는 사람은 학생 본인이 된다. 물론 이는 가능성일 뿐, 어린 학생들이 당장 이것을 알아차리는 것은 아니다. 사실 자기 마음을 안다는 것은 그렇게 쉬운 일이 아니다. 교육자는 그런 학생이 스스로 능력과 욕망을 알아채게 도와주는 사람이다. 일단 알아채면 그다음 과정은 학생 스스로 잘할 수 있다. 그럼 교육자는 학생이 스스로 자신의 삶을 헤쳐 나가는 것을 곁에서 바라보며 때때로 필요한 도움을 제공하면 된다. 당연히 이 경우 교육의 무게중심은 학생에게 있다. 교사는 단지 관찰자, 조력자에 불과하다(강인애, 1997).

요약하면 한쪽은 타고난 존재로 학생을 만드는 것이고, 다른 쪽은 마땅히 되어야 할 존재로 학생을 만드는 것이다. 물론 어느 경우나 현재 상태를 유지하지 않는다는 점에서는 같다. 의미 있는 변화가 일어나야 한다.

외부로부터의 교육

교육은 명백히 그 정의상 외부에서부터의 작용이다. 교육은 '유전자에 결정되어 있지 않은 것을 후천적으로 되게 만드는 것'이다. 만약 '되게 되어 있는 일'이 예정대로 발현되는 것이라면 이는 교육이 아니라 본능, 습성의 발현에 불과하다. 그렇다면 논란은 종결 아닌가? 결국 교육은 외적 작용 아닌가?

21세기 들어 눈부시게 발전한 신경과학은 이런 관점을 더욱 강화한다. 교육을 통한 변화란 결국 뇌에 새로운 뉴런 연결망을 형성하는 것이다. 뇌의 뉴런 연결망은 감각기관을 통해 들어온 외부의 자극에 반응하는 과정에서 형성된다. 외부 자극의 종류가 달라지면 반응도 달라지며 뉴런 연결망도 달라지고, 결국 교육의 결과도 달라진다. 교육은 어떤 의도대로 학생 뇌의 연결망을 형성해 가는 과정이다. 학생 외부에 있는 지식이나 기능, 태도, 가치 따위가 학생의 뇌에 의미 있는 연결망을 형성하여 보존되도록 하는 과정이다.

교육학은 바로 이 연결망을 효과적으로 형성하고 보존시키는 각종 방법론이 된다. 교육학을 의미하는 영어 페다고지(pedagogy)의 어원이 고대 그리스에서 아이들의 관리와 훈육을 담당하던 노예, 파이다고고스(paidagogos)에서 비롯된 것도 우연이 아니다. 파이다고고스가 아이들을 훈육하는 방식 역시 철저히 외적 기준에 아이들을 맞추는 다소 강압적인 방법이었기 때문이다. 노예라고는 했지만, 주인의 자녀에게 회초리도 쳤다. 마냥 야만적이라고 볼 수 없는 것이, 사회생활의 기초가 되는 언어, 문자, 가장 기본적인 규칙과 도덕, 기본적인 기술 같은 것은 사람의 타고난 유전, 본능, 습성과 거의 관계가 없기 때문에 자연스럽게 익힌다는 것이 말처럼 쉽지 않다.

물론 오늘날에는 강압적으로 반복시키거나 회초리를 치지는 않는다. 하지만 역시 효과적인 학습을 위해 다양한 조작을 사용한다. 학생의 두뇌에 연결망을 각인시키는 과정을 기억, 이 연결망을 필요할 때 활성화할 수 있는 것을 파지, 그리고 이 연결망이 필요한 순간에 의식하지 않고도 활성화되는 것을 습관형성이라고 하는데, 교육자는 단계마다 적절한 외적 자극과 보상을 주면서 이 과정을 이끌어 간다.

이 관점에서는 교육이 이루어지는 과정 그 자체는 큰 의미를 가지지 않는다. 오히려 짧고 간단할수록 좋다. 중요한 것은 외부로부터 주어지는 지식, 기능, 태도, 가치 등이 학습자 두뇌 안에 확실한 연결망을 형성하느냐이기 때문이다. 만약 그 과정이 짧고 간단하다면 '효율적인' 학습이다. 짧고 자원을 덜 소모할수록 효과적이고 효율적인 교육이다. 교사의 두뇌에서 아동, 학생의 두뇌로 직접적인 데이터 전송이 가능한 기술이 개발된다면 가장 효율적인 교육이 될 것이다.

이쯤 되면 반드시 등장하는 용어가 있다. 바로 주입식 교육이다. 밖으로부터의 교육을 비판하는 진보적인 교육자들이 가장 많이 사용하는 말이다. 이 말이 주는 이미지가 이미 부정적이다. 주유소에서 자동차에 기름을 밀어 넣는 모양이 생각난다. 자동차는 기름을 받아들이지 못한다. 다만 주유기가 기름을 밀어 넣을 뿐이다. 자동차는 완전한 수동태다. 주유기는 완전한 능동태다.

세상에 수동적인 위치를 좋아하는 사람은 없다. 따라서 '주입식 교육'이라는 말은 학생을 부정적인 위치에 두는 비인간적인 교육이라는 이미지를 덮어씌우기 딱 좋은 용어다. 일단 '주입식 교육'이라는 라벨을 붙여 버리면, 자연스럽게 낡은 교육, 시대착오적인 교육, 비인간적인 교육이 되어 버린다.

그런데 어떤 의미에서 교육은 원래 주입식이다. 교육의 과정은 대부분 감각지각을 통해 들어오는 외부 자극 때문에 이루어진다. 하루에도 수십, 수백만 개의 연결망들이 만들어지고 사라진다. 사람의 두뇌는 수많은 연결망이 치열한 생존경쟁을 벌이고 있는 곳이다. 이 경쟁은 어느 연결망이 뉴런들을 반영구적으로 포섭하느냐를 놓고 이루어진다.

앞서 등산로가 만들어지는 과정을 기억할 것이다. 사람들이 자주 디디는 곳이 결국 길이 될 것이라 했다. 사람들이 자주 발을 디디는 곳은 주로 목적지까지 안전하고 효과적으로 이동할 수 있는 길이다. 그런데 우리는 산에서 위성사진이나 지형도를 보면서 가장 안전하고 효율적인 경로를 탐색해 가며 걷지 않는다. 그랬다간 관악산도 2박 3일 걸린다. 그냥 이미 형성된 등산로 가운데 폭이 넓고 사람이 다닌 흔적이 많은 곳을 따라가는 편이 합리적이다. 안전하고 효율적인 길이 아니라면 예전부터 이렇게 많은 사람이 다니지 않았을 것이다. 반복되었다는 것은 그만큼 쓸모 있었다는 뜻이다.

두뇌도 마찬가지다. 어떤 문제해결 과정에서 합리적인 결과를 끌어낸 뉴런 연결망은 반복적으로 가동되며 고정적인 배선을 확보한다. 이 과정이 학습이다. 두뇌는 특별한 경우가 아닌 한 어떤 상황에 부딪히면 기존에 학습된 연결망을 우선 가동한다. 이 연결망은 점점 더 많이 사용되면서 더 확고해지고, 다른 연결망들은 희미해지다가 소멸한다.

아동기는 폭발적인 주입의 시기다. 유아와 어린아이는 뭐든지 학습한다. 즉, 순식간에 연결망을 만들어 두뇌에 저장한다. 이 시기의 두뇌는 매우 유연하고 가볍다. 연결망이 만들어지기도 쉽고, 해체되거나 바뀌기도 쉽다. 따라서 좋은 영향은 기대만큼 오래가지 못하며, 나쁜 영향은 조금만 받아도 바로 효과가 발휘된다. 물론 나쁜 영향 역시 오래가지는 않는다. 문제는 반복, 충분한 반복이다. 아동기는 연결망의 양적 확대기라고 할 수 있다. 청소년기는 이 연결망의 옥석을 가리는 과정, 배선의 가지치기 시기다. 자신에게 의미 있는 것은 보존하고, 의미 없는 것은 제거하면서 연결망의 모양을 만들어 간다. 이렇게 만들어진 연결망의 모양이 바로 그 사람의 인격이며 정체성이다(이글먼, 2012).

가지치기를 잘하려면 우선 가지가 무성해야 한다. 앙상한 나무에 가지치기할 수는 없다. 따라서 아동기와 청소년기 동안 풍부하고 다양한 경험과 학습은 매우 중요하다. 무성한 가지를 만들려면 보고, 듣고, 배운 것이 많아야 한다. 이 과정이 부족하면 앙상한 나무나 다름없이 된다. 이 나무는 가지치기할 수 없으며, 이런저런 다양한 모양을 만들어 볼 수도 없다.

가지치기의 기준이 되는 것이 가치관이나 관점이다. 이것 역시 경험을 통해 만들어진다. 이게 충분하지 않으면 단지 충동과 본능이라는 기준만이 작동할 것이다. 신경망이 온통 식욕과 성욕의 기준만으로 배열된 사람은 상상만으로도 끔찍하다.

실제로 청소년기에 적절한 외부로부터의 자극—주입이라고 불러도 좋다—을 받지 않아 단순하고 충동적인 가지치기에 머무른 사람들이 있다. 그들의 인성은 강퍅하고, 그들의 생각은 앙상하며, 그들의 행동은 거칠고 폭력적이다. 반면 청소년기에 외부로부터의 적절한 자극을 받아 아름다운 가지치기에 성공한 사람들이 있다.

이 외부로부터의 재료가 바로 교양이다. 아동기까지 주어지는 외부 자극의 양과 질, 그리고 청소년기의 교양이 이후 인성과 역량을 결정하는 것이다. 청소년기 이후에는 두뇌의 가소성이 점점 떨어진다. 청소년기야말로 교양을 쌓을 결정적인 시기이다.

교육이 마땅히 해결해야 할 과제가 다음 세 줄로 압축된다.

1) 의미 있는 연결망 형성에 도움이 되는 외부 자극을 선정하여 제공하는 일
2) 그 자극이 교육 대상에게 효과적으로 전달되도록 하는 방법을 개발하는 일
3) 그 자극이 효과적으로 전달되었는지 그 효과를 확인하는 일

이것을 각각 1)교재, 2)교수법, 3)평가로 정리할 수 있다. 교재는 학생들이 쓸모없는 자극에 소중한 시간과 뉴런을 낭비하지 않도록 도와준다. 교수법은 교재가 학생 뇌에 고정적인 배선을 확보한 연결망으로 남거나 기존에 확보한 연결망과 작용하여 다양하고 효과적인 연합을 형성할 수 있도록 만든다. 평가는 학습 결과 튼튼한 배선망이 형성되었는지 점검하고 현재 사용 중인 교재와 교수법의 지속, 개선, 교체에 필요한 정보를 수집한다. 이 모든 과정은 철저히 학생 외부에서 주어진다. 아니, 가해진다.

얼른 보면 냉정하고 비인간적으로 보이는 '주입식 교육'이 실제로는 가장 일반적이고 보편적인 방식인 것이다. 학교뿐 아니라 일상에서 만나는 수많은 교육의 기본형이 결국은 이 주입식 교육이다. 새로운 제품을 구입하면 사용설명서가 따라 나오며, 때로는 판매사원

이 사용법을 가르쳐 준다. 그 방식은? 주입식이다. 유튜브 등에 나오는 수많은 정보, 각종 기술·기능학원, 취업하면 제일 먼저 받는 업무 관련 교육, 또 우리가 취미생활을 위해 다니는 학원이나 클럽 등의 활동도 시작은 모두 주입식 교육이다. 플립 러닝(Flipped Learning) 등 발상을 전환했다는 교육 방식도 일단은 주입식을 베이스로 하고 거기에 다른 것들을 보탠 것에 불과하다.

물론 밖으로부터의 교육이 만능은 아니다. 400년 전 에라스뮈스는 "엉엉 우는 아이에게 따귀를 때려 가며 라틴어를 쑤셔 넣는" 학교를 비판했지만 19세기를 대표하는 인문주의 교육자인 페스탈로치조차 가장 기본적인 읽기, 쓰기, 셈하기를 가르칠 때는 기술적인 주입식 교육을 실시했다(쇼이얼, 1991). 좋든 싫든 주입식 교육의 요소를 배제한 교육은 불가능하다.

더구나 이른바 주입식 교육은 그 비인간적인 겉모습에도 불구하고 오히려 민중에게는 큰 도움이 되었다. 주입하지 않는 교육은 매우 많은 시간과 자원을 필요로 한다. 가령 고전과 각종 고상한 활동을 통해 고결한 인품과 지혜를 깨우치는 교육은 매우 비싸다. 고전에 대한 접근이 어렵고, 여기에 통달한 스승을 만나기도 어렵다. 귀족이나 부유층이 아니라면 생업에 필요한 기초적인 기능 외에는 배움에서 완전히 소외될 수밖에 없다.

하지만 주입식 교육은 고결한 '스승'이나 할 수 있었던 교육을 건전하게 성장한 성인이라면 체계적인 기술을 익혀 누구나 할 수 있는 것으로 바꾸었다. 교육이 모호한 지혜에서 체계적인 기술로 바뀜으로써 일부 고귀한 계층의 신비의 구름이 벗겨졌고, 근대화와 함께 이러한 체계적인 교육기술은 과학을 그 배경으로 갖추게 되었다. 이 것이 교육학이다. 오늘날에는 여기서 한 발 더 나가 교육과학, 교육 공학이라는 용어가 거침없이 사용되고 있다.

이제 누구나 가르칠 수 있고, 누구나 배울 수 있다는 믿음이 보편 화하였다. 1990년대에 서태지는 "전국 수백만 아이들의 머릿속에 매일 똑같은 것을 집어넣고 있지" 노래하며 학교를 비판했지만, 불 과 100년 전만 해도 "전국 수백만 아이들이 머릿속에 무엇인가 집 어넣고 싶어" 눈물을 흘렸다. 심훈의 『상록수』를 보라. 돈이 없어 '주 입'받지 못해 슬픈 아이들의 모습을.

하지만 이러한 주입의 관점을 너무 극단적으로 몰고 가는 것은 좋 지 않다. 교육만능론으로 빠지기 때문이다. 그 사례가 바로 '빈 서판 (tabula rasa)'론이다. 이에 따르면 인간의 뇌는 마치 텅 빈 칠판과 같아, 누가 무엇을 쓰느냐에 따라 전혀 다른 존재가 된다(로크, 1690). 칠판 자체에는 선도 악도, 유능도 무능도 없다. 악보를 그리면 음악이 되 고, 수식을 그리면 수학이 되며, 음담패설을 적어 놓으면 음란물이 된다. 결국 학생 간에는 차이가 없고, 학생이 어떤 사람이 될지는 순 전히 교육자, 교육 내용, 교육방법의 결과가 된다. 학생은 다만 교육 자가 적어 넣을 빈 칠판으로 대상이 될 뿐이다. 여기서 한 발 더 나 가면 뭐가 될까? 그렇다. 세뇌다.

자기로부터의 교육

사람이라는 칠판은 누가 무엇을 써 주기만 기다리는 수동적인 대상이 아니다. 오히려 스스로 내용을 기록할 수 있는, 그리고 무엇을 어떻게 기록할지 그 방향을 스스로 결정할 수 있는 능동적인 주체, 일종의 자동 칠판이다. 더구나 사람이라는 칠판은 비어 있지도 않다. 이미 어느 정도의 내용이 기록되어 있다. 심지어 그중 일부 내용은 분필이 아니라 에나멜로 기록되어 있어 지워지지도 않는다. 미리 적혀 있는 것들에는 괄호가 무척 많다. 사람이라는 칠판은 무엇을 어디에 적어야 할지 어느 정도 정해져 있는 그런 틀이 주어진 칠판이다(핑커, 2004).

물론 이런 주장도 극단으로 가면 사람의 뇌는 이미 배워야 할 내용으로 가득 차 있는 서판, 즉 우리가 배워야 할 것은 이미 우리 안에 다 있다는 수준까지 간다. 이미 다 알고 있고, 바꿀 수 없는데 교육이 과연 필요할까?

필요하다. 오히려 그럴수록 교육이 더 필요하고 더 어렵다. 자기 안에 있는 것을 발견하고 이를 드러내는 일은 결코 학생 스스로 할 수 없다. 자기 마음은 바깥세상보다 알기 어렵기 때문이다. 외부 세계의 여행은 안내자 없이 할 수 있지만, 자기 내면으로의 여행은 누군가가 인도하지 않으면 시작도 하기 어렵다.

스스로 알기도 어려운데 누가 도와주기도 어렵다. 외부로의 여행은 여행할 장소에 대해 더 잘 알고 있는 안내자가 이끌기만 하면 된다. 그런데 내면의 세계는 본인보다 더 잘 아는 안내자가 있을 수 없다. 문제는 본인이 이 사실을 모른다는 것이다. 따라서 안내자는 어떻게든 여행자가 자신이 여행할 장소에 대해 잘 알고 있음을 자각하게 하고, 여행자로부터 정보를 얻어 여행을 이끌어야 한다. 정신이 아득해진다.

이 경우 교육은 외부에서 새로운 것을 주입하는 것이 아니라 우리 안에 있는 것을 발견하도록 적절한 환경을 조성하고, 계기를 마련하는 과정이다. 이때 사용하는 동사가 '깨우치다'란 단어다. 안으로의 교육은 결국 '깨우침'에 이르는 과정이다. 알게 하는 교육은 외부의 자극 그 자체가 교육의 내용이며 과정이지만, 깨우치게 하는 교육은 외부의 자극이 단지 학생이 깨우침을 얻을 계기에 불과하다. 그 성패 여부는 교육자가 아닌 학생만이 제대로 판단할 수 있다. 교육자는 때로 막막함과 답답함을 극복하고 학생이 깨우치도록 돕고 기다려야 한다.

공교롭게도 교육의 영어인 'education'이 바로 이런 의미를 담고 있다. 이 단어는 '끄집어내다'라는 뜻의 라틴어 단어에서 비롯되었다. 교육에 해당하는 독일어 'Erziehung' 역시 잡아당기다, 끌어내다는 뜻이 있다. 교육이란 학생 외부에서 무엇을 집어넣는 것이 아니라 내면에 있는 것을 끌어낸다는 것이다.

플라톤은 이 관점의 극단이라 할 수 있다. 플라톤에 따르면, 우리는 이데아세계에 살고 있던 영혼이 이 세상의 물질인 육체와 결합함으로써 세상에 태어났다. 그런데 앎의 주체가 될 수 있는 존재는 오직 영혼이며, 물질인 육체는 이 참존재에 대한 일종의 오염에 불과하다. 따라서 우리는 출생과 동시에 거대한 망각, 우리가 진리의 세계에 살고 있었고, 진리를 알고 있었다는 사실마저 잊어버리는 거대한 망각의 강을 건넌다. 그러고는 영혼이 아니라 신체가 보여 주고 들려주는, 즉 감각기관이 보여 주는 허상에 사로잡혀 그것이 마치 세상의 전부인 양 착각하고 살고 있다. 하지만 사실 이는 참된 세계, 이데아세계의 그림자, 어렴풋한 기억에 불과하다.

그렇다면 어떻게 우리는 진리를 깨우칠 수 있을까? 끊임없는 지적인 훈련을 통해 이 허상에 가려진 이데아를 꿰뚫어 볼 힘을 길러야 한다. 이 지적인 훈련의 과정이 바로 교육이다. 사람은 올바른 교육을 받지 않으면 영원히 감각기관을 통해 들어오는 허상에 속을 것이다. 올바른 교육을 받은 사람은 신체의 오염을 뚫고 참된 실체, 이데아를 꿰뚫어 볼 수 있게 되면서 출생하기 전에 이미 알고 있던 것을 회상해 낼 수 있다. 따라서 플라톤에게 교육이란 구체적인 무엇을 가르치는 것이 아니라 이미 알고 있던 것을 상기해 낼 수 있도록 지적인 자극을 제공하고, 보고 듣는 현상에 대해 계속 의문을 제기하는 것이다. 이런 의미에서 플라톤의 교육관을 '상기론'이라고 한다. 무엇을 가르치는 것이 아니라 이미 알고 있는 것을 상기시킨다는 뜻이다.

'산파술'이라 불리는 대화식 수업은 상기를 목적으로 하는 교육의 정수를 보여 준다. 우선 산파의 비유부터 절묘하다. 산파는 출산의 당사자가 아니다. 다만 산모의 순산을 옆에서 잘 이끌어 줄 뿐이다.

아이는 산모가 낳는다. 마찬가지로 플라톤에게는 교사 역시 학생에게 직접 무엇을 가르치는 존재가 아니다. 다만 학생이 스스로 깨우치도록 잘 이끌어 갈 뿐이다. 깨우침은 학생의 몫이다. 따라서 교사는 직접적인 지식을 언급하는 대신, 끊임없이 질문을 던진다. 답은 학생이 스스로 찾아낼 일이다. 이 과정이 바로 깨우침에 이르는 과정이다.

플라톤의 유명한 대화편 「메논」에는 이 산파술의 정수가 나온다. 여기서 소크라테스는 아무것도 배운 게 없는 메논이란 노예 소년에게 산파술을 이용하여 기하학을 가르친다. 대화가 이어지는 동안 소크라테스는 수시로 주변 사람들에게 "보세요. 나는 아무것도 가르치고 있지 않습니다. 다만 질문만 하고 있을 뿐입니다."라고 말한다.

왜 이런 말을 했을까? 무식한 노예 소년이지만 메논의 영혼은 이데아의 세계에서 왔기 때문에 고급지식인 기하학을 이미 알고 있으며, 따라서 직접 기하학을 가르치지 않더라도 이를 스스로 깨우치게 할 수 있음을 증명하려는 것이다. 마침내 소크라테스는 계속 질문만을 하면서 노예 소년 메논이 기하학 지식을 획득하도록 한다. 아니, 깨우치도록 한다.

물론 석연치 않은 구석이 남아 있다. 소크라테스가 한 말들이 다 질문의 형식을 띠고 있기는 하지만, '?'로 끝난다고 해서 모두 질문은 아니기 때문이다. 「메논」에 나오는 소크라테스의 질문 중에는 사실상 자기가 설명을 다 해 놓고, 다만 마지막에 "그렇지?" 하고 반문함으로써 질문의 형식만 갖춘 문장이 적지 않다. 「메논」뿐 아니라 플라톤의 대화편 상당수가 그런 식의 문답으로 구성되어 있다. 오히려 이는 위장된 주입 같아 보인다.

공교롭게도 플라톤과 비슷한 시대 사람인 동양의 공자와 맹자 역시 비슷한 교육관을 가지고 있었다. 다만 공자와 맹자가 가르치고자 하는 내용은 기하학 같은 것이 아니라 도덕과 윤리라는 점에서 다르다. 공자가 '효'를 그토록 강조하는 까닭도 우선 쉽고, 자연스럽고, 가까운 것에서부터 시작하면 사람이 타고난 덕성을 찾아갈 단서를 발견할 수 있다고 보았기 때문이다(송영배, 2014).

맹자의 유명한 '성선설'은 외부로부터의 교육에 대한 부정이나 다름없다. 반면 순자의 '성악설'은 결국 사람의 행위를 외적으로 규율해야 한다는 법가사상으로 흘러갔다. 맹자가 말하는 '선'은 인의예지(仁義禮智)다. 사람은 날 때부터 이미 선하다. 즉, 날 때부터 이미 인의예지를 품고 있다. 그렇다면 도대체 교육이 무슨 소용 있단 말인가? 자연스럽게 자라도록 하면 저절로 성인군자가 될 것이 아닌가?

여기서 등장하는 개념이 바로 기질지성(氣質之性)이다. 원래 사람의 본성은 인의예지가 맞지만, 육체에서 비롯된 기질지성, 즉 오욕칠정으로 인해 더럽혀져서 그만 자신의 본성을 잊어버리고 말았다는 해석이다. 플라톤의 상기론과 흡사하다. 다만 플라톤은 잃어버린 것이 진리라고 말하고, 맹자는 덕이라고 말할 뿐이다.

주자는 이를 거울에 비유했다. 맑고 깨끗한 거울에는 자신을 비춰 볼 수 있다. 하지만 때가 묻고 오염된 거울에는 아무리 아름다운 모습이라도 때 묻고 더러운 모습으로 보일 뿐이다. 자신의 참모습을 보고자 한다면 먼저 거울을 깨끗하게 닦아야 한다. 따라서 주자, 그 이후 유교를 지배한 성리학에서 교육이란 거울 닦는 과정, 기질지성의 오염을 제거하는 과정이다. 선생이 해 줄 수 있는 것은 여기까지다. 이렇게 거울을 깨끗하게 닦아 자신의 참된 모습을 바라보며 본래 타고났던 인의예지를 깨우치는 것은 학생 스스로 할 일이다.

기질지성과 그 오염은 신체를 가지고 세상에서 살아가는 한 피할 수 없는 운명이다. 거울을 아무리 깨끗하게 닦아도 시간이 지나면 다시 때가 묻는 것과 같다. 따라서 한 번 깨우쳤다고 하여 교육이 끝나는 것이 아니다. 늘 기질지성의 오염을 털어 내고 자기 본연의 인의예지를 놓치지 않으려는 마음의 청소가 일상적으로 필요하다. 그래서 옛 선비는 제자들에게 "늘 삼가고 삼가라."라는 말을 버릇처럼 되풀이했다.

이 '자기로부터의 교육'이라는 관념은 18세기 루소에 의해 불타오른다. 루소의 기념비적인 저작 『에밀』은 이후 교육에 대한 무수한 낭만적 관념의 불씨가 되었다. 루소의 기본전제는 '자연'이다. 사람은 자연의 아들이며, 자연은 선하다. 그럼에도 불구하고 세상에 수많은 악이 횡행하는 까닭은 이른바 '문명'이 사람의 자연적인 본성을 타락시켰기 때문이다.

당시에 사용된 '문명'이라는 말이 원시나 야만의 반대말이 아니었음에 유념하자. 당시 문명은 주로 궁정사회나 부르주아사회에서 지켜야 하는 각종 관습, 관행, 예절, 교양 같은 것을 의미한다. 이것은 인간의 자연적인 미덕에 기반한 것이 아니라 단지 자신들을 과시하고 구별짓기 위한 인위적인 것이며, 이러한 과시와 구별의 욕구가 강해질수록 점점 부자연스러워지며 사람을 타락시킨다. 따라서 자연으로 돌아가자는 말은 동물이나 원시인처럼 살자는 뜻이 아니라 이런 인위적인 관습, 제도, 관행 등으로 인해 잊힌 인간의 자연적인 미덕을 되찾자는 것이다.

바로 이 때문에 아이를 바라보는 관점이 바뀌었다. 이전에는 문명을 덜 익힌, 즉 사람이 덜된 존재로 취급되던 아이는 이제 루소에 의해 문명의 때를 덜 탄, 즉 어른보다 인간성이 더 많이 남아 있는 순수한 존재로 격상되었다. "세상에 찌들어 버린 어른의 마음"과 "천진난만한 동심"의 대비라는 익숙한 구도가 이때 처음 만들어졌다. 따라서 교육은 아이에게 문명을 보다 빨리, 보다 많이 주입하는 것이 아니라, 아이를 문명으로부터 '보호'하고 그 천진난만한 자연성을 보존하는 것으로 바뀌었다.

물론 영원히 어른이 되지 않는 것이 교육의 목적은 아니다. 아이들은 스스로 자연이라는 스승을 통해 배운다. 교육자가 할 일은 억지로 가르치는 것이 아니라 아이가 자연이라는 스승을 통해 스스로 배울 수 있도록 격려하고, 그러한 환경과 여건을 마련해 주며, 나쁜 환경이나 위험으로부터 보호하는 것이다. 바로 여기에서 직접 가르치는 교수자로서의 교육자가 아니라 조건을 갖춰 주고 길을 살펴 주는 '안내자로서의 교육자'라는 개념이 등장하였다. 어린아이가 자연이라는 스승을 통해 배울 수 있는 까닭은 사람 역시 자연이기 때문이다.

물론 루소는 사람으로서의 미덕과 시민으로서의 미덕을 구별하였다. 사람으로서의 미덕은 자연을 통해 발현되는 것이지만, 시민으로서의 미덕은 자연이 아니기 때문에 따로 받아들이고 배워야 한다. 이때 외부의 규율, 규범, 지식을 주체적으로 받아들이고 판단할 수 있도록 하는 미덕이 바로 '이성'이다. 그리고 이 이성은 억지로 강요한다고 발현되는 것이 아니라 자연의 길을 따라 때가 되면 마치 손님처럼 찾아온다. 루소는 이 시기를 대략 오늘날의 중학생 나이인 14세를 전후한 시기로 본다. 바로 이 때문에 청소년기를 '제2의 탄생'이라는 시적인 비유로 일컫게 되었다.

이러한 교육관은 아동이나 학습자의 자발성과 선천적인 선량함에 너무 많은 신뢰를 보내고 있다는 비판을 받을 수 있다. 즉, 지나치게 '낭만적'이다. 하지만 교육을 가르치는 사람의 처지에서 보지 않고 배우는 아이의 처지에서 보도록 시선을 바꾸어 놓았다는 점에서 중요하다.

안과 밖의 종합

모든 진실은 언제나 알고 나면 너무 뻔하다. 안으로부터의 교육인가, 밖으로부터의 교육인가. 모두 맞기도 하고 틀리기도 한다. 교육은 안으로부터 이루어지기도 하며, 밖으로부터 이루어지기도 한다. 원래 가지고 있던 것을 깨우치는 것이기도 하고, 외부에서 새로운 것을 주입하는 것이기도 하다. 교육은 안과 밖의 종합이다.

다만 안으로부터 이루어지는 교육과 밖으로부터 이루어지는 교육이 다르다. 요리에 비유하면 밖에서 들어오는 것이 재료라면 안에서 이루어지는 것은 조리법이다. 조리법만으로는 어떤 요리도 할 수 없다. 요리를 하려면 반드시 재료가 있어야 한다. 하지만 재료만으로도 마찬가지로 어떤 요리도 불가능하다. 그냥 짐승처럼 생식하는 수밖에 없다.

교육도 마찬가지다. 외부로부터 주입되는 것이 없다면 실제로는 아무것도 배울 수 없다. 하지만 외부에서 주입된 것을 연합하고, 종합하고, 판단하는 과정이 없다면 아무리 많은 것을 주입하더라도 그저 잡다한 정보에 불과할 뿐, 아무것도 배우지 못한다.

게다가 사람의 감각기관에 들어오는 모든 자극이 지각되는 것도 아니다. 사람의 감각지각은 지향성의 결과다. 즉, 보기로 한 것을 보고, 듣기로 한 것을 듣는다. 이러한 지향성은 때로는 우리를 눈뜬장님으로 만들기도 한다. 나중에 사진을 보고서 "여기 이런 게 있었네?" "아, 이 친구가 여기 있었구나." 말하는 경우가 있다. 애초 그 친구의 이미지는 틀림없이 우리 시신경에 전달되었을 것이다. 문제는 그 정보를 시각적 이미지로 구성할지 말지를 뇌가 정한다는 것이다. 뇌가 그렇게 하기로 했으면 그 친구의 모습이 이미지화될 것이며 그 친구를 본다. 하지만 그렇게 하지 않기로 했다면 그 정보는 무시되어 시각적 이미지를 형성하지 못한다.

따라서 엄밀히 말해 주입식 교육이란 있을 수 없다. 아무리 열심히 주입하더라도, 당사자가 안 보고, 안 듣기로 마음먹으면, 즉 주입 안 당하기로 작정하면 주입되지 않는다. 만약 주입식 교육이 실제로 가능했다면 1980년대를 전후해 그 주입식 교육의 최대 수혜자라 할 수 있는 명문대학 학생들이 오히려 반독재 민주화투쟁에 가장 적극 적으로 나선 현상을 도저히 이해할 수 없다. 그들은 겉으로는 주입 당하는 것처럼 보였지만 실제로는 반감을 키우고 있었다.

사람은 필요하다면 아니라고 생각하면서도 전략적으로 그렇다고 대답할 수 있는 존재다. 1970년대와 80년대의 이른바 모범생들이 국민윤리 등 이데올로기 과목에서 높은 점수를 받은 것은 그렇다고 대답해 주기로 한 결과이지, 실제로 그렇게 생각하게 된 결과가 아 니다.

그런데 엉뚱하게도 자기로부터의 깨우침은 외부로부터의 주입 없이 이루어지지 않는다. 아무리 학생 스스로 자기 안의 것을 깨우 치도록 돕는 '안내자로서의 교육자'가 되고자 하더라도, 마냥 기다 린다고 될 일이 아니다. 무엇인가 해야 한다. 그런데 무엇인가를 가 르치지 않고서는, 즉 주입하지 않고서는 이 작용이 이루어지지 않는 다. 최소한 학생이 내면으로의 여행을 떠날 계기가 될 마중물 정도 는 주입되어야 한다. 학생의 내면에 영향력이 큰 자극과 문제가 될 만한 무엇인가를 제공함으로써 내면을 흔들어야 한다. 상기론을 주 장한 플라톤도 학생이 기하학이나 논리학을 저절로 깨우칠 수 있다 고 믿지는 않았을 것이다.

언어를 배우는 과정을 예로 들어 보자. 촘스키에 따르면, 사람은 문장을 생성할 능력을 지니고 태어난다. 실제로 문장 만드는 법을 억지로 가르치지 않아도 아이들은 어느 정도 시간이 지나면 단어의 나열이 아닌 문장을 말할 수 있다. 하지만 그 단어를 가지고 태어나는 것은 아니다. 단어는 외부에서 주입되어야 한다. 그리고 태어날 때 가지고 있는 문법은 매우 단순한 것들이다. 이것들을 다양한 변형문법으로 확장하기 위해서는 다양한 언어경험이 필요하다. 이것 역시 외부에서 주어지는 것이다. 교육은 이렇게 자기 안의 것과 밖으로부터 들어온 깃을 종합하는 과정이다.

11

배움을 다시 정의하다

가르침과 동전의 양면을 이루는 것이 배움이다. 그러나 사실상 교육의 성패를 결정하는 것은 배움이다. 가르침 없는 교육은 있어도 배움 없는 교육은 없다. 가르침이 없어도 배움은 일어나지만 배움이 이루어지지 않았다면, 그 어떤 교육도 모두 실패작이다. 알지 못하던 것, 할 수 없던 것을 알게 되고 할 수 있게 되지 않는다면 교육을 통해 일어나는 변화가 무슨 가치가 있을까?

살면서 배우면서

어른들은 아이들에게 눈만 마주치면 "공부해!" 잔소리한다. 그런데 이상하게 어른들은 배움을 강요할 뿐 '배움' 그 자체에 관심이 없다. "배워라!" 하고 잔소리하는 어른을 본 기억이 없다. 어른들의 관심은 배움이 아니라 배움의 결과, 정확히 말하면 배움의 결과를 알려 주는 지표 중 하나인 시험점수에만 국한되는 것 같다.

아이의 성적표. 거기에는 점수라는 숫자가 적혀 있다. 그 점수는 해당 교과의 학습(배움) 목표에서 몇 퍼센트를 달성했는지 보여 준다. 하지만 배움의 목표가 무엇인지 모른다면 그 숫자는 아무것도 말해 주지 않는다. 몇 미터를 달리는지 걷는지, 두 다리로 달리는지 스케이트로 달리는지 F1 자동차로 달리는지 알지 못하는 상황에서는 10초 34라는 숫자가 아무 의미 없는 것과 같다. 그럼에도 많은 부모가 자녀의 점수만 본다. 각 학년 교과별로 달성해야 할 배움 목표가 무엇인지, 그리하여 우리 아이가 무엇무엇을 얼마나 알게 되었는지 판단하지 않는다. 눈만 마주치면 공부하라고 했지만, 막상 공부의 결과 무엇을 알게 되고 무엇을 할 수 있게 되었는지는 관심이 없다.

배움에 관심을 가져야 한다. 공부하라고 요구할 때는 적어도 그것이 무엇을 의미하는지, 그 결과 학생들이 무엇을 배우는지 알고 있어야 한다. 교육은 의도와 목적을 가진 행위라고 했다. 시키는 쪽에서 그 의미를 모르고 맹목적으로 시킨다면 이건 교육이 아니며, 심지어 조련도 아니다. 조련의 경우에도 적어도 조련사는 자기가 무엇을 목표로 하는지 분명히 알고 있다.

1980년대의 일이다. 그 시절에는 사회의 부조리와 불평등을 비판하는, 입에서 입으로 전해지는 노래들이 있었다. 흔히 '쟁가'라 불리던 민중가요다. 민중가요에 등장하는 노동자의 삶은 비참했다. 심지어 정규직 노동자들도 그랬다. 주로 이런 노래들은 노동자가 자신의 비참한 삶을 한탄하거나 그 비참함의 원인 제공자인 자본가, 사장을 저주하거나 조롱하는 내용이 많았다. 그런 노래 중 유독 구슬픈 노래로 〈작업장 타령〉이 있다.

1. 하늘 나는 저 새는 저의 날갯짓으로 푸른 하늘 날으면서 맘껏 자유 누리는데
   기계에 매달린 못난 이내 몸뚱이는 고달픈 몸짓만 되풀이하는 구나 어허야 어허후
   그 누굴 원망하랴 못 배워 땅만 파는 우리 부모 원망하랴 어허야 어허

2. 가난해서 못 배운 설움만도 뼈아픈데 걸핏하면 교양 없다 무식하다 쥐어박고
   부모님이 나에게 지어주신 이름 있건마는 공돌이 공순이 개 부르듯 불러대네
   그 누굴 원망하랴 못 배워 땅만 파는 우리 부모 원망하랴 어허야 어허

1절, 2절 모두 배움의 한이 나온다. 1절에서는 부모의 한, 2절에서는 자신의 한. 그런데 1절과 2절에서 배움의 의미가 다르다. 화자에게 배움은 가난했기 때문에 누리지 못한 동경의 대상이다.
"못 배워서 무시당한다."라고 절규한다. 왜 못 배웠나? 가난하기

때문이다. 부모에게 배움은 부와 가난을 가르는 원인이다. 부모는 왜 가난한가? '못 배워 땅만 파기' 때문이다. 순환논리다. 부모는 배우지 못해서 가난하다. 그런데 부모가 가난해서 나도 못 배웠다. 그러니 앞으로도 계속 가난할 것이다.

가슴 아프다. 하지만 아무리 가슴 아픈 노래라 하더라도 배움에 대한 오해를 분명하게 드러내는 사례이니 이 부분을 찬찬히 살펴보겠다. 그 오해란 배움을 배움의 일부분에 불과한 '제도권 교육', 더 정확히 말하면 고등교육에 환치시켜 버렸다는 것이다.

이 노래의 화자와 그 부모는 정말 못 배웠을까? 그럴 리 없다. 배움이 없는 삶은 불가능하다. 아무리 가난해도 그렇다. 사람은 살아가면서 늘 무엇인가 배운다. 가령 이 노래의 화자만 해도 가난하면 못 배우고, 못 배움이 다시 가난의 원인이 되는 악순환을 알고 있다. 어디선가 배운 것이다. 다만 그것을 배운 과정이 학교 등의 정규교육이 아니라, 실제 삶 속에서 깨닫게 된 것뿐이다. 가난하다고 못 배운다는 말은 성립되지 않는다.

배움의 순간은 삶의 도처에 있다. 문명과 동떨어진 섬에 난파한 선원들이 원주민 아이들로부터 이런저런 것들을 배우는 장면을 영화에서 자주 본다. 그 아이들은 따로 학교 같은 데 다니지 않았을 것이다. 모든 것을 그냥 뛰어노는 가운데 배웠을 것이다.

다만 어떤 배움을 '공식적'인 배움으로 인정하느냐의 문제가 있을 뿐이다. 이는 근대 이후에 나타난 현상이다. 근대사회에서는 삶을 통해 아무리 많은 것을 배웠더라도 사회가 공식적으로 인증하지 않으면 배움이 없는 것으로 간주한다. 인증을 받는 가장 확실한 방법은 사회가 인정한 교육기관에서 배우는 것이며, 그게 불가능하다면 인증시험을 통과하는 것이다. 이렇게 배움의 유무를 사회가 공식적으로 판단하는 것이 제도권 교육이다. 저 노래의 화자가 한탄하는 것은 배움의 부족이 아니라 제도권 교육의 부족이다. 사회의 자원이 충분하지 않을 때 제도권 교육의 문은 충분히 열려 있지 않았고, 가난한 사람들에게는 그럴 여유가 없었다.

사회제도가 배움의 유무를 판단하는 기준이 된 것은 근대적 합리화의 결과다. 전통사회처럼 '백의의 정승', '무학의 통찰'같이 모호한 표현이 통할 때는 그만큼 지식인을 빙자한 사기꾼도 많았다. 가령 떠돌이 약장수나 돌팔이 의사, 혹은 엉터리 훈장들 말이다. 하지만 '배움'을 사회가 통제하기 시작하면서 그 배웠음을 입증하는 절차와 인증이 공식화되었다.

덕분에 우리는 떠돌이 약장수, 돌팔이 의사, 엉터리 훈장의 위험으로부터 비교적 안전해졌다. 하지만 그 대가로 배움에 대해 매우 협소한 시야를 가지게 되었다. 배움 그 자체보다는 사회가 인정하는 배움에 대한 인증, 증명만을 보는 것이다. 어떤 사람이 아무리 많은 것을 알고 있고 뛰어난 통찰을 하고 있어도 졸업장이 없으면 무학이며, 머리가 텅 비어 있고 제대로 된 판단을 내릴 수 없는 사람이라도 공인된 학위기를 들이댈 수 있으면 박사로 인정받는다.

근대화의 역사는 제도권 교육이 그 외부를 하나하나 포섭해 가는 과정이었다. 가령 20세기 초반만 해도 우리나라나 일본에는 의사의 조수로 일하다가 의사고시를 통해 의사면허증을 얻는 과정이 있었다. 오늘날에는 정규 의과대학을 졸업하지 않으면 의사고시에 응시할 수 없다. 가장 오랫동안 제도권 외부에 남아 있던 법조인 자격시험도 2009년 법학전문대학원이 들어서고, 2017년을 마지막으로 사법고시가 폐지되면서 완전히 제도권 교육 내부로 포섭되었다.

더구나 특정한 수준, 즉 대체로 그 사회의 중위권보다 조금 높은 수준의 삶을 누리는 데 필요로 하는 제도권 교육의 양이 점점 늘어나고 있다. 그 증가 속도는 보통교육 증가 속도를 능가한다. 교육에 들어가는 시간과 비용도 점점 더 길어지고 있다. 대학에 잘 안 가던 독일마저 1990년대까지 20퍼센트 정도에 불과하던 대학 진학률이 40퍼센트 이상으로 늘어났다. 우리나라의 대학 진학률은 70퍼센트에 이른다. 그렇다고 1990년대 대졸자에게 주어지던 일자리가 세 배 늘어나지는 않았다. 같은 수준의 일자리에 들어가기 위한 교육연한만 길어졌다. 제도권 교육이 부족해 가난해지고, 가난하기 때문에 제도권 교육을 충분히 받지 못하는 악순환이 계속될 수 있다.

더구나 우리나라는 제도권 교육이 워낙 삶을 강하게 포섭하여 교육은 사라지고 인증만 남는 지경에 이르렀다. 이제 교육은 사라지고 제도만 남았다. 무엇을 배웠느냐보다 배움의 결과, 제도적으로 어떤 인증을 받았느냐가 더 중요해졌다.

제도의 우상화는 비단 배움뿐 아니라 사회의 거의 모든 영역에 널리 퍼져 있다. 우리나라처럼 직책과 직급이 호칭으로 철저히 지켜지는 사회는 찾아보기 어렵다. 그 사람의 업적을 통해 직책을 판단하기보다는 직책 그 자체를 업적으로 받아들이는 독특한 문화가 그 반증이다. 여기에는 진보, 보수 진영 간의 차이도 없다.

이렇게 학교에 다니는 시간이 더 길어지고, 제도적인 인증서가 배움을 대신할 지경이 되고 있지만, 실제 배움에서 제도권 교육이 차지하는 비율은 오히려 점점 줄어들고 있다. 제도권 교육의 배움 효율이 점점 떨어지고 있다.

원래 제도권 교육을 통한 배움은 삶을 통한 배움보다 훨씬 효율적인 방법이었고, 그것이 근대화의 힘이었다. 가령 스승이자 고용주를 따라다니며 배움과 노동이 구별되지 않는 상황에서 불규칙하게 배워야 했던 중세 도제시스템보다 표준화된 교재, 교육과정, 인증된 교사에게 배우는 근대 학교는 훨씬 짧은 시간에 훨씬 많은 사람에게 배움의 기회를 제공해 줄 수 있었다.

하지만 21세기 들어 삶의 방식이 바뀌었다. 21세기를 지식정보혁명이라 부르는 까닭은 지식과 정보가 교육을 통해 전수되는 것이 아니라 실시간으로 공유되며 심지어 거래의 대상이 되기 때문이다. 또 지식과 정보가 삶을 도와주는 것이 아니라 지식과 정보의 획득과 공유 자체가 삶이 되어 가고 있다.

빨래나 청소를 생각해 보자. 빨래나 청소는 실제 몸을 움직이며 수행하는 삶의 한 부분이었다. 빨래나 청소에 대한 지식이나 정보가 빨래나 청소를 해 주지는 않는다. 다만 더 잘하게 할 수 있을 뿐이다. 하지만 로봇청소기가 보편화하고 인공지능 세탁건조기가 보편화하면서 해당 기기에 대한 지식과 정보 자체가 곧 빨래나 청소가 되어 버렸다. 아는 것과 사는 것 사이의 구별이 모호해진 것이다.

이런 상황에서는 지식과 기능을 배우는 시간과 삶을 살아가는 시간의 구별도 모호해진다. 20세기까지는 제도권 교육에서 배우는 것들이 이후의 삶을 준비하는 것이었다. 하지만 오늘날에는 삶을 살아가면서 필요한 지식과 정보를 실시간으로 획득하고 공유해야 한다. 새로운 지식과 기능은 필요하면 즉시 검색하여 확인할 수 있다. 유튜브 등을 통해 텍스트나 상징 형태로 된 지식뿐 아니라 실제로 손과 발을 사용하여 수행하는 기능까지도 공유할 수 있다. 만약 유튜브와 증강현실, 가상현실이 결합하면 삶에 필요한 대부분의 지식과 기능을 제도권 교육에 의존하지 않고 배울 수 있게 된다. 살면서 배우고, 배우면서 사는 것이다.

살면서 가르치고 가르치면서 살 수도 있다. 웹사이트나 인터넷을 통해 배운 것을 실제 삶에 적용하는 과정 자체를 정보로 만들어 공유할 수 있기 때문이다. 이것은 해당 지식과 기능을 배우려는 다른 사람들에게 중요한 교육자료가 될 것이며, 우리 역시 다른 사람의 자료를 활용할 수 있다. 지금은 동영상을 촬영하고 편집하는 것이 귀찮은 장벽이 되고 있지만, 이 장벽이 해소되는 건 시간문제다.

이제 이런 물음을 하지 않을 수 없다.

"대체 제도권 교육은 무엇을 특별히 제공할 수 있는가?"

이 와중에 제도권 교육이 아직은 배움의 인증을 독점하고 있지만, 점점 배움에 대해 인증하는 바는 줄어든다. 이 제도와 현실의 불일치가 앞으로 해결해야 할 과제다. 학벌사회는 이미 토대에서부터 무너지기 시작하고 있다는 신호이기도 하다.

살면서 배우고, 배우면서 사는 시대가 온다. 잘사는 것이 잘 배우는 것이며, 잘 배우는 것이 잘사는 것이다. 물론 이는 공식적인 인증과는 무관하다.

습관: 몸에 배어들다

살면서 배우려면 어떻게 해야 할까? 지루하게 들리겠지만 우선 반복이다. 기본적으로 무엇을 배운다는 것은 반복함으로써 장기 기억장치에 새겨 넣는 것이다. 가령 자전거를 탈 때, 타는 것과 배우는 것을 구별하기란 어렵다. 타면서 배우고, 배우면서 탄다. 말을 배울 때도 하면서 배우고, 배우면서 한다. 이 과정에서 성공과 실패의 사례가 누적되고, 이게 의미 있는 횟수만큼 반복되면 단기 기억장치를 넘어 장기 기억장치에 새겨진다. 일단 장기 기억장치에 새겨진 지식과 기능은 의식하지 않고 거의 자동으로 사용할 수 있게 된다. 습관이 된 것이다(듀이, 1910).

흔히 습관이라고 하면, 이유 없이 반복되는 행동이나 말이라고 생각하기 쉬운데, 이는 마지막 현상만을 본 오해다. 습관의 개념은 훨씬 넓다. 추론 과정을 다 거치지 않고 자극 – 행동이 바로 연결되지만 무작위적인 것이 아니라 합리적이고 일관성을 가진 것이 습관이다. 단순한 버릇, 일상의 틀을 넘어 도덕적인 행동에 이르기까지 모두 해당한다.

습관에는 이유가 있다. 이유 없는 반복은 습관이 아니라 강박이다. 다만 습관은 그것이 발현되는 당시에는 굳이 이유를 따지고 생각하고 설명할 필요가 없을 뿐이다. 모든 습관은 배움의 결과다. 습관의 이유는 배움이 이루어지는 과정, 즉 그것이 형성되는 과정에 있다. 선생이 학생에게 무엇인가 가르친 뒤 자주 쓰는 표현인 'Keep in mind.'라는 영어 문장은 그 점에서 의미심장하다. 배운 것을 단지 지금 이해했다고 넘어가지 말고 마음 깊이 새겨 넣으라는, 즉 습관화하라는 것이다.

공자가 말하는 '군자의 경지'란 도덕적인 행동이 추론을 거치지 않고 마치 본능적인 행동처럼 자연스럽게 나오는 것이다. 버릇처럼 편하게 말하고 행동하는데도 도리에 어긋나는 말이나 행동이 없는 경지. 도덕이 습관이 된 경지다. 어떻게 도덕이 거의 본능에 가깝게 되었을까? 반복이다. 증자가 말한 것처럼 "매일 세 번씩 반성하고", 주 문공이 말한 것처럼 "매일매일 조금씩 더 나아지려고" 노력하는 행동이 쌓이고 쌓이면 마침내 도덕이 습관이 되는 경지에 이르게 된다.

7차 교육과정 이후 무시를 넘어 거의 사장되다시피 한 행동주의에 대해서 재평가할 필요가 있다. 한때 행동주의는 사람의 학습을 비둘기나 쥐의 학습으로부터 유추하고, 아동을 실험용 동물처럼 여기는 비인간적인 학파라는 오명을 받았다. 그런데 배움의 과정을 뉴런 단위로 바라보면 그게 비인간적이라고 욕먹을 일만은 아니다. 비둘기나 사람이나 특정한 자극과 반응을 반복해 영구적인 뉴런 연결망을 형성하는 것이 배움의 과정이라는 점에서 동일하다. 차이가 있다면 사람은 보유하고 있는 시냅스의 총량이 다른 동물에 비해 엄청나게 많기 때문에 가능한 연결망의 종류가 무한대라는 것이다. 비둘기나 햄스터의 학습방법과 사람의 학습방법이 근본적으로 달라야 할 특별한 이유는 적어도 생물학적으로는 정당화되기 어렵다.

다만 사람은 보상을 의식하고 그 의미를 해석할 수 있다는 점을 염두에 두어야 한다. 동물은 보상에 따라 특정한 행동을 하거나 하지 않도록 습관화되지만, 사람은 보상을 주는 존재의 의도를 추측한다. 하필 그것이 보상으로 선정된 배경을 생각한다. 왜 특정한 행동을 강화하려 하는지 그 의미를 해석한다. 그 의미가 불순하다면 사람은 분노하거나 불순한 보상을 거부하기도 한다. 따라서 행동주의가 아주 무의미한 것은 아니지만, 사람의 교육에 적용 가능한 부분역시 일부 영역에 제한된다.

사람은 자신의 배움 과정을 의식한다. 자신에게 무엇인가 변화가일어나고 있다는 것, 그리고 그 변화 중 일부가 영구화되었다는 것,즉 완전히 익혔다는 것을 스스로 의식하는 것이다. 또 사람은 배움이 제대로 되고 있지 않음 또한 의식한다. 동물은 자신들이 배우고있다는 것을 의식하지 못한다. 다만 특정한 행동과 거기에 따른 보상의 관계만을 의식할 뿐이다. 따라서 배움의 성공이나 실패 역시스스로 판단하지 못한다. 다만 보상을 받았거나, 받지 못할 뿐이다.사람은 배움의 성공이나 실패를 의식하며, 특별한 보상이 없더라도 성공이나 실패 그 자체를 보상으로 받아들일 수 있다. 사람만이 교육을 그 자체로 받아들인다.

심지어 반복 훈련의 경우도 동물과 질적으로 다르다. 사람은 스스로 반복한다. 의식하지 않고도 할 수 있기를 바라며, 습관화되기를 바라며 반복한다. 테니스나 탁구 같은 운동을 배울 때, 사람은 어떤 상황에서든 무의식적이며 반사적으로 대응할 수 있는 경지까지 올라가기를 희망하기 때문에 무수히 반복 연습을 한다. 만약 이 반복 연습이 그런 '의식' 없이 강제된다면 이게 바로 사람을 동물로 취급하는 지옥훈련이다. 지옥훈련은 그 강도가 세거나 반복 횟수가 많아서 붙는 이름이 아니다. 아무리 강도 높고 횟수가 많아도, 스스로 의미를 부여하고 행하는 반복이라면, 그리하여 조금이라도 빨리 습관화되기를 원하면서 수행하는 반복이라면 이것은 정당한 훈련이며 배움의 과정이다.

배움을 견디는 힘: 동기

반복은 힘들다. 지루하다 못해 때로는 지옥같이 느껴진다. 그럼에도 꾹 참고 반복에 반복을 거듭하며 한 단계 높은 성취를 이루는 사람은 존경스럽다. 그렇다면 무엇이 이들에게 이런 힘을 주었을까? 그 힘이 바로 동기다. 동기는 무엇이든 어떤 행위를 하게끔 추동하는 힘이다(페트리, 1996).

동기가 꼭 사람에게만 있는 것은 아니며, 또 사람이 가장 강력한 동기를 가지는 것도 아니다. 흔히 목숨을 걸 정도의 강렬한 동기를 고결하다고 말하지만, 그렇게 목숨 걸고 어떤 행위를 하게 하는 동기는 동물에서도 많이 찾아볼 수 있다. 여름이 끝나갈 무렵 주어진 시간이 얼마 남지 않은 모기의 흡혈 동기는 굉장하다. 결사적이다. 사마귀 수컷은 무시무시한 암컷에게 뜯어 먹혀 가면서도 생식을 향한 강한 동기를 가지고 있다.

행위의 강도, 행위의 지속성은 동기의 힘에서 결정된다. 동기가 약하면 행위의 강도도 약해지며 오래가지도 않는다. 대부분 동물은 개체의 생존에 필요한 자원을 향한 동기, 그리고 종의 번식을 위해 생식을 향한 강한 동기를 가진다. 이 두 동기가 일생을 끌고 간다. 이 동기 앞에서는 어떤 다른 가능성도 변명도 용납되지 않는다. 특히 종의 번식에 대한 동기는 개체의 안전에 대한 동기를 압도한다.

그러나 사람은 자신의 동기를 의식할 수 있다. 따라서 종의 번식에 대한 동기를 개체의 안전을 이유로 거부할 수도 있다. 사람은 자신의 충동이 어떤 동기임을 의식하며, 이를 거부하기도 하고 선택적으로 추종하기도 한다. 이렇게 충동의 힘이 약하기 때문에 사람은 동물처럼 맹목적이지만 강력한 행동을 하기 어렵다. 사람에게 어떤 행위를 일정 강도 이상 지속적으로 하게 하려면 계속하여 동기가 주어져야 한다(페트리, 1996). 이것이 동기화다. 동기화야말로 사람의 특성이며, 인간성의 핵심이다.

배움도 예외가 아니다. 배움의 과정은 마냥 즐겁지만은 않다. 물론 배움 그 자체는 즐거운 행위지만, 그 즐거움을 의식하는 수준까지의 진입장벽 역시 만만치 않다. 이 진입장벽은 억지로라도 넘어야 한다. 그러려면 최초의 강력한 동기가 필요하다. 마치 자동차가 처음 시동을 걸려면 배터리가 충전되어 있어야 하듯이. 배움의 진입장벽은 동기의 힘으로 넘어야 한다. 일단 그 장벽을 넘으면 배움의 과정에서 계속 새로운 동기를 찾아갈 수 있다. 즉, 동기화할 수 있다(칙센트미하이, 1996).

따라서 교육자는 학생의 시동 에너지를 찾는 데 많은 노력을 기울여야 한다. 작은 단서라도 있으면 거기서 에너지를 일으킬 수 있다. 어떤 단서도 찾지 못하는 경우가 있다. 학습무기력 상태다. 역설적이게도 이런 학습무기력 상태는 학습의 결과인 경우가 많다. 즉, 자신의 무력함을 받아들이도록 동기화되어 버린 것이다.

"넌 안 돼."

"너, 또 이러는구나. 어쩔 수 없다니까?"

이런 말들이 얼마나 힘 빠지게 만드는지 대개 경험했을 것이다. 사람은 사회적 동물이기 때문에 의미 있는 타인의 반응이 행위의 중요한 동기다. 그런데 어떤 행위를 할 때마다 의미 있는 타인으로부터 이런 반응을 받는다면, 결국 아무것도 하면 안 된다는 쪽으로 동기화된다. 부정적 동기화다. 이렇게 되면 아무 행위도 하지 않는 것이 적어도 부정적인 반응은 받지 않는 방법이다. 아이와 청소년의 경우는 부모, 교사 등 어른이 의미 있는 타인이 될 가능성이 크고, 성인의 경우는 연인, 배우자, 혹은 직장 상사나 멘토 등이 그런 상대이다.

따라서 교육자는 이런 부정적인 동기를 찾아 제거하고 새롭게 긍정적인 동기화를 시도해야 한다. 그래야 무력증에 빠진 학생을 다시 배움의 길로 끌어낼 수 있다. 이는 마치 배터리가 방전된 자동차에 점퍼를 끼워 재시동 거는 것과 같다.

어떻게? 우선 동기가 어디에서 오는지 확인해야 한다. 동기는 어떤 형태로든 보상에 대한 기대에서 온다. 가장 원초적인 보상은 쾌락과 즐거움이다. 모든 동물은 개체 혹은 종의 생존과 번식에 유리한 행위를 하면 즐거움을 느끼도록 진화해 왔다. 이 즐거움이 동물을 특정한 행위로 이끈다. 즐거움이라는 보상 혹은 즐거움을 줄 것이라는 예측과 믿음이 행위에 대한 동기를 만든다.

즐거움과 괴로움은 동전의 양면을 이룬다. 우리는 쾌락의 증가뿐 아니라 고통의 감소도 즐거움으로 느낀다. 오히려 쾌락의 증감보다 고통의 증감에 더 민감하다. 추가적 획득보다는 손실의 방지가 더 강력한 보상이 된다. 가령 투자를 할 때 사람들은 돈을 벌려는 동기보다 잃지 않으려는 동기가 훨씬 강하다(탈러, 1992).

보상이 직접적일수록, 행동과 보상 간의 시간적 간격이 짧을수록, 그리고 손실이나 고통을 줄여 줄수록 좋다. 그래서 학생들에게 손실, 고통, 즉 부정적 강화를 사용하는 경우가 많았다. 고통을 회피하고자 하는 힘이 쾌락을 얻고자 하는 힘보다 강하기 때문이다. 체벌은 직접적이고 행동하는 즉시 가해질 수 있는 부정적 보상이다. 동서고금을 막론하고 체벌이 학생의 동기화 방법으로 널리, 오랫동안 사용됐던 것은 그만큼 효과가 즉각적이었기 때문이다. 고통을 회피하려는 성향을 이용해 동기화시키는 방법은 다른 동물에게도 잘 통한다. 특히 사회성 동물에게는 사회적 고립이나 단절이 강한 체벌효과를 가져온다. 반려견을 질책하면 심하게 위축된 반응을 보여 주는데 이는 말을 알아들어서가 아니다. 무슨 말인지는 알아듣지 못하지만, 반려자와의 관계가 흔들리고 있다는 느낌이 개에게 두려움을 주는 것이다.

이렇게 부정직인 보상을 통해 동기를 부여하면 사람이건 동물이건 고통을 당하지 않기 위해 교육자가 원하는 행위를 한다. 물론 그렇게 함으로써 어떤 긍정적인 변화를 가져올 수 있고, 이를 교육이라 부를 수도 있다. 하지만 과연 이것이 바람직한 교육일까? 혹은 이것만으로 배움이 이루어졌다고 할 수 있을까? 나아가 이것을 '사람의 교육, 사람의 배움'이라 할 수 있을까?

석연치 않다. 사람은 동물이면서 또한 동물 이상의 존재다. 배움역시 동물적인 것을 포괄하면서 그 이상의 것이 있어야 한다. 더군다나 민주주의라는 제도가 유지되려면 더욱 폭넓은 지식, 사유, 판단력, 도덕성이 요구된다. 즉각적인 고통의 증감을 통한 동기화로는 불가능하다.

사람은 사유하는 동물이다. 사유한다는 것은 어떤 현상을 해석하고 자기 삶에 비추어 의미를 부여할 수 있다는 것이다. 사람은 자신이 마주한 대상을 자기 삶에 집어넣어 생각할 수 있을 뿐 아니라, 자신의 삶을 대상의 자리에 놓고 생각할 수 있다. 따라서 직접적이지 않은 보상, 그리고 시간적으로 무척 많이 떨어져 있는 보상, 비물질적이고 추상적인 보상으로도 동기화될 수 있다. 심지어 그 보상이 간접적인 정도를 넘어 자신의 일생을 한참 넘어가는 수백 년, 수천 년 뒤의 일이라 할지라도 말이다.

사람은 자기 죽음과 소멸을 의식하는 존재다. 동물은 살아 있는 상황에서 죽음을 의식하지 않는다. 죽음에 이를 정도의 위험에 마주치거나, 혹은 죽음의 순간을 맞이해서야 비로소 죽음을 느낀다. 그러나 사람은 한창 살아 있을 때도 죽음을 생각한다. 이렇게 죽음을 생각하며 살아가기에 불멸에 대한 열망도 함께 자란다. 오직 사람만이 불멸성을 추구한다. 호랑이가 죽어 가죽을 남긴다고 해도 이를 의식하여 가죽을 아름답게 가꾸는 호랑이는 없다. 그러나 죽어서 이름을 남긴다는 말은 사람에게 매우 강렬하게 다가오는 동기다.

"나라가 망했는데 분하여 스스로 목숨을 끊은 선비가 없었다는 말이 남아서야 되겠느냐?"

을사늑약 당시 이런 말을 남기고 자결한 선비가 적지 않았다. 자신이 아니라 나라를 걱정하는 것이 목숨을 끊을 정도로 강한 동기가 된 것이다. 이는 생물학적인 일평생을 한참 넘어서는 긴 시간을 사유하지 않고서는 불가능한 행위다.

지금 여기를 넘어서는 불멸의 긴 시간, 그리고 거대한 전체 차원에서 자신의 삶과 행위의 동기를 얻는 것, 그것이 바로 영성이다. 사람은 영적인 존재다. 사람에게는 즉각적인 고통과 쾌락이라는 보상뿐 아니라 이러한 영적인 보상도 존재한다. 고통과 쾌락으로 동기화된 행위는 그때그때의 구체적인 상황 이상을 넘어서지 못하지만, 영적으로 동기화된 행위는 역사를 만든다.

외적 동기화와 내적 동기화

동기화에는 외적 동기화와 내적 동기화가 있다. 외적 동기화는 어떤 행위를 하게 하는 동기가 그 행위의 과정과 결과의 외부에 있는 경우다. 학생의 경우 무엇을 배우는가, 어떻게 배우는가보다는 시험점수와 등수, 혹은 그로 인한 다른 보상에 더 큰 관심을 가지고 공부한다면 외적으로 동기화된 것이다.

외적 동기화에 익숙해진 행위자는 보상과 1:1로 대응하는 행위가 아니면 동기를 얻지 못한다. 학생의 경우 시험문제에 나오는 것, 평가되는 것만 미리 골라내어 공부하려는 경우가 이를 잘 보여 준다. 고등학생이 미술시간이나 체육시간에 "수능에도 안 나오고, 학종에도 반영 안 되는 시간인데 왜 힘들여 공부해야 하느냐?"고 따져 묻는 상황이 나오는 까닭이다. 심지어 그 수능, 학종(학생부 종합전형)조차도 그 자체로는 보상이 아니다. 보상은 결국 돈이다. 지위나 일자리라고 생각하겠지만, 실은 돈이다.

내적 동기화는 행위의 과정과 결과 그 자체가 행위의 동기가 되는 경우다. 과학사나 예술사를 찬란하게 장식했지만 정작 살아생전 비참한 가난에 시달렸던 대가들을 생각해 보면 된다. 이들이 만약 영혼의 불멸을 믿고 죽은 다음의 영광을 확신했다면 이는 외적 동기화다. 그러나 연구나 창작 그 자체가 목적이었다면 이는 내적 동기화다. 아리스토텔레스는 이러한 행위를 행위 그 자체가 목적이라는 의미에서 '자기목적적 행위'라고 불렀다(칙센트미하이, 1998).

내적 동기화가 외적 동기화보다 더 고결해 보이기는 하지만 실제로는 분명하게 구별되지 않는다. 모든 동기는 어느 정도는 내적이며 어느 정도는 외적이다. 다만 내적 동기화 없는 동기화는 그 힘과 지속성에서 분명한 한계를 가진다. 외적 보상 없이 내적 동기화만으로 어떤 행위를 끈기 있게 계속하는 경우는 있어도, 내적 동기 없이 외적 보상만으로 어떤 행위를 끈기 있게 계속하는 경우는 거의 없다. 보상이 끊어지면 행위도 중단된다.

하지만 내적 동기에 치우치는 것도 위험하다. 가장 대표적인 사례가 바로 '열정페이'다. 이는 내적 동기를 이용하는 교묘한 노동착취다. 아무리 당사자가 일한 것 자체가 충분히 보상이라고 말할지라도 적절한 외적 보상은 반드시 주어져야 한다. 내적 보상을 바탕으로 하면서 지나치지 않은 외적 보상이 주어질 때 가장 강력한 동기가 발생한다.

교육에서 동기화는 아무리 강조해도 지나치지 않다. 교육사회학에서 자주 강조되는, 교육을 통한 계층재생산의 연결고리가 바로 동기화일 가능성이 크기 때문이다. 대부분의 연구에서 부모의 경제적 지위보다 교육적 지위가 자녀의 학업성취에 미치는 영향이 컸다. 물론 부모의 문화자본을 통한 암묵적인 학습효과가 중요한 역할을 했겠지만, 가장 중요한 차이는 바로 학습의 동기화다(페트리, 1996).

 교육수준이 높은 부모는 자신이 공부를 자기목적적으로 하는 성향이 있을 가능성이 크다. 이들은 새로운 것을 공부한다거나, 여가 시간에 무엇을 새로 배운다거나 하면서 배움을 일종의 즐거운 대상으로 삼는다. 또 자녀가 무엇인가 배워 왔으면 배움의 호기심과 즐거움을 깨뜨리지 않으면서 같이 즐기는 대화를 나눌 수도 있다. 또 교육수준이 높은 부모일수록 가부장적 가치관에서 벗어나 있을 수 있다. 따라서 남자는 마땅히 이래야 하고 여자는 마땅히 이래야 하는 금기도 훨씬 적다.

 이런 환경에서 자녀는 자신의 내적 동기에 따라 새로운 것에 흥미를 느끼고 배우고 익히는 과정을 즐기는 경험을 하며, 이것이 이후 학업성취에 가장 큰 동력이자 자원이 된다. 무엇보다 교육수준이 높은 부모는 자신이 배움의 과정을 알기 때문에 자녀에게 요구하는 배움이나 성취가 구체적이며 앞으로의 배움이나 삶과 연결되어 있다. 즉, 배움을 경험으로 제시할 수 있다.

 반면 교육수준이 낮은 부모일수록 자기목적적으로 공부한 경험이 적기 때문에 배움 그 자체를 보상으로 여기는 경우가 드물 수 있다. 오히려 이들은 배움 그 자체보다는 배움의 결과 자녀가 자신들보다 더 높은 사회경제적 지위에 올라서게 될 것을 기대한다. 즉, 자녀에 대한 교육열 자체가 이미 외적으로 동기화되어 있다. 따라서 본인도 즐기지 않으면서 자녀에게는 공부를 강요한다. 물론 이게 제대로 먹히지 않기 때문에 상이나 벌로 강제하게 된다. 대개는 벌이 많이 사용된다. 또 공부를 자기목적적으로 보지 않기 때문에 자녀가 배우거나 할 수 있게 된 것에 대해 진지하게 이야기하지 않는다. 다만 그 결과인 점수와 석차만 챙길 뿐이다. 이렇게 공부하는 학생이 자기목적적으로 공부하는 학생보다 높은 학업성취를 올릴 것이라 기대하는 것은 그야말로 고목에서 꽃피고 열매 열리기를 기다리는 것이나 마찬가지다.

앎과 불안 사이

아무리 많이 배워도 알지 못하면 소용이 없다. 많은 학생의 고통의 근원이다. 열심히 배우고 공부하는데 도무지 모르겠으니.

그렇다면 대체 '앎'이란 무엇일까? 사전처럼 많은 용어를 기억하는 게 아님은 분명하다. 간혹 발달장애 아동 중에 교과서나 사전을 문자 그대로 글자 한 글자까지 다 기억하고 재생하는 경우가 있는데, 이럴 때 아는 것이 많다고 하지는 않는다. 적어도 기억하는 것을 끄집어내어 용도에 맞게 사용할 수 있어야 안다고 할 수 있다.

그런데 학생이 아는지 모르는지 선생이 확인하기 어렵다. 마음을 꺼내 볼 수 없기 때문이다. 결국 본인이 확인해야 하는데 그것도 알아야 가능하다. 그래서 행동주의자들은 아예 마음에 관해 관심을 끊고, 알고 있다면 할 수 있을 것이라 기대되는 행동만으로 앎을 판별하려 시도했다. 그게 설명, 열거, 비교다. 무엇을 알고 있다면 그것에 대해 다른 사람에게 설명할 수 있을 것이며, 그 사례를 열거할 수 있을 것이며, 그것과 그것이 아닌 것을 비교하고 구별할 수 있을 것이다. 가령 고양이에 대해 안다면 고양이가 무엇인지 설명할 수 있으며, 고양이의 예들을 제시할 수 있으며, 고양이와 다른 동물을 구별할 수 있다.

하지만 앎이라는 게 이게 전부일까? 구글은 검색창에 무엇을 물어보아도 넙죽넙죽 대답을 잘한다. 그 사례를 수십, 수백 개를 제시할 수 있고, 그것과 유사하지만 아닌 것도 구별해 낼 수 있다. 그렇다면 구글은 아는 것이 많은가? 구글은 잘 배웠나?

설명, 열거, 비교는 앎을 확인하는 지표일 뿐이다. 안다면 저 셋을 할 수 있겠지만, 저 셋을 한다고 해서 꼭 아는 것은 아니다. 앎에는 그 결과뿐 아니라 과정까지 포함되기 때문이다. 앎은 입력된 것이 아니라 알아 가는 과정을 통해 배운 결과다. 안다고 해서 배움이 이루어지는 것은 아니지만, 배우지 않고서는 알았다고 말하기 어렵다.

앎의 출발점은 감각을 통한 지각이다. 그런데 사람의 두뇌는 감각기관을 통해 쏟아져 들어오는 모든 정보를 처리할 수 없다. 보기로 작정한 것, 혹은 그것이 발견될 가능성이 큰 부분에 초점을 맞추고 나머지는 배경으로 밀어낸다. 배경으로 밀려난 부분은 시신경과 청신경을 통해 정보가 전해지기는 하겠지만 선택적인 두뇌는 여기에 관심이 없다.

그림이라는 관념을 가지지 않은 사람에겐 뭉크의 그림이 그저 얼룩으로 보인다. 노래라는 관념을 가지지 않은 사람에게는 마리아 칼라스 음반이 단지 어느 여자가 질러대는 울부짖음으로 들린다. 듣고자 하는 의도, 보고자 하는 의도가 있었기에 음악으로 들리고 그림으로 보인다. 그렇다면 의도는 어디에서 나올까? 바로 자아다. 바로 '나.' 자아란 살아가는 과정에서 보고, 듣고, 알게 되며, 기억한 것들을 서로 엮어 하나의 연결망으로 종합한 것이다. '나'는 내가 기억하고 있는 것에 일관성을 부여한 존재다. 이런 '나'의 생각과 목적이 바로 의도다. 따라서 사람의 앎은 처음부터 주어인 '나'를 가지고 출발한다. 즉, 의도를 가지고 시작한다.

"나는 무엇을 알고자 하는가? 나는 왜 그것을 알고자 하는가?"

사람의 감각기관과 두뇌는 이 물음에 따라 그것을 알 확률이 높은 곳에 초점을 맞춘다. 시선을 집중하거나 귀를 기울일 수도 있고, 도서관에서 문헌을 뒤질 수도 있고, 구글에 검색어를 입력할 수도 있다. 어쨌든 사람은 주어지는 대로 알지 않는다. 배울 작정을 하고 그 범위 안에서 정보를 받아들이고 앎에 이른다.

그렇다면 자아는 어떻게 의도를 만들어 낼까? 그냥 제 마음대로? 그렇지 않다. 자아는 세상에 적응하여 살아가는 도구다. 사람은 사회를 만들어 환경에 적응한다. 사회가 유지되고 발전하려면 구성원들은 사회, 즉 다른 사람들의 의도를 해석할 수 있어야 한다. 세상, 즉 다른 사람의 의도를 해석하려면 비교 상대가 필요하다. 그렇게 자아가 만들어졌다. '나 같으면 이럴 때 이렇게 할 텐데.'라는 기준. 이 기준을 바탕으로 사람은 다른 사람의 말과 행동에 깃든 의도를 해석하고 사회에 적응한다(Mead, 1934). 자아는 사람에게 가장 중요한 생존도구다. 자아는 고정되어 있지 않다. 마주할 세상이 넓고 다양해질수록 더 그렇다. 마주하는 세상은 넓고 다양해졌는데 자아가 어떤 특정한 상태를 고집한다면 그만큼 대처하지 못하는 영역이 늘어난다. 대처하지 못하는 영역은 불확실한 영역이 되며, 이런 영역이 발생했다는 경고가 바로 '불안'이라는 감정이다(바렐라, 1991).

　사람은 실체가 있는 위험과 마주쳤을 때 느끼는 공포보다 불안을 훨씬 괴로워한다. 공포는 순간적인 결단인 도주/공격 반응으로 해소할 수 있다. 이렇게든 결과가 나온다. 하지만 불안은 위험의 실체를, 심지어 그것이 위험인지 아닌지도 알 수 없다. 그러니 도주/공격 반응이 불가능하다. 불안을 해소하는 유일한 방법은 그것의 실체를 '아는 것'뿐이다.

　흔히 '공포영화'라고 번역되는 호러영화는 사실 '불안영화'다. 영화 초반부에는 무서운 결과만 확인될 뿐, 공포의 대상은 화면에 나타나지 않는다. 다만 두려워하는 사람들의 얼굴만 계속 화면에 나날 뿐이다. 무엇 때문에 저렇게 두려워하는지 알지 못하는 관객들은 불안에 시달리며, 도중에 영화를 접을 수 없어진다. 그게 뭔지 알아야 하기 때문이다. 영화 후반부에 비로소 공포의 대상이 되었던 괴물이나 살인마가 화면에 등장하면서 이 불안이 해소된다.

　불안을 벗어날 원천은 바로 호기심이다. 사람은 낯선 것을 마주할 때 무작정 도망가지도 무시하지도 않는다. 조심스럽게, 그러나 용감하게 그것이 무엇인지 알아보고자 한다. 그러다 다치거나 목숨을 잃는 한이 있더라도 불안에 떠는 것보다는 낫다. 즉, 다치는 것보다 모르는 것이 더 견디기 어렵다.

나는 곧 내가 아는 바다. 잡다한 앎들이 맺힌 고리가 바로 자아다. 이 앎의 고리로 포괄할 수 없는 환경은 나를 불안하게 한다. 그렇다면 그것을 어떻게든 앎의 고리에 엮어 넣어야 한다. 앎의 욕구는 매우 원초적인 욕구다. 사람은 모두 타고난 과학자다. 살아가면서 무엇인가 알아야 할 필요가 있는 것을 알지 못할 때의 답답함, 그것을 알아내기 전에는 자다가도 벌떡 일어날 정도의 답답함을 누구나 경험한다. 아이라면 어른들이 질릴 정도로 질문 공세를 퍼붓는다.

앎의 범위가 넓어질수록 미지수가 줄어든다. 불안도 줄어든다. '불안은 영혼을 잠식한다.'라고 한다. 우리는 영혼을 지키기 위해서라도 계속 탐구하고 앎을 늘려 나가야 한다. 다행히 우리는 그 열쇠가 되는 힘, '호기심'이라는 선물을 가지고 태어났다(보통, 2004).

앎: 삶과 자아의 연결고리

앎은 유전되지 않는다. 따라서 '자아가 앎들의 고리'라는 말은 결국 자아는 교육의 결과라는 뜻이다. 삶이 앎의 과정이며, 앎이 삶의 과정이니 교육받은 만큼 살며, 사는 만큼 교육받는 셈이다. 앎과 삶 중 어느 것이 먼저인지 판단하기는 어렵다. 태아조차 자신과 외부의 경계를 알아야 한다. 어디까지가 자신의 신체인지, 그리고 그것을 어떻게 사용해야 하는지 알지 못한다면, 태어났더라도 살아 있다고 보기 어렵다.

살아 있다는 것은 단지 세상에 있는 것이 아니다. 그런 정도라면 남산 위의 바위도 세상에 있다. 방부처리된 표본실 시신도 세상에 있다. 좀비는 세상에 있으며 움직이기까지 한다. 살아 있다는 것은 세상에 있을 뿐 아니라 자기 외부, 즉 환경에 대응하여 무엇인가 작용을 가하는 것이다. 그럼으로써 자신과 환경 사이의 균형을 유지한다(듀이, 1916). 자연은 변한다. 자연과의 균형을 유지하려면 자연이 변할 때마다 능동적인 작용을 가해야 한다. 마치 물에 띠 있으려면 물장구를 계속 쳐야 하는 것처럼. 흔히 항상성이라고 부르는 상태야말로 가장 활발한 운동 상태다.

스피노자는 자신의 상태를 유지하려는 이러한 내적인 힘을 '코나투스(conatus)'라 불렀다. 코나투스가 외적인 힘과 균형을 이룰 때 존재가 유지된다. 코나투스가 외적인 힘에 굴복하면 존재는 독자성을 잃어버리고 외부 세계에 흡수된다. 생명이 없는 존재는 외부의 압력과 코나투스의 관계가 단순하다. 외적 압력이 더 세면 파괴되고, 약하면 유지된다. 생명이 있는 존재는 압력에 저항한다. 코나투스를 늘리거나 압력을 줄이기 위해 능동적으로 반응한다(스피노자, 1676). 우리는 의지하는 만큼 존재할 수 있다.

기존 삶의 방식을 어렵게 만드는 환경의 변화가 일어나면 세 가지 선택지가 주어진다. 삶의 방식을 바꾸거나, 삶의 방식을 유지할 수 있는 환경을 찾아 나서거나, 환경을 삶의 방식에 맞게 바꾸거나. 핵심은 변화다. 내가 변하든가 세상이 변하든가 둘 다 변하든가.

바뀐다는 것은 차이를 만들어 내는 것이다. 살아 있다는 것, 의지를 가지고 있다는 것은 차이를 만들 수 있다는 것이다. 동일한 상태의 반복은 곧 세상과의 관계를 능동적으로 유지하지 못하고 수동적으로 된다는 뜻이다. 생명력이란 차이를 만들어 내는 힘이다. 죽음이란 차이를 만들지 못하는 것이다. 죽음은 반복이다. 계속 반복되는 상태는 죽음이나 다름없다.

생명체는 우선 유전자의 변종을 만들어 내는 방식으로 차이를 만든다. 번식은 단지 개체수를 늘리는 것이 아니다. 오히려 차이가 만들어질 가능성을 높이기 위해 개체수를 늘리는 활동이다. 한 개체가 100억으로 번식해도 그 100억의 개체가 모두 같은 형질을 지닌다면 이는 하나의 개체가 100억 번 반복된 것에 불과하다. 즉, 100억 전체가 잠재적으로 죽음의 상태에 있다. 단 하나의 개체를 죽일 수 있는 외부 자극에 100억이 몰살당할 것이기 때문이다.

그런데 사람은 유전자를 통해 다양한 개체를 만들어 내는 것에 그치지 않고, 개체 자신이 계속하여 다른 존재가 되어 간다. 스스로 차이를 만들어 내는 것이다. 『대학』에 나오는 "날마다 새로워지고 또 새로워진다(日新又日新)"라는 말이 바로 이를 보여 준다. 날마다 새로워진다면 한 사람이 1년에 365개의 차이를 만들어 내는 것이다. 자손을 많이 남겨 그중에 변이가 나오기를 기대하는 것이 아니라, 스스로 계속 바뀌어 가며 돌연변이가 되는 셈이다. 이렇게 사람은 한 번에 하나씩 자손을 출산할 수 있음에도 불구하고 새끼를 무더기로 생산하는 다른 동물보다 더 많은 차이를 만들어 낼 수 있다.

더구나 사람은 이렇게 만들어 낸 차이를 언어라는 매체를 통하여 다른 사람에게도 전달하며, 다른 사람의 차이를 받아들인다. 이 차이들이 또 상호작용하면서 전혀 엉뚱한 차이를 창출한다. 새로운 것을 알아내고, 새로운 것을 할 수 있게 되는 과정은 스스로 하는 것보다 다른 사람의 도움을 받거나, 다른 사람으로부터 전달받는 쪽이 훨씬 속도도 빠르고 효과적이다. 즉, 앎은 배움을 통해 가장 빠르게 확장되고 전달된다. 반대로 무엇인가 새로 알게 된 것, 할 수 있게 된 것은 다른 사람과의 교류를 통해 그 쓸모와 의미를 얻게 되며, 삶 속에 자리 잡는다. 아무리 흥미로운 것을 새로 알았더라도 그것이 지금까지의 삶, 즉 자아의 고리 속에 적절한 자리를 차지하지 못한다면 그냥 노이즈로 처리되고 말 것이다. 새로운 것은 단지 새로울 뿐 아니라 삶, 자아와의 연결고리를 찾아야 한다.

이렇게 삶이 교육이며 교육이 삶이 된다. 사람은 몇백, 몇천 개의 변종을 쏟아 낸 뒤, 그중 일부만 살아남아도 차이를 창출할 수 있는 그런 동물이 아니다. 사람은 유전자 풀이 매우 좁고 번식력도 약하여 유전적 변종을 쉽게 만들어 내지 못한다. 문화적 차이도 마찬가지다. 사람의 자손 하나하나는 매우 귀중하며, 그들의 시간은 제한되어 있다. 그러니 아무 차이나 만들어 보고 아니면 마는 식으로는 삶을 이어 나갈 수 없다. 만들어 낼 차이의 종류와 방향이 어느 정도 정해져 있어야 한다.

무엇이 그 방향을 정할까? 삶이다. 지금까지의 삶, 현재의 삶, 그리고 앞으로의 삶. 이 세 삶이 파편이 되지 않게 연결하는 과정에서 지금까지의 삶으로는 부족한 무엇인가를 찾을 수 있다. 바로 그것을 채워 넣어야 하며, 이를 위해 이전과 다른 존재가 되어야 한다. 그 차이에 필요한 것이 저절로 만들어지지 않기에 사람은 배운다. 삶이 무엇을 배워야 할지 알려 주며, 삶이 배운 것을 쓸모 있는 위치에 배치한다.

따라서 배움이 곧 앎으로 연결되지 않는다. 사람의 두뇌는 바쁘다. 예민한 감각기관은 지금 이 순간에도 수많은 정보를 두뇌에 보내며, 이 정보가 신경을 무수히 자극하고 있다. 하지만 이렇게 들어온 정보 중 대부분은 잊힌다. 심지어 열심히 배우고 공부한 것조차 잊힌다. 대학입시를 위해 엄청나게 머리에 쑤셔 넣었던 수많은 단편적인 정보들, 그리고 각종 기출문제의 풀이요령 같은 것들. 대입이 끝나는 순간 사교육업에 종사하지 않는 한 1년 이내에 다시 알지 못하는 상태로 돌아가 버릴 것이다. 그렇게 열심히 공부했는데 어째서 이렇게 쉽게 잊어버리는 것일까? 그 앎을 요구한 삶의 변화가 '대입'이었기 때문이다. 그러니 그 목표가 달성된 순간 삶 속에서 의미가 사라졌고, 늘 용량부족에 허덕이는 우리 두뇌는 이런 쓸모없는 것을 당장 삭제해 버린다. 삶 속에서 의미가 없는 앎은 유지되지 못한다. 삶 속에서 계속 그 의미를 찾을 수 있고, 삶의 연결망 속에 자신의 자리를 확보한 앎은 장기적으로 보존된다. 그렇게 삶이 앎이 되며, 앎이 삶이 된다.

창조로서의 배움:
나는 내가 만든 이야기다

배움을 삶에 연결함으로써 앎에 이른다. 이 말은 이제 충분히 반복했다. 그렇다면 우리가 배움을 삶 속에 포섭하는 과정은 어떻게 이루어지나? 우리는 배움의 성공을 어떻게 확인할까?

배움의 가치는 오직 그것을 통해 얻은 앎이 삶의 문제를 해결하고 긍정적인 결과를 가져왔는지의 여부로 확인할 수 있다. 실용주의(프래그머티즘)처럼 이 기준을 아예 옳고 그름의 기준으로 삼아 버리자는 주장도 있을 수 있다. 이에 따르면 원래부터 옳고 그른 것은 없다. 옳은 결과를 가져오는 데 쓰임이 있다면, 그것이 바로 진리다. 옳은 결과를 가져오는 데 도움이 되지 못했다면 진리가 아니거나 우리가 제대로 배우지 못한 것이다(제임스, 1906).

하지만 이 말을 선뜻 받아들이기도 곤란하다. 우리 삶은 참과 거짓, 옳고 그름을 판별하기 어려운 회색 덩어리와 각종 우연으로 가득하다. "소 뒷걸음질로 쥐 잡는다."라는 속담이 그냥 나온 게 아니다. 실제로 역사적으로 위대한 업적으로 불리는 발견이나 발명도 이런 뒷걸음질인 경우가 많다. 그렇다면 뒷걸음질이 옳은 걸음일까? 우리는 뒷걸음질을 배워야 할까? 아니다. 우리에게 도움이 되는 것은 그 업적이지, 우연한 뒷걸음질이 아니다.

우리가 배워야 할 것은 앎으로부터 결과가 나오기까지의 과정이다. 그 과정을 객관적으로 관찰할 방법은 없다. 뉴런 연결망에서 어떤 일이 일어나고 있는지 볼 수 없기 때문이다. 결국 알고 행하고 배우는 사람 본인의 주관적 진술을 통해 확인할 수밖에 없다. 즉, 자신의 성취 과정을 진술함으로써 확인한다. 어떤 과정을 통해 앎에 이르렀고, 그 앎을 어떻게 활용하여 업적을 이루어 냈는지 진술하게 하는 것이다.

문제는 이런 주관적 진술을 무조건 믿을 수는 없다는 것이다. 사람은 말하는 과정에서 자기 자신도 속인다. 따라서 이 진술은 진실성(verisimilitude, 핍진성)의 검증을 받아야 한다. 진실성은 객관적 증거로 확인되는 사실성(reality)이나 논리적으로 말이 되는지로 확인되는 개연성(probability)과 다르다.

사실성은 실제와 진술이 일치한다는 증거를 통해 확인된다. 다큐멘터리는 역사드라마보다 사실적이며, 역사드라마는 SF 물보다 사실적이고, SF 물은 판타지보다 사실적이다. 개연성은 A라는 사람이 B라는 행동을 했을 때 C라는 결과가 나오는 것이 논리적으로 말이 되는지를 통해 검증된다. 따라서 SF 물이나 판타지처럼 사실성이 없는 이야기도 그 내부에서 논리적 일관성을 유지하고 있다면 충분히 개연성의 힘으로 보고 듣는 사람을 이해시킬 수 있다.

사실성과 개연성은 진술 그 자체의 속성이다. 진술이 실제와 얼마나 가까운가, 진술이 내적 모순 없이 얼마나 논리적이고 일관성 있는가. 누가 진술하며 누가 듣는가는 중요하지 않다. 하지만 진실성은 누가 진술하는가, 누가 그것을 보고 듣는가에 따라 달라진다.

어떤 진술이 진실성을 가지려면 진술자가 거짓말을 하지 않아야 하며 정신적으로 비정상적인 상태가 아니라야 한다. 즉, 진술자의 신뢰성이 확인되어야 한다. 신뢰성을 확인하는 객관적인 도구는 없다. 보고 듣는 사람이 진술자의 자리에 자기 자신을 대입해 보는 방법밖에 없다. 즉, 진술자 대신 보고 듣는 사람이 '내가 저 입장이었다면'이라는 가정을 해야 한다. 만약 같은 상황과 처지에서 자신도 같은 행동을 할 수 있는 여지가 충분함을 이해할 수 있다면 진술자의 말을 믿게 된다.

따라서 사람은 신실성 판난을 위해 이야기를 만든나. 이야기가 이해가 되면 받아들이고, 이야기가 이해되지 않으면 믿지 않는다(브루너, 2003). 사람은 자신이 배우고 성취하는 과정을 이야기로 진술하며, 이야기로 이해한다. 이야기가 아닌 다른 방식으로 진술하더라도 그것을 받아들이는 상대방은 이야기를 만들어서 이해한다. 심지어 도표와 수식으로 진술해도 받아들이는 쪽에서는 어떻게든 이야기를 만들어서 이해한다.

이때 필요한 능력이 '내가 만일 ~'이라는 생각이다. 배움은 기본적으로 다른 사람의 경험, 앎을 받아들이는 과정이다. 따라서 '내가 만일 ~' 하면서 그의 입장이 되어 보지 않으면 제대로 이해할 수 없다. 그의 입장이 되는 것은 가상의 상황을 만드는 것이며, 일종의 연극이나 소설을 만들어 보는 것이다.

모든 사람은 작가다. 반대로 사람은 작가가 될 수 있는 범위만큼의 사람이다. 사람은 이야기를 만들어 낼 수 있는 범위 내에서 세상을, 다른 사람의 진술을 이해할 수 있다. 즉, 이야기를 만들어 낼 수 있는 만큼 배울 수 있다.

배움이 부족한 사람들, 많이 배우고도 앎에 이르지 못하는 사람들의 공통점은 다양한 이야기를 만들지 못한다는 것이다. 이런 사람들은 배움의 폭이 좁고, 배움의 폭이 좁다 보니 만들 수 있는 이야기도 제한된다. 이렇게 악화일로를 걷는다. 그 결과는 편협한 영혼이다. 편협한 영혼은 진실에 다가가지 못한다.

아는 것이 아무리 많더라도 만들어 낼 수 있는 이야기의 폭이 제한적이라면, 결국 세상에 대한 편협한 이해를 강화하는 결과만 가져온다. 가령 1980년대에 특정한 이념이 유행할 때가 그랬다. 그 특정한 이념의 입장에서만 이야기를 만들고 이해하던 젊은이들의 독서량과 학습량은 실로 엄청났다. 하지만 그 젊은이들이 어른이 되었을 때 보여 주는 모습 일부는 편협하고 강퍅하며 고집스럽다. 때로 그들은 진실을 바라볼 능력이 없다.

극작가나 소설가는 과학자 못지않은 진리의 생산자다. 극장은 학교 못지않은 교육기관이다. 반대로 극작가나 소설가가 되지 못하는 과학자는 사실성과 개연성에 진실성을 보태지 못하기 때문에 진리를 제대로 이해하지 못한다. 극장의 기능을 포함하지 않은 학교는 진실을 가르치지 못하기 때문에 온전한 교육기관이 될 수 없다.

이제 삶이 곧 앎이라는 말의 실질적인 내용이 채워진다. 삶이란 곧 자신의 이야기를 만들어 가는 과정이다. 무엇인가 배웠을 때, 그 새로운 앎을 자신의 이야기 속에 집어넣지 못한다면 교육은 실패한 것이다. 아무리 배워도 제대로 아는 것이 없을 것이다. 그러니 어떤 사람이 제대로 알고 있는지 확인할 수 있는 가장 확실한 방법은 이야기로 진술하게 하는 것, 그리고 그 이야기의 진실성을 확인하는 것이다.

앎을 이야기로 진술할 수 있다는 것은 앎을 계속 삶 속에서 활용하여 발전시켜 나갈 수 있다는 뜻, 즉 진실하게 알고 그것을 진리로 만들 수 있다는 뜻이다. 또한 살아가면서 새로이 필요하게 된 앎이 무엇인지 발견하고 이를 배울 수 있다는 뜻이다.

그래서 기업이 직원을 뽑을 때 자기 자신에 대한 진술인 '자기소개서'를 요구한다. 자기소개서는 얼마나 많이 알고 배웠는지 자랑하라는 것이 아니다. 하나를 알아도 그것을 자기 삶 속에서 어떻게 진리로 만들어 갔는지 그 과정을 진실하게 보여 달라는 것, 이야기를 들려 달라는 것이다.

자기소개서를 '자소설'이라 부르며 폄하하는 사람이 있다. 소설에 대한 중대한 몰이해다. 소설은 거짓부렁을 늘어 놓는 글이 아니다. 이런 몰이해를 연장하면 소설보다 르포, 다큐멘터리가 더 우월한 글이라는 어이없는 결론까지 내리게 된다. 대부분의 나라에서 가장 많이 팔리는 분야가 소설인데, 우리나라는 소설이 비소설에 밀리는 특이한 나라이기도 하다. 어떻게 보면 우리 사회는 이야기 이해능력의 결핍과 이야기 창조능력의 결핍으로 이어지는 악순환에 빠져든 것이다.

물론 소설은 가상의 이야기다. 하지만 사실을 다루는 다큐멘터리나 르포가 반드시 소설보다 진실한 것은 아니다. 다큐멘터리나 르포

이기 때문에 소설보다 진실하지 못할 수도 있다. 겉으로 드러난 사실만으로는 알 수 없는 그 이면의 진실은 이야기로 만들어 이해하기 전에는 드러나지 않기 때문이다. 소설은 거짓부렁이 아니라 사실과 사실 사이의 감추어진 공간을 진실성 있는 이야기로 채움으로써 진리를 드러내는 영역이다.

자소서는 당연히 자소설이다. 단지 사실들의 나열만을 원했다면 자소서가 아니라 이력서로 충분하다. 자소서는 거짓을 짓고 자신에 대한 미사여구를 나열하라는 것이 아니라, 이력서에 나와 있는 사실들 사이를 채우는 의미 있는 이야기를 들려 달라는 것, 그리고 이 회사에 들어와서 당신이 어떤 이야기를 써 나갈지 미리 들려 달라는 것, 그리고 그 두 이야기 사이를 연결해 달라는 것이다. 이게 소설이 아니면 무엇인가? 소설의 힘은 글재주에 있지 않다. 소설의 힘은 이야기에, 그 진실성에 있다.

12

창조성의 공동체로 가는 길

창조성. 교육에서 이보다 더 핫한 말이 또 있을까? 심지어 전체주의 교육 강령으로 악명 높은 유신정권의 「국민교육헌장」에도 "우리의 처지를 약진의 발판으로 삼아, 창조의 힘과 개척의 정신을 기른다. 우리의 창의와 협력을 바탕으로 나라가 발전하며……" 따위의 말이 나온다. 이른바 진보교육, 혁신교육에서 강조하는 창조, 창의, 협력. 이거 알고 보면 40년 전에 독재정권에서 이미 헌장으로 강조했던 것들이다.

창조성은 능력이 아니다

늘 창조, 창의 따위를 강조했음에도 공교육은 늘 '창조성 말살의 주범'으로 손가락질받아 왔다. 이 역설은 어디에서 비롯됐을까? 이런 어려운 물음을 풀어 보려면 우선 정명부터 해야 한다. 창조성, 이 말은 영어의 'creativity'를 옮긴 것이다. 창의성 역시 같은 단어를 옮긴 것이다.

creativity의 사전적 정의는 '새로운 발상이나 착상을 하는 능력'이다. 그런데 여기서 비판적인 정신을 좀 살려 보자. 과연 생각, 발상만으로 'creation'이 가능할까? 왜 콕 집어서 생각, 발상까지만 creativity로 삼았을까? 이 바탕에 깔린 것이 뿌리 깊은 이원론이다. 머리와 손, 정신과 육체, 정신노동과 육체노동, 지배계급과 피지배계급, 양반과 상놈(듀이, 1920). 이 이원론을 근거로 화이트칼라와 블루칼라의 차등, 이른바 경영진의 어마어마한 연봉과 성과급 혹은 단원 연봉을 모두 합친 만큼의 연봉을 받는 유명 지휘자의 존재가 정당화된다.

하지만 창의성이라는 말 대신 창조성이라는 말을 사용하면 상당히 다른 뜻이 된다. 생각뿐 아니라 그 생각을 현실적인 형태로 구현하는 일, 즉 만들어 내는 과정까지 포괄하기 때문이다. 새로운 생각은 단지 생각일 뿐이다. 세상에 새로운 '무엇(thing)'이 되어 나와야 창조다. 즉, "새롭고 독창적이면서 쓸모 있으면서 수준 높은 무엇인가를 만들어 내는 능력"(스턴버그 외 편저, 2004)이 된다. 이러한 창조의 과정에서는 생각하는 사람과 만드는 사람은 분리되지 않으며, 설사 역할분담을 하더라도 그 관계는 협력적이지, 위계적인 것이 아니다.

무엇인가를 만들어 내는 능력이라지만 창조(create)와 제조(make)는 다르다. 제조는 넓은 개념이다. 제조는 무엇이든 만드는 행위는 모두 포함된다. 하지만 창조는 새로운 것, 세상에 없는 것, 독창적인 것을 만들어 내는 행위만을 말한다. 그리스도교에서는 신을 창조주(the Creator)라 부른다. 태초에 아무것도 없는 가운데 세상을 만들어 냈기 때문이다. 신이 만들어 낸 이 세상은 그 이전에 없었던 새롭고 독특한 것이다.

그런데 창조성과 독창성(ingenuity)은 다르다. 독창성은 어떤 일을 더 잘할 방법을 생각해 내는 것이다. 독창성을 가진 사람은 다른 사람보다 업무를 더 효율적으로 잘할 수 있다. 그러나 창조적인 사람은 반드시 그렇다는 보장이 없다. 때로 창조적인 사람은 일을 망칠 수도 있다. 독창적인 사람은 "이 일을 왜 이렇게 해야 하는 거야?" 하고 의문을 품지만, 창조적인 사람은 "왜 꼭 이 일을 해야 하는 거야?"라는 의문을 품는다(버커스, 2014).

창조의 결과는 전지전능하다는 신마저 곤혹스럽게 만들었다. 가령 그리스도교나 그리스신화가 모두 공유하고 있는 '대홍수' 이야기가 그렇다. 두 종교 모두 대홍수를 신이 사람 만든 것을 후회하여 이를 지워 버리기 위한 과정으로 설명하고 있다. 그토록 유능한 (ingenious) 신이라면 애초에 세상을 창조할 때, 혹은 적어도 사람을 창조할 때 왜 이를 예상하지 못했을까? 왜 이브가 사과를 따 먹고, 판도라가 상자를 열리라는 것을 예상하지 못했을까? 왜 신은 이런 불확실한 것들을 만들고, 만들어 놓고는 후회했을까?

신이 한 일이 제작이 아니라 창조였기 때문이다. 신은 이미 정해진 것, 예상한 것을 만들어 내지 않았다. 그랬다면 무슨 재미가 있었겠는가? 그리고 "보시니 좋더라", 할 일이 뭐 있었겠는가? 대부분 제작은 재미없다. 하지만 예상하지 않은 것, 뜻밖의 결과가 나오는 것을 만들어 내는 창조는 재미있다. 물론 힘들지만 힘든 만큼 재미있다.

신은 창조하고 싶었다. 창조하고 싶은 마음은 일종의 변덕이다. 즉, 자유다. 전지전능이란 말은 어쩌면 속박이다. 내가 결과를 아는 일만 한다면 그 삶에 무슨 낙이 있겠나? 아리스토텔레스가 만물의 법칙의 근본 원인으로 꽁꽁 묶어 놓았던 그런 존재라면 신은 비록 위대하지만, 전혀 부럽지 않다. 신은 사람을 만들어서 세상을 법칙대로 움직이지 않는 의외성과 우연으로 가득 찬 재미있는 곳으로 만들고 싶었다. 창조다. 신은 사람을 창조하고, 사람은 세상을 창조한다.

다시 교육으로 돌아와 보자. 전체주의정권이 만든 「국민교육헌장」에서 창조를 이야기했다. 그 딸인 박근혜정권에서도 창조경제, 창조교육을 이야기했다. 어딘가 이상하다. 제조경제, 제조교육을 말해야 하는 것 아닐까? 반대로 진보를 자처하는 문재인정부 들어 오히려 경제에서도 교육에서도 창조라는 말이 사라졌다. 심지어 획일적인 문제풀이 교육으로 돌아가는 퇴행마저 일어나고 있다. 이 모순은 대체 어디에서 비롯된 것일까?

자본주의다. 자본주의는 누가 시장에서 선택받는가를 놓고 다투는 경쟁이다. 이미 제1세계에 속하는 나라들 사이에서는 기술격차가 거의 사라진 21세기에 "누가 더 잘 만드나?"에서 "누가 더 독특하게 만드나?"로 경쟁의 중심이 넘어갔다. 전에 없던 혁신 상품을 개발하든가, 혹은 전에 없던 의미와 가치를 부여할 수 있는 기업이 시장의 선택을 받는다. 그런 일은 일부 경영진이나 연구진의 능력으로 할 수 있는 것이 아니다. 따라서 주어진 일만 반복하는 노동자가 아니라 새로운 발상을 할 수 있는 노동자들이 필요하다(하트 & 네그리, 2001). 창조적인 노동자들을 많이 확보한 기업이 승리한다. 창조적인 기업을 많이 보유한 나라가 승리한다. 그런데 창조적인 노동자는 저절로 나오지 않는다. 따라서 교육이 창조성 계발의 과정이 되어야 한다.

그런데 이른바 진보좌파는 기업의 경쟁력보다는 분배를 중요시한다. 평등은 어떤 의미에서는 평준화, 범속화를 전제한다. 몇몇 기업이 창조적인 제품으로 세계시장을 주름잡는 가능성을 포기하는 한이 있더라도 지금까지의 성과를 모든 사람이 골고루 나누어 가질 수 있도록 하는 것이 더 중요하다. 그런 점에서 어느 정도의 불공정성을 감수하고서라도 창조성이 높은 인재를 선발하려는 각종 수시전형보다는, 창조성을 포기하고서라도 모두에게 공정하게 주어지는 시험문제풀이를 선호하는 것은 매우 진보좌파다운 발상이다. 애초에 사지선다형 객관식 시험 자체가 미국의 진보좌파가 개발한 것이다. 모두에게 평등한 평가라는 기치로.

그러면 보수우파가 집권하면 교육이 더욱 창조적이 되어야 할 것 같은데, 교사들을 옥죄는 정책이 세트로 부과된다. 과학 교육을 위해 창의재단이라는 곳까지 만들면서 막상 역사 교육, 사회 교육은 국정교과서로 통제하려는 시도가 동시에 이루어졌다. 창조적인 통제? 통제 속의 창조? 일부 창조, 일부 통제?

이는 창조가 가지고 있는 의외성 때문이다. 창조성이 높은 사람은 분명 지금까지 없던 새로운 상품을 만들어 시장에서 우위를 점하는 데 큰 도움을 줄 것이다. 하지만 "도대체 왜 꼭 지금 팔리는 상품만 만들어야 하는가? 지금은 팔리지 않더라도 오히려 미래를 창출하는 그런 물건을 만들면 안 되는가?"라는 질문을 던지고 그런 것을 만들어 낼 수 있는 사람이라면 더 나아가 "왜 꼭 사람은 필요한 것을 시장에서 사고팔아야 하는가? 오히려 서로 생산하고 공유하는 방법은 없을까?"라는 물음까지 던질 수 있다.

경쟁력 있는 상품을 개발할 수 있는 창조적인 사람은 그 창조성을 반드시 자본주의라는 틀 안에 한정시키지 않을 가능성이 있다. 사람을 창조한 신조차 사람이 무슨 짓을 할지 예상하지 못했고, 결국 사람은 신이 점지한 대로의 길을 가지 않아 1차 대멸종(대홍수)이라는 큰 벌을 받아야 했다. 다른 동식물들까지 억울하게 함께 벌을 받았다. 하물며 창조적인 사람이 다른 사람들이 만들어 놓은 틀 안에서만 창조성을 발휘할 것이라는 생각은 비현실적이다. 창조적인 사람은 당연히 타인이 만들어 놓은 틀을 넘어갈 것이다. 즉, 기존 체제를 흔들어 댈 것이다.

레오폴트 모차르트의 경우를 봐도 그렇다. 레오폴트는 그의 신동 아들이 음악을 창작하는 경우에만 기존의 틀을 넘어가는 창조적인 천재가 되고, 그 밖의 다른 영역에서는 전통적이기를, 즉 기존 궁정음악 체제의 틀 안에서 착실하게 출세하고 자리 잡기를 원했다. 이 둘이 양립 가능한가? 당연히 볼프강 아마데우스 모차르트는 음악에서만 틀을 벗어나지 않았고 기존 체제의 틀도 벗어나는 반항아가 되어 아버지가 원하는 안정된 삶을 살지 못했다.

여기에 공교육에 요구되는 창의교육이나 창조교육이니 하는 말의 딜레마가 있다. 보수우파 정부는 공교육에 두 개의 모순된 요구를 한다. 기존의 발상에 얽매이지 않는 창조적인 인재를 양성할 것. 그런데 그 창조성이 기존 자본주의체제를 넘어가는 정도까지는 발전하지 않도록 할 것. 그리하여 공교육에는 창조성이라는 우유를 자유롭게 흘려보내는 것이 아니라 깊은 홈을 파서 그 안에서만 흐를 것을 요구한다.

비유하면 신제품 개발에 동원될 과학과 공학 쪽으로는 창조적이되, 사회체제와 정치체제에는 의문을 품지 않는 그런 사람이 바로 보수우파 정권이 바라는 창조적인 인재다. 그래서 유신정권의 「국민교육헌장」에서는 창조, 창의를 그토록 강조하면서 동시에 "나라의 융성이 나의 발전의 근본임을 깨달아"야 하고, "민족중흥의 역사적인 사명"에 대해 의심을 품으면 안 되는 것으로 못 박아 둔 것이다. 이것이 바로 과학 교육은 따로 떼어 과학창의재단까지 만들면서 역사와 사회 교육은 국정교과서로 틀어쥐고자 했던 이유다.

그러나 창조성에 홈을 파서 일정한 방향으로만 흘러가게 하려는 시도, 창조성을 포섭하고 포획하려는 시도는 대부분 실패한다. 이는 창조성 그 자체의 속성에서 비롯된다. 창조성은 일정한 방향으로 흘러가는 순간, 즉 포섭되고 포획되는 순간 적당히 발현되는 것이 아니라 바로 꺼진다. 적당히 창조적이기는 매우 어렵다. 창조적이든가 창조적이지 않든가다.

창조성은 차곡차곡 단계를 밟아 올라가는 능력이 아니기 때문이다. 아니, 창조성은 능력이 아니다. 능력은 각 분야, 각 영역에 흩어져 있다. 창조성은 각 분야, 각 영역에서 충실히 배우고 익힌 지식과 기능에 대한 태도와 자세에서 비롯된다. 그것을 불변의 진리로 여기는가, 아니면 언제든지 대체하거나 수정할 수 있는 잠정적인 결론으로 다루는가?

배우고 익힌 것을 잠정적인 것, 더 나은 것을 찾을 때까지만 받아들이는 것으로 다루는 태도나 자세, 그것이 창조성의 핵심이다. 그런데 이것이 특정한 영역에서만 발휘될 것을 기대할 수 있는가? 그렇다면 이미 그 태도나 자세는 깨어져 버린다. 창조성은 죽어 버린 것이다. 100만 원 이상의 물건은 훔치지 않고 그 이하의 것만 훔치는 것을 적당히 도덕적이라고 할 수 없듯이, 시장에서 돈 되는 제품 개발에는 창조적이고, 사회정치적 문제에 대해서는 기존의 것에 의문을 품지 않는 태도를 창조적이라 할 수는 없다. 그런 사람은 시장에서 돈 되는 제품 개발에도 충분히 창조적으로 될 수 없다.

사회정치적인 영역에서 기존의 것에 의문을 품고 새로운 발상을 하는 태도가 오히려 다른 영역에서도 창조성의 기반이 된다. 기존 체제에 의문을 던지는 태도가 몸에 배지 않은 사람은 아무리 탁월한 제품 개발 아이디어가 있다 하더라도 "당신 일이나 잘해." 하면서 윽박지르는 상사의 반대나 면박을 뚫고 그 아이디어를 드러내지 못한다. 반대로 상사나 경영진의 반대에도 불구하고 기존의 것과 다른 제품 개발 아이디어를 관철할 수 있는 사람이라면 사회정치적인 쟁점에 대해서도 마냥 기존의 것을 옹호하지 않을 것이다.

교육으로 돌아와 보면, 과학 시간에 교과서의 틀을 벗어나 창조적인 문제해결을 시도할 수 있도록 발달시킨 학생을 과연 역사나 사회 국정교과서를 통해 기존 사회체제, 정치체제에 순종하도록 만들 수 있을까? 불가능하다. 만약 가능하다면 그 학생은 과학, 공학 분야에서도 기성의 질서와 학설에 주눅 들어 창조성을 발휘하지 못할 것이다.

창조적인 태도란 무엇인가?

어떤 태도가 창조적인 태도일까? 딱 부러지게 말하기 어렵다. 의외성을 만드는 태도답다. 그래서 창조성을 연구하는 학자들은 늘 사후적으로 이야기했다. 창조적인 태도를 먼저 정의한 것이 아니라, 창조적이라고 인정되는 사람들을 선정한 뒤 그들에게 어떤 공통적인 특징이 있는지 살펴본 것이다. 그 결과는 너무 창조적이었다. 즉, 수많은 학자가 저 나름의 창조적인 태도, 창조성의 정의를 쏟아 내는 바람에 일반화하기 어려울 정도다.

그렇다고 교육관료들이 주문처럼 암기하고 다니는 독창성, 유창성, 융통성, 정교성 따위로 정의할 수도 없다. 현재 많이 사용되는 창의성 검사도구의 항목일 뿐이다. IQ가 지성을 대표할 수 없듯이, 이

네 항목을 마치 창의성의 핵심인 양 호도해서는 안 된다(데이비스 & 림, 1997). 어느 영역에 대한 숙달, 그리고 세상에 대한 비일상적인 해석, 이를 실제 창조 과정까지 끌고 갈 강한 동기와 같이 좀 더 포괄적인 정의도 가능하지만(스턴버그 외 편저, 2004), 이 경우에는 수치화된 측정이 어려워진다. 하지만 창조성을 수치화할 수 있다는 발상 자체가 잘못일 수도 있다.

다만 창조적인 사람들이 보여 주는 여러 가지 모습을 다음과 같이 정리해 볼 수는 있다. 물론 누가 창조적이냐, 왜 창조적이냐, 왜 하필 이런 범주로 나누었느냐고 계속 반문할 수 있다. 고백하건대, 순전히 내 주관적인 생각이다.

우연에의 민감성

세상에 대한 비일상적인 해석은 결국 낯선 것에 대한 감지에서 시작한다. 둔감한 사람은 익숙한 것 외에는 보고도 보지 못하며 느끼고도 느끼지 못한다. 창조의 순간은 이 작은 낯선 것을 무심코 흘려보내느냐, 민감하게 감지하느냐에서 갈라진다.

실제로 역사적으로 창조적인 결과, 위대한 발견이나 창작이 철저한 계획과 예측의 결과인 경우는 거의 없다. 대부분의 위대한 창조는 우연히 일어났다. 전혀 예상하지 않았던 결과, 심지어 예상했던 결과를 방해하는 요소에서 위대한 창조적 업적이 이루어졌다.

뉴턴은 처음부터 만유인력의 법칙과 중력의 개념을 고민하지 않았다. 우연히 사과가 떨어지는 것을 보고 "사과는 떨어지는데 달은 왜 지구에 와서 들이받지 않을까?"로 생각이 옮겨 갔을 뿐이다. 물론 괴테의『파우스트』처럼 어린 시절부터 평생에 걸쳐 기획했던 작품도 있지만, 그런 작품은 흔하지 않다. 대부분의 위대한 걸작은 우연한 계기로 탄생했고, 심지어 작가가 마땅찮게 생각하는 가운데 만들어졌다.

창조적인 업적을 남긴 인물은 한결같이 원래 계획에서 벗어나는 결과를 받아들이고, 여기서 의미를 찾으려는 경향을 가진 사람들이다. 원래 계획에 집착하고 이미 정해진 것을 한사코 고집하는 사람들에게서는 어떤 창조적인 결과도 기대하기 어렵다.

서양 미술사를 찬란하게 만들어 준 거대한 벽화 프레스코 역시 우연히 만들어졌다. 르네상스와 함께 그리스 – 로마식 건축이 다시 유행하자 많은 성당이 아치 위에 돔을 세우는 방식으로 지어졌고, 그 결과 모호한 공간이 발생하였다. 이 애매한 공간을 장식하는 과정에서 프레스코가 등장했고, 이를 바탕으로 서양 회화의 큰 발전이 가능하게 되었다(굴드, 1998). 누구도 이런 공간을 계획하지 않았고, 누구도 그림으로 성당의 벽을 장식할 생각을 하지 않았다. 그러나 우연히 발생한 공간을 무심히 넘어가지 않은 태도가 창조적인 결과를 가져 왔다.

모순적 상황에 대한 허용

우연한 것을 민감하게 감지하는 것만으로는 부족하다. 이것을 적극적으로 받아들여야 한다. 그러기 위해서는 계획한 것에서 벗어나는 결과뿐 아니라 모순되는 상황까지도 받아들일 수 있는 개방성이 필요하다. '이것 아니면 저것'이라는 태도로는 절대 창조적인 결과를 기대할 수 없다.

창조의 과정은 온통 아이러니와 패러독스로 가득하다. 아이러니와 패러독스를 용납하지 못하면 새로운 발상 자체가 일어나기 어렵다. 새로운 발상은 기존의 것을 아이러니와 패러독스로 만듦으로써 시작하는 경우가 많다.

이미 2500여 년 전 플라톤이 잘 보여 주었다. 플라톤의 대화편은 아무리 심오한 주제를 다루는 것이라 할지라도 매우 평범한 일상이나 누구나 생각해 봄 직한 간단한 주제에서 출발한다. 가령 플라톤의 대표작인 「국가」는 "나이를 먹으면 무엇이 좋으냐?" 하는 질문으로 시작한 대화가 '이상적인 국가 건설'이라는 거대한 비전으로 발전하는데, 이 과정이 너무 자연스럽다. 한참 읽다 문득 언제 이야기가 여기까지 진행되었나 놀랄 정도다. 이는 이야기가 진행되는 과정에서 기존의 생각과 모순되는 상황을 배척하지 않고 어떻게든 그 모순을 포함하고 이해하려는 지적인 노력에서 비롯된 것이다.

플라톤은(혹은 소크라테스는) 기존의 생각이 서로 부딪치면서, 즉 진리라고 생각하던 것들이 서로 부딪치면서 스스로 모순에 빠지는 상황을 '아포리아(aporia)'라 불렀다. 모든 탐구는 바로 이 아포리아에서 출발한다(릭켄, 1988). 사실 모순에 빠지지 않는다면 정해진 규칙, 정해진 절차를 기계처럼 따라가지, 누가 공부하고 탐구하겠는가? 모든 창조적인 업적은 새로운 것, 남다른 것을 만들겠다는 욕구보다는 기존의 것이 부딪치는 모순, 아이러니를 해결하려는 과정에서 만들어진다. 만약 이 모순을 견디지 못하는 사람이라면 기존의 것을 바로 폐기처분을 하거나 모순을 덮어 버리며 기존의 것을 고집할 것이다. 그 어느 경우에도 창조의 힘은 발휘되지 않는다.

수렴과 확산의 순환

흔히 창조적인 태도를 여러 생각을 하나로 모아 가는 수렴적 사고보다는 하나의 생각을 여럿으로 펼쳐 가는 확산적 사고와 연결하는 경향이 많다. 물론 창조는 기존의 것에서 새로운 것을 만들어 내는 것이기 때문에 확산적 사고가 필수적으로 요구된다. 그러나 수렴적 사고가 창조적 태도의 반대편에 있는 것은 아니다. 애초에 수렴과 확산을 대립시키는 사고방식이 비창조적이다.

창조적인 사람은 수렴과 확산의 구분이 모호하다. 확산에 치우친 사람은 창조적으로 되기보다는 산만해지기 쉽다. 창조가 이루어지려면 어쨌든 마무리가 되어야 한다. 끊임없이 새로운 이야기가 계속되는 소설을 읽을 수 있는가? 결국 소설 하나가 완성되려면 일정한 구조 안에 이야기들이 짜 맞춰져 들어 가야, 즉 수렴되어야 한다.

그러나 창조적인 사람은 이 수렴의 과정을 짜인 틀에 구속되는 것으로 생각하지 않는다. 심지어 수렴 과정에서 다시 확산할 수도 있다. 어떤 틀에 확산한 아이디어들을 짜 맞추어 구조화시키는데, 이 구조가 다시 생각을 자극할 수 있는 것이다. 창조적인 태도가 부족한 사람은 이렇게 될 경우 당황해 어떻게든 구조를 지키려고 매달리지만, 창조적인 사람은 새로운 확산을 포섭할 수 있도록 구조를 변경한다. 확산적 수렴이며 수렴적 확산이다.

창조에서 협력과 배려로

창조적인 성취를 이루어 낸 위대한 인물들에 대한 뿌리 깊은 미신이 있는데, 바로 '고독한 천재'라는 이미지다. 주로 19세기 유럽 낭만주의자들이 퍼뜨린 미신이다. 산업화와 민주화라는 대변혁은 유럽을 크게 발전시키기도 했지만, 매우 혼란스럽게 만들기도 했다. 이 와중에 마르크스의 말대로 "낡고 굳어진 것들은 모두 사라졌고" 이 낡고 굳어진 것에 기반하여 살아가거나 권리를 누렸던 사람들의 삶도 파괴되었다.

일부는 이를 진화이자 진보로 보았다. 다른 일부는 이 과정을 상실로 보았다. 어느 한쪽이 더 올바르다고 보기는 어렵다. 토크빌이 간파한 것처럼 민주주의는 한편으로는 비참함을 제거하지만 다른 한편으로는 비범함도 제거하기 때문이다(양자오, 2013).

우리는 고대 이집트왕국, 로마제국, 혹은 중세나 르네상스시대의 유산, 자금성이나 앙코르와트 같은 거대하고 위대한 건축과 예술작품에 감탄하면서 오늘날 이런 위대한 작품이 나오지 않는 까닭을 궁금해한다. 그런데 그런 위대한 작품은 현격한 계급의 격차에서 비롯된 것이다. 일부 계급의 강력한 권력과 대다수 인민의 끔찍한 비참함이라는 진흙탕 위에 피어난 연꽃이 바로 인류의 문화유산으로 지정된 위대한 예술작품들이다.

우리나라만 해도 통일신라시대, 고려시대의 유적이나 유물이 조선시대보다 더 화려하고 웅장한 경우가 많다. 이는 우리 민족이 예술적으로 퇴행한 흔적이 아니라 그만큼 계급 간의 격차가 줄어들었음을 보여 주는 것이다. 엄청나게 화려하고 비범한 것을 즐기는 특권계층이 줄어들면서 문화예술이 전체적으로 중간 수준으로 수렴되는 것이다. 그래서 탁월한 작품은 줄어들지만, 어느 정도 수준의 작품을 즐길 수 있는 사람들 수는 늘어났다. 사회 전체를 평균으로 내면 전체적으로 분명 문화예술은 발전했을 것이다.

특히 산업혁명과 함께 대량생산, 대량소비시대가 오면서 고상한 취향을 가진 사람에게는 터무니없이 천박해 보이는 대중예술작품이 대량으로 생산되고 소비되었다. 이를 상실로 여긴 사람들이 옛시절의 위대함에 대한 향수를 하나의 사상으로 만들었는데, 바로 낭만주의다. 천재들은 그 향수를 실현할 백마 타고 오는 초인이다. 천재는 범속한 세상에서 범속한 사람들이 보지 못하는 것을 보며, 범속한 사람은 상상도 하지 못할 독특하고 위대한 것을 창조하는 인물이다. 범속해진 세상에서 창조는 천재의 일이며, 오직 천재만이 할 수 있는 일이다. 그리고 이러한 천재는 범속함으로부터 보호받아야 하기 때문에 고독해야 한다. 범속한 대중과 접할수록 천재성이 범속함으로 오염되기 때문이다. 범속한 대중은 천재의 독창성을 이해하지 못하기 때문에 천재는 세상으로부터 고립될 수밖에 없으며, 그의 위대한 창조를 이해할 수 있는 소수의 감식자—딜레탕트—로부터만 인정받으며 가난하고 외로운 삶을 살아간다.

이런 낭만주의의 천재상은 창조를 일반적인 사람의 일이 아니라 소수 괴짜의 일로 만들어 놓았다. 그리고 창조성은 타고나는 것, 즉 천재성으로 환원되어 버렸고, 보통 사람들이 창조적인 업적에 기여할 수 있는 방법은 우연히 태어난 천재를 방해하지 않는 것, 그들의 위대한 창조에 경탄과 박수를 보내는 것만 남아 버렸다. 많은 낭만주의 예술가들은 이런 고독하고 괴팍한 창조적 천재 이미지에 자신을 맞추기 위해 기행을 일삼았으며—대체로 그 기행이란 것이 복잡한 애정 스캔들인 경우가 많았다—그 이전 시대의 천재들마저 그 이미지에 끼워 맞추면서 엉뚱한 이미지를 만들어 버렸다.

이러한 낭만적인 천재숭배사상은 창조뿐 아니라 정치적으로도 위험하다. 이런 낭만주의적 발상에서 민주주의란 다수의 범속한 사람들에 의해 소수의 창조적인 사람들이 억압받는 체제로 여겨지기 쉽기 때문이다. 실제로 니체는 민주주의를 '다수의 범속한 사람들의 원한(르상티망)'에 의해 움직이는 비루한 정치로 보고, 이를 극복할 '초인(위버멘쉬)'의 등장을 갈구하였다. 우리는 역사를 통해 이미 학습했다. 다수의 범속하고 비루한 판단을 뛰어넘는, 일반 사람이 보지 못하는 것을 꿰뚫어 보는 위대하고 창조적인 정치지도자에 대한 갈망이 결국 역사에서 어떤 끔찍한 체제를 만들어 냈던가를.

그런데 이들에 의해 숭배받는 천재의 실제 모습은 고독이나 괴팍함과 거리가 멀다. 오히려 정반대에 가깝다. 그들은 범속한 사람들과 자신을 구별하지도 않았고, 외롭거나 몰이해 속에서 고통받지도 않았다. 모차르트는 가난하지도, 고독하지도 않았다. 간혹 경제적으로 어려움을 겪은 것은 사실이지만, 그 어렵다던 시기에도 공무원의 서너 배가 넘는 수입이 있었다. 또 그가 세상을 떠난 뒤 미망인은 유럽 전역에서 답지한 숭배자들의 성금으로 거의 한밑천을 잡았다. 베토벤은 세상과 담쌓은 괴팍하고 무시무시한 괴짜가 아니었다. 장례식에 수천 명의 군중이 몰려올 정도로 마당발을 자랑했으며, 평소에 유력인사들과의 친분을 과시할 줄도 알았던 인물이다.

천재 과학자들도 마찬가지다. 지금도 각종 오락영화에서 엄청난 발명을 하는 과학자의 이미지는 이른바 '미친 과학자' 혹은 '괴짜'로 그려지지만, 현실의 과학자들은 자기들 세계에 갇혀 일반인과 소통이 어려운 괴짜들이 아니다. 가령 앨버트 아인슈타인, 리처드 파인만, 에르빈 슈뢰딩거는 모두 고독한 괴짜는커녕 사교계의 총아였으며, 소문난 바람둥이였다.

에디슨은 이런 고독한 괴짜 이미지를 일부러 만들어 활용하기까지 하였다. 에디슨의 주요 특허는 대부분 스스로 '일꾼'이라고 자칭하는 14명의 동료 연구자와 함께 등록한 것들이다. 하지만 이들은 '에디슨과 14명의 동료'보다는 '고독한 에디슨'이 고객에게 훨씬 매력적이고 창조적으로 보인다는 것을 알았기 때문에 이런 이미지를 만들어 활용했다(버커스, 2014).

창조적 성취를 이루는 고독하고 괴팍한 천재 이미지는 사실이 아닐 뿐 아니라 창조적 성취를 방해한다. 고독하고 괴팍한 사람은 창조적 성취를 이룰 수 없다. 만약 그런 사람이 있다면 주변에는 반드시 그 고독과 괴팍함을 보완해 주는 헌신적인 동료들이 있다. 창조는 천재 혼자만의 결과가 아니다. 세상에 없던 독특한 발상이 나오고 그것이 실현되는 과정은 존재하지만, 그런 능력은 따로 존재하지 않는다. 창조는 두뇌의 어떤 부분에서 이루어지는 것이 아니라 두뇌와 두뇌의 상호작용 가운데 이루어진다.

심지어 미드(Mead, 1934)에 따르면 자아와 정체성마저 상호작용 가운데 이루어진다. 다른 사람과의 상호작용이 없다면 창조적인 성취는커녕 자기 자신조차 세우지 못하며, 자기 자신을 세우지 못하는 사람은 아예 '의식' 자체가 발전하지 않는다.

물론 다른 사람보다 독창적인 생각을 더 잘하는 사람, 혹은 엉뚱한 생각을 잘하는 사람, 즉 천재가 태어날 수 있고, 이런 사람이 포함된 집단이 다른 집단보다 더 창조적일 수는 있다. 하지만 도움이 되는 것은 그 사람의 독창성과 기발함이지 고독과 괴팍함이 아니다. 고독과 괴팍함은 그 사람의 속성이 아니라 그의 독창성과 기발함을 수용하지 못하는 다른 사람들의 완고함의 결과다. 다른 사람의 완고함 때문에 고독해지고, 고독해지니 괴팍해지는 것이다. 다른 사람들이 그의 독창성과 기발함을 기꺼이 수용하고 격려하고, 그래서 그가 공동체 안에서 외로움 대신 안전감을 느낀다면 오히려 고독하고 괴팍할 때보다 훨씬 더 맹렬하게 창조적인 일을 할 수 있다. 천재는 고독하기 때문에 위대한 창조를 한 것이 아니라, 고독과 싸우면서 위대한 창조를 한다. 손에 굳은살이 박일 정도로 운동을 열심히 하면 체력이 향상되겠지만, 굳은살 때문에 체력이 향상된 것은 아니다. 만약 그러지 않고도 체력이 향상될 수 있는 운동 방법이 있다면 당연히 그것을 선택하는 것이 합리적이다.

우리 가운데 창조성이 뛰어난 천재가 등장했을 때 필요한 것은 그러한 천재를 고독한 괴짜의 자리에 감금하는 것이 아니라, 그와 소통하고 그에게 풍부한 상호작용을 제공하는 것이다. 그렇다면 천재뿐 아니라 천재와 우리 사이에, 즉 공동체 사이에서 수많은 창조적인 성취가 일어날 것이다(밀, 1859).

더구나 창조적 성취에 반드시 천재가 필요한 것도 아니다. 평범한 사람들의 상호작용만으로도 천재적 창조를 해낼 수 있다. 이른바 집단지성이다. 하지만 집단지성은 단지 여러 사람이 함께하면 더 좋다, 수준의 이야기가 아니다. 만약 이 집단지성이라는 말이 천재를 윽박지르는 용도로, 즉 "네가 아무리 잘나도 여러 사람의 집단지성을 능가할 수는 없잖아? 그러니 다수의 뜻을 따라라."라는 식의 평계로 사용된다면 이는 집단지성이 아니라 집단폭력이다.

창조적 성취를 이루는 집단지성은 단지 여러 사람이 모인 것이 아니라 다양한 사람이 모여서 제약 없는 상호작용을 하는 가운데 발휘되는 것이다(탭스콧 & 윌리엄스, 2006). 사람이 아무리 많이 모여 있더라도 다양성보다는 동질성이 더 강하다면 이는 집단이 아니라 다만 거대해진 한 사람에 불과하다. 개인보다 단체를 강조했던 옛 사회주의 국가들이 집단지성은 고사하고 경직되고 비창조적인 사회로 전락한 까닭이 바로 여기에 있다. 이데올로기의 금기가 많은 사회에서는 사람들이 아무리 많이 모여도 비슷한 말만 한다. 이렇게 되면 가장 범속한 결론이 다수의 뜻으로 채택이 되며, 집단지성의 이름으로

도리어 창조적인 개인을 억압하고 입을 틀어막는 결과가 된다.

　다양성의 인정, 금기 없는 상호작용, 그리고 그 상호작용 과정에서 튀어나오는 예상치 못한 결과에 대한 수용성. 이런 것이 보장되어야 한다. 그런 조건이라면 보통 사람도 여럿이 모이면 천재적인 성취를 이루어 낼 수 있다. 집단지성이 일어난 것이다.

　그런데 이러한 조건은 당위만으로 갖춰지지 않는다. 아무리 다양성을 인정하자, 금기 없는 상호작용을 하자, 다짐하더라도 막상 나와 현격히 다른 사람을 마주하고, 내게 익숙하지 않은 발상이나 가치를 접할 때 유연하게 받아들이기란 쉬운 일은 아니다. 마지못해 받아들이는 것은 소용없다. 사람은 거울 뉴런이 발달한 동물이라 아무리 드러내지 않더라도 상대방이 불쾌히 여기는 것을 바로 읽을 수 있다. 그러니 받아들이는 시늉이 아니라 마음으로부터 수용해야 한다.

　페리클레스는 민주주의의 고전이 된 추도 연설문에서 "우리 아테네인은 나와 다른 방식으로 살아가는 사람을 보더라도 이를 막거나 비난하기는커녕 불쾌히 여기는 기색조차 보이지 않는다."고 자랑했다. 2500년 전 사람보다는 더 나아야 하지 않을까?

창조의 사회성

　천재니 초인이니 하는 발상을 한 19세기 낭만주의자들을 이해 못할 바도 아니다. 거대한 산업체계와 관료제라는 기계에 종속되어 자유를 상실하고 의미를 상실하며 왜소해지고 있던 근대 유럽인들에게는 이런 모든 속박을 일거에 건너뛰고 이 세상 너머의 진실을 밝혀 줄 그런 존재가 몹시 그리웠을 것이다. 어쩌면 이는 오래된 그리스도교 전통의 메시아사상, 혹은 고대 그리스의 데우스 엑스 마키나(deus ex machina)의 영향일 수도 있다.

메시아는 창조적이다. 메시아는 논리와 절차에 얽매이지 않는다. 메시아는 지금까지의 것과 무관하게 우리가 상상하지 못한 해결책을 일거에 제시할 수 있다. 그 메시아가 반드시 초자연적인 존재일 필요는 없다. 만약 사람 중에 대단히 뛰어난 사람이 있다면, 그리고 그에게 용기가 있다면 체계에 구속된 범속한 사람들이 보지 못하는 것을 보고, 말하지 못하는 것을 말할 수 있으며, 지금까지의 세상과는 전혀 다른 별천지를 그려 낼 수 있다.

그러니 사회변혁을 꿈꾸던 19세기 유럽 지식인들은 저마다 자기들만의 천재를 찾았다. 19세기 유럽의 사회운동은 저마다 자신들의 운동이 어떤 신비로운 천재의 창조적 영감의 산물이라고 선전했다. 성실한 수많은 운동가의 아이디어 집합, 유럽의 이런저런 오랜 전통들 속에서 길어 낸 것이라고 말해서는 청중을 모으기 어려웠다.

그렇게 마르크스가 만들어지고 니체가 만들어지고 프로이트가 만들어졌다. 리스트와 바그너는 자신의 독창성을 과장하고 위대한 선배 예술가들을 마구 폄하하면서 추종자를 모았다. 쇼팽이나 브람스처럼 위대한 선배 예술가들로부터 많은 것을 배웠다는 것을 인정하면 대규모 청중 대신 소규모 애호가들의 인정을 받을 뿐이었다.

물론 자신을 신비로운 천재로 과장했던 사람들조차 사실은 자신들이 엄청난 전통의 기반 위에 서 있다는 사실을 알고 있었다. 무엇보다 이들이 그러한 생각이나 작품을 내어놓기 전에 이미 이를 가능하게 한 물질적, 사회적 조건이 갖추어져 있었다. 아이디어를 실현할 수 있는 수단, 아이디어를 공유하고 이해할 수 있는 사람들, 아이디어와 관련한 충분한 선구적인 시도와 실패, 그것을 받아들일 사회적 환경 같은 것들이다.

즉, 천재는 사회가 만든다. 창조는 사회적 산물이다. 창조는 사회의 조건에서 만들어지며 사회의 조건을 바꾼다(칙센트미하이, 1996). 무엇이라도 새로운 것을 내어놓아 세상에 조금이라도 변화를 가해야 창조다. 아무것도 바꾸지 않았다면 창조가 아니다. 아무리 창조적인 아이디어라도 아무도 이해하지 못하고 실현되지 않았다면 거기에는 창조성이 없다. 이 실현이 꼭 물질적인 변화만을 말하지 않는다. 창조적인 아이디어가 당사자를 넘어 사회적으로 공유될 수 있어야 한다는 의미다. 나 말고 단 한 사람이라도 누군가의 생각에 영향을 주어야 창조가 성립된다.

심지어 창세기의 하느님(God)조차 혼자 생각만으로 창조하지 않았다. 성경의 내용을 인용하면 하느님은 "말씀"을 하셨다. "빛이 있으라!" 말을 한다는 것은 그것에 반응할 무엇을 전제로 한다. 물론 창세기 첫 줄은 "한 처음에 하느님께서 하늘과 땅을 만드셨다."라고 되어 있지만, 빛의 사례로 미루어 볼 때 하늘과 땅 역시 생각만으로 만들었을 것 같지는 않다. 그 무엇인가를 향해 "육지가 되어라!" 했을 것이다.

성경이 처음 만들어질 당시 사람들은 물활론적 세계관을 가지고 있었다. 땅이고, 하늘이고, 빛이고, 혹은 그 무엇도 되기 이전 혼돈의 무엇, 모든 것은 오늘날 우리가 생각하는 물질이 아니라 살아 있는 무엇이었다. 태초 하느님의 창조 역시 살아 있는 상대방이 필요했다.

과장되기 마련이지만 어쨌든 위대한 창조자들의 전기를 보면 거의 빠지지 않고 나오는 내용이 "주변 사람들, 혹은 당대 전문가들의 몰이해와 비난"이다. 위대한 창조자는 이런 몰이해와 비난에도 불구하고 꿋꿋하게 자신의 아이디어를 발전시켜 나간다. 그런데 여기서 확인할 수 있는 것은 창조가 얼마나 고독한 행위인가 하는 것이 아니다. 아무리 고독한 천재라 할지라도 끊임없이 다른 사람들의 이해를 구했다는 점이 중요하다(버커스, 2014). 고독한 천재는 스스로 고독의 길을 간 것이 아니라 사람들이 이해해 주지 않아서 고독해진 것이다. 고독한 천재는 끊임없이 나름의 방식으로 소통을 갈구했다. 반 고흐는 집 안에 쌓아 둘 생각으로 그림을 그리지 않았다. 그는 인정받고 싶어 했지만 인정받지 못했을 뿐이다. 도무지 세상의 명리를 추구하지 않고 평생 집 안에 쌓아 둘 그림만 그리는 것 같던 폴 세잔도 단 한 번 기회가 오자 이를 놓치지 않고 쌓아 둔 그림들을 파리로 가지고 갔다.

이와 같이 창조는 여러 가지 조건과 그것에 대해 마주 설 상대가 필요한 행위다. 하물며 신이 아닌 사람은 창조에 필요한 재료를 말만으로 불러올 수 없다. 누군가가 이미 만들어 놓아야 하며, 구할 수 있어야 한다. 가령 모차르트가 어린 시절부터 온 유럽을 돌아다니며 각국의 유명한 음악가들과 교류하지 않았다면, 그리하여 이탈리아에서 오페라와 팔레스트리나의 대위법을, 영국에서 바흐와 헨델의 음악을—바흐의 막내아들인 요한 크리스티안 바흐를 만났다—익히지 않았다면, 다만 나이에 비해 조숙한 성취를 거둔 지역 궁정 음악가로 끝났을 것이다. 베토벤이 빈으로 가서 하이든의 문하생이 되어 하이든뿐 아니라 이미 세상을 떠난 모차르트의 수많은 유고를 접할 수 없었다면 그냥 야심이 지나친 괴팍한 피아노 연주자로 끝나고 말았을 것이다.

여기에 벌써 몇 가지 조건이 나온다. 체계적인 악보기록법이 만들어지지 않았다면, 또 이 악보기록법이 통일되지 않고 나라마다 제각각이었다면 제아무리 모차르트나 베토벤 같은 천재라도 이미 세상을 떠난 대가들로부터 배울 수 없었다.

경제적 조건도 중요하다. 모차르트가 어릴 때부터 유럽을 몇 개월 혹은 1년 이상 돌아다닐 수 있었다는 것은 그의 집안이 당장 생계를 걱정해야 하는 위치가 아니었다는 뜻이다. 촌구석 출신의 가난뱅이 베토벤이 유럽의 수도나 다름없는 물가 비싼 빈에서 특별한 직업 없이 무려 4년간이나 하이든, 살리에리 등에게 배우며 수련생활을 할 수 있었던 것 역시 계몽적인 귀족이 재능 있는 평민 젊은이의 후원자가 되어 주던 새로운 풍습이 아니었다면 불가능했을 일이다.

칙센트미하이는 창조적 업적을 남긴 수백 명의 인재를 인터뷰하고, 과거의 사례를 조사한 뒤, 창조는 창조자의 요인(기질, 재능)과 사회적 요인(영역, 분야)의 상호작용 결과라는 결론을 내렸다. 즉, 창조는 개인과 사회 사이에서 발현하는 현상이다.

영역(domain)은 창조적인 행위가 사회에서 인정받을 수 있는 어떤 자리나 역할이다. 가령 모차르트나 베토벤이 인정받으려면 우선 '음악'이라는 영역이 있어야 한다. 아무리 뛰어난 재능을 가지고 위대한 창조를 했더라도 그 창조물이 자리 잡을 영역이 없다면 아무것도 아니다. 또 그 영역이 사회에서 차지하는 지위와 역할에 따라 창조의 가치도 달라진다. 그 영역의 위상이 사소한 평가를 받는다면 그 안에서 아무리 참신한 아이디어와 실적을 내놓는 사람이라도 창조적이라는 말을 듣기 어렵다. 애초에 거기서 어떤 일이 일어나는지 관심의 대상이 되기조차 어렵다.

위대한 천재는 영역 자체를 창조한다고 말할 수도 있다. 가령 프로이트는 정신분석학이라는 영역 자체를 창조했다고 한다. 하지만 그 이전에 이미 정신의학이라는 영역이 있었고, 프로이트는 그 영역에서 새로운 갈래를 쳐 나갔을 뿐이다. 만약 사람의 정신을 의학적 분석대상으로 삼는 과학의 영역 자체가 없었다면 프로이트는 요즘으로 치면 타로점이나 수정구슬 점치는 사람 정도의 취급을 받고 말았을 것이다. 사실 꿈을 분석하는 것은 오랫동안 예언자의 일이었다. 프로이트는 영역을 창조했다기보다는 영역에 새로운 의미를 부여하여 이를 확장한 것이다.

영역이 창조가 발휘되는 행위의 사회적 위치를 말한다면, 분야

(field)는 창조를 이해하고 인정해 줄 사람들, 즉 그 영역의 사회를 말한다. 어떤 영역에서 뛰어난 창조를 했다면 이것에 대해 말하거나 평가할 사람들의 커뮤니티가 있어야 한다. 갑남을녀의 비난이나 찬사는 의미 없다. 가령 음악가가 창조적인 업적을 인정받으려면 음악가의 사회가 있어야 한다. 음악가, 비평가, 그리고 팬으로 이루어진 네트워크가 형성되어 있어야 긍정적이든 부정적이든 창조가 성립된다. 그렇지 않으면 아무리 독창적인 생각과 산물을 내어놓더라도 창조가 아닌 독백이다.

하지만 창조의 사회성을 지나치게 강조하면 후건긍정(post hoc)의 오류에 빠지기 쉽다. "무엇이 창조적이냐?" 하는 물음에 대해 "현재 사회적으로 높이 인정받는 업적이 창조적이다." 대답하는 꼴이 되는데, 반대로 "어떻게 그 업적이 사회에서 높이 인정받게 되었나?" 물어본다면 "창조적이기 때문에."라고 대답할 수밖에 없는 것이다. 마치 "존재하는 모든 것은 이성적이다."라고 말한 헤겔의 그림자가 드리운 것처럼 느껴진다. 그럼에도 창조가 사회적인 조건을 필요로 한다는 것, 창조성이 사회적으로 발현되는 것이라는 점은 분명하다.

이렇게 창조적인 태도에 대해 생각을 펼쳐 보지만 무엇이 창조성이며, 어떤 사람이 창조적인가에 대한 정의는 여전히 다양할 수밖에 없다. 당연히 여기에 써 놓은 몇 글자로 창조성을 포괄하려는 야심 따위는 없다. 다만 창조성을 이해하는 데 도움이 될 약간의 착상을 적어 보았을 뿐이다. 창조성은 여전히 저 안개 너머에서 그 불확실성과 우연의 영역으로 우리를 유혹한다.

13

창조적 인재,
거인의 어깨에 올라서다

창조에 대해 충분히 이야기했다. 당연히 주제는 교육으로 다시 돌아간다. 어떻게 창조적인 사람으로 기를 것인가? 창조적인 활동을 많이 시키는 것이 창조성 교육일까? 무엇인가 계속 만들어 보라고 할까? 기존의 것과 다른 생각을 하라고 격려할까?

창조성과 민주시민 교육

여기에 창조성 교육이란 곧 민주시민 교육이라고 답한다면 생뚱맞게 들릴 것이다. 어쩔 수 없다. 나는 그렇게 생각한다. 일단 왜 그렇게 생각할 수밖에 없는지 사유의 궤적을 같이 따라가기 바란다. 아니다 싶으면 언제든 책을 덮어도 좋다.

창조가 기존의 것과 다른 발상을 현실화한 것이라면 가장 근본적인 문제는 도대체 "기존의 것과 왜 달라야 하는가?" 하는 것이다. 대부분 사람은 기존의 것, 익숙한 것을 바꾸기 싫어한다. 더구나 기존의 것이라 불리는 것들은 특정 인물이 만든 것이 아니라 오랜 시간에 걸쳐 여러 사람을 통해 적합하다고 검증된 것들이다. 특별한 이유가 없는 한, 기존의 것을 사용하고 기존 방식에 따라 살아가는 것은 편리하고 편안하다.

물론 환경이 바뀌면 기존의 것을 바꾸어야 한다고 말할 수 있다. 하지만 우리가 살아가는 방식은 숟가락, 젓가락 하나마저도 다 환경에 적응한 결과물이다. 그것도 특정한 환경이 아니라 수많은 환경의 변화를 견디고 남아서 전해진 것들이다. 더구나 기존의 것을 바꾸면 기존의 것에 이해관계를 가진 사람들의 저항에 부딪힌다. 그 기존의 것이 특정한 계층의 사람을 지배적인 위치로 올려놓은 근거가 되면 저항은 더욱 강력해진다.

기존의 것을 근거로 지배적인 위치에 올라선 사람들에게 창조는 번거로운 것, 위험한 것이다. 아주 위급하지 않은 한 가능하면 기존의 것을 유지해야 한다. 이를 위해 창조 그 자체를 억압할 필요가 있다. 그리하여 이들은 사회 전체의 발전이나 적응을 희생하더라도 기존의 것과 다른 생각을 하는 사람들을 억압하거나 제거하면서 자신들의 지배체제에 대한 잠재적인 위협을 예방했다. 이것이 바로 전통사회에서 자주 등장한 '이단'이라는 낙인이다.

뒤르켕이 간파한 것처럼, 전통사회에서는 절도, 살인 등이 오늘날만큼 심각한 범죄가 아니었다(뒤르켕, 1902). 아직도 전통사회의 힘이 강하게 남아 있는 서아시아, 남아시아 지역의 '명예살인'을 보라. 19세기 중반까지도 유럽에서는 살인죄를 재판할 경우, 그것이 간음으로 인한 것인지를 심각하게 따졌다. 간음한 아내를 남편이 살해한 경우 선처가 주어진 것은 물론이다.

어떤 경우에도 용서받지 못할 대죄는 주로 공동체의 윤리, 가치, 질서를 흔드는 행위였다. 17세기까지도 유럽이나 미국에서는 그리스도교의 정통 교리가 아닌 주장을 하는 것만으로도 교수대에 매달리는 일이 이어졌다. 우리나라 역시 기존 성리학이 아닌 다른 학설이나 믿음을 가지면 '사문난적(斯文亂賊)'이라 불리며 엄한 처벌을 받았다. 동학이나 천주교도들이 그토록 많이 처형당한 것도, 그들이 어떤 다른 행위를 해서가 아니라 다른 믿음을 가졌기 때문이다.

왜 이토록 가치와 믿음에 집착했을까? 가치와 믿음이 기존의 것을 정당화하기 때문이다. 기존의 것이 특정 계층과 계급이 다른 계층과 계급을 지배하는 것을 정당화하기 때문이다. 전통사회의 지배계급은 기존의 것을 쓰임새를 바탕으로 정당화할 수 없다는 것을 알고 있었다. 만약 유용성을 바탕으로 정당화하면 더 좋은 것, 더 쓸모 있는 것을 만들고자 하는 창조의 동력을 막지 못한다. 따라서 그들은 유용성이 아니라 가치와 신앙을 근거로 기존의 것, 그리고 거기서 비롯된 사회체계를 정당화하고 이 가치와 신앙으로부터의 어떤 일탈도 용납하지 않았다. 기존의 가치와 신앙으로부터 일탈하지 못하는 세상에서는 창조의 힘이 그 시작 단계에서부터 막힌다. 기존의 것을 바꿔야 한다는 생각 자체가 나오지 못하기 때문이다.

전통사회에서 근대사회로 넘어가는 과도기의 지표 역할을 하는 것이 바로 '신앙의 자유'다. 근대 민주주의의 초석이 되는 여러 선언이나 헌장을 보면 오늘날 관점에서는 조금 의아한 것이 바로 신앙의 자유에 대한 강조다. 종교를 어떤 방식으로 믿든 이걸 헌법에서 이렇게나 강조할 만한 일인가 하는 생각이 든다. 하지만 기존의 가치, 기존의 신념을 절대화하는 태도가 일단 무너져야 새로운 것을 생각해 낼 동기와 의지가 일어나는 법이다.

일단 이 봉인이 해제되면 다음은 서로 다른 생가, 서로 다른 삶의 방식을 인정하는 것이 권리로 인정되어야 한다. 설사 신앙의 자유가 보장되었더라도 그게 종교 영역에만 머물러서는 안 된다. 다양한 새로운 생각이 어떤 제약 없이 표현될 수 있어야 한다. 그 생각이 의미 있는 것인지 무익하거나 유해한 것인지 판단하는 일은, 얼마나 많은 사람을 설득해 내느냐에 맡겨질 일이지 특정한 사람이나 계층, 기관의 판단에 맡겨져서는 안 된다. 이게 바로 자유다. 최초의 자유권이 종교, 양심, 표현의 자유인 까닭이다.

또한 이러한 새로운 발상을 하는 사람들의 관계는 대등해야 한다. 그렇지 않다면 아무리 많은 새로운 발상이 나오더라도 창조로 이어지지 못한다. 사회적 지위가 높은 사람의 생각이 더 높은 평가를 받는 체제에서는 결국 새로운 발상보다는 기존의 것이 더 큰 권위를 가질 수밖에 없기 때문이다. 하지만 모든 사람의 발상이 동등한 자격으로 인정되는 사회에서는 기존의 것과 새로운 것이 오직 유용성만으로 평가받을 것이기에 새로운 것이 채택될 가능성, 즉 창조의 가능성이 훨씬 커진다.

　그래서 민주주의로 귀결된다. 사실 민주주의라는 체제 자체도 위대한 창조의 결과다. 반대로 민주주의가 아니고서는 어떤 의미 있는 창조도 이루어지기 어렵다. 똑같은 헬라(그리스) 민족임에도 불구하고 스파르타인과 아테네인이 이루어 놓은 것이 얼마나 다른지 살펴보라. 오늘날 스파르타가 남겨 놓은 것은 무용담이 남아 있는 벌판과 비석뿐이다. 하지만 아테네는 그 작은 도시 하나에서 서양문명의 뿌리가 되는 무수한 학문, 예술, 사상을 창조했고, 결국 2500년 뒤 온 세계가 그들의 비극을 공연하고, 그들의 철학을 연구하고, 그들의 정치체제를 따라 하게 했다.

　그런데 아테네의 그 찬란한 창조가 특정한 시기에 집중되어 있음에 주목해야 한다. 오늘날 우리에게 많은 영향력을 끼치고 있는 아테네는 테세우스 – 아가멤논시대의 아테네가 아니라 솔론 – 페리클레스시대의 아테네다. 테세우스나 아가멤논은 솔론 – 페리클레스시대 아테네인의 문학작품 속에서 우리에게 전해질 뿐이다. 막상 아테네는 그 정치체제가 무너지고 헬레니즘제국과 로마제국의 영토가 되면서 더 이상 창조의 불길을 올리지 못하게 되었다. 로마제국 역시 옛 아테네의 것을 복제하고 널리 퍼뜨려 이를 유럽의 보편적인 문명으로 바꾸는 데 기여했을 뿐, 이렇다 할 창조적 힘을 발휘한 적이 없다. 유럽이 다시 창조의 힘을 한껏 떨치기 시작한 것은 빠르게는 르네상스, 일반적으로는 시민혁명 이후의 일이다. 르네상스 – 시민혁명에 이르는 200년 정도의 시간이 기존의 가치, 신앙의 금기가 하나하나 무너지면서 불평등한 계층구조로 이루어졌던 사회가 동등한 개인들의 연대로 바뀌어 간 시기였다는 게 널리 알려진 사실이다.

창조적 발상은 어느 사회에서나 우연히 나타날 수 있다. 하지만 그 발상을 실제의 것으로 실현하는 힘은 민주적인 사회가 아니고서는 발휘되지 않는다. 그래서 창의와 창조를 구별해야 한다. 창의는 어떤 사회에서도 가능하다. 그러나 창조는 민주주의가 아니면 안 된다. 우리는 창의성을 말하는 집단과 창조성을 말하는 집단을 주시해야 한다. 기존의 것에 의존하여 우월한 지위를 누리는 집단은 창조성이라는 말을 꺼린다. 다만 자기들이 취사선택할 수 있는 다양한 선택지를 제공해 주는 창의성만을 원할 뿐이다. 창의는 자유롭게 해라. 그러나 그것을 현실 세계에 실현하는 힘, 즉 창조의 힘은 자기들이 계속 움켜쥐고 있겠다는 뜻이다.

새로운 발상을 하는 능력을 기르는 교육 기법, 과정……. 이런 것은 따로 있지 않다. 새로운 발상이 나오고 공유되고 실현되는 일이 가능한 교육 조건이 있을 뿐이다. 그것은 민주주의다. 그리고 누구나 알고 있듯, 민주주의는 민주시민 없이는 유지되지 않는다. 창조성이라 부르든 창의성이라 부르든 그 교육의 출발점, 그것은 민주시민 교육이다.

창조는 순간의 영감일까?

창조성에 대한 정의와 학설이 아무리 많아도 그것이 개인의 산물이 아니며, 다양성이 보장된 집단의 역동이 필요하고 그것이 허용되고 실현될 수 있는 사회적 조건에서만 꽃핀다는 것은 부정하기 어렵다. 그럼에도 여전히 창조의 힘을 지닌 탁월한 개인에 대한 미련, 그 탁월한 개인이 자기 자녀가 되기를 바라는 사람들의 욕망은 사라지지 않는다. 오히려 타고난 천재가 아니라면 만들어 낸 천재는 가능하지 않겠느냐며 돈을 뿌린다.

창조에서 개인의 탁월성의 역할을 강조할 때 자주 등장하는 용어가 '영감'이다. 영감은 생성 과정을 설명할 수 없는 순간적인 발상이다. 탁월한 개인은 바로 영감을 남보다 자주 떠올리는 사람이다. 이 영감이라는 발상에서 이른바 창조교육을 영재교육과 연결 짓는 논리가 나온다. 창조의 99퍼센트가 노력일지라도 1퍼센트의 영감 없이는 단지 노동에 불과하니, 결국 창조를 결정짓는 것은 영감 충만한 1퍼센트에 해당하는 탁월한 개인의 육성이라는 것이다.

그러나 창조성의 신비를 밝히려는 인지과학 연구들은 번득이는 '영감'의 존재를 부정하고 있다. 물론 창조적 업적을 이룬 사람들의 진술 중에 번득이는 영감의 순간이 많은 것은 사실이다. 하지만 창조가 그 순간에 이루어진 것은 아니다. 영감의 순간은 창조의 과정 중 강렬하게 드러난 한 부분일 뿐이다(버커스, 2014).

우리가 무엇인가 배우는 과정을 생각해 보자. 새로운 것을 배우면 처음에는 흥미도 있고 쑥쑥 실력이 느는 것 같아 재미있지만, 어느 시점을 지나면 반드시 슬럼프가 온다. 도무지 진도가 나가지 않고 아무리 연습해도 실력이 늘지 않는다. 학습이론에서 '고원기(plateau phase)'라고 부르는 시기다. 하지만 이 고원기가 진짜 실력이 붙는 시기다. 실력은 1차방정식의 선형그래프가 아니라 굴곡 있는 고차방정식, 심지어 방정식을 세우기가 곤란한 계단식으로 향상된다. 다이어트라면 그 방향만 반대일 뿐 비슷한 과정을 거칠 것이다.

창조 역시 학습의 일종이다. 학습 중 최고의 경지, 굴곡이니 계단이 제일 높은 곳까지 올라갔을 때 나오는 것이다. 굴곡과 계단이 계속 진행되다가 어느 시점에 이르러 기존의 굴곡이나 계단과 아주 다른 차원에 있는 것처럼 높게 치솟아 올라간 결과가 바로 창조의 시점이다. 이 점프가 너무 짧은 순간에 높게 이루어지기 때문에 마치 이전 단계와 관계없이 갑자기 이루어지는 것처럼 느껴지고, 신비로운 '영감'이라는 이름으로 불릴 뿐이다.

그러나 이 갑작스러운 비약의 단계인 영감은 기나긴 학습과 수련, 수많은 굴곡과 계단을 거친 끝에야 온다. 그 비약이 너무 엄청나서 이전에 있었던 수많은 굴곡과 계단이 마치 평평한 것처럼 보인다. 그래서 아주 오랜 시간 아무것도 이루지 못한 상태가 계속되다가 번뜩 생각이 떠오른 것처럼 느껴진다. 막바지에 절벽이 있는 험한 산에 오른 사람의 기억에서 산 입구에서 절벽까지 가는 완만한 산길이 생각나지 않는 것과 같다. 수많은 과거의 굴곡과 계단은 기억에서 사라지고 오직 '영감', 속된 말로 "필 받았다"라는 상황만 기억에 남는다.

이 영감, "필 받음"은 이미 성공한 사람들에게 특별한 존재라는 후광효과를 주기 때문에 더욱 과장된다. 그 결과 노동에서 창조적인 부분은 따로 분리되어 특별한 재능을 가진 소수의 인재에게 떠넘겨지고, 이것이 엄청난 차별대우를 정당화하는 근거가 되었다.

갑자기 찾아오는 영감을 어떻게 노력으로 통제하고 관리할 수 있단 말인가? 사실상 신의 선물이나 다름없으니 축복받은 소수의 몫으로 돌리자는 것이다. 이는 자연스럽게 분리형 교육을 정당화한다. 축복받은 소수를 어릴 때부터 따로 선발하자는, 평범한 대중과 같은 교육을 받다가 묻히지 않도록 하자는.

천재라는 말 자체가 하늘이 내린 인재라는 뜻이다. 'genius'는 정령, 귀신 등의 뜻을 가진 'genie'와 어원이 같다. 그래서 천재는 초자연적인 힘을 가진 사람처럼 여겨진다. 심지어 오랫동안 정신질환조차 뇌의 질환이 아니라 어떤 초자연적이고 영적인 존재의 빙의로 여겨졌다. 낭만주의가 한창이던 19세기에는 창조적인 업적을 꿈꾸는 젊은이들이 가능하면 사회적 상례를 벗어나는 사람처럼 행동하려 애썼고, 미친 척이라도 하려 했으며, 실제로 광기에 사로잡혔다. 천재로 알려진 사람 중 정신병 발작으로 고생하다 세상을 떠난 사람들이 신화가 되기도 했다. 슈만, 반 고흐, 니체 등을 떠올려 보라.

그러나 막상 슈만, 반 고흐, 니체는 광기에 사로잡힌 시기에는 아무런 창작을 하지 못했다. 가령 슈만이 광기에 사로잡힌 3년 사이 작곡한 작품은 사후에 부인인 클라라가 모두 폐기해 버릴 정도로

엉망이었다. 니체 역시 광기가 심하게 진행되기 시작한 이후 거의 읽을 수 없는 글만 남겼다. 즉, 이들은 어떤 신비한 힘에 사로잡혀 있을 때가 아니라 멀쩡한 정신으로 있을 때 더욱 많은 창조적인 업적을 남겼다. 더구나 이들의 광기가 천재성 때문이 아니라 어쩌면 매독 감염으로 인한 것이라고 밝혀지면서 그 신화는 깨어졌다.

영화 〈아마데우스〉는 열심히 노력하는 예술가 살리에리가 하늘이 내려 준 영감으로 가득한 모차르트에게 느끼는 질투를 주제로 한다. 그 상징으로 이미 머릿속에 작품이 완성된 채 들어 있어 그저 악보에 옮겨 적기만 하면 되는 모차르트의 모습을, 그래서 고쳐 쓴 흔적 하나 없는 깨끗한 초고를 보여 준다.

날조된 신화다. 만약 그게 사실이라면 우리는 모차르트를 위대한 예술가라 부를 이유도 없고, 그의 작품이 특별한 감동을 주지도 못한다. 모차르트는 하나의 작품을 완성하기 위해 여러 판본의 초고를 작성했고, 심지어 더는 진행할 수 없어 쓰다 말고 포기해 버린 작품도 매우 많다. 바흐, 헨델, 하이든 같은 위대한 선배 작곡가의 작품을 매우 치밀하게 연구했고, 그들을 모방한 습작도 많이 남겼다(Einstein, 1962). 만약 살리에리 눈에 모차르트가 단숨에 작품을 척척 써 내려가는 것으로 보였다면, 이 치열한 연구와 습작 과정을 보지 못했기 때문이리라.

간혹 천재라 불린 예술가나 학자 중에 스스로 그런 이미지를 연출하는 경우가 있다. 앞서 말했듯이 자신을 신화적인 존재로 포장하는 것이 '영업'에 도움이 되기 때문이다. 바그너가 대표적인데, 훗날 이를 간파한 니체로부터 '어릿광대'라는 비웃음을 샀다. 피아니스트 굴드의 살짝 정신 나간 것 같은 기행도 대개 일종의 자기연출이었다.

물론 창조적인 일에는 영감의 순간이 필요하다. 무엇인가 막혀 있다가 갑자기 기발한 착상이 떠오르면서 그동안의 답답함을 일거에 해소해 버리는 통쾌한 순간을 경험해 보지 않은 사람은 창조의 기쁨을 이해할 수 없다. 하지만 그 찬란한 영감은 절대로 갑자기 찾아오는 손님이 아니다. 무언가 진행되지 않아 답답해했다는 것은 애초에 답답함을 느낄 정도로 부단히 애쓰고 있었다는 사실을 전제한다. 즉, 창조적 영감은 멋대로 찾아오는 손님이 아니라 답답함을 느낄 정도로 애써서 초대한 손님이다. 그 초대에 응할지는 손님에게 달려 있겠지만 초대하지 않은 손님이 찾아오지는 않으며, 설사 찾아오더라도 문전박대를 당할 것이다.

창조는 우리가 영감이라고 부르는 발상의 순간에 시작되는 것이 아니다. 창조는 영감이 찾아오기 오래전부터 착실하게 진행되고 있던 기나긴 노고의 결과다. 영감은 외부에서 찾아온 것이 아니라 우리 내면에서 익어가고 있었다. 의식 아래에 있어 알지 못했을 뿐이며, 비로소 의식의 수면으로 올라올 때 깜짝 놀랄 뿐이다. 번득이는 영감의 순간은 창조의 시작이 아니라 충분히 익은 창조의 과정이 수면 위로 올라오는 순간이다(스턴버그 외 편저, 2004).

케쿨레는 꿈에 원숭이들이 서로 꼬리를 잡고 노는 모습을 보고 오늘날 널리 사용되는 육각형의 유기화학 모형을 생각해 냈다고 한다. 사실은 순서가 거꾸로다. 케쿨레의 꾸준한 연구는 육각형의 유기화학 모형을 생각해 내기 직전까지 갔고, 다만 그 아이디어가 의식의 전면으로 떠오르지 않았기 때문에 꿈에 나왔을 뿐이다. 만약 그 정도 진행된 연구가 없었다면 그런 꿈을 꾸지도 않았을 것이며, 꾸었다 하더라도 그냥 '개꿈'으로 잊혔을 것이다.

그렇다면 그저 창조적 영감이 떠오르기를 기다리며 꾸준히 노력하는 것밖에 방법이 없단 말인가? 창조적 인재를 기르는 교육이라는 말 역시 다만 기본적인 것을 꾸준히 가르치고 익히게 하는 전통적인 교육 외에는 없다는 것일까? 아, 민주시민 교육, 하면서?

그렇지 않다. 창조적 영감은 기존의 것을 계속 반복한다고 생기는 것이 아니다. 창조적 영감이 숙성되려면 먼저 마음 깊은 곳에 씨앗을 심어야 한다. 씨앗을 심지 않았는데 어떻게 싹이 트고 열매를 맺겠는가? 식물을 재배해 본 사람이라면 누구나 씨앗을 심은 뒤 첫 떡잎이 나오기까지 겉으로는 아무것도 달라지지 않음을 안다. 계속 흙에 물을 주지만 흙 속에서 일어나는 일은 보이지 않는다. 멈춘 것으로 보이는 이 시간이 사실은 대단히 격렬한 변화의 시간이다. 우선 씨앗 내부에서도 엄청난 변화가 일어나고 있다. 세포가 분열하고, 분열된 세포들이 서로 다른 조직과 기관으로 형성되고 있다. 겉보기로는 그저 물에 불어 있는 씨앗에 불과하지만, 안으로는 엄청난 에너지가 분출되고 있는 것이다. 만약 겉으로 드러나는 변화가 없다고 "에잇, 틀렸나 보다." 하며 씨앗을 보살피지도, 물을 주지도 않는다면 결국 씨앗은 식물로 자라지 못한다.

영감이 떠오르지 않더라도 창조적인 행위를 멈추어서는 안 된다.

그것은 환경의 변화에 대한 민감한 감지, 기존의 것에 대한 지속적인 의문, 다른 가능성에 대한 지속적인 상상이다. 설사 당장 결실을 보지 않더라도 이를 게을리하지 않는다면 창조의 순간은 어느 날 갑자기 찾아올 것이다. 물론 영감은 느닷없이 찾아오지 않는다. 끈질기게 초대를 계속한 사람에게만 찾아오는 까다로운 손님이다.

창조와 놀이

창조적 영감이 떠오른 사례들을 살펴보면 또 다른 특징이 있다. 창조적 행위마저 하지 않는 시간, 그야말로 멈추어 있는 시간의 존재다. 손님으로 비유하면 쉽게 이해할 수 있다. 아무리 누군가를 끈질기게 초대하더라도 손님이 방문하기 직전까지 끊임없이 초대장을 보내지는 않는다. 어느 정도 초대를 계속한 다음에는 손님의 답을 기다리는 시간을 두기 마련이다. 만약 그렇지 않고 계속 전화를 하거나 초대장을 발송한다면 손님이 찾아오기는커녕 스토커로 고발당할 것이다. 식물의 씨앗을 심었을 경우도 마찬가지다. 씨앗을 심고 어느 정도의 물을 주고 온도를 유지해 주고 나면 그다음에 해야 할 일은 기다림이다. 싹이 빨리 트지 않는다고 온도를 계속 높이고 물을 자꾸 붓는다면 씨앗이 죽어 버린다.

즉, 창조적 영감의 순간이 오기 위해서는 아무것도 하지 않는 시간, 그야말로 비어 있는 시간이 필요하다. 창조적인 업적을 남긴 사람들의 공통점이 바로 이 여유시간이다. 위대한 창조자들은 한결같이 잘 노는 사람들이었다. 위대한 창조자 중 워커홀릭은 찾아보기 어렵다.

무슨 소리냐, 위대한 창조자들은 항상 무엇인가를 하고 있는 경우가 많다, 먹고 자는 것을 잊고 작업에 몰두한 위인 이야기가 얼마나 많으냐, 반론이 나올 수 있다. 그런데 여기서 논다고 하는 것은 드러누워 게으름을 부리거나 혹은 이런저런 오락과 향락을 즐긴다는 뜻이 아니다. 여기서 말하는 놀이는 무관심적 관심의 시간을 말한다. 어떤 행위의 결과에 관심이 없다는 뜻에서 무관심이며, 그 행위의 과정이 주는 즐거움을 누린다는 의미에서의 관심이다. 그것이 바로 놀이이며, 놀이가 바로 인류문명 창조의 근원이다(하위징아, 1955).

뉴턴은 끊임없이 무엇인가를 연구했다. 하지만 그 연구 영역이 초지일관한 경우는 많지 않았다. 역학을 연구하다가 광학을 연구하는가 하면 연금술이나 점성술까지 연구했다. 이 중 그가 당면 과제로서 연구한 것은 많지 않았다. 이 모든 연구는 뉴턴에게 일종의 취미 생활, 즉 놀이였다. 모차르트 역시 워커홀릭처럼 작곡에 몰두했지만, 작품 중 상당수는 굳이 작곡할 이유가 없었거나 다른 음악가들과의 친교를 위한 것이었다. 여섯 곡이나 되는 현악사중주를 하이든과 함께하는 모임에서 연주하기 위해 작곡했다. 하지만 이 놀이를 하는 동안 〈피가로의 결혼〉 등 공연을 염두에 두던 작품에 필요한 무수한 영감도 얻을 수 있었다. 베토벤은 중요한 악상의 대부분을 피아노 앞이 아니라 빈 교외에서 산책하는 동안에 얻었다. 만약 그에게 산책이라는 여유시간이 없었다면 위대한 작품을 만들어 내기는커녕 강박 때문에 정신이 무너지고 말았을 것이다.

창조에는 여유가 필요하다. 창조는 재촉한다고 이루어지지 않는다. 맹자가 매우 적절한 말을 남겼다. "사람이 할 일을 다 한 다음 하늘의 명을 기다린다." 휴식과 놀이는 바로 이 하늘의 명을 기다리는 시간을 초조하지 않게, 또 지루하지 않게 만든다. 더구나 휴식과 놀이를 하면서 기존의 작업뿐 아니라 새로운 작업의 아이디어를 얻을 수도 있다. 물론 새로운 아이디어를 얻기 위해 휴식과 놀이를 강박적으로 취하면 안 되겠지만.

2019년 노벨화학상을 받은 요시노 아키라는 "쓸데없는 일을 많이 하라."고 조언했다. 여기에는 두 가지 의미가 담겨 있다. 하나는 확산적 사고의 중요성이다. 일을 10개 벌였으면 그중 하나만 쓸모 있어도 충분하다는 것이다. 또 다른 의미는 그 하나가 아닌 9개의 일이 시간낭비가 아니라는 것이다. 심지어 아키라는 취미 삼아 공부한 고고학이 화학 연구에 큰 도움이 되었다고 했다.

우리나라에 노벨상 수상자가 나오지 않는 까닭은 일본이 해마다 노벨상 수상자를 배출할 때마다 "어째서 우리는 노벨상 수상자가 나오지 않는가?" 하며 과학자들을 도끼눈을 뜨고 바라보는 성과에 대한 조급함 때문이 아닐까? 연구비 1만 원 단위까지 영수증을 제출하고 기한 안에 그 성과를 논문으로 입증해야 하는 여유 없음 때문이 아닐까? 쉴 틈 없이 연구하고 작업하는 과학자들을 보면 고위관리자들은 매우 흡족하겠지만 실제로는 창조적 영감이 성숙할 귀중한 여유시간을 오히려 낭비하는 것이다.

문제는 여유가 주어져도 여유를 제대로 쓰지 못하는 경우가 많다는 점이다. 성장하는 과정에서 여유시간을 창조적 영감이 성숙하는 시간으로 사용한 경험이 많은 사람은 시간의 공백, 여백이 발생하면 오히려 반기며 즐겁게 사용한다. 하지만 이렇게 할 수 있는 사람은 자라는 과정에서 그런 경험을 많이 한 사람의 경우에 한한다.

독일 속담에 "걱정거리가 없으면, 걱정거리가 없어서 걱정한다."라는 말이 있다. 늘 걱정만 하던 사람은 걱정거리가 사라지면 오히려 자기가 빼먹은 게 있는 게 틀림없다며 더 불안해한다는 것이다. 마찬가지로 여유시간을 창조적 영감의 숙성시간으로 활용해 보지 못한 사람, 한마디로 창조의 경험이 많지 않은 사람은 여유시간이 생기면 마치 할 일을 빠뜨린 것 같은 불안감에 사로잡힌다.

특히 수동적 학습에 익숙한 우리나라 학생들은 어른이 되어서도 시간의 여백을 불안해한다. 이런 사람이 만약 다른 직원을 관리하는 지위에 올라가게 되면 어떤 일이 일어날지 불 보듯 훤하다. 잠깐의 여백도 용납하지 못하며, 정 할 일이 없으면 엑셀에 숫자라도 채워 넣으라고 요구할 것이다.

그 많던 똑똑한 학생들이 어째서 창조성의 황무지로 전락하고 마는 것일까? 무엇보다 교육과정에서 창조의 경험도, 그것을 경험할 여유시간도 부족하기 때문이다. 사실 시험의 전체 문항 중에 90퍼센트 정도를 맞추었다면 완전학습으로 간주해야 한다. 10퍼센트는 학습 부족이 아니라 문항풀이 과정, 정답 기재 과정에서의 실수, 또 문항 자체의 타당성과 신뢰성에서의 오차일 뿐이다. 따라서 90퍼센트 정도를 득점한 인재라면 그다음에는 이를 바탕으로 창조적인 일에, 또 여유 있게 놀면서 창조를 기다리는 데 시간을 써야 한다.

그런데 우리나라 교육 현실은 이런 시간을 용납하지 않는다. 95퍼센트 득점과 90퍼센트 득점의 차이를 오차로 보지 않고 능력의 차이로 본다. 90퍼센트 득점한 학생은 95퍼센트를, 95퍼센트 득점한 학생은 100퍼센트 득점을 목표로 공부해야 한다. 심지어 출제자의 편향이나 오류까지 공부해야 한다. 그래야 사실상 만점인 95퍼센트에서 점수를 더 높일 수 있다. 값비싼 사교육이 바로 이것을 연습시키는 일이다. 당연히 엄청난 시간과 비용이 들며, 목표는 영원히 달성되지 않고, 학생들은 영원히 자신이 부족하다고 느끼는 데 익숙해진다.

이런 학생들에게 아무것도 하지 않아도 되는 자유시간을 주면 어떻게 될까? 이들을 사로잡는 감정은 자유가 아니라 불안이다. 어떤 창조적인 활동보다는 그 불안감 속에서도 주섬주섬 할 수 있는, 즉 언제라도 바로 이른바 공부시간으로 전환할 수 있는 그런 손쉬운 놀이나 할 것이다. 등산하다가 시험공부를 할 수는 없지만, 스마트폰 게임이나 유튜브 관람을 하다가 시험공부로 돌아가기는 쉽다. 놀아도 노는 것이 아니며, 아키라가 말한 의미에서의 쓸모없는 일이 아니라 그야말로 쓸모없는 일이다.

이런 식으로 아동기와 청소년기를 보낸 어른들이 과연 어떤 창조의 순간을 맞이할 수 있을까? 영감을 숙성시킬 여유시간을 불안하게 여기고, 설사 모처럼 창조적인 영감이 떠오르더라도 우선 이게 정답인지 아닌지, 상사나 상급기관의 승인을 받을 수 있을지부터 걱정하지 않을까?

창조성의 교육:
기본교육 플러스알파

다소 격하게 창조에서 엉뚱한 발상, 여유와 놀이의 필요성을 강조하다 보니 무엇인가 중요한 것이 빠졌다. 바로 기본이다. 창조는 언제나 기본을 전제로 한다. 가령 어떤 선수가 창조적인 플레이를 한다고 할 때는 충실한 기본기가 전제된다. 경기 중 창조적인 플레이가 필요한 순간은 자주 없다. 그 몇 안 되는 순간에 창조적인 플레이를 하느냐, 못하느냐가 승부를 결정할 뿐이다. 하지만 그 몇 순간을 제외한 나머지 시간 동안 플레이를 안 할 수는 없다. 그때는 가장 기본적인 플레이를 해야 한다. 천하에 다시없는 기묘한 변화구를 개발한 투수라도 원하는 위치에 직구를 꽂아 넣을 수 있는 능력을 우선 갖추어야 제 몫을 할 수 있다.

다른 분야도 마찬가지다. 교과서적인 작품을 만들 수 있는 예술가가 천재성이 드러나는 창조적인 업적 또한 남길 수 있다. 기존의 학설을 충실하게 이해할 수 있는 학자가 창조적인 연구를 할 수 있다.

창조는 그냥 엉뚱한 발상을 하는 것이 아니다. 대부분의 창조는 누적되어 온 인류의 문화유산을 바탕으로 조금 다른 한 걸음을 디뎌 보는 것이다. 이것이 바로 뉴턴이 자신을 '거인의 어깨에 올라탄 어린아이'라고 말한 비유의 참뜻이다. 뉴턴은 자신의 선배 학자들을 거인이라고 부른 것이 아니다. 수천 년 인류의 역사를 거인이라 부른 것이다. 사실 이 말은 겸손하다기보다 오만한 말이다. 단지 한 사람이 수천 년 인류문명 역사의 어깨 위에 올라선 존재로 각인되다니, 얼마나 엄청난 일인가?

창조가 거인의 어깨 위에 한 사람의 흔적을 세우는 것이라면 우선 할 일은 거인 위에 올라가는 것이다. 열심히 올라가야 한다. 무릎까지 올라간 사람보다 허리까지 올라간 사람이, 허리까지 올라간 사람보다 어깨까지 올라간 사람이 더 멀리 볼 수 있다. 세상은 그대로라도 더 높은 곳에서 본 세상은 새롭다. 대항해시대 이전에는 단지 먼 나라에 갔다 온 이야기만으로도 웬만한 문학작품 이상의 창조적인 자극을 주었다. 현장법사의 『대당서역기』가 그 시대에 얼마나 많은 상상력의 날개를 펼치게 해 주었는지, 마르코 폴로의 『동방견문록』이 유럽 사회를 얼마나 창조적으로 바꾸었는지 생각해 보라.

따라서 창조성을 기르는 교육은 우선 거인 위에 가능하면 높이 올라가도록 돕는 것이어야 한다. 이를 건너뛰어서는 창조가 아니라 온갖 종류의 망상만 쏟아 낼 것이다. 이 거인은 언어, 문화, 관습, 제도라는 뼈와 근육으로 이루어져 있다. 사회학자들이 '사회구조'라고 부르는 것이다. 간단히 규칙과 관습이라고 줄여 부르기도 한다(기든스, 1986). 한마디로 한 사회의 구성원이 어느 정도 동의하고 있는 공통의 것이다. 이 공통의 것이 없으면 소통이 이루어지지 않는다. 그렇다면 상대방을 반드시 요구하는 창조의 사회적 속성상, 어떤 창조도 불가능하다.

한 분야에서 일가를 이룬 명망 높은 저명인사가 깜짝 놀랄 정도의 무지한 발언으로 사람들을 놀라게 만드는 경우가 있다. 주로 자기 분야가 아닌 다른 분야에 대해 말할 때 발생한다. 그 분야의 공통의 기반에 익숙하지 않은 상태에서 자기 분야의 공통 기반에 기대어 발언했기 때문이다.

공통의 기반에는 여러 심급이 있다. 우선 인류 모두에게 공통되는 것이 있다. 특정 민족이나 국가 안에서 공통되는 것도 있다. 혹은 특정 영역이나 분야에서만 공통되는 것이 있다. 이러한 것을 인류의 고전과 전통, 각 분야의 고전과 전통이라 부를 수 있다. 어쨌든 이 고전과 전통은 저절로 머릿속에 들어오지 않는다. 시간과 힘을 들여 배우고 익혀야 한다(피터즈, 1966). 공통의 것을 서로 이해하는 사람들 사이에서는 자신의 창조성을 입증하기 위해 많은 말이 필요 없다. 공통된 것에 보탤 '다른 말'만 하면 된다. 공통의 것을 공유하는 사람들이 늘어날수록, 공통의 것의 범위와 양이 늘어날수록 창조적인 사람은 점점 더 말을 적게 해도 된다.

따라서 이 공통의 것을 배우고 익히는 교육은 단지 기존의 것을 전수하는 보수적인 역할만 하지 않는다. 오히려 창조의 토양을 다지는 교육이다. 공통의 것을 많이 배울수록 현실에 어긋나는 문제를 많이 발견할 수 있다. 공통의 것을 배운 사람이 많을수록 창조적인 사람은 자기 분야에서 많은 설명에 힘을 낭비하지 않고 오직 새로운 아이디어, 창조적인 아이디어를 설명하는 데 집중할 수 있다.

하지만 교육이 학생들을 거인에 올리는 데 그쳐서는 안 된다. 거인의 어깨 위에서는 많은 것을 넓게 볼 수 있지만, 그것만으로는 창조가 아니다. 창조는 실현되어야 한다. 세상에 조금이라도 변화를 일궈 내야 한다. 그러려면 내려와야 한다. 혼자 내려오는 것은 소용없다. 땅에만 있던 사람들은 저 위에서 보는 경험을 하지 못했기 때문에 창조적인 아이디어를 이해시키기 어렵다. 그러니 땅 위에는 거인에 올랐다가 내려온 사람들, 더 멀리 보기 위해 언제든지 거인에 다시 오르고, 창조를 실현하기 위해 다시 내려오는 사람들이 많이 있어야 한다. 위대한 창조적 천재에게는 어느 정도 수준이 되는 대중이 필요하다.

거인을 오르는 교육은 전통적인 교육, 기본교육이다. 더 많은 사람이 더 높이 거인을 오를수록 공통의 것의 범위가 넓어진다. 충분히 범위가 넓어지면 범위 밖을 상상할 수 있게 된다. 창조의 순간이다. 가령 아폴로우주선 이전에는 달은 공통의 것 범위에 있지 않았다. 따라서 달 정도만으로도 상상의 영역, 창조의 영역이 열렸다. 하지만 이제 저 멀리 있는 명왕성을 태양계 행성에서 탈락시킬 정도로 인간 공통의 것 범위는 넓어졌다. 이 범위를 이미 알고 있는 사람은 더 넓은 범위에서 상상력을 발휘하겠지만, 그렇지 않은 사람은 이미 공통의 것에 들어가 버린 것을 창조적인 생각이랍시고 떠벌릴 것이다.

여기서 교육의 상반된 역할이 필요하다. 우선 올라가는 것을 도와야 한다. 거인에 오르는 일이 쉬운 일은 아니다. 우선 거인 자체가 주는 위압감을 극복해야 한다. 알지 못하는 곳에 올라야 하는 두려움도 극복해야 한다. 사람은 무서운 것보다 미지의 대상을 더 두려워한다. 하지만 사람은 두려움보다 더 큰 힘을 가지고 있는데, 바로 호기심이다. 사람은 두려움과 호기심이라는 두 상반된 정서의 역동 사이에 존재한다. 덕분에 사람은 같은 행동만 반복하며 수만 년을 내려오는 동물의 위치를 벗어났으며, 무모한 행동으로 위험에 빠져 멸종하는 신세를 면했다.

더 위로 올라갈수록 더 멀리 보이며, 그동안 생각했던 세상이 세상의 아주 작은 일부분에 불과했음을, 그리하여 가 보지 않은 곳이 가 본 곳보다 훨씬 더 많다는 것을 알게 된다. 이것을 앎으로 옮기면 알고 있는 것보다 알지 못하는 것이 훨씬 더 많다는 것을 알게 된다. 이럴 수가! 두려움의 대상이 점점 더 커진다. 그러나 직면해야 한다. 아무리 아는 것이 새로운 걱정, 새로운 두려움을 불러일으킨다 할지라도, 그 걱정, 그 두려움이 나중에 맞닥뜨리게 될 고통보다는 덜하다. 알면 알수록 걱정과 두려움이 커진다. 그러나 그만큼 고통의 대상으로부터 우리를 지켜줄 힘도 커진다. 이 힘이 걱정과 두려움보다 더 커질 것이라는 믿음이 인류의 역사를 진보의 길로, 창조의 길로 이끌어왔다.

사실 모든 사람이 맞닥뜨릴 걱정과 두려움의 대상은 크게 다르지 않다. 누구도 미리 피할 수 없다. 다만 미리 걱정하고 두려워하느냐,

생각 없이 있다가 느닷없이 마주치느냐의 차이다. 그렇다면 어느 쪽이 더 바람직한지 이성적으로는 분명하게 가를 수 있다. 당연히 미리 걱정하고 두려워하는 쪽이 낫다. 그러면 고통의 대상을 알고 대비할 수 있게 되며, 그 대상을 피해 갈 수 있는 다른 길을 찾을 수 있고, 설사 맞닥뜨리더라도 고통을 훨씬 덜 느낄 방법을 찾을 것이다. 이 과정에서 창조가 일어난다.

하지만 이건 어디까지나 합리적인 선택의 경우다. 사람은 이성을 가진 존재이지만 또한 경향성, 바이어스를 가진 존재다. 아니, 사람은 이성적 사유의 결과보다 충동적 끌림에 더 강하게 반응한다는 것을 많은 행동과학자가 밝혔다. 따라서 많은 사람이 사유 속에 존재하는 훗날의 큰 고통보다 지금 현재의 걱정과 두려움을 먼저 회피하려 한다. 물론 그런 태도가 결국 훗날 더 큰 고통으로 돌아오겠지만, 그건 그때 일이다.

그런 경향을 거슬러 지금의 걱정과 두려움을 떨치고 과감하게 앎의 길로 나서게 하려면, 즉 거인을 오르게 하려면 합리적인 설득이나 의식적인 용기보다—용기는 감정이 아니라 의식적으로 내는 것이다. '용기를 내라'고 하지 않는가?—강한 것이 필요하다. 용기보다 더 강한 힘, 충동적인 힘, 바로 호기심을 끌어내야 한다. 교육은 거인의 어깨까지 올라갈 수 있는 길을 보여 줄 뿐만 아니라 걱정과 두려움을 능가하는 강한 충동인 호기심도 끌어내야 한다. 그리하여 한 계단 한 계단 더 위로 거인을 오르도록 이끌고 격려해야 한다. 그럼으로써 더 많은 걱정거리와 두려움을 얻게 되지만, 그만큼 더 큰 힘을 얻게 되고, 새로운 길을 찾게 된다. 즉, 창조하게 된다.

하지만 이 창조는 거인의 어깨 위에서는 이루어질 수 없다. 아니, 사람은 거인의 어깨 위에서 살아갈 수 없다. 거인의 어깨 위에서 계속 살아가려면 누군가에게 끊임없이 지상의 양식을 올려보내도록 요구해야 한다. 신분제사회에서는 그것이 가능했다. 하지만 신분제가 무너진 평등한 오늘날, 사람은 모두 지상에서 살아야 한다.

물론 거인의 어깨까지 올랐던 사람에게 다시 지상에서 살아가야 하는 삶은 여러 가지 면에서 지루하고, 비루하고, 힘들다. 우선 저 위에서 내다보았던 어마어마한 미지의 세계가 두렵다. 거인의 어깨 위에서는 미지의 세계를 바라보기만 하면 되지만, 지상에서는 그 세계를 직접 마주쳐야 한다. 지상에 내려와 살아가야 하는 한, 언젠가 그 미지의 세계와 마주해야 한다.

또 거인의 어깨 위에서는 세계가 모호하게 보인다. 형태와 사물의 존재는 확인할 수 있지만, 구체적인 모습은 상세하게 보이지 않는다. 무엇보다도 더러운 것, 위험한 것들이 분명하게 보이지 않는다. 20미터 상공에서 바라본 호랑이는 그저 노란 바탕에 줄무늬가 그려진 네발 동물일 뿐이다. 치명적인 발톱도 이빨도 보이지 않는다. 심지어 호랑이가 다른 동물이나 사람을 공격하여 죽이더라도 다만 노란 덩어리가 무엇인가를 덮친 정도로만 보인다. 눈앞에서 살이 찢어지고 피가 흐르는 것을 직면하는 일과는 다르다.

거인의 어깨에 오르기 전에는 가고자 하는 길에 호랑이가 있다는 것 자체를 몰랐다. 하지만 어깨 위에서 멀리 내려다본 결과, 호랑이의 존재를 확인했다. 다만 그 호랑이의 위험은 추상적으로만 보일 뿐이었다. 그러나 이미 호랑이의 존재를 확인한 다음 다시 지상에 내려온다는 것은 살이 찢어지고 피가 흐르는 현실을 마주하게 된다는 뜻이다. 이제 다시는 호랑이의 존재를 알기 전으로 돌아갈 수는 없다.

두렵다. 자, 이제 어찌할 것인가? 다른 사람들은 두렵지 않다. 그들은 호랑이의 존재를 모른다. 그들은 그 상태로 가던 길을 가다가 갑작스레 호랑이와 마주칠 것이며, 영문도 모르고 목숨을 잃을 것이다. 하지만 이미 알고 있는 한 그럴 수는 없다. 바로 여기서 창조의 시간이 시작된다. 다른 길을 찾아보고, 호랑이의 치명적인 무기인 이빨과 발톱을 무력화할 방법을 찾아보고, 혹은 호랑이보다 사람이 더 많다는 점을 이용하여 효과적으로 대응해 보고, 호랑이를 유인할 함정을 고안해 본다.

만약 올라가지 않았다면 애초에 호랑이의 존재를 알지 못했기 때문에 이런 고안을 하지 않을 것이다. 만약 내려오지 않았다면 계속 호랑이를 안전한 곳에서 구경만 했을 것이기 때문에 역시 이런 고안을 하지 않거나, 현실과 무관한 엉뚱한 발상을 할 것이다. 올라갔기에 창조할 수 있으며, 내려왔기에 창조할 필요를 느꼈다.

그렇다면 내려와야 한다. 그리고 내려오는 데도 역시 강한 용기가 필요하다. 올라가는 충동은 호기심에서 나왔다. 그럼 어떤 힘으로 내려갈 용기를 끌어낼까? 도덕이다. 여기서 말하는 도덕은 "사람은 마땅히 이리이리해야 한다."라는 당위가 아니다. 그런 것은 죽은 도덕이거나 도덕을 추상화하여 명제로 만들어 놓은 것이다. 도덕은 기본적으로 감정이다. 도덕은 사회성 동물인 사람이 본능적으로 지니고 있는 타인에 대한 관심, 타인에 관한 염려, 타인에 대한 동정과 공감에서 비롯된 행동동기다.

세상에 나 홀로 존재하는 사람이라면 거인의 어깨 위에서 호랑이라는 위협을 발견하더라도 다만 호기심을 충족시킨 정도에 그칠 것이다. 만약 내려간다면 그 호랑이가 어떤 존재인지 더 자세히 알고 싶은 호기심 때문일 것이다. 하지만 저 아래 내 가족, 친지, 동료가 있는 사람이라면 혹은 알지 못하는 사이일지라도 누군가 다른 사람들이 살고 있다는 것을 안다면, 그들이 곧 저 호랑이라는 놈과 맞닥뜨리게 될 것을 안다면, 과연 한가하게 어깨 위에서 바라보고만 있을 수 있을까? "뭐 어때? 내 일 아닌데?" 하며 마음 편하게 다른 사람들이 참변을 당하는 것을 모른 체할 수 있는 사람은 사이코패스일 것이다.

하지만 "아아, 이를 어째?" 하고 안타깝게 생각하면서도 당장 내려가서 그들에게 위험을 알리고 피할 방법을 찾아야겠다고 결심하고 행동하는 것은 쉬운 일이 아니다. 그래도 "아아, 이를 어째?" 하는 마음이 있는 한, 이를 단초로 내려갈 용기를 낼 수 있다. 그것이 바로 도덕이다.

우리가 알고 있는 도덕이란 바로 이러한 자연스러운 마음이 일어날 때 거기에 맞는 행동을 강령으로 정리해 놓은 것이다. "아아, 어쩌지?" 하는 마음이 일어날 때 "이럴 때는 이리저리하라." 하고 행동을 지시해 주는 것이다. 따라서 마음 없는 행동강령만으로 혹은 행동강령 없는 마음만으로 도덕은 성립되지 않는다.

호기심과 도덕. 이것이 바로 창조성의 원천이며, 창조성을 기르는 교육의 중요한 단초다. 맹자는 인의예지를 사람의 가장 기본적인 도덕으로 설정하였다. 그런데 인의예지는 모두 그 단초가 되는 감정을 가지고 있다. 그중 가장 근원적인 것이 바로 측은지심에서 비롯되는 인(仁)이다. 바로 "아아, 어쩌지?" 하는 마음. 그다음이 "아니, 이런 나쁜!" 하는 감정에서 비롯되는 의(義). 이 두 감정이야말로 우리가 어떤 문제 상태에 있음을, 그러기에 머리를 쓰고 아이디어를 만들어 극복하게 하는 내적인 충동, 그리고 동기를 일으킨다.

선조로부터 내려온 정신적인 유산, 즉 기본적인 지식과 기능을 익히지 않으면 우리는 무엇이 문제인지 발견하지 못한다. 물론 당장은 불편하지 않다. 그저 그때그때 닥치면 두려워하며, 고통스러워 하며 우왕좌왕 살 뿐이다. 하지만 이건 짐승의 삶이지, 결코 사람의 삶이 아니다. 거인에 올라타야 한다. 물론 호기심을 일으켜 스스로 오르게 하는 것이 가장 좋다. 그러나 때로는 억지로라도 올려 보내야 한다. 학생인권은 학생 멋대로 짐승처럼 살게 하는 게 아니라 학생이 사람답게 살게 하는 것이다.

올라갔으면 다시 내려오게 해야 한다. 우리는 저 위에서만 머무르고 지상의 문제를 외면하는 냉담한 엘리트를 원하지 않는다. 일단 위로 올라가 더 넓고 멀리 보았으면, 미처 보지 못하고 알지 못한 사람들에 대한 측은한 마음, 그리고 장차 닥칠 수 있는, 혹은 올라감으로써 볼 수 있게 된 위험이나 부조리에 대한 분한 마음이 있어야 한다. 이 마음이 있기에 기꺼이 다시 땅으로 내려와 사람들을 돕고 부조리를 제거하기 위해 지금까지와 다른 무엇인가를 만들어 내는 사람, 그가 바로 창조적인 인재다.

정리해 본다. 창조성을 기르는 교육은 결국 민주시민 교육, 기본교육, 호기심을 북돋는 교육, 그리고 도덕 교육이다. 너무 뻔해서 창조성과 매우 거리가 멀어 보인다. 전혀 새로울 것 없어 보인다. 하지만 창조는 교육이 하는 것이 아니라 학생이 하는 것이다. 오히려 창조적으로 보이는 교사, 창조성이 넘쳐 보이는 교사를 경계해야 한다. 교사가 창조적으로 보인다는 것은 그만큼 학생의 창조 기회를 앗아가고 있다는 뜻이다.

창조적인 교사와 창조적인 학생을 기르는 교사는 다르다. 창조적인 교사는 창조성 교육을 하는 교사가 아니다. 창조적인 교사는 자신의 교육에서 새로운 문제를 발견하고 이를 해결하기 위해 끊임없이 선배 교사들의 어깨 위를 오르내리며 다양한 교육을 시도하는 교사다. 창조적인 교사는 학생의 동기를 소중히 여기며 학생이 호기심과 도덕심을 바탕으로 지루할 수 있는 인류의 지적, 문화적 유산을 배우고 익히며, 이를 앞으로 마주치게 될 자신과 동료의 문제를 발견하고 해결하는 데 사용하는 계기를 마련해 줄 수 있는 교사다.

14

교육의 한 고리로서의 '평가'

어느 분야에서나 '평가'라는 말이 나오면 일하던 사람들의 얼굴이 굳어진다. 평가는 듣기 좋은 말이 아니다. 하지만 꼭 필요한 것이기도 하다. 더구나 교육, 특히 대규모의 사회적 자원이 투입되는 공교육에서 평가가 없을 수는 없다.

아무리 평가를 싫어해도 평가는 도처에 있다. 우리 삶 자체가 평가로 가득하다. 우리는 어떤 상품을 그냥 사지 않는다. 평가를 참고한다. 심지어 낮은 평점이라도 평가가 많은 상품이 아무 평점 없는 상품보다 선택 가능성이 더 높다.

여행 갈 때도 먼저 여행한 사람들이 매겨 놓은 수많은 평가를 참고한다. 사실 그 평가가 판단에 거의 결정적인 경우가 많다. 이때 주로 세 가지를 확인한다. 평점이 높은 곳과 평가자의 수, 그리고 리뷰. 평점이 높거나 낮더라도 평가자 수가 적을 경우는 극단적 평가의 영향을 받았을 수 있기 때문에 별점 숫자뿐 아니라 평가 이유를 알기 위해 리뷰를 읽는다. 평가를 참고할 뿐 아니라 평가에 참여한다.

평가란 대체 우리에게 무엇인가

사람들은 왜 아무 대가 없이 이렇게 열심히 별점을 매기고 리뷰를 쓸까? 사람의 본성 가운데 평가가 있기 때문일지도 모른다. 무의식 속에서도 우리 뇌는 끊임없이 무엇인가를 평가한다. 우리 삶은 온통 평가로 가득하다. 아니, 모든 살아 있는 것들은 평가한다. 살아 있다는 것은 평가하는 것이다. 짚신벌레도 평가를 한다. 그게 단지 현재 진행 방향에 빛이 있는가 없는가에 불과할지라도 자신이 가고 있는 방향이 올바른지 아닌지 판단하기 위한 자료를 모으는 것이다. 그래서 다른 쪽에 광원이 있으면 이동 방향을 옮긴다. 물론 이 판단 과정이 생각을 통해 이루어지지는 않지만.

우리의 신경계는 신체 각 부분으로부터 뇌를 향하는 뉴런, 그리고 뇌에서 신체 각 부분으로 향하는 뉴런으로 이루어져 있다. 감각 – 판단 – 행동이 아니다. 실제로 감각과 행동은 분리되지 않는다(노에, 2009). 가령 걷는 행위는 이동하면서 자료를 수집하여 뇌로 보내는 행위와 하나다. 걸음 하나 내디딜 때마다 수집되는 정보가 뇌로 전해지면서 그 걸음의 적절성 여부가 그야말로 찰나에 이루어진다. 걸어간다는 행위조차도 수많은 평가의 연속이다. 하물며 이보다 더 복잡한 사회문화적 행위라면 더 말할 나위 없다.

정부는 정책이나 정부기구가 제 기능을 하고 있는지 판단할 정보를 얻어야 한다. 평가다. 교사는 자신의 수업이 학생에게 제대로 영향을 주는지 판단할 정보를 얻어야 한다. 평가다. 의사는 치료의 효과를 평가한다. 조종사는 현재 경로가 적절한지 평가한다. 기업은 직원의 업무수행을 평가한다. 직원은 기업이 노동권을 제대로 지키는지 평가한다. 세상 모든 일이 평가로 이루어져 있으며, 특히 사람의 세계는 더욱 그러하다.

성인들은 갑자기 피곤하게 느낄지 모르겠다. 도대체 학교 졸업한 지가 언젠데 또 시험으로 가득한 삶을 계속 살아야 한다고? 안심하자. 여기서 말하는 평가는 시험이 아니다. 우리는 무심결에 평가라는 말만 들으면 시험을 떠올린다. 평점, 별점이라는 말에는 그렇지 않은데도 말이다.

평가라는 말에 반사적으로 시험을 떠올리는 까닭은 평가의 의미를 오해하기 때문이다. 특히 우리나라에서는 평가에 대한 오해, 그리고 오해에 기반한 과도한 관심이 도리어 교육 전체를 쥐고 흔들어 왔다. 교사가 아닌 일반 시민에게 교육문제에 관해 이야기하자고 하면 셋 중 둘은 대학입학'시험'을 꺼낸다.

여기서 상상실험을 해 보자. 매우 일반적인 한국 학부모가 있다고 하자. 그런데 자녀의 생활기록부에서 '행동발달 및 종합의견'을 보니 부정적인 평가가 잔뜩 있다. 그렇다면 이 학부모는 어떤 생각을 먼저 할까? 다음 보기 중 골라 보자.

1) 자녀의 인성이나 생활습관에서 어떤 부분이 문제인지 확인했으니 이제부터 어떻게 바로잡아야 할지 계획을 세우고, 교사와 상담한다.

2) 이러한 부정적인 기록이 장차 대입이나 기타 여러 가지 자녀의 앞날에 불리하게 작용할 것이 틀림없으니 항의전화와 민원, 필요하면 행정심판을 통해서라도 어떻게든 고쳐 놓는다. 자식사랑에는 끝이 없다.

대부분은 말로는 1)이라고 응답한 뒤, 실제 행동은 2)를 선택할 것이다. 그러면서 다른 사람들 역시 2)일 것이니까, 하고 자기 행동을 합리화할 것이다. 즉, 평가를 기반으로 자녀를 고치는 것이 아니라, 자녀에게 유리하게 평가 결과, 평가 기록을 고치려 든다는 것이다.

여기에 교육에 관한 뒤집힌 관점이 있다. 사람이 바뀌는 정도에 따라 평가가 바뀌는 것이 아니라 사람과 무관하게 평가만 바꿀 수 있다는 것, 심지어 평가에 따라 사람도 따라 바뀐다고 믿는 것. 여기에 평가 왜곡, 교육 왜곡의 근본 문제가 있다. 그러나 '평가' 그 자체에 대한 고민과 학습은 찾아보기 어렵다. 과문한 탓인지 학부모들이 모여 평가 결과를 어떻게 만들지 모의하는 경우는 많아도, '평가'에 관해 공부하는 모임은 아직 한 번도 보지 못했다. 교육에 관심이 많다지만 교육학 책은 창고에 쌓이고, 평가에 관심이 집중되지만, 평가에 관한 책은 일부 교사들이나 대학원생만 사서 볼 뿐이다.

평가에 대한 정명이 필요하다.

평가는 교육의 마지막 과정일까?

보통 교육과정을 계획에서 출발하여 수업으로 진행하고 평가로 마무리하고 그 피드백에 따라 계획을 수정하는 과정의 연속으로 서술한다(김종서 외, 2003). 교육뿐이 아니다. 기업도, 정부도 어떤 업무의 제일 마지막 단계는 평가다. 연말 송년회를 그럴듯하게 이름 붙일 때 '평가워크숍' 따위의 이름을 붙이기도 한다.

그러나 현실은 이렇게 돌아가지 않는다. 평가는 교육에서 필수적 마디이긴 하지만 끝이 아니며, 계획 역시 시작이 아니다. 교육의 시간은 직선으로 움직이지 않는다. 교육의 시간은 원환(圓環, circle)운동을 한다. 평가 먼저 하고 수업할 수도 있고, 수업 먼저 하고 계획을 세울 수도 있다. 교육은 사전에 꼼꼼하게 세운 계획을 바탕으로 실행하고, 그 과정에서의 피드백을 수집하여 계획을 수정해 나가는 그런 공학적인 과정이 아니다. 물론 그렇게 하면 체계적이고 전문적으로 보이겠지만 계획을 세우는 쪽의 자기만족에 불과하다.

이런 공학적 모델은 사람이 아니라 사물을 다룰 때나 가능하다. 더구나 사물을 다룰 때도 몇몇 제한된 상황에서만 가능하다. 이른바 선형 관계에서다. 하지만 철저히 통제된 실험실이 아닌 실제 세계에서 선형 관계는 쉽게 찾아보기 어렵다. 실험은 다른 변수를 모두 제거함으로써 인위적인 선형 관계를 조성한 것이지만, 실험실 밖으로만 나오면 이 선형의 법칙은 복잡성의 도전을 받는다.

마이클 크라이튼의 소설로 영화화되어 널리 알려진 〈쥐라기 공원) 시리즈가 계속 이 주제를 다루었다. 처음에 아무리 정교하게 계획을 세우고 가능한 모든 상황을 대비하는 모델을 수립하더라도 실제 세계에서 문제는 베이징의 나비처럼 작고 엉뚱한 곳에서 터진다는 카오스이론. 그리하여 저 정교하게 만들어진 쥐라기 공원은 사소한 사건으로 인해 체계가 무너지고 많은 사람이 목숨을 잃는 참사로 바뀌어 버린다.

교육과정(교) - 수업(수) - 평가(평) 모델은 마치 교육을 쥐라기 공원처럼 인위적으로 조성한 모델 속에 담을 수 있다고 착각하고 있다. 그러나 교실 상황은 쥐라기 공원보다 더 혼란스러운 복잡계 그 자체다. 선형이 아닐뿐더러, 그 요소인 학생 하나하나가 모두 감정과 자기 의지를 가지고 있고, 교사가 행하는 조치를 나름대로 해석하는 존재다.

이 과정에서 교 - 수 - 평 일체화는 단지 작성해야 하는 서류의 두께만 늘릴 뿐이며, 실제 세계에서 그 서류 뭉치는 단 한 시간 만에 무용지물이 될 수 있다. 진정한 교 - 수 - 평 일체화는 교에 수 - 평을 맞추는 것이 아니라 수에 교와 평을 맞추는 것이 되어야 한다. 즉, 이 복잡계 상황에 직면하여 매 상황에 교사가 행위자로 개입해 원래의 목표와 내용, 방법을 계속 수정하면서 이에 맞춰 교육과정과 평가를 계속 창출해 나가야 한다. 이런 의미에서 교육과정, 수업, 평가는 어느 것이 먼저이고 어느 것이 나중이 아니다. 이 셋은 동시에 이루어지는 과정이다. 교육전문가, 교사 등이 미리 준비하는 것이 아니라 교실 상황에 함께 엉켜 있는 행위자들 공동의 작품이다(데이비스 & 수마라, 2006).

그런데 교육이 어디에서 시작하든 혹은 동시에 창출되든 교육의 원환운동을 시작하게 만든 원인은 동일하다. 그것은 기존의 습관, 본능, 행동양식으로는 해결되지 않는 문제상황이다. 기존의 것으로 해결할 수 없기 때문에 이 문제상황의 피해를 고스란히 당하거나 아니면 새로운 것을 배우고, 탐구하고, 고안하여 해결해야 한다. 당연히 사람은 이를 해결하는 쪽으로 진화했다. 이렇게 되면 교육의 첫 단계가 오히려 평가가 된다.

무엇을 왜 배워야 할까, 정하는 과정에서 평가가 등장했다. 평가란 차이의 의식이다. 두 종류의 차이가 있다. 하나는 자신의 현 상태와 도달하고자 하는 상태의 차이다. 다른 하나는 자신과 환경의 관계에서 현 상태와 바라는 상태의 차이다. 차이가 없다면 배울 필요가 없다. 차이를 의식하지 못해도 배울 필요가 없다. 하지만 어떻게든 차이를 의식했다면 그 순간부터 사람은 그 차이를 해소하지 않고서는 견딜 수 없다. 이렇게 의식된 차이가 바로 문제다. 교육의 출발점은 문제다.

평가는 문제를 푸는 것이 아니다. 오히려 문제를 찾는 것이다. 시험에 익숙한 한국인들은 평가라고 하면 으레 문제풀이를 연상하지만 말이다. 처음에 그 차이는 느낌, 정서라는 방식으로 나타난다. 가령 몸에 이상이 생겼을 때 우리는 욱신거린다거나, 찌뿌둥하다거나, 불편하다거나 하는 느낌을 받는다. 무엇인가 문제가 있다는 느낌을 안고서 병원에 간다. 문제가 무엇인지는 아직 구체적으로 알지 못한다. 병원에서는 문진을 하기도 하고 여러 가지 도구를 사용하면서 몸의 상태를 검사한다. 이 과정이 평가다. 즉, 건강한 몸의 상태와 현재 몸 상태 사이의 차이가 무엇인지, 그 차이가 어디서 비롯되는지 찾아내려는 것이다. 마침내 그 차이와 원인을 찾아내면 진단을 하며, 이 진단에 따라 구체적인 치료 목적과 계획이 수립되고, 이를 달성하기 위한 처방이 내려진다. 진단이 문제를 확인하고 처방이 문제를 해결한다. 그렇다면 그 처방에 따라 문제가 해결되었는지, 즉 치료가 성공했는지는 어떻게 확인할까? 다시 검사하여 정상적인 몸 상태와 차이가 있는지 확인하면 된다.

교육에서도 이와 같은 과정이 이어진다. 문제가 발생한다. 차이가 의식된다. 그렇다면 그 차이가 구체적으로 무엇이며 어디에서 비롯된 것인지 확인해야 한다. 이는 현 상태와 도달하고자 하는 상태를 비교함으로써 이루어진다. 즉, 평가가 이루어진다. 이 평가에 근거하여 무엇을 얼마나 어떻게 교육받아야 하는지가 정해진다. 즉, 교육의 목표가 수립된다. 평가 없이는 교육의 목표가 세워지지 않는다. 평가는 교육의 출발점에 위치한다.

그렇다면 평가야말로 냉정하고 객관적으로 이루어져야 한다. 평가의 목적은 무엇이, 얼마나 필요한지를 확인하는 것이지, 현재 상태를 정당화하고 값싼 위안을 얻고자 하는 것이 아니기 때문이다. '높은 평가'를 받는 것은 결코 평가의 목적이 될 수 없다. 실제보다 높은 평가는 그 사람에게 실제로 필요한 것을 왜곡한다. 필요한 것을 더 이상 필요 없는 것으로 만들고 아직 필요하지 않은 것을 필요한 것으로 만들어 결국 엉뚱한 교육을 받게 만든다.

이제 우리나라의 문제가 무엇인지 분명히 드러난다. 우리나라에서는 사교육 등을 통해 이 평가를 왜곡하는 일이 너무 자주 일어난다. 학생의 실상이야 어떻게 되든 평가 자체만 좋게 받으려는 온갖 수단이 만발하고 있다.

이런 부조리가 일어나는 까닭은 평가 결과가 선발에 이용되고 있기 때문이다. 우리나라에서 평가란 이른바 좋은 대학, 좋은 직장에 들어가기 위해 거치는 관문의 역할을 한다. 평가가 교육의 시작이 아니라 종점 취급을 받는다. 이렇게 되면 평가의 목적은 상태를 정확히 진단하는 것이 아니라 높은 점수를 받는 것이다. 이를 위해 수단과 방법을 가리지 않다 보니 평가 결과를 서로 믿을 수 없는 사태까지 발생한다.

가령 대학수학능력평가(수능)는 이 학생이 정상적인 대학생이라면 도달해 있어야 할 학업능력에 얼마나 근접해 있는지를 평가하는 제도이다. 수능의 목적은 높은 점수를 받는 것이 아니라 자신의 수학능력을 정확히 파악하는 것이다. 물론 비현실적인 이상론처럼 들릴 것이다. 하지만 높은 점수를 받고자 하는 노력이 정상적인 교육과정을 부지런히 공부하는 것이 아니라 기출문제, 예상문제를 계속 풀면서 시험 그 자체를 연습하는 것이라면, 심지어 이 문제들을 유형별로 분류하여 실제로 알고 있는지와 무관하게 그저 정답을 쉽게 찾는 요령을 익히는 것이라면, 그 점수는 실제 대학에서 높은 수준의 교육을 받을 능력과 무관하다. 그래서 대학도, 대학으로부터 노동력을 공급받는 기업도 수능이라는 평가의 결과를 믿지 않는다. 그렇게 명문대학에 들어가 본들, 가르치는 쪽이나 배우는 쪽이나 피차 괴롭다.

그럼 왜 이렇게 고통을 참아 가면서까지 몸에 맞지 않는 옷 같은, 이른바 명문대학 진학을 고집할까? '학문이 좋아서'는 당연히 아니다. 대부분은 좋은 직장에 들어가기 위해서다. 그런데 기업은 업무를 잘 수행하고 여러 가지 상황에 대처하여 문제를 해결할 수 있는 직원을 원한다. 기업은 지선시업가가 아니다. 기업이 돈을 써 가며 직원을 고용할 때는 당연히 그만한 산출을 기대하는데, 그 산출은 시험문제풀이에서 높은 점수를 받는 능력과는 상당히 거리가 있다. 심지어 그 문제풀이 점수가 기출문제를 연습한 결과라면 더 말할 나위가 없다. 따라서 사교육이 발달하고 문제풀이 연습이 강화될수록 기업은 이른바 명문대학 졸업장의 가치를 할인한다. 1980년대에는 명문대 졸업장만 있으면 어떤 절차 없이 바로 채용되었지만, 지금은 어림도 없다. 점수, 그리고 제출한 서류에 나와 있는 능력과 자질이 실제인지 왜곡인지 확인하기 위해 지원자를 직접 만나 꼬치꼬치 물어보고, 여러 가지 상황을 만들어 그 반응을 확인한다.

이에 대한 학생들의 대응이 또 다른 사교육이라는 게 애석하다. 대기업 입사에 필요한 자기소개서, 심층면접을 또 돈 들이며 연습하는 것이다. 그럼 당연히 기업은 평가 절차와 과정을 더 복잡하고 까다롭게 만들어 연습효과를 상쇄시키고자 한다. 마치 군비경쟁을 연상시킨다. 이 쓸모없는 군비경쟁에 실제 업무능력, 문제해결능력을 향상하는 데 사용되어야 할 귀중한 자원과 시간이 낭비되고 있다.

어디서부터 잘못된 것일까? 평가를 평가로 받아들이지 않았기 때문이다. 평가를 부족한 부분, 필요한 부분을 찾아내는 과정, 그리하여 이후 교육 목표를 수립하는 과정으로 받아들이지 않고, 그 자체를 목적으로 받아들였기 때문이다. 그 결과, 평가에서 기대에 미치지 못하는 점수를 받으면 이를 바탕으로 교육 목표를 세우는 것이 아니라, 평가 점수를 높이는 것을 목표로 삼아 버린다. 가령 미적분에서 점수를 까먹으면 미적분을 철저히 이해하는 것이 아니라 미적분 문제풀이를 더 연습한다. 평가가 교육의 목적을 넘어 과정과 내용까지 지배해 버리고 만다.

학생들이 민감하게 물어보는 말.

"시험에 나와요?"

심지어 이런 말을 학생에게서만 듣는 게 아니다. 교사자격 연수에서도 자주 듣는다. 이게 안타깝지만 우리나라의 현실이다. 이런 상황에서는 교육도, 평가도 먼 훗날의 일이다.

시험은 평가의 극히 일부분

어느 방송에서 새벽 네 시까지 수행평가 과제를 하느라 밤새는 학생들 이야기를 하며 분통을 터뜨렸다. 과중한 과제, 어쩌고저쩌고 하면서. 여기서 상상실험을 해 보자. 만약 그 학생이 새벽 네 시까지 수행평가 과제가 아니라 시험공부를 하는 모습을. 과연 기자는 "아니, 한창 자랄 나이에 밤을 새워 공부를 하다니?" 하고 분통을 터뜨렸을까? 아니, 취재를 하기나 했을까?

사실 그 학생들이 새벽에 수행평가를 준비한 까닭은 이미 새벽이 다 되어서야 집에 들어왔기 때문이다. 그동안 무엇을 하고 있었을까? 학원에서 시험문제풀이 연습을 하고 있었을 것이다. 그러니 새벽이 다 되도록 시험공부를 하는 것은 괜찮고, 밤을 새워 시험공부하는 것도 괜찮고 오직 수행평가만 안 된다는 것이다.

이 속에는 수행평가의 주요 내용인 보고서, 발표자료, 포트폴리오 등의 작성과 조사 과정은 공부가 아니며, 수행평가는 정식 평가가 아니라는 선입관이 깔려 있다. 시험이야말로 진정한 평가이며, 시험을 준비하는 과정이야말로 진정한 공부라는 지독한 고정관념.

우리나라에서 공부란 곧 시험공부이며, 평가란 곧 시험이다. 시험공부가 아닌 것은 모두 '공부 안 하고 노는 것'으로 치부된다. 심지어 시험조차 평가가 아니다. 대부분 학부모는 자녀의 시험 결과를 통해 무엇을 알고, 무엇을 모르는지 살펴볼 생각이 없다. 그냥 점수에만 관심을 가진다. 아니, 점수에도 관심 없다. 오직 상대적인 등수, 석차에만 관심을 가진다. 앞에 10명 있는 97점보다 앞에 아무도 없는 60점을 더 높은 성취로 받아들인다. 성취보다 등수가 중요한 까닭은 최종 목표가 합격이기 때문이다. 어느 인터넷 교육기업 광고에서는 아예 노골적으로 합격이라는 단어가 반복된다.

"***시험, 합격. **시험 합격, ***시험 합격, ***은 합격이다."

시험이라면 시험지에 문항이 있고 여기서 정답을 고르는 것을 떠올리겠지만, 원래 시험의 의미는 그런 것이 아니다. 시험(test)은 실제의 극히 일부분을 통해 실제 전체를 추론하는 절차다. 가령 스마트폰 신제품을 개발했다고 하자. 바로 시장에 풀지 않을 것이다. 일단 몇 개만 만들어 소수의 사용자에게 사용하도록 한다. 시험 사용이다. 다들 들어본 적 있을 것이다. 베타 테스트.

교육에서도 마찬가지다. 교육이 모두 끝났다고 학생을 바로 해당 분야에 내보내지는 않는다. 운전학원에서 모든 수업을 다 받으면 바로 운전면허증을 발급해 주지 않는 것과 같다. 대신 제대로 학습했다면 할 수 있을 거라고 기대되는 것을 조금이라도 시켜 보고 나서 내보낸다. 이게 바로 교육에서 시험의 의미다.

'조금이라도' 이게 핵심이다. 시험은 교육 내용 전체를 다루지 않는다. 그럴 수도 없다. 학생이 제대로 배웠는지 확인하기 위해 교육 내용 전체를 반복한다는 것은 너무 심한 시간과 자원의 낭비. 그래서 교육 내용 중 '조금'만 확인한다.

10명의 학생이 바이올린 교육과정을 마쳤다고 하자. 하지만 이들을 바로 무대에 내보낼 수는 없다. 그렇다고 실제 연주회 상황처럼 모두 90분씩 900분간 평가하는 것도 과하다. 그러니 조금씩만 듣고 연주회 무대에 설 만한 자격이 있는지 판단해야 한다. 이게 바로 시험이다. 심지어 이 시험은 두어 소절 만에, 즉 1분 만에 끝나기도 한다.

오디션이 가장 전형적인 시험이다. 피가로 역할을 할 배우를 뽑는 데 다섯 명이 지원했다고 하자. 이들에게 〈피가로의 결혼〉 전체를 공연시킬 수는 없다. 그러니 전체 작품 중 일부분만 연기하도록 한 뒤 이를 바탕으로 전체 작품에서의 역량을 유추해야 한다. 그래서 연출은 지원자에게 하나의 장면이 아니라 성격이 다른 여러 장면을 짧게 연기하도록 요구한다. 만약 첫 번째 장면에서 바로 함량 미달이라고 판단되면 나머지는 볼 필요도 없다. 이때 연출이 요구하는 몇몇 짧은 장면들이 바로 시험 문항(item)에 해당한다. 이 경우 문항들은 비록 '조금'이지만 전체를 최대한 망라할 수 있도록 선정되어야 한다.

우리에게 익숙한 지필고사. 이는 공부에 대한 오디션이라 할 수 있다. 공부를 충분히 했다면 그 분야에 대해 충분히 알 것이라 기대한다. 그렇다고 그 분야 전체를 물어볼 수는 없으니 가능하면 '조금'만 물어보는 것이다. '조금'은 이 정도는 알고 있어야 한다는 항목들을 선정한 뒤, 그중 일부를 무작위로 추출하여 만든다. 바로 통계학에서 말하는 '표본(샘플)'이다. 만약 모든 응시자에게 똑같은 표본을 준다면, 즉 모든 학생이 동일한 문항을 풀어야 하고, 그 문항에 정답이 정해져 있다면 '표준화 시험'이 된다.

우리는 시험이라고 하면 당연히 이런 표준화 시험을 떠올리지만, 정작 역사는 생각보다 길지 않다. 이는 철저히 근대, 아니 현대의 산물이며, 아무리 길게 잡아도 20세기 중반 이전으로 거슬러 올라가지 않는다. 반면 시험지에 답을 쓰는 지필시험의 역사는 매우 길다. 다만 오래전부터 있었지만 똑같은 문제를 풀고, 정답이 정해져 있는 시험 형태는 아니었다. 역사가 1000년이 넘는 과거시험이 그렇다.

과거시험은 구술과 논술로 이루어졌고, 정해진 답 없이 응시자의 식견의 깊이와 재치 등을 시험관이 나름의 기준에 따라 판단하도록 했다.

표준화 시험이 모든 시험을 대체하기 시작한 시기는 1950년대 이후다. 당시 미국의 진보주의 교육학자들이 이런 표준화 시험을 개발하여 강력하게 필요성을 주장했다(Ravitch, 2000). 오늘날 진보주의 교육학자들이 하는 일이 획일화된 시험문제 비판이라는 점을 생각하면 어딘가 아이러니하다.

당시 진보주의자들이 표준화 시험을 주장한 까닭은 이것이 평등에 도움이 될 것이라 믿었기 때문이다. 그들은 당시 보편적인 평가였던 구술과 면접을 비판했다. 평가 과정에서 평가자의 주관이 개입되면 유색인종, 노동자계급 출신 학생들에게 불리하다는 것이다.

근거 없는 이야기가 아니다. 면접관들도 사람인 이상 경제적, 문화적으로 비슷한 배경을 가진 학생에게 호감을 가지기 쉽고, 이 호감은 어떤 형태로든 평가에 영향을 준다. 소수민족, 노동자계급, 그리고 여성이 불이익을 받을 수밖에 없다. 자기소개서, 추천서, 각종 서류전형 역시 어떤 형태로든 응시자의 사회적, 문화적 배경을 드러낸다.

반면 시험에는 눈이 없다. 제아무리 남성, 백인, 중산층이라 하더라도 시험에서는 그저 하나의 수험번호에 불과하다. 답지에 해당 항목을 체크하는 칸이 없는 한 여성, 소수민족, 빈곤계층 학생과 이들은 구별되지 않는다. 누구나 정답에 체크하면 득점이며, 오답에 체크하면 감점이다. 얼마나 평등한가?

그렇게 도입된 표준화 시험들은 과연 성공했을까? 그 반대였다. 표준화 시험은 한동안 보편화하는가 싶더니 다시 뒤로 밀려났다. 미국의 대입제도는 우리나라식으로 말하면 '학종'으로 완전히 바뀌었다. 그래서 우리나라 수능에 해당하는 SAT에서 만점을 받더라도 명문대학 합격이 보장되지 않는다. SAT점수는 다만 학업성취 수준을 파악하는 자료로 일정 수준을 넘기면 각종 서류, 추천, 면접, 에세이 등을 통해 성적 플러스알파를 요구한다.

물론 이런 플러스알파에는 응시자의 사회적, 문화적 배경이 드러난다. 그렇다면 공정성은 포기한 것일까? 그렇지는 않다. 미국의 대학들은 이렇게 함으로써 나타날 수 있는 계층 간의 불공정성은 아예 불리한 계층의 학생들을 일정 비율 우선선발 하는 방식으로 해결하고 있다. 이것이 소수집단우대정책(affirmative action)이다. 오히려 백인 중산층 응시자들이 역차별이고, 불공정하다고 아우성을 치고 있을 정도다.

미국 대학이 이런 방식으로 되돌아간 까닭은, 공정성이라는 이름으로 평가의 많은 영역을 포기한 표준화 시험이 막상 공정성 부분에서도 신통치 않았기 때문이다. 표준화 시험은 인지의 여러 영역인 지식, 이해, 적용, 분석, 종합, 평가, 창조 중 단지 지식, 이해 수준만 파악할 수 있다. 간혹 복잡한 문항을 통해 적용이나 분석도 일부 평가할 수 있겠지만, 종합, 평가, 창조에는 무용지물이다. 게다가 표준화 시험은 응시자의 지식, 이해 영역조차 정확하게 평가하기 어렵다. 선다형 문항의 특성상 알고 맞춘 것인지, 우연히 맞춘 것인지 구분할 방법이 없다. 전혀 몰라도 답을 맞힐 확률이 20퍼센트이기 때문이다.

그렇다면 이런 한계에도 불구하고 표준화 시험의 가장 큰 정당성이었던 공정성을 다시 생각해 보자. 모두가 똑같은 문항을 풀고 평가자의 주관이 개입될 여지가 없는 표준화 시험에 어떻게 사회적, 경제적 배경에 따른 불공정이 나타났을까? 바로 문항 출제 과정이 문제였다.

가령 다음 문항을 통해 음악 지식을 평가한다고 하자.

다음 중 다른 셋과 그 성격이 다른 악기는?
①바이올린 ②첼로 ③첼레스타 ④비올라

이 문항은 현악기와 타악기를 구별할 수 있는지 물어보는 것으로 음악의 '지식' 영역에 해당한다. 하지만 이 문항을 맞출 확률은 학교 수업뿐 아니라 사회계층에 따라서도 달라진다. 사회적 계층이 높을수록, 미국이라면 백인 중산층에 가까울수록 저 악기들이 연주되는 모습을 실제로 보았을 가능성이 크기 때문이다. 따라서 그런 학생들은 수업시간에 졸았어도 문제를 맞힌다. 하지만 저런 악기들이 연주되는 모습을 보고 들을 기회가 거의 없는 계층의 학생은 수업시간에 눈 부릅뜨고 듣고 외우지 않았다면 맞출 수 없다. 어느 쪽이 유리할까? 물어보나 마나다.

'시험공부'라는 것조차 중산층 이상의 계층에게 유리하다. 시험공부를 제대로 하려면 방해받지 않고 공부에 집중할 수 있는 환경이 필요하다. 1980년대에 학교를 다닌 사람이라면 '학생가정환경조사서'에 공부방 유무를 물어보는 항목을 기억할 것이다. 그 시대에는 형제가 3~4명 이상인 경우가 많았기 때문에 '공부방'을 가진 학생이라면 이미 중산층 이상이란 뜻이었다. 다른 사람과 방을 공유하면서 공부에 전념하기는 어렵다. 또 경제활동인구 연령에 들어선 청소년 가족 구성원이 노동에 전혀 가담하지 않아도 가족의 생계에 문제가 없어야 한다. 역시 중산층 이하 가정에서는 쉬운 조건이 아니다. 지금도 20퍼센트의 학생이 학원에서 잠을 빼앗기며 공부할 때, 다른 20퍼센트나 어쩌면 그 이상의 학생이 아르바이트로 공부할 시간을 빼앗기고 있다.

더구나 시험공부에는 의외로 돈이 많이 든다. 시험공부는 교과서를 외운다고 해결되지 않는다. 시험문제의 다양한 패턴을 미리 익혀 두지 않으면 설사 교과서를 달달 외워서 알고 있더라도 주어진 시간 안에 그 많은 문제를 풀어 맞출 수 없다. 따라서 시험문제의 다양한 패턴을 연습해야 한다. 기출문제들을 수록하고 분석한 교재를 구입해야 한다. 많으면 많을수록 유리하다. 시험공부는 일종의 드릴학습이기 때문이다. 기출문제의 패턴을 학습할 수 있으면 더 유리하다. 이건 교재만으로는 안 되고 사교육을 받아야 한다.

이처럼 표준화 시험은 매우 공정해 보이지만 사실 그 안에 큰 불공정을 감추고 있다. 차라리 대놓고 불공정한 것보다 더 고약한 불공정이다. 더구나 공정성을 빌미로 평가해야 할 다른 많은 부분을 포기한 불완전한 평가이기도 하다.

그럼에도 불구하고 우리나라에서 유독 표준화 시험이 공정하다는 신화가 널리 퍼져 있는 까닭은 과거에는 빈곤계층의 학생이 머리띠 동여매고 독하게 공부해 명문대학에 진학한 사례가 많이 있었기 때문이다. 하지만 이 역시 기만이다. 그들은 자기들 노력으로 성공했다고 믿겠지만, 그 배후에는 다른 가족들의 희생이 있었다. 이른바 시험공부에 몰두할 수 있는 환경을 중산층 학생과 동등하게 마련해 주기 위해 다른 가족 구성원의 자원을 빼앗아 수험생에게 집중시킨 것이다. 그 수험생은 거의 예외 없이 아들이었고, 희생한 구성원은 대체로 그의 누이들이었다.

머리띠 동여맨 가난한 집 '아들'을 노동에서 자유롭게 하려고 '딸'들은 집을 떠나 공장에 다녔다. 덕분에 아들에게는 노동하지 않아도 되는 시간, 그리고 공부방이 생겼다. 만약 딸들이 집을 떠나지 않았다면 다른 가족들이 칼잠을 자는 한이 있더라도 이 아들 하나를 위한 공부방을 쥐어짜듯 만들었다. 딸들의 희생은 여기서 그치지 않았다. 아들의 학비를 보태고 각종 참고서까지 사 주었다.

머리띠 매고 공부해서 성공한 신중산층은 흔히 '우골탑'이니 '향토장학금'이니 고생해서 학비 마련한 부모님에게 감사를 드러내지만, 그들과 마찬가지로 명문대학에 진학할 능력이 있었으나 오빠, 혹은 남동생을 위해 기회를 포기한 누이들의 희생은 신기할 정도로 쉽사리 잊어버린다. 시험의 공정성을 신화처럼 믿고 있는, 그리하여 노력으로 성공했다고 믿고 있는 우리나라의 이른바 자수성가한 남성들은 누이들의 희생 없이 중산층 학생들과 공정한 시험 경쟁이 과연 가능했을지 되돌아보아야 한다.

미국에서도 표준화 시험으로 대학생을 선발하면서 나타난 현상이 동아시아계와 유태인 학생들의 진학률이 부쩍 높아진 것이었다. 동아시아와 유태인 문화의 공통점이 있다. 여성의 희생을 당연하게 여기고 가족을 하나의 공동운명체로 여기기 때문에 구성원 중 하나만 성공하면 된다는, 이른바 올인 투자가 가능하다는 점이다.

그렇다고 시험이 쓸모없는 것은 아니다. 시험은 지식, 이해 영역의 교육 성과를 측정할 수 있는 가장 효율적이고 간편한 방법이다. 하지만 시험만으로 교육의 성과를 판단하는 것은 위험하다. 시험은 인지능력의 일부만 평가하는 도구다. 더구나 교육의 성과는 인지 영역뿐 아니라 정서적 영역, 사회적 영역까지 아우른다. 이런 영역은 시험으로 판단할 수 있는 영역이 아니다. 특히 21세기에 접어들면서 인지 영역에 비해 정서적, 사회적 영역의 중요성이 점점 더 커지고 있다.

아니, 21세기 이전에도 평가에서 정서적, 사회적 영역을 중시한 역사는 매우 오래되었다. 동아시아의 전통적인 평가 방법으로 자주 거론되는 '신언서판(身言書判)'만 해도 그렇다. 풍채가 늠름하고 당당하고, 말이 정직하고 믿음이 가며, 글씨를 잘 쓰고, 문리가 익숙하여 사리분별이 바른 사람을 가려 인재로 삼는다는 뜻인데, 아무리 봐도 시험으로는 안 될 것 같다.

글의 내용이 아닌 글씨를 중요하게 봤다는 게 흥미를 끈다. 글씨에 심성이 반영된다고 본 것이다. 아주 근거 없는 말은 아니다. 붓이라는 필기구는 유연하고 민감하기 때문에 붓으로 쓰는 글씨는 실제로 예술적 속성이 강하다. 서예(캘리그래피)라는 예술 분야로 당당히 자리 잡고 있지 않은가? 예술적 속성이 있다는 것은 심성이 반영된다는 뜻이다. 그림을 통해 마음 상태를 추론하는 방법을 임상심리학자들이 애용하는 데는 다 이유가 있다. 심지어 그림을 통해 수백 년 전 세상을 떠난 화가들의 마음 상태는 물론, 신체의 질병까지 추론하는 경우도 있다. 붓글씨 역시 가능할 것이다.

몸가짐과 말씨 역시 전달하는 메시지보다 표현하는 방식, 즉 일종의 예술적인 면을 보는 것이다. 사실 신체와 목소리는 가장 근본적인 표현 매체다. 그래서 원시예술은 무용과 시가 분리되지 않은 이른바 원시종합예술—'ballade-dance'라고도 한다—의 형태를 띠고 있었다. 몸가짐과 말씨에는 자신도 의식하지 못하는 마음이 반영된다. 특히 일상적이고 편안한 상황보다는 직접 마주하고 까다로운 질문을 던졌을 때 몸가짐과 말씨의 변화에 성품을 파악할 단서가 많이 드러난다. 물론 이를 통해 사회성도 어느 정도 가늠할 수 있다.

그런데 이런 것들은 직접 만나 보지 않고서는, 또 상당 기간 관찰하지 않고서는 평가할 방법이 없다. 그래서 조선시대의 과거는 단지 답지 한 장 잘 써서 제출하는 시험으로 끝나지 않았다. 요즘 식으로 말하면 1차 시험에 합격하면 성균관에 입학하여 수학해야 했다. 이 기간에 생도의 이모저모가 낱낱이 기록되고 평가되는 것은 물론이다. 그러고 나서 필기시험을 치르고 합격자 33명이 임금이 참가한 가운데 문답을 주고받는, 요즘 식으로 말하면 심층면접을 거쳐 순위를 결정했다. 최종 합격과 순위에는 당해 시험뿐 아니라 성균관 수학 기간의 평판과 업적이 반영되었는데, 요즘의 학생부 종합전형에 해당한다.

그러니 최근 불공정 시비로 시끄러운 대입 수시전형은 사실 매우 역사와 뿌리가 깊은 인재 선발 방식이다. 미국의 대입 선발 방식, 그리고 우리나라 대부분 기업의 직원 선발 방식도 결국 이 방식이다. 오히려 표준화된 시험문제를 풀고 그 점수로 줄 세워 한 방에 선발하는 방식이 1950, 60년대에서야 등장한 매우 예외적인 방식이다.

시험에 스트레스를 받지 않는 학생들

시험은 평가의 한 방법에 불과하다. 완전히 쓸모없는 것은 아니지만, 지극히 제한된 영역에서의 타당성만을 가진다. 오늘날 교육에 종사하는 사람 중 이 사실을 인정하지 않는 사람은 거의 없다. 심지어 교육에 종사하지 않는 사람들도 인정한다.

그럼에도 아직도 많은 사람에게 시험과 평가는 곧잘 동의어처럼 여겨진다. 특히 학생들이 더욱 그렇다. 나이를 불문하고 학생들은 다른 무엇보다도 시험을 싫어하고 부담스러워 한다. 혹은 시험을 치지 않으면 마치 평가가 이루어지지 않은 것처럼 불안해하며, 일단 시험이라도 쳐야 무언가 마무리된 것 같은 후련함을 느낀다.

그런데 사람들이 시험을 싫어하고 부담스러워 하게 만드는 원인은 시험에 있지 않다. 운동선수들은 시합을 앞두고 몹시 긴장하며 스트레스를 받는다. 콩쿠르에 참가한 피아니스트 역시 고도의 스트레스에 시달린다. 운동시합, 콩쿠르, 시험. 전혀 달라 보이는 셋의 공통점은 점수나 등급에 따라 순위가 결정되고, 이 순위가 참가자의 가치를 매기는 것처럼 다가온다는 것이다.

중요한 것은 점수, 등급, 순위의 산출이 아니다. 그게 가치를 정한다는 것이다. 가령 동네 테니스장에서 지역주민을 대상으로 친선대회를 연다고 하자. 이 대회의 시합 역시 윔블던선수권과 마찬가지로 점수를 매기고 승자와 패자가 갈라지며 순위가 매겨질 것이다. 하지만 이 대회 참가자들이 윔블던에 참가한 세계적인 선수들처럼 극심한 스트레스를 받는 경우는 없다. 오히려 이기거나 지거나, 우승자나 1회전 탈락자나 다 즐거워할 것이다. 그 까닭은 그들이 테니스선수가 아니며, 대회의 순위가 그들의 가치를 결정하지 않기 때문이다.

학생들이 시험에 대해 엄청난 압박을 느끼는 까닭은 그 결과물인 점수, 석차, 등급을 자신의 가치 평가로 받아들이기 때문이다. 시험 점수가 오르내림에 따라 자신이 더 가치 있거나 가치 없는 사람이 된다고 느낀다. 따라서 도저히 점수를 높일 가망이 보이지 않을 경우, 자신의 삶을 가치 없다고 여겨 불행한 선택을 하는 경우도 발생한다. 민감한 성장기를 이렇게 보내고 나면 어른이 되어서도 그 상처에서 벗어나기 힘들다. 평가라는 말만 들어도 바로 시험점수, 그에 따른 자기 자신의 가치 평가 기억이 떠오른다. 그래서 직장인이 된 다음에도 '업무평가'니 '사업평가회'니 하는 말에 화들짝 놀란다.

그런데 모든 학생이 시험에 스트레스를 느끼는 것은 아니다. 오히려 중학교 3학년 정도 되면 시험에 스트레스를 크게 느끼지 않는 학생이 그런 학생과 엇비슷하고, 고등학교 3학년쯤 되면 오히려 학생 대부분이 시험 스트레스를 받지 않는다. 우리나라의 교육문제, 하면 대뜸 고등학교 교실의 입시경쟁을 떠올리는 사람은 겨우 20퍼센트 미만의 학생들 이야기를 하는 것이다.

이런 현상은 우리나라만이 아니다. 일본, 대만, 미국 역시 학년이 올라갈수록 시험 스트레스를 받는 학생이 줄어들고, 마침내 고등학생쯤 되면 대다수가 시험에 대해 별 스트레스를 느끼지 않는다. 그런데 똑같이 시험 스트레스를 덜 받더라도 두 가지 다른 편향이 있다. 하나는 긍정적이고 다른 하나는 암울하다.

긍정적인 경우는 성장하면서 자기 나름의 다른 가치관을 정립한 경우다. 자기 나름의 가치관을 세운 학생들은 그 가치관에 비추어 시험의 가치를 결정한다. 즉, 시험점수로 자기 가치를 매기는 게 아니라 자기 가치에 따라 시험의 가치를 매기는 것이다. 시험이 여전히 의미 있는 위치에 있을 수도 있고, 의미 없는 것으로 무시될 수도 있다.

가령 목공 기술자가 되기로 결심한 학생, 드럼 연주자가 되기로 결심한 학생에게 학교 시험점수는 그다지 큰 의미가 없다. 설사 꼴등에 수렴할지라도 그 학생은 결코 자신의 가치가 바닥에 떨어졌다

여기지 않을 것이다. 혹은 자기 나름의 가치관에 따라―부모나 나른 사람의 권유가 아니라―의사가 되기로 결심한 학생에게는 시험점수가 중요한 의미를 가지겠지만, 그렇다고 그때그때의 시험점수에 따라 영혼이 출렁거리는 일은 없다. 오히려 부족한 부분을 점검하고 장기적인 목표와 계획을 세운다. 이들에게 시험이란 평가도, 등급도 순위도 아니다. 다만 목표에 어느 정도 가까워졌는지 점검하는 방법이다.

하지만 이렇게 행복한 경우는 그리 많지 않다. 특히 우리나라와 일본의 경우, 학년이 올라갈수록 시험 스트레스를 덜 받는 까닭이 학생의 성장이나 성숙과 무관한 경우가 대부분이다. 오히려 지난 몇 년간의 시험 결과를 통해 자신이 별로 가치 없는 존재라는 점을 기정사실로 받아들여 버린 경우가 대부분이다. 즉, 체념한 것이다. 이들은 이미 낮은 시험점수를 근거로 자신을 가치 없는 존재로 인정해 버린 것이다.

스트레스는 스스로 생각하고 기대하는 자신의 상태와 현실 사이의 괴리가 있어야 발생한다(Lazarus & Folkman, 1984). 이를 수학식으로 표현하면 자기인식 − 성취 = 스트레스로 정리할 수 있다. 만약 자기인식보다 성취가 크면 오히려 스트레스가 마이너스가 되는데, 이것역시 별로 바람직한 상태는 아니다. 게으르고 지루한 상태이기 때문이다. 따라서 스트레스가 어느 정도 존재하는 것이 학생의 성장과 발달의 도움이 된다.

스트레스의 정도를 적정 수준으로 유지하려면 1)성취를 높이거나 2)자기인식을 낮추어야 한다. 조금 단순하게 표현하면 1)에는 계몽사상 이후의 서양의 사고방식, 동양의 유교적 사고방식이, 2)에는 그리스도교나 불교의 사고방식이 가깝다.

성취는 객관의 영역이기 때문에 쉽게 늘리기 어렵다. 그렇다면 열쇠는 자기인식이다. 이 자기인식은 목표로 하는 성취를 이루는 데 필요한 자신의 능력을 어느 정도 믿느냐 하는 것이다. 따라서 자기인식을 '스스로 인지한 성취능력'이라고 바꾸어 말할 수 있다. 중요한 것은 '인지한'이다. 어떤 사람의 실제 성취능력은 본인을 포함하여 누구도 정확하게 알 수 없다. 결국 당사자가 자신의 성취능력을 어떻게 인지하고 있는가가 중요하다.

그런데 스트레스에 영향을 주는 성취는 현재 이루어진 성취가 아니라 앞으로 이루어야 할 성취다. 지금 성적표의 시험점수가 스트레스를 주는 까닭은 이것이 미래의 좋지 않은 성취의 선행지표로 보이기 때문이다. 따라서 이 성취를 이루어진 성취가 아니라 미래의 성취라는 의미에서 성취기대라고 바꾸어 말할 수 있다. 즉, 스트레스는 인지한 성취능력과 기대하는 성취 사이의 괴리에서 발생한다.

이를 다음과 같은 공식으로 표현할 수 있다.

$$S = \frac{E}{A} \text{ (S: 스트레스, E: 성취기대, A: 성취능력)}$$

여기서 $S > 1$이면 스트레스 상태, $S < 1$이면 지루한 상태다. 하지만 이게 딱 맞아떨어지는 것은 아니니, $S > 1 + sd$, $S < 1 - sd$ (sd: 표준편차)

로 표시하는 것이 더 정확할 것이다.

학생들의 시험 스트레스는 쉽게 자학적 자기평가로 이어지면서 우울증, 심하면 자살로 이어진다. 더구나 부모나 의미 있는 어른들로부터 지나치게 큰 성취기대를 주입받는 경우, 여기에 한참 미치지 못하는 자신에 대한 부정적인 평가를 자극하여 자신의 성취능력을 더 낮게 인지하는 경우가 많다. 그러면 스트레스는 문자 그대로 몇 배로 커진다.

하지만 더 심각한 학생들은 스트레스가 없는 학생들이다. 우선 이들은 어른들로부터 평가절하된 경험을 많이 가지고 있다. 어른뿐 아니라 자기 가정의 사회경제적 지위가 어느 정도인지 깨달으면서 사회적인 평가절하도 인지한다. 이에 대해 저항감과 분노를 느끼는 경우도 있지만, 대부분은 이를 받아들이며 자기 자신을 축소한다. 낮은 성취능력을 자신의 정체성으로 받아들이는 것이다. 이는 비단 빈곤계층에 해당하는 것이 아니다. 여성 역시 남성에 비해 저평가된 자신을 받아들이는 경우가 많다. 이러한 평가절하는 성취기대를 낮춘다. "내가 이 정도면 뭐." 혹은 "여자가 이 정도면 뭐." 이런 식이다. 1970~80년대에는 교직을 "여자 직장으로서는 …" 식으로 말하곤 했다. 이는 여자가 기대할 수 있는 성취로는 정점이라는 뜻을 감춘 말이다.

어른들로부터, 사회로부터, 누적된 시험의 결과로부터 스스로에 대한 성취기대를 한없이 낮추어 버린 학생들은 당연히 아무 스트레스를 받지 않는다. 스트레스가 없으니 자극도 없고, 자극이 없으니 동기도 없다. 시험만 없으면 학창생활이 행복할 것 같지만, 막상 시험에 대해 스트레스를 느끼지 않는 학생들의 대다수는 그리 행복한 학창생활을 보내지 않는다.

시험에 스트레스를 느끼지 않고 시험점수를 높이려는 동기도 가지지 않았지만, 그럼에도 시험점수가 자신에 대한 가치평가라는 인식에 철저히 결박되어 있기 때문이다. 따라서 이들은 시험점수를 높이려는 동기만 없는 것이 아니다. 다른 어떤 일에 대해서도 별다른 동기가 없다. 시험이 곧 자신에 대한 평가라는 것을 받아들였으니, 시험점수가 바닥이면 자신의 가치도 바닥이다. 시험뿐 아니라 다른 어떤 일도 해봐야 안 될 것이라는 무력감이 이들을 지배한다.

이런 무력감 속에 살고 있으니 어떤 목표도 계획도 없다. 다만 그때그때의 쾌락이나 욕구에 휩쓸려 다닐 뿐이다. 이들은 어른이 되어서도 평가라는 말에 반응하지 않는다. 아, 반응한다. "아, 평가로구나. 보나 마나 난 탈락이지 뭐." 이런 식으로. 그리고 "거봐. 이럴 줄 알았어." 하는 식으로. 당연히 행복 역시 자신과 거리가 멀다고 생각한다. 그러면서 불행하다는 생각조차 하지 못한다.

닫힌 존재와 물신숭배

시험에 스트레스를 받는 경우와 부정적 의미에서 스트레스를 받지 않는 경우의 공통점이 있다. 그것은 시험의 결과를 어떻게든 자기 자신에 대한 평가로 받아들인 점이다. 마치 테니스선수에게 윔블던선수권 순위가 자신의 가치를 매긴 것처럼 여겨지는 것처럼. 하지만 이는 결국 어른들이 부여한 가치관이다. 학생에게 학생 이외의 어떤 정체성도 허용하지 않는 꽉 막힌 가치관 말이다.

닫힌 가치관은 존재를 아무 잉여 없이 규정한다. 우리나라의 학생들은 이 잉여 없는 규정의 연속적인 사슬에 종속되어 있다. 이 사슬은 이렇게 이어져 나가면서 존재를 점점 더 편협하게 옥죈다. 존재의 잉여? 이는 자신을 얼마나 규정으로부터 자유롭게 할 수 있느냐의 여지, 차이를 만들어 낼 수 있는 가능성이다(들뢰즈, 1968).

"나는 학생이다." 이렇게 규정했다고 하자. 이때 나의 속성에서 학생을 규정하는 속성을 빼 보자. 뭐가 남는가? 만약 아무것도 남지 않는다면 나−학생=0이 된다. 즉, 학생이라는 것을 제외하면 자아에서 어떤 다른 잉여도 남지 않는다. 당연히 이 잉여가 많을수록 자아가 풍부해진다.

그런데 이걸로 끝나는 게 아니다. 이번에는 학생이라는 개념의 잉여를 구해 보자. 만약 학생을 공부하는 사람으로 규정했을 때 학생−공부=0에 수렴한다면? 학생의 개념이 닫혔다. 만약 공부를 하지 않으면 학생이 아니게 되기 때문이다. 이 닫힌 개념은 시간을 규정한다. 학생의 시간은 공부하는 시간이 되어야 한다. 마치 노동자의 시간이 일하는 시간이 되어야 하듯.

그런데 이번에는 공부의 개념이 닫힌다. 공부란 시험에서 높은 점수를 얻는 것, 즉 시험공부다. 공부−시험=0에 수렴한다. 아니, 아예 0이 되어 버릴 수도 있다. 심지어 이 시험의 개념도 닫힐 수 있다. 짐작할 것이다. 시험 – 대입 = 0이다. 모든 시험은 결국 대입이라는 최종 목적을 달성하기 위한 수단이며 과정이다. 물론 그 대입도 대부분 시험을 통해 이루어진다.

즉, 공부 = 시험 = 대입이다. 이것이 곧 학생의 가치이며, 학생의 가치가 곧 나의 가치가 되니 대입 결과 = 가치 확인이 된다. 만약 이 사슬 중 어느 하나에서만 이탈하면 그는 학생이 아니게 된다. 학생을 제외할 경우 '나'의 잉여가 없기 때문에 '나' 역시 소멸한다. 즉, 정당한 존재, 온전한 사람이 아니다. 이런 식으로 대입을 위해 시험공부에 몰두하지 않는 18세 미만은 제대로 된 사람이 아니게 된다. 이 닫힌 존재론을 받아들이는 한, 시험점수는 사람으로서의 가치를 결정하는 지표나 다름없다.

하필 표준화 시험이 이런 기능을 담당하게 된 까닭은 그 어떤 평가 방법보다 수치화하여 순위를 매기기 쉽기 때문이다. 시험은 그 수치 순서대로 존재의 '객관적'인 순위를 매길 수도 있고, 일정 간격 단위로 등급을 매기도 좋으며, 특정한 등급이나 순위를 경계로 성공과 실패 혹은 합격과 불합격의 낙인을 매기기도 쉽다.

바로 여기서 모든 스트레스와 체념과 비극이 기원한다. 등수와 등급, 표준화 시험에 존재론적인 권위까지 씌워 버린 닫힌 존재론. 만약 이 외피만 벗겨 낸다면 표준화 시험은 일종의 퀴즈놀이가 된다. 시험을 다만 시험 그 자체의 목적에 맡게 사용했다면, 시험에 존재론적 권위를 뒤집어씌우지 않았다면 시험이 풍기는 그 어두운 그림자는 대부분 만들어지지 않았을 것이다. 나아가 시험뿐 아니라 모든 평가를 그 원래 목적에 맞게 사용했다면, 즉 선발의 도구로 남용하지 않았다면 이와 관련된 많은 불행하고 한탄스러운 문제들은 일어나지 않았다.

닫힌 존재론을 극복하는 방법은 하나뿐이다. 그 규정 너머를 사유하는 것이다. 규정 너머의 사유는 규정된 내용이 아닌 그 규정 자체에 대한 부정이다. 규정된 내용에 대한 부정은 이미 규정된 내용으로부터 출발할 수밖에 없다. "그것과 다르다."라거나 "그것과 반대다."라거나. 그러나 규정 자체에 대한 부정은 "그것일 수도 있고 아닐 수도 있다."라고 규정 자체를 열어 버린다. "무엇이든 될 수 있다. 그것을 포함하여."라고 말하는 것이다.

시험에 대입만 있는 것이 아니다. 공부에 시험공부만 있는 것이 아니다. 학생이 공부하는 사람만은 아니다. 나, 혹은 나의 학생, 혹은 나의 자녀는 학생이기만 한 것이 아니다. 그들은 사람이며 살아 있는 존재다. 그런데 살아 있는 존재라는 것은 교육하고 교육받는 것이며, 이는 자신의 앎과 행함을 끊임없이 검증하고 갱신한다는 의미이다. 바로 이것이 평가이며, 시험은 평가의 한 방법이다.

평가의 물신숭배

평가는 교육이 제대로 이루어졌는지 개선될 부분은 없는지 판단하기 위해, 정보를 수집하는 피드백 과정이다. 그런데 이 피드백의 방향을 오해하는 경우가 많다. 어떤 전자제품을 구입하여 사용하다가 어려움이 있어 회사에 문의하니 직원이 친절하게 대답해 주었다고 하자. 이 중 어느 것이 피드백일까? 직원의 응대가 아니라 고객의 문의가 피드백이다. 어떤 문의가 들어오는지를 통해 판매 제품에 대한 반응, 개선점에 대한 정보를 수집할 수 있다.

교육에서 평가가 피드백의 역할을 하는 까닭은 평가의 대상이 학생이 아니라 교육이기 때문이다. 평가는 교육자에게 교육의 성과, 효과, 문제점 등에 대한 정보를 전달하여 현재 이루어지는 교육의 지속, 중단, 변경 여부를 결정하려는 것이다. 평가 본연의 역할은 교육에 대한 피드백이지 학생 선발에 있지 않다.

'학생 선발'이라는 말 자체가 형용모순이다. 교육은 계속 이루어져야 하며, 교육의 중단은 곧 삶의 중단이다. 사람은 어떤 의미에서는 영원한 학생이다. 그런데 학생을 선발한다? 그것도 평가를 통해 누구는 교육을 받고 누구는 교육에서 배제되는지를 정한다? 교육이 계속 이루어지는 데 필요한 정보를 얻는 평가를 이용하여 어떤 학생을 교육으로부터 배제할지 정한다?

그렇다면 현실 세계 속에 엄연히 존재하는 입학시험과 합격/불합격은 무엇인가? 이때 불합격을 교육의 실패, 혹은 교육의 배제로 해석하면 안 된다. 다만 지원한 학교의 교육이 아닌 다른 종류의 교육을 받으라는 의미로 해석해야 한다.

너무 원론적이고 이상적인 생각이라고? 부정적으로 생각한다고 이미 떨어진 시험에 합격하는 것도 아닌데, 이렇게 원론적이고 이상적으로 해석하는 것이 세상을 원망하고 억울하다고 외치는 쪽보다는 정신건강에 이롭다. 아니, 원망해도 좋다. 다시 도전해도 좋다. 다만 불합격을 곧 학생의 실패로, 학생의 가치 자체를 평가한 것으로 받아들이지는 말자.

그런데 사람들은 평가라고 하면 자기가 받은 교육을 평가하는 것이 아니라 자신을, 자신의 전인격에 대한 가치를 매기는 것으로 받아들인다. 교육의 성과와 학생의 가치가 분리되지 않기 때문이다. 교육의 성과는 학생에 깃들어 있다. 따라서 그걸 확인하려면 학생을 관찰하고, 학생에게 물어볼 수밖에 없다.

교육이 아닌 다른 분야와 비교해 보자. 어떤 의약품의 효과를 평가하려면 그 약을 투약한 환자 몸의 이곳저곳을 측정하고, 환자의 상태를 관찰해야 한다. 그렇게 임상 1상, 2상, 3상까지 시험한다. 하지만 이 환자 중 누구도 자신이 평가받는다고 생각하지 않는다. 만약 치료가 제대로 되지 않았다면 그건 그 의약품의 문제이지 환자의 문제가 아니다. 그런데 만약 예후가 좋은 환자만 건강보험을 적용하고, 그렇지 않은 환자에게는 치료비를 전액 징수하겠다고 하면 어떻게 될까? 치료효과가 크지 않을 경우, 가족 안에서 의약품이 아니라 환자를 원망하고 비난하는 정서가 자라기 쉬울 것이다. 물론 너무 비인간적인 비유다. 그런데 이 비인간적인 상황이 교육에서, 그것도 아직 연약한 어린 학생들을 대상으로 하는 교육에서 현재 일어나고 있는 일이다. 심지어 제3자인 교사들은 그러지 말라고 하는데, 피와 살을 나눈 부모가 나서서 그렇게 한다.

선발은 어떤 특정한 목적이 있을 때 그 목적 달성에 적합한 사람을 가려내는 것이다. 물론 그 목적 달성에 적합한지 여부를 가려내려면 어떤 형태로든 평가가 이루어질 것이다. 하지만 그 평가는 매우 제한적이고 특수한 평가이지, 교육에 대한 평가도 학생에 대한 평가도 아니다.

수능은 대학생을 선발하기 위한 평가도구다. 그런데 대학생은 특수한 지위이지, 사람이라면 누구나 거쳐 가야 하는 보편적인 지위가 아니다. 수능은 어디까지나 대학생이라는 특수한 지위에 요구되는 특수한 능력과 속성을 측정하려는 방법이며, 그 범위를 넘어서까지 학생을 평가할 수 없다. 그럼에도 불구하고 많은 학생이 수능 등급으로 혹은 그것의 예측변인이자 선행지수인 내신, 모의고사 등급으로 인격 전반을 평가받는다는 압박 속에 살아간다.

대학이 교육기관이라는 점을 고려하면 수능을 통한 선발 그 자체도 문제가 많다. 응시자의 현재 능력, 현재 상태만 측정할 뿐 그러한 능력, 상태에 도달하기 위해 어떤 과정을 거쳐왔는지 전혀 보지 않기 때문이다. 현재의 학업능력이 착실한 교육과 성실한 노력의 결과인지, 원래 타고난 재능이나 유전의 결과인지, 혹은 돈을 쏟아부은 각종 사교육의 결과인지 수능은 가려내지 못한다. 이건 장차 가르칠 학생을 뽑는 방법이 아니라 부려먹을 일꾼을 뽑는 방법에나 적합하다.

대학은 교육기관이지, 당장 연구소에 투입될 인력을 선발하는 곳이 아니다. 물론 대학생에게는 어떤 특수한 영역의 지식이나 기능이 필요하다. 하지만 이를 확인하는 것은 지식이나 기능 그 자체가 필요해서가 아니라 그 분야의 재능과 태도, 즉 자질을 알아보기 위해서다. 대학은 그러한 지식이나 기능을 더 키우고 확장하는 곳이지, 완성된 사람들을 데려다 사용하는 곳이 아니다. 따라서 대학은 응시생이 보유한 지식과 기능 그 자체보다는 어떤 과정을 통해 획득했는지에 더 많은 관심을 기울여야 마땅하다.

현재 시점에서는 더 탁월할지 몰라도 현재 도달한 탁월함에서 더 발전할 여지가 없는 학생과 현재 시점에서는 아직 모자라지만 현재 경지까지 발전해 온 과정을 볼 때 앞으로 훨씬 더 발전할 여지가 많은 학생 중 후자가 대학생에 더 적합하다. 심지어 오늘날에는 기업조차 신입사원을 당장 활용할 인력이 아니라 장차 일해 나가면서 학습하고 발전할 일종의 학생으로 본다. 이는 우리가 살아가는 환경이 날이 갈수록 빠르게 바뀌기 때문이다.

이러한 가능성, 능력이 소양(literacy) 혹은 역량(competency)이다(OECD & UNESCO, 2003). 이제 우리는 평생학생의 시대를 맞이하고 있다. 소양이나 역량은 현재 성취된 결과만을 통해서는 알아낼 방법이 없고, 그것을 이룬 과정과 환경까지 골고루 평가해야 알 수 있다. 그래서 대학이나 기업은 응시생이 상당한 기간 소양과 역량을 발휘해 온 과정을 확인할 수 있는 자료를 요구한다. 이건 금수저 전형이 아니라 평가 그 자체다.

그런데 학종같이 비교적 폭넓은 영역을 살펴보는 평가라 할지라도 선발은 선발이기 때문에 선발 목적에의 적합성 이상의 것을 평가하지 않는다. 평가의 대상은 학생이 아니라 소양과 역량을 포함한 학생의 어떤 속성이나 상태다. 평가의 결과는 지표로 확인한 학생의 어떤 부분을 드러낸 것일 뿐, 학생의 가치나 여러 소양이나 역량, 그밖의 덕성이나 속성, 그리고 인격 등 학생 전체를 대표하는 것이 아니다.

그럼에도 불구하고 이런저런 평가 결과가 인격 전체에 영향을 미치는 경우가 적지 않다. 교육에서만 나타나는 현상이 아니라 현대사회 전반에 만연한 물신숭배(페티시즘)의 영향이다. 가령 소유하고 있는 자동차나 아파트는 그 사람의 경제력 일부를 보여 줄 뿐이다. 더구나 경제력은 그 사람의 인격이나 능력 전체를 대표하지 않는다. 그럼에도 우리는 값비싼 명품을 쉽사리 구입하는 사람을 보고 "능력 있다."라고 말한다.

생식기는 신체의 극히 일부분이다. 그런데 가부장제는 이 일부분의 차이를 근거로 사람의 가치와 역할을 결정해 버린다. 이런 가부장적 성차별은 아직도 끈질기게 남아 있다. 특히 여성은 생식기 페티시즘에 아직도 희생되고 있다. 얼굴과 몸매로 자신의 가치의 절반 이상이 재단되는 어처구니없는 상황이 아직도 계속되고 있다.

학부모들끼리도 서로를 물신적으로 바라본다.

"지금 어디 사세요?"

이런 질문의 저의는 뻔하다. "얼마짜리 아파트에 사세요?"가 궁금한 것이다. 또한 상대방이 들고나온 핸드백, 몰고 온 자동차를 살펴본다. 이런 것들로 상대방의 가치, 그리고 자녀의 가치까지 판단하려는 것이다.

강남권의 천박한 물질주의라고?

이런 식의 비난도 페티시즘이다. 주소로 사람을 판단하고 있다. 그렇다면 가난한 지역은 다른 평가를 받을까? '가난하지만 마음이 따뜻한 사람들'은 이제 신화가 되었다. 정말 그런 시대가 있기나 했는지 모르겠지만, 어쨌든 과거와 오늘날 우리 사회의 가난한 사람들은 드라마 〈달동네〉와 영화 〈기생충〉만큼이나 다르다.

부모의 이런 물신숭배는 당연히 아이들에게 강한 영향을 미친다. 아파트 평수로, 혹은 가구의 월소득으로 그 가족과 구성원의 가치를 판단하는 어른들을 보고 자란 학생들은 시험점수야말로 자신의 전 인격적인 가치라고, 친구들의 가치라고 받아들인다. 어른들 사회에서 부자와 가난뱅이가 다른 가치를 가진 사람으로 취급된다면, 아이들 사회에서는 공부 잘하는 애와 공부 못하는 애가 마치 다른 종류의 사람인 것처럼 갈라진다.

시험점수 낮은 아이는 사람으로서 가치 없는 아이가 된다. 사람으로서 가치 없다고 스스로를 생각하기 시작한 아이는 자기를 혐오하게 되며, 이는 학습된 무기력으로 혹은 여러 가지 일탈로, 우울증과 자살로 나타난다. 한마디로 자신을 다양한 방식으로 망가뜨린다.

물신숭배 벗어나기

이 우울한 물신숭배의 결말. 피할 길이 없을까? 이게 교육만의 문제가 아니라 근대성 자체의 문제이기 때문에 쉽고 짧게 해결될 가능성은 없다. 더구나 근대의 그물 같은 체계 속에서 '양순한 신체'로 길든 어른들에게는 기대하기 어렵다(푸코, 1975). 그들은 이 물신숭배의 그물망에서 벗어날 힘이 부족하다. 그 힘은 어린이와 청소년에게 있다. 아직 길듦이 마무리되기 전에 벗어날 힘을 길러야 한다. 그런 힘을 가진 사람들이 사회 다수가 되어야 한다.

그렇게 하지 않으면 불안과 욕망 속에 늘 초조하게 움직이는 10퍼센트와 이미 모든 것을 포기한 무력한 90퍼센트로 갈라지는 세상을 막을 수 없다. 이런 세상에서는 누구도 행복하지 않다. 10퍼센트는 불안에, 90퍼센트는 무력함과 시기심에 시달리는 사회라니. 시험은 이런 초조와 무력으로 움직이는 세상을 만드는 씨줄이다. 근대 사회는 구조와 시험으로 돌아간다. 꽉 짜인 구조, 그리고 그 구조에서의 이탈 여부를 가리는 시험.

그럼 학생들은 어떻게 그 힘을 기를 수 있을까?

우선 학생 스스로가 자신의 성취와 인격을 분리하여 생각할 수 있도록 해야 한다. 쉽지 않지만 불가능한 일도 아니다. 성취의 영광이나 책임을 학생 개인에게 온전히 부과하는 것은 온당하지 않다. 물론 성취가 기대에 미치거나 넘치면 세상을 얻은 것처럼 우쭐한 마음이 생기고, 미치지 못하면 기분 나쁘고 힘 빠지는 것은 인지상정이다. 하지만 시험점수는 교육의 성공과 실패를 가늠하는 것이지, 학생의 인격, 자질 등을 판단하고 질책하는 것이 아니라는 점을 어릴 때부터 학생뿐 아니라 교사, 학부모에게도 계속 강조해야 한다.

그다음은 세상에는 수많은 평가가 있다는 것을 받아들이게 해야 한다. 너무도 시험에 익숙한 우리나라에서는 시험 아닌 평가를 시험보다 하찮은 것으로 여기는 경향이 있다. 학종에 대한 거부감이 수능 정시라는 퇴행적 입시제도에의 요구로까지 발전하는 까닭도 "뭐니 뭐니 해도 역시 평가는 시험"이라는 오래된 믿음, 아니 타성 때문이다.

초등학교 저학년 시절 시험점수 몇 점, 몇 점보다 선생님의 "참 잘했어요." 한마디에 더 감격했던 기억을 떠올려 보자. 그것이 평가다. "아무개는 이런이런 걸 아주 잘하네요. 요거요거만 보태면 진짜 멋진 어린이가 될 거예요." 이런 한마디에 '요거요거'를 더 잘하려고 마음먹었던 기억이 있을 것이다. 이 모든 것이 평가다. 그걸 다정한 목소리로 이야기해 주느냐, 수치로 표현하느냐, 생활기록부에 기재하느냐, 방식의 차이일 뿐이다.

이 모든 것들이 과연 시험점수로 대신할 수 있는 평가일까? 그리고 이런 기억을 모두 없다고 치고, 그럼에도 시험점수가 낮으니 나는 가치 없는 사람이라는 것을 받아들이라고 하면 그럴 수 있는가? 이런 당연한 의문을 품을 수 있게 학생들을 길러야 한다. 시험점수가 부진하더라도 너무 심각하게 반응하지 않도록 가르쳐야 한다. 물론 어른도 담담하게 반응하도록 노력해야 한다.

그렇다고 부진한 학업성취를 방치하자는 것은 아니다. 학생의 부진 원인은 여러 가지이며 복합적이다. 오히려 '노력 부족'은 그중 매우 미약한 원인이며, 직접적인 원인도 아니다. 다른 어떤 원인의 결과에 가깝다. 학생의 부진은 여러 요인이 뒤엉켜서 나타난다.

우선 교육 목표 자체가 학생에게 맞지 않았을 수 있다. 너무 무리하거나 너무 시시하거나. 학년이 낮을수록 잘못 설정된 목표는 학습 동기를 끌어내지 못하기 때문에 성취에 나쁜 영향을 미친다. 아이들은 동기가 없으면 '노력'하지 않는다. 교사가 무능하거나 교수법이 적절하지 않았을 수도 있다. 그 밖에도 수많은 원인이 있다. 학교나 가정에서의 부적절한 학습환경, 부모나 가족의 잘못된 양육태도나 부정적인 상호작용, 학생의 건강, 가치관, 심리 상태, 학습능력, 학습 전략, 기초학습 부족 등등. 학업부진의 원인만 나열하더라도 책 한 권, 아니 여러 권이 나올 정도다.

제대로 된 평가가 무너진 세상

만약 시험점수라는 물신에서 벗어나지 못하고, 사람들이 수단과 방법을 가리지 않고 시험점수를 높이는 일에 나서면 어떤 결과가 올지 생각해 보자. 시험점수를 높이는 가장 확실한 방법은 시험문제를 미리 알아내는 것이다. 시험문제는 어차피 사람이 내는 것, 충분한 데이터만 있다면 이를 분석하여 예상문제의 데이터베이스를 구축할 수 있다. 데이터베이스가 실제 문항의 4배수 정도만 되어도 어지간한 문항은 이 안에 들어 있다고 봐야 한다. 이 4배수의 예상문제만 수없이 반복 연습하면 정상적인 교육과정을 전혀 거치지 않았더라도, 마치 교육을 완벽하게 이수한 것 같은 점수를 받을 수 있다.

높은 점수를 받고자 하는 것 자체가 비난받을 일은 아니다. 하지만 이는 높은 평가를 받을 방법이 학습 그 자체를 더 잘하는 것일 때, 자신이 학습한 만큼의 평가를 받을 마음가짐을 가지고 있을 때나 정당화된다. 학습은 덜하면서 평가만 높게 받으려는 부정한 마음에서 온갖 문제상황이 발생한다. 학습 이상의 평가를 받으려는 마음은 평가만 잘 받으려는 여러 가지 꼼수를 쓰게 만든다. 문제를 유출하거나 시험현장에서 답을 훔쳐보는 것만 부정행위가 아니다. 자신의 실제 학습결과보다 높은 평가를 받으려는 시도는 모두 부정행위다.

부정행위는 누구보다도 학생 자신에게 해롭다. 평가만을 노리고 선행학습을 한 학생은 학습 목표를 완료하지 않았음에도 마치 완료한 것처럼 평가받을 것이다. 그리하여 자신의 실제 학습수준보다 훨씬 높은 교육과정에 진입하게 될 것이다. 그 결과는 정상적으로 이수했어야 할 학습 목표도 달성하지 못하고, 능력보다 높은 과정에서의 목표도 달성하지 못하는 참담한 실패. 정상적인 교육과정을 이수했다면 훌륭한 성취를 거두었을 우수한 학생들이 이런 상황에 빠지는 경우가 많기 때문에 더욱 애석하다.

평가에서 저지르는 부정행위를 일컫는 말로 흔히 '커닝(cunning)'이라는 말을 사용한다. 하지만 커닝의 원래 의미는 영리하다, 교활하다 정도이지, 남을 속인다는 등의 도덕적 비난의 내용은 없다. 굳이 번역한다면 부정행위보다는 꼼수 정도가 될 것이다. 부정행위에 사용되어야 하는 영어는 '치팅(cheating)'이다. 치팅에는 정직하지 않은 방법을 사용한다거나 남을 기만한다는 의미가 들어 있기 때문에 도덕적 비난이 가능하다.

만약 평가를 학습 결과를 점검하고 피드백을 얻는 것이 아니라 선발경쟁에서 승리하기 위해 거쳐 가야 하는 불편한 관문으로만 본다면, 더 쉽게 통과할 방법이 있는데 그걸 안 쓰는 것은 마치 '송양지인(宋襄之仁)'으로 보일 것이다. 애초에 교육이 목적이 아니었다. 통과가 목적이었다. 그렇다면 더 효과적이고 확실한 방법을 최대한 동원해야 한다. "전쟁에 도덕이 어디 있어?" 이런 사고방식으로는 평가 부정에서 자신의 잘못이란, 부정 그 자체가 아니라 발각되었다는 것이 된다.

이 무모한 군비경쟁에서 조금 뒤로 물러나서 평가 자체에 대해 성찰해야 한다. 평가는 교육의 목표가 아니다. 목표를 달성했는지, 목표 달성의 과정이 적절했는지를 판단하기 위한 자료 수집의 과정이다.

교육은 자신이 필요 없어지는 것을 목적으로 하는 변증법적인 과정이라고 했다. 그런데 변증법 자체가 무한히 반복되는 평가의 과정이다. 교육은 끊임없이 자신의 필요성을 평가하며, 필요 없다는 평가가 나올 때까지 교육은 계속된다. 교육은 자신이 필요 없어짐을 목적으로 하지만 그 단계는 고정되어 있지 않다. 학생도 변하고 선생도 변하기 때문이다. 어떤 교육 목표를 달성하면 그 목표가 새로운 목표를 만들어 내기도 한다. 교육을 통해 달라진 사람들 간의 상호작용이 이미 세계를 바꾸었고, 이렇게 바뀐 세계는 적응해야 할 새로운 환경의 변화, 즉 문제상황을 만들었기 때문이다.

그런데 만약 평가가 왜곡되어 실제 상황과 다른 정보를 준다면? 잘못된 판단, 잘못된 대응이 따를 것이다. 게다가 잘못된 판단, 잘못된 대응이 변증법적 운동을 통해 확대재생산된다. 이는 교육의 실패, 삶의 실패, 사회의 실패까지 이어진다.

우리가 살아가는 사회는 단순사회가 아니라 거대복합사회로 고도로 분업화되어 있다. 이 사회적 분업체계가 최대한의 힘을 발휘하려면 나누어진 각각의 역할에 가장 적합한 사람이 할당되어야 한다. 이를 확인하기 위해서는 평가가 필요하다. 대부분 사회는 각각의 역할을 담당하는 사회적 지위를 정해 두고 평가를 통해 구성원들을 할당한다. 지위에 따라 사회적 자원의 차별적인 분배가 이루어지는 게 문제긴 하다. 하지만 이 역시 불가피한 면이 있다. 보다 책임이 중요하거나 힘들거나 위험한 지위를 자발적으로 담당하도록 할 유인이 필요하기 때문이다.

이 과정이 어느 정도 합리적이고 타당하게 이루어진다고 믿는 사회에서는 사회적 지위에 따른 차별적인 자원 분배를 대체로 받아들인다. 저런 일을 하는데 그 정도 보상이 없으면 과연 누가 하겠느냐고 말한다. 가령 나는 의사의 높은 소득이 때로 부럽지만 그렇다고 직업을 바꿀 마음은 없다. 그 일이 너무 힘들어 보이기 때문이다. 의

사는 꼭 필요하다. 그런데 의사의 일은 매우 고되다. 그렇다면 상당한 수준의 보상이 주어지지 않는 한 유능한 인재가 의사를 지망하지 않을 것이며, 이는 우리 삶의 질에 직결되는 문제다.

그런데 사회가 불합리하고 불공정하게 움직인다고 믿는 사람에게는 의사의 일이 아니라 보상만 눈에 들어온다. 일의 차이를 고려하지 않기 때문에 의사의 엄청난 소득은 그 자체로 매우 불공정한 것으로 여겨지며, 수단과 방법을 가리지 않고 자녀를 의사로 만들고자 할 것이다. 자녀가 의사 일에 적합한지 아닌지는 고려하지 않는다. 결국 의사가 되기 위한 경쟁이 치열하게 일어나고, 의사가 되기 위해 통과할 평가에서의 점수 경쟁이 격해진다.

그런데 보기 5개 중 정답을 고르는 시험문제풀이에 엄청나게 숙달된 의사에게 자기 몸을 맡기고 싶은 환자는 없다. 의과대학 입장에서도 그런 문제풀이 달인을 데려다가 의사로 만드는 일을 달가워하지는 않을 것이다. 결국 보다 의사다운 지원자를 선발하기 위해 시험의 비중이 줄어들고, 의사다움을 확인할 수 있는 다른 지표들을 개발한다. 그러나 어떻게 해서든지 이 평가라는 관문만 통과하면 된다고 생각하는 지원자들은 의사다움의 자질을 개발하는 대신, 새롭게 추가된 지표에서 높은 득점을 받을 수 있는 방법만 따로 익힌다. 덕분에 반칙을 가르치는 사교육이 창궐한다.

이런 현상은 사회 전체의 신뢰를 떨어뜨린다. 자신들이 언제든지 커닝할 마음이 있기 때문에 다른 사람들도 커닝했으리라 생각하기 때문이다. 그러면서 의사의 의사다움을 믿지 않는다. 의사란 더 많은 돈을 들여 사교육을 받아 그 지위를 차지한 사람에 불과하다고 생각한다. 교사의 교사다움도 믿지 않는다. 그들은 단지 임용고시를 통과하기 위한 요령을 익힌 사람들이며, 이를 위해 막대한 사교육비를 지출한 무리에 불과하다.

이런 식으로 사회의 거의 모든 전문직이 사교육비를 많이 지출한 것 외에는 자신과 별로 다를 바 없다는 생각이 만연한다. 그들에게 주어지는 사회적인 특혜는 부당한 것이 된다. 지금 그들이 그 자리에 있는 것은 불공정한 것이 된다.

제대로 된 방식의 평가가 무너진 사회에서는 그 어떤 사회적 지위와 역할도 정당화되지 않는다. 그 어떤 성취도 존경받을 만한 것이 아니라, 단지 '커닝경쟁'에서 더 많은 군비를 지출한 결과, 결국 부모 찬스에 불과한 게 된다. 여러 다양한 직종에 필요한 역량과 자질이 평탄화되어 버리고 다만 차등적 자원할당만 남아 억울함과 분노를 일으킨다. 실제로 한국사회조사연구소의 2019년 조사에 따르면, 70퍼센트 이상이 한국사회의 상층 지위에 있는 사람들이 그만한 자격이 없다고 응답했다. 무언가 사회의 파국이 머지않다는 생각을 지울 수 없다.

그런데 학생들은 억울하다. 평가의 왜곡도, 과도한 경쟁도, 그로 인한 각종 편법과 부정행위도 그들이 원해서 하는 것이 아니다. 그들을 그렇게 몰아붙인 당사자는 다름 아닌 부모다. 그리고 우리나라는 자녀가 부모에게 거역하기 어려운 문화적 전통이 있다. 결국 교육과 평가, 이 모든 문제는 '부모됨'이라는 주제를 향해 나가야 한다.

교육이 필요한 '부모됨'

유교의 영향을 받은 까닭에 우리나라에서 '부모님'이라는 말의 의미는 각별했다. 부모가 세상을 떠나면 '하늘이 무너지는 아픔(天崩之痛)'이라 표현할 정도였다. 그런데 근대화와 함께 부모의 의미가 달라졌다. 자식의 효가 아니라 부모의 극성이 이 단어의 의미를 채우고 있다. 근대 이전 우리나라 부모는 요즘 눈으로 보면 헌신은커녕 거의 방치나 다름없었다. 낳아 주고 젖 뗄 때까지 길러 준 것만으로도 엄청난 은혜를 내린 것으로 쳤다. 그래서 부모의 의무, 도리보다는 자녀의 '효'의 의무가 언제나 무겁게 거의 강박적으로 다가왔다.

그러나 오늘날 강박의 대상은 '효'가 아니라 부모의 '무엇'이다. 그저 무엇이라고 한 까닭은 우리말에 부모의 의무, 책무를 담아 내는 개념어가 없기 때문이다. 통상 '자녀교육'이라고들 말한다. 아이를 낳기도 전에 '자녀교육'의 무게가 강박적으로 젊은 부모를 짓누른다. 부모되기가 참으로 무섭다. 그래서 실제로 적지 않은 젊은이들이 '부모됨'을 포기한다.

부모는 낳아 주신 분?

우리말의 부모는 그저 아버지와 어머니라는 심심한 조합이다. 오히려 영어 'parents'가 제법 멋스러운 의미를 담고 있다. 이 말의 어원은 '주다'라는 의미가 있는 라틴어 'paro'다. 무엇을 주었을까? '생명'을 주었다. 즉, '생명을 준 사람'이라는 의미의 'parent'의 복수형이 바로 'parents'다.

여기서 '생명을 준다'라는 의미는 복합적이다. 생물학적으로 유전 정보를 제공해 준 사람이 될 수도 있고, 무력한 상태로 출생한 아이가 생존 가능한 상태까지 안전하게 자랄 수 있게 해 준 사람이 될 수도, 짐승이 아닌 버젓한 사람으로 살아갈 수 있게 정신적인 생명을 준 사람이 될 수도 있다. 이 말은 '부모 역할을 하다'라는 의미의 동사로도, 또 명사형인 'parenting'으로도 사용 가능하다. 이 단어를 우리말로 어떻게 옮겨야 할까? 부모질? 부모짓? 부모일?

부모라고 하면 아버지, 어머니만 해당하지만 parents─이후 부모는 이 단어의 의미로 사용한다─라면 누구든 삶을 살아가게 해 준 존재, 지금의 내가 있도록 한 존재를 뜻한다. 그게 아버지와 어머니일 수도 혹은 둘 중 하나만일 수도, 생물학적으로는 물론 법적으로도 아무 관계 없는 사람일 수도 있다.

많은 종교에서는 신을 부모로 삼는다. 신이 모든 생명이 비롯된 근원이기 때문이다. 다만 가부장제와 결합해 버린 종교에서는 신을 '아버지'로 부르거나 최고신을 여러 신의 아버지로 만들어 버린다. 범신론적 경향이 강한 불교나 힌두교에서는 신을 아버지는커녕 부모로도 보지 않는다. 신을 포함하여 온 세계가 하나의 근원에서 나온 것이며 하나의 거대한 인연의 네트워크에 연결되어 있기 때문이다. 신도 그러하거늘 시간마저 뒤엉킨 거대한 인연의 바다에서 한낱 스쳐 지나가는 현생의 인연으로서의 아버지, 어머니에 무슨 큰 의미가 있을까?

그렇지만 아직 우리가 가장 보편적으로 받아들인 부모의 정의는 수정을 가능하게 한 생식행위의 당사자들이다. 그런데 이걸로 충분할까? 모래사장에 수십 개의 알을 낳고 떠나 버리는 바다거북을 다만 유전자를 제공했다는 이유로 부모라 부를 수 있을까? 사람의 경우 임신만 시키고 이후 아무런 책임을 지지 않는 남자를 아버지로, 어쩔 수 없이 임신과 출산까지는 담당했으나 얼마 견디지 못하고 아이를 버린 여자를 어머니라 부를 수 있을까? 물론 아직 유전자를 내려 준 사람을 부모로 보는 통념이 강하기 때문에 이렇게 자신을 버리고 간 유전자 제공자를 찾으려는 젊은이 이야기, 즉 이른바 '출생의 비밀' 이야기는 동서양을 막론하고 인기가 있다.

그런데 동아시아 전통사회에서는 '가문의 대'를 잇기 위해 양자를 종종 들였다. 일본에서는 아예 사위가 성을 바꾸어 호적상의 아들이 되는 경우도 흔했다. 유전자 관점에서 보면 아들이나 딸이나 부모의 유전자를 동등하게 가지고 있는데, 아들이 없다는 이유로 유전적으로 훨씬 거리가 먼 친척 혹은 아예 남을 들여 '가문의 대'를 이은 것이다. 이는 전통사회가 혈통으로 표현되는 유전자의 직접성을 부모의 근거로 보지 않았음을 알려 준다.

임진왜란의 명장 권율은 슬하에 딸 하나만 두었다. 그래서 사위 이항복과 일반적인 장인 – 사위 관계로 보기 어려울 정도로 친밀하게, 즉 부자유친의 관계로 지냈다. 그럼에도 불구하고 대를 이은 사람은 양자 권익경이었다. 유전자를 물려준 사람들을 부모로 보는 관점은 생각만큼 전통적이지도 보편적이지도 않다.

사실 유전자에 집착하는 것은 사람이라는 종의 본성과 어긋난다. 사람은 원래 자기 유전자를 직접 물려주지 않은 어린 세대도 보살피고 키우게끔 진화된 동물이다. 직립보행과 거대한 두뇌로 인해 많아야 1년에 1명만 출산할 정도로 자손이 귀한 사람이 자기 새끼가 아니라는 이유로 무리의 새끼들을 방치했다면 멸종을 면하기 어려웠을 것이다. 사람은 본디 대충 자기 무리에 속해 있는 어린 구성원들을 다 같이 보살피는 사회성이 뛰어난 동물이다.

따라서 공자나 맹자의 생각과 달리 부모라는 관념은 사람의 자연스러운 본성이 아니다. 현생인류의 역사를 30만 년으로 잡을 때 부모라는 관념이 자리 잡은 역사는 길어야 1만 년이 되지 않을 것이다. 사람의 역사는 대부분 부모와 자식이 아니라 무리의 어른들과 아이들로 살아왔다.

더구나 사람은 부모로부터 생명만 받지 않는다. 사람을 사람답게 하는 것은 출생 이후 배우고 익히면서 형성된 생각과 행실이다. 사람에게는 생명이 둘이다. 하나는 육신의 생명이며 다른 하나는 정신의 생명이다. 그렇다면 부모도 둘이다. 생물학적으로 나를 세상에 있게 한 사람과 정신적으로 나를 존재하게 한 사람이다. 전자는 반드시 한 쌍의 남성과 여성이겠지만, 후자에는 그런 제약이 없다. 단 한 사람일 수도, 동성 커플일 수도, 심지어 도니체티의 오페라 〈연대의 딸〉처럼 한 무더기의 남자들일 수도 있다.

그래서 임금, 스승, 부모가 같다는 '군사부일체(君師父一體)'라는 말이 나온 것이다. 임금은 바로 무리, 공동체를 대표한다. 무리가 없다면 살아남을 수 없으니 생명의 근원이라 할 수 있다. 스승은 포유동물에 머무르지 않고 사람으로 세상에 존재하기 위한 조건을 부여해 준 사람, 정신적 생명의 근원이다. 그러니 임금과 스승이 곧 부모인 셈이다. 실제로 공자의 제자 자공은 스승이 죽었을 때 삼년상을 다 치르고도 슬픔이 가시지 않아 3년을 더 보태어 육년상을 치렀다. 이때 그 누구도 "제 아비보다 선생을 더 깊이 모시는가?"라며 비난하지 않고 당연히 여겼다.

유럽 문화권에서도 정신적 생명을 부여한 사람을 부모처럼 섬기는 경우가 드물지 않다. 가령 모차르트는 하이든을 'papa'라고 불렀다. 교황(Pope)의 어원 역시 'papa'다. 물론 성당의 신부 역시 영어로는 그저 'Father'다. 아버지와 신부가 같이 있을 때 어떻게 부를지 궁금하다.

동물에게는 이런 일이 없다. 동물은 부모되는 것을 선택할 수 없다. 종에 따라 부모 노릇을 전혀 안 하거나 혹은 끔찍할 정도의 모성애를 발휘하거나 한다. 어디서 배우지도 않는다. 정해진 시간이 지나면 마치 누가 시키기라도 한 듯이 생식하고 번식한다. 모래사장에 알을 낳아 놓고 걱정이 되어 뒤를 돌아보는 바다거북도 없고, 온몸이 부서져라, 먹이를 잡아 새끼를 먹이는 일을 게을리하는 까치나 제비를 찾아보기도 어렵다.

만약 생물학적인 후손을 남김으로써 부모가 되는 것이라면, 동물은 삶 자체가 부모됨이다. 동물은 결사적으로 부모가 되려 한다. 한사코 짝을 찾아 나서고, 생식에 목숨을 걸다시피 하며, 포유동물의 경우 온 삶을 다 기울여 새끼를 보살핀다. 그 밖에 다른 일은 전혀 하지 않는다. 생식 - 번식 - 보육 - 생식 - 번식 - 보육의 연속이다. 그래서 대부분 동물은 생물학적 부모가 되는 기간이 생애 대부분이다. 고양이 암컷은 태어나서 1년 정도 지나면 임신 가능한 상태가 되어 적어도 10년간 계속 임신이 가능한데, 이는 고양이 일생 전부다. 사람으로 치면 10세 이전에 임신을 시작해서 60대까지 계속 임신하는 셈이다. 동물에게 성장이란 빨리 임신 가능한 상태의 신체를 만드는 것이며, 삶이란 임신과 출산, 즉 재생산을 반복하는 것이다.

하지만 사람은 부모라는 말에 '됨'이 붙는다. 사람에게 부모란 부모됨을 선택함으로써 얻게 되는 존재의 새로운 양태다. 그 선택이 생물학적인 생식을 요구하는 것도 아니다. 논란의 여지를 남기기는 했지만 2019년 10월, 대법원이 혼인기간에 태어난 아이가 여러 해가 지나 배우자의 부정을 통해 출산한 아이라는 사실을 알았다 해도 양육의 의무가 면제되지 않는다는 판결을 내린 바 있다. 부모됨이란 단지 생물학적인 유전자 관계가 아니며, 이미 그 아이가 태어났을 때 부모됨을 선택했고, 이를 실천해 왔다면 그 의무는 일방적으로 철회할 수 없다는 것을 보여 준다.

미국은 '부모됨'의 자격에서 생물학적 유전의 위상이 훨씬 약하다. 가령 생부, 생모가 여러 가지 정황상 자녀에게 유해한 영향을 끼친다고 판단되면 아동보호국에서 가차 없이 친권을 박탈하고 위탁가정으로 보낸다. 심지어 생부, 생모에게 위탁가정으로 간 자녀와 연락이나 접촉을 금지하는 조처가 내려지기도 한다. 생물학적인 부모 개념에 익숙한 사람들에게는 마치 천륜을 어기는 천인공노할 조치로 보일 것이다. 하지만 이러한 조치는 부모가 되기 위해서는 단지 유전자가 아니라 '사람의 부모됨'의 자격과 조건을 갖추어야 한다는 엄밀성을 보여 준다.

부모됨은 자연적인 것일까?

동물에 대해서는 부모라는 말을 잘 쓰지 않는다. 암수를 구별하지 않고 그저 어미라 부르는 경우가 많다. 어미 새, 어미 개 등은 반드시 암컷만 가리키는 말이 아니다. 어미는 변하지 않는다. 가령 알을 수정시키자마자 목숨을 다하는 연어, 알을 낳아 놓고 나 몰라라 가버리는 바다거북이나 양서류는 알에서 깨어날 새끼들과 한 번도 만나지 못하겠지만 어쨌든 어미는 어미다. 어미란 생물학적으로 유전자를 전달한 주체다.

어미의 행동은 그 종의 유전자 전달 방식에 따라 결정된다. 눈물겨운 모성조차 유전자 전달에 유리한 방식으로 선택된 것이다. 알을 많이 낳는 동물의 어미가 뒤도 보지 않고 떠나 버리는 것은 냉정하기 때문이 아니고, 새들이 깃털이 다 빠지도록 부지런히 알을 품고 새끼를 먹이는 것은 정이 두터워서가 아니다. 이러한 행동은 모두 나름의 방식으로 유전자를 전달하는 데 성공한 목록들이다. 바다거북도 알을 다섯 개 정도만 낳는다면 나 몰라라 떠나는 대신 알을 지키는 쪽으로 진화했을 것이다. 새 역시 알을 한 번에 수십 개를 낳는다면 직접 지키고 먹이는 쪽보다는 알아서 부화하게 내버려 두고, 차라리 새로운 알 수십 개를 더 낳는 쪽을 선택했을 것이다.

반면 사람의 부모는 유전자와 무관하다. 유전자 관점으로는 배우앤젤리나 졸리처럼 여러 나라에서 입양한 아이들로 가족을 이루는 행위를 이해할 수 없다. 이런 유명인뿐 아니라 유럽이나 미국에서는 제3세계의 고아를 입양하는 경우가 드물지 않다. 동성 커플이나 임신이 불가능한 부부만 그러는 것이 아니다. 이미 여러 자녀를 낳은 부부가 입양 자녀와 친자녀로 이루어진 대가족을 이루는 경우도 드물지 않다. 대체 무슨 목적으로 이들은 자녀를 두고자 하는 것일까? 유전자를 전달하지도, 혹은 동아시아적으로 말하면 대를 잇지도 못하는데. 심지어 이미 유전자를 전달하고 대를 이을 자녀가 있는데도 큰 비용까지 써 가면서 유전자가 전혀 섞이지 않은 자녀를 입양하는 까닭이 뭘까?

부모가 되는 것 그 자체가 목적이다. 이들이 원하는 것은 유전자나 대를 잇는 것이 아니라 오직 부모가 되는 것이다. 왜 그렇게 부모가 되고자 할까? 기쁨을 주기 때문이다. 부모됨은 기쁨을 준다. 거꾸로 말하면 자녀를 양육하는 과정에서 기쁨을 얻지 못한다면 아무리 생물학적인 임신과 출산의 과정을 거쳤다 하더라도 부모가 되기 어렵다.

이런 의미에서 부모는 자연적이고 생물학적인 개념이 아니다. 부모는 문화적이고 도덕적인 개념이다. 정자와 난자를 제공한 것과 부모가 되는 것은 별개의 일이다. 다만 현재의 여러 제도, 관행, 규칙, 문화, 한마디로 사회구조 속에서 정자와 난자의 제공자가 부모가 될 가능성이 가장 클 뿐이다. 엄밀히 말하면 정자와 난자의 제공자는 부모됨이 아니라 어미됨의 조건이다.

더구나 인공수정이 가능한 시대에서 정자와 난자 제공은 부모됨은 물론 어미됨의 조건에서도 점점 멀어지고 있다. 자신의 정자나 난자가 평생 만나지 못할 수도 있는 누군가의 출생에 사용되었을 가능성이 커지기 때문이다. 영화 〈제미니 맨〉처럼 유전자를 복제 배양하여 아이를 키울 수 있다면, 어미 없는 아이도 얼마든지 태어날 수 있다. 그러나 어미 없이 태어난 아이에게도 어떤 형태로든 부모는 필요하다. 그렇다면 어미가 아닌 어른, 아이와 유전자가 거의 겹치지 않는 어른이 어디서 동기를 얻어 부모가 되고자 할까? 문화와 도덕이다.

모성 본능이 있지 않으냐 반문할 수 있다. 물론 사람도 포유동물인 이상 어느 정도의 모성 본능은 있다. 하지만 본능에서 비롯되는 행동에는 지속 시간의 한계가 있다. 더구나 사람은 다른 어떤 동물보다도 본능이 미약하다. 만약 부모됨이 모성 본능에 의존한다면 사람은 다른 어떤 포유동물보다도 형편없는 부모가 되었을 것이다. 임신과 출산의 과정을 견디고, 그 이후 경우에 따라 수십 년간 헤어날 수 없는 양육과 교육의 부담을 걸머지는 것은 본능으로 감당할 수 있는 일이 아니다. 오죽하면 "자식은 만드는 3분 동안만 즐겁고 이후 30년간 괴로운 존재다."라는 웃지 못할 농담까지 있을까? 상당한 문화적, 도덕적 준비 없이는 부모됨을 선택하기가 쉽지 않다.

때때로 어린 나이에 본의 아니게 임신한 소녀가 자신이 낳은 아이를 몰래 버리고 도망치는 사건이 일어난다. 괴테의 『파우스트』에서도 마르가리타는 자신이 낳은 아이를 우물에 빠뜨려 죽이고 미쳐 버린다. 그럴 때마다 사회는 어떻게 자기가 낳은 아이를 버릴 수 있느냐며 소녀를 비난한다. 여기에는 '모성'이라는 것이 지극히 당연한 본능, 사람이라면 마땅히 갖추어야 한다는 전제가 깔려 있다. 물론 마르가리타가 미쳐 버린 것 역시 죄책감을 느꼈기 때문이다. 모성 본능이 죄책감을 일으켰을 것이다. 하지만 모성 본능은 기나긴 삶의 시간 동안의 부모됨을 여러 가지 불리한 조건에도 불구하고 받아들이도록 하기에는 너무 약하다.

오히려 그런 소녀들에 대한 비난은 "엄마가 되어서 어떻게?"가 아니라, "어떻게 생명을 죽을 수도 있는 상태에서 방치했느냐?"라는 보다 보편적인 측면에서만 정당하다. 어찌어찌 임신은 했으나 부모됨의 준비는 되어 있지 않다면, 부모됨의 의미도 모른다면, 그것을 선택하기 위해 고민하는 시간도 가지지 못한 상태라면, 이 어린 '어미'가 느끼는 감정은 따뜻한 모성애가 아니라 걱정, 공포, 불안이다. 이 어미들에게는 아기의 생명을 위태롭게 하지 않으면서 부모됨을 포기할 기회가 주어져야 한다. 혹은 부모됨을 충분히 준비할 시간을 주고 그때까지 부모됨을 잠시 유보할 수 있는 기회가 주어져야 한다.

부모됨은 본능의 영역이 아니라 교육의 대상

노련한 교사들이 자주 사용하는 말 중에 "가르쳐 주고 야단치자."라는 말이 있다. 잘잘못을 가르쳐 주지도 않고 나무라기만 한다면 폭력이다. 사실 이 말에도 중간에 빠진 고리가 하나 있다. "가르치고 이해했다면 야단치자." 젊은 세대에게는 때로 꾸짖음도 필요하다. 하지만 모든 꾸짖음에는 반드시 가르침과 이해할 때까지 기다려 주는 숙성의 시간이 필요하다. 부모됨이 본능의 영역이 아니라면 교육의 대상이라는 뜻이다. 가르쳐야 한다. 젊은 세대의 부모됨 자격을 비난하려면 먼저 그것을 가르치고 준비시켜야 한다.

더구나 갈수록 부모됨이 어려워지는 세상이다. 독일의 교육학자 몰렌하우어가 '가르치기 어려운 시대'의 교육을 한탄했는데, 이제는 부모되기도 어려운 시대다. 한때는 어미이기만 하면 그럭저럭 부모일 수 있는 시대가 있었다. 하지만 갈수록 어미와 부모의 거리가 멀어지고 있다. 전통사회에 비해 모성이 약해진 것이 아니다. 전통사회에서는 여성에게 부모됨의 선택권이 주어지지 않았거나, 선택할 수 있다는 것 자체도 알지 못했다. 그래서 그저 감수했을 뿐, 모성이 더 강했던 것이 아니다. 부모됨이 주는 기쁨이 동기가 된 것이 아니라 피할 수 없기 때문에 그냥 견뎠을 뿐이다. 그래서 그 애끓는 모성 예찬은 주로 남성들의 입을 통해 나왔다.

물론 어느 정도의 본능은 있기 때문에 출산 당시에는 기쁨을 느끼고 이 아이를 잘 키우겠다고 생각했을 수는 있다. 하지만 아이가 태어남으로써 더 고달프게 바뀐 삶의 무게는 때때로 "아이고, 자식이 아니라 원수야, 원수."라는 말을 내뱉게 만든다. 이게 그냥 나온 말이 아니다. 불교에서 전생의 원수가 부모자식으로 만난다는 전승이 있어 나온 말이다. 이 경우 부모됨은 선택할 수 있는 갈래길이 아니라, 원수와 마주칠 수밖에 없는 외나무다리 길이다.

사람은 자신의 처지를 의식하는 존재다. 바로 이 점이 어미와 부모의 차이다. 동물은 자신이 '부모'임을 의식하지 못한다. 오직 사람만이 스스로 부모라고 생각할 수 있다. 아이를 버리고 가지 않는 한, 어쨌든 부모가 되기로 선택한 것이다. 그리고 자신이 부모임을 의식하기 때문에 "자식이 원수야."라는 말을 입에 달고 살지언정, 그 고생스러운 삶을 감수한다. 물론 자식이 늘 원수 같기만 하지는 않을 것이다. 어릴수록 귀여워 보이고, 재롱 같은 행위를 통해 어른의 관심과 애정을 끌어내기도 한다. 부모는 때로는 원수로 느끼고 때로는 기쁨을 느끼며 자녀를 양육한다.

아무리 봐도 이런 정도라면 부모가 된다는 것이 그리 좋게 느껴지지 않는다. 물론 사람도 포유동물인 이상 생식에 대한 강한 본능을 해소해야 하지만, 각종 피임 방법이 발달한 현대사회에서는 그 본능이 반드시 출산으로 이어지지 않는다. 전통사회나 현대사회나 여성들의 생각이 달라지지는 않았다. 다만 전통사회에서는 여성에게 자신의 신체에 대한 통제권이 거의 없어, 남성이 생식하는 족족 출산할 수밖에 없었을 뿐이다. 만약 다른 선택지가 주어졌다면 전통사회의 여성 역시 출산이 아닌 다른 길을 선택했을 것이다.

즉, 본능이 약하고 본능을 객관적으로 관조할 수 있는 사람에게는 번식의 본능조차 선택의 대상이다. 사람에게 부모됨은 다른 동물처럼 삶의 목적이 아니다. 여성에게 엄마가 되고 싶은 간절한 욕망이 있다고 예단할 수 없다. 그런 사람도 있고 아닌 사람도 있다. 부모가 되지 않아도 되는 길이 있고, 거기서 얻을 편익이 부모됨의 편익보다 크다면 부모됨을 포기하는 것을 나무랄 수 없다.

갈수록 심해지는 저출산문제는 젊은 세대의 도덕성과 모성의 문제가 아니라, 삶의 선택지가 다양해지는 만큼 부모됨의 기회비용이 매우 커졌음을 보여 주는 현상에 불과하다. 사람은 본능마저 관조하고 통제할 수 있다. 지구상에 섭생과 배설을 의식적으로 조절하는 동물이 어디 있는가? 우리는 이걸 문명이라고 부른다. 그런데 다른 모든 영역에서는 이 문명을 예찬하고 사람됨의 근거로 내세우면서, 유독 생식과 출산만은 의식적 선택의 영역에서 배제한다면 이는 이

율배반이다.

사람은 동기 없이 행동하지 않는다. 일시적인 행동이야 순간적 충동만으로도 할 수 있지만, 부모됨은 그런 것이 아니다. 순간적인 사랑의 충동으로 성관계를 가지는 것과, 부모가 되기로 작정하고 의식적으로 성관계를 가지는 것은 전혀 다른 일이다. 한편에서는 엄청난 비용을 들이며 인공수정을 해서라도 부모가 되려는 부부도 있지만 다른 한편에서는 부모가 되는 것을 거부하는 강력한 의사표현으로 아예 비혼을 선택하는 젊은이도 늘어나고 있다.

더구나 출산과 양육에 들어가는 정신적, 경제적 비용이 날로 커지고 있다. 전통사회에서는 부모됨의 비용이 오늘날보다 훨씬 적었다. 가령 출산한 자녀 중 절반이 10살이 되기 전에 죽어도 다만 운수소관으로 여길 뿐, 부모가 큰 책임감을 느끼지 않았다. 또 일단 10살 정도만 되면 자녀는 가족의 노동력에 보탬이 되었다. 노동력을 발휘할 정도로 자랄 때까지 들어가는 비용도 사실상 음식 외에는 거의 없었다. 서민들에게 자녀란 일단 낳고 한 10년 적당히 잘 먹이기만 하면 자라서 집안에 보탬이 되는 소중한 자산이었다. 자녀가 많다는 것은 양육비 부담이 커지는 것이 아니라 그만큼 집안의 노동력이 풍부해지는 일이었다. 그래서 다산을 가족의 번성이라고 보았고, 남아선호사상도 나왔을 것이다. 아무래도 남자가 육체노동에 유리하니까.

양반이나 귀족도 자녀, 특히 아들이 많을 경우 이것이 힘의 원천이 되었다. 아들은 관직에 진출함으로써 권력집단을 이룰 수 있고,

딸은 다른 권력집단과 통혼함으로써 네트워크를 확장할 수 있다. 관직에 진출하지 않은 아들은 유사시 무장력이 된다. 역사적으로 유력한 귀족가문은 증조부를 같이하는 대가족 내의 아들, 손자들과 그들의 노비만으로도 상당한 규모의 병력을 동원할 수 있었다. 자녀가 많은 흥부가 가난으로 고생했던 까닭은 이런 귀족세력도 아니면서 서민 같은 노동도 하지 않았기 때문이다.

하지만 오늘날에는 자녀 한 명이 거의 30년 가까운 시간의 양육비를 요구한다. 양육비 내역도 의식주만으로는 어림없다. 중상류층이 아니라면 한 사람이 벌어 한 명 양육하기에도 빠듯하며, 부부가 같이 벌면 두 명이 한계다. 여기에 욕망까지 작용한다면? 즉, 자녀가 자신과 비슷한 종류의 일을 하는 사람이 아니라 좀 더 상위계층으로 진출하기 바란다면? 또 추가적인 비용이 들어간다. 경제적 비용뿐 아니라 상당한 정서적 비용도 필요하다.

그런데 자녀의 경제적 편익은 거의 없다. 자녀로부터 기대할 수 있는 편익은 정서적이고 도덕적인 것뿐이다. 그런데 정서적인 편익 역시 불확실하다. 자녀가 사랑스럽고 보기만 해도 행복하고, 무엇인가 맛있게 먹는 것만 봐도 배부른 시기는 불행히도 얼마 가지 않는다. 전통사회라면 그 시기가 지나면 바로 가족의 일에 보탬이 되는 노동력으로 한몫하고 다시 얼마 지나지 않아 혼인하고 독립하지만, 현대사회에서는 그보다 훨씬 긴 시간 동안 계속 부모의 부담으로 남는다. 그리고 그 기간 자녀가 어떤 존재가 될지 아무도 모른다. 부모에게 삶의 기쁨이 될 수도, 평생의 멍에가 될 수도 있다.

일본에서 70대 아버지가 40대 아들을 살해하고 자살한 사건이 있었다. 이 아들은 외부 활동을 전혀 하지 않는 극도의 사회성 장애인, 이른바 히키코모리였다(중앙일보, 2019. 6. 12). 그런데 이제 살날이 얼마 남지 않은 아버지가 혼자 남을 무력한 아들을 걱정했거나, 혹은 평생 이 무력한 아들에 쏟아부은 인생이 허무했거나 했을 것이다. 과연 이 아버지에게 자녀가 준 편익이 무엇이었을지 복잡한 마음으로 생각해 보지 않을 수 없다. 확실한 것은 자신이 무엇인가 기여했다는 뿌듯함, 그리하여 자신의 존재가 의미 있었음을 확인하는 데서 얻은 도덕적 편익뿐이다.

이 도덕적 편익에 뭐가 있을까? 우선 세상에 한 생명을 나게 하고, 그 생명이 살아갈 수 있게 해 사람이라는 종의 한 개체로서 도리를 다했다는 기쁨이 있다. 이 기쁨은 비록 종족번식의 본능에서 비롯된 것이지만, 사람은 이를 관조하고 해석하여 도덕적인 기쁨으로 받아들인다. 다른 하나는 사회적 기쁨이다. 이제 자신이 늙어서 퇴장하게 될 사회에서 자신의 빈 자리를 채워 넣을 새로운 구성원을 만들어 넣음으로써 세상에 기여했다는 뿌듯함. 만약 그렇게 채워 넣을 새로운 구성원이 자신의 업그레이드 버전이라면 기쁨은 훨씬 클 것이다. 이러한 자연적인 기쁨, 사회적인 기쁨을 종교가 증폭시킬 수 있다. 작게는 신에 대한 의무를 다했다는 수준에서, 크게는 신이 계획하고 수행하는 원대한 프로젝트에 기여했다는 수준까지.

하지만 이제 반드시 자녀의 출산과 양육에서만 이런 도덕적 기쁨을 얻을 수 있는 것은 아니다. 현대사회에서는 기쁨의 원천이 점점 다양해진다. 더구나 도덕적 기쁨이라는 편익 하나만으로 엄청난 경제적 비용, 경우에 따라서는 기쁨을 기대했던 정서적 편익이 비용으로 바뀌는 불확실성을 감당하기는 어렵다. 특히 종교의 힘이 약해진 현대사회에서는 저 기쁨에 적용할 유용한 증폭기마저 상실한 상황이다.

그러니 이제 부모됨에 대해 좀 다르게 접근해야 한다. 부모됨의 당위는 더는 정당화될 수 없다. 저렇게 불리해진 조건을 감수하고 부모됨에서 얻는 편익을 다른 것들보다 더 크게 여기는 가치관을 가진 사람도 있고, 저런 조건이라면 굳이 부모가 될 생각이 없다고 결정하는 사람이 있을 수 있다. 어느 한쪽을 높이 받들고 다른 쪽을 비난할 문제는 아니다.

가령 다른 직업에 종사하는 여성에 비해 특히 교직에 있는 여성 중 독신 비율이 높은 까닭이 무엇일까? 경제적 부담 때문은 아닐 것이다. 실제로 혼인과 출산을 선택한 교사들은 양육을 감당할 수 있기 때문에 둘 이상 출산하는 경우가 많다. 하지만 그 비용을 자녀가 아니라 다른 일에 사용함으로써 더 큰 편익을 얻을 수 있다고 생각하는 가치관을 가지고 있다면? 더구나 교사는 자녀가 줄 수 있는 가장 큰 편익 중 하나인 도덕적 기쁨을 학생을 통해 얼마든지 얻을 수 있다. 이건 불확실하지도 않다. 학교에 다니면서, 졸업하고 나서도 꾸준히 교사와 친밀한 관계를 유지하는 학생들은 집에서도 훌륭하고 보람 있는 자녀일 것이다. 한마디로 사회적으로도 뿌듯함을 느끼게 하는 구성원이다.

오늘날 문제가 되는 저출산은 부모됨이 강제가 아니라 선택이 된 현대사회의 특징이다. 이것을 다시 여성을 강제출산 도구의 위치로 전락시킴으로써 해결할 수는 없다. 출산과 양육의 비용과 편익에는 개인차가 있기 때문에, 여전히 그 편익에 큰 가중치를 두거나 혹은 그 비용이 크게 느껴지지 않는 사람들은 여전히 자녀를 여럿 출산하고자 한다는 데서 해결의 단초를 찾아야 한다.

합계출산율 1.0 미만이라고는 하지만 모든 커플이 자녀를 하나만 낳는다는 뜻이 아니다. 실제로 니타나는 양태는 낳는 커플만 많이 낳고, 그렇지 않은 경우는 낳지 않거나 비혼을 선택한다. 그 책임을 페미니즘에 돌릴 수도 없다. 실제로 비혼이나 무자식을 선택하는 경향에 남성도 예외가 아니기 때문이다. 비혼과 비출산 남성이 페미니즘의 영향을 받아서 그런 선택을 했을 리 없다. 전통사회에서는 자녀의 출산과 양육에서 큰 편익을 얻지 못하는 가치관을 가졌던 남성이 이제는 여성에게 양육을 전가할 수 없게 됨으로써 커밍아웃한 것뿐이다.

그렇다면 해결책 역시 이러한 조건에서 나와야 한다. 우선 부모됨의 비용을 줄이고 편익을 늘려야 한다. 부모됨의 편익에 대해 개인이 각자 가진 개인차를 인정해야 한다. 그 편익을 크게 느끼는 사람들이 많은 자녀를 출산하더라도 별 무리 없도록 해야 한다. 그래서 평균적인 합계출산율을 늘려 나가는 것이다. 여성을 옥박지를 일이 아니다.

그런데 비용을 줄이고, 편익을 늘려 주어도 당사자가 인지하지 못하면 헛것이다. 즉, 비용과 편익을 조정해 합리적 선택으로서 출산을 택하는 젊은 세대가 늘어나게 하려면, 이들이 출산과 양육의 비용과 편익에 대해 이미 알고 있어야 한다. 아이를 낳아 키우는 것, 부모가 된다는 것은 사람의 도리이며 기쁨이다, 따위의 당위적인 이야기가 아니라 구체적으로 조목조목 알아야 한다. 막연한 기쁨에 도취해 출산했다가 막상 양육 과정에서 "자식이 원수다. 무자식이 상팔자다." 이런 말을 하느니 차라리 처음부터 비혼이나 무자녀 부부를 선택하는 쪽이 본인에게나 태어난 아이에게나 더 행복하다.

알려면 배워야 한다. 즉, 교육이 필요하다. 그런데 이토록 저출산을 걱정하는 나라에서 부모됨에 관한 교육은 매우 부족하다. 아직도 부모됨이 자연의 영역, 당위의 영역이라고 생각하기 때문이다. 종족번식의 본능이 모든 생명의 기본이니 누구나 자녀를 출산하고 키우고 싶을 것이라는 헛된 믿음을 버리지 못하기 때문이다.

그 본능은 짧으면 수정의 순간, 길어야 출산 후 몇 년간만 유지될 뿐이다. 현생인류의 역사를 30만 년으로 볼 때 10년 이상의 긴 시간 동안 자녀를 양육한 역사는 아무리 길게 잡아도 2,000년에 지나지 않으며, 20년 이상 늘어난다면 이는 자연의 영역을 훨씬 벗어나는 일이다. 그럼에도 마치 혼인과 출산이 당연한 것처럼 여겨졌던 것은 강고한 가부장제와 더불어 정착된 문화와 전통의 힘으로 여성을 억압했기 때문이다. 하지만 문화와 전통은 바뀐다. 아니, 이미 바뀌었다.

이제 사회와 구성원의 관계는 전통사회처럼 자동적이지 않다. 사회와 구성원, 즉 개인의 관계는 이제 계약관계, 교섭관계다. 가족을 이루고 자녀를 생산하여 사회를 존속시키는 의무를 요구하려면 이에 대해 사회적 합의가 이루어지고, 관련 입법이 진행되어야 한다. 무엇보다도 부모됨이 공교육의 중요한 내용으로 다뤄져야 한다. 아이들이 자라면 자연스럽게 결혼하고 출산하고 양육할 것이라는 기대를 마치 봄이 가면 여름이 올 것이라는 식으로 기대할 수 없다. 만약 이 아이들이 출산하고 양육하기를 기대한다면, 즉 부모가 되기를 기대한다면 그렇게 가르쳐야 한다.

부모됨 교육의 방향

부모는 단지 번식만 하는 것이 아니라 교육하는 존재다. 사람의 교육은 '교육자도 교육되어야 함'을 중요한 원리로 삼고 있다. 다른 동물도 새끼를 가르치지만, 이는 원래 타고난 것을 가르치는 것이다. 하지만 사람은 가르쳐야 할 것을 배워야 하며, 가르치는 행위 자체도 배워야 한다.

그런데 '부모됨'을 사회가 관여할 수 없는 문제로 보는 친권의 나라인 우리나라는 물론, 친권에 국가가 강력하게 개입하는 나라에서도 이 '부모됨'의 교육이 공교육의 중심 과제로 들어와 있지 않다. 여전히 부모됨의 교육은 '부모'를 통해 저절로 이루어질 것이라 기대하고 있다. 하지만 현실은 그렇게 낭만적이지 않다. 결국 무책임한 부모나 폭력적인 부모에게서 태어난 자녀는 계속 그런 부모로 재생산될 가능성이 크다. 더구나 그런 부모는 소득수준이 낮은 경우가 많아 계급과 빈곤 재생산의 원인이 되기도 한다.

책임감 있고 폭력적이지 않은 부모이더라도 가부장적 사고방식, 혹은 인종이나 민족에 대한 편협한 혐오적 가치관을 지닐 수 있다. 이 역시 고스란히 재생산된다. 역시 계급과 관계가 깊다. 소득수준이 낮을수록 부모가 가부장적 가치관을 지닐 가능성이 크며, 가부장적 풍토에서 양육된 아동은 학업성취, 자기효능감, 창의성이 뒤떨어지는 경우가 많다(퍼트넘, 2015). 가난이 대물림하여 재생산되는 것이다. 특히 가부장적 가치관을 내면화한 남성은 이후 배우자를 만나는 과정이 더 험난해진다. 여성의 경제적 자립이 가능해진 사회에서는 상당수 여성이 가부장적인 남편을 만날 바에야 혼자 사는 비혼을 선택하기 때문이다.

이렇게 되면 민주공화국이라는 탈을 쓰고 있는 신분제 국가나 다름없다. 평등은 소득의 재분배뿐 아니라 '부모됨'의 조건에서부터 출발해야 한다. 즉, 누구나 차별 없이 '부모됨'에 대해 충분히 준비를 하고 나서 자녀를 가지도록 해야 한다. 한때 엄청난 시청률을 자랑했던 드라마 〈스카이캐슬〉에 나오는 비뚤어진 학부모들의 모습은 '부모됨'을 배우지 않고 이를 생존경쟁이라는 정글에 맡겨 두었을 때, 부모가 자녀에게 얼마나 끔찍한 존재로 전락하는지 잘 보여 주었다.

일단 부모됨에 대해 충분히 배우면 서서히 두 종류의 사람으로 나넌다. 부모에 적성이 없는 쪽과 높은 쪽. 과학 교육을 받은 학생이 모두 과학자가 되는 것이 아니듯이. 부모됨을 기쁘게 생각하고 이 삶을 보람으로 여기는 사람은 교육이 이루어지는 동안 두드러질 것이다. 이걸 인정해야 한다. 장래희망 '좋은 부모.'

현재 공교육에서는 부모됨을 진로로 보지 않는다. 어떤 진로희망 조사에서도 '부모'를 진로희망으로 적어 내는 학생은 없으며, 적어 내면 반려될 것이다. 하지만 출산이 장래희망이 될 수는 없어도 양육은 분명한 진로의 대상이다.

부모됨은 출산 이후 적어도 20년 가까운 긴 시간 동안 양육을 책임져야 하는 일이다. 3년이면 몰라도 20년은 본능에만 맡겨 두기에는 너무 길고 어렵다. 10달 동안 엄청난 신체적 불편을 감수하고 때로 생명까지 걸고 출산하는 일은 힘들고 고귀한 일임에 분명하지만, 출산과 양육 어느 쪽이 부모됨의 자격을 정하느냐는 이제 답하기 어려운 문제가 됐다. 아버지의 경우는 더 그렇다. 유전자를 전해 준 남자와 성장하는 과정에서 지속적인 보호, 지원, 지지를 제공해 준 남자 중 누가 '진짜' 아버지일까? 이미 부모는 사회적, 문화적 지위가 되었다. 오늘날 자녀를 양육하는 기간은 30만 년 전 우리 조상들의 평균수명을 넘어간다. 양육은 출산에 당연히 따라붙는 옵션 같은 것이 아니다.

"아니, 아이를 낳았으면 책임을 져야 할 것 아니야?" 당위를 무기삼아 윽박지르는 것은 무책임한 부모에게나 그 자녀에게나 도움이 되지 않는다. 그들도 처음부터 그렇게 무책임하지는 않았을 것이다.

그러나 양육기간이 자연적 본성의 범위를 넘어가는 시점부터, 그래서 양육이 점점 인생의 짐으로 느껴지는 순간부터 무너졌을 것이다. 출산과 기본적 양육까지는 본능의 영역이지만 그 이상의 양육은 이미 소질과 적성, 지식과 기능이 필요한 영역이다.

그러니 차라리 사회가 특별히 양육에 더 뛰어난 사람을 전문직으로서 인정하고 양성하는 편이 더 미래 지향적이다. 양육에 특화된 도덕, 가치, 지식, 기능을 갖춘 사람이 있을 수 있다. 특별히 긴 양육기간을 감당할 수 있는, 아니 평생 양육만 하며 살아가도 기쁨과 보람을 느낄 그런 사람이 있을 수 있다. 이들이라면 자신도 많이 출산하겠지만 출산이 어려워진 연령이 되더라도 다른 사람이 출산한 아이들까지 양육하고자 할 것이다. 그런 사람을 직업으로서의 '부모'로 양성하는 것이다. 어쩌면 이것이 저출산문제에 새로운 지평이 될 수도 있다.

만약 직업을 가진 부모가 자기 자녀를 출산해서 양육한다면 이를 겸직으로 생각해야 한다. 이들은 원래의 직업에 종사할 뿐 아니라 부모라는 직업도 겸직하는 것이다. 하지만 지금까지는 부모를 직업은커녕 겸직으로도 인정하지 않았다. 이런 상황에서 아무리 젊은 세대를 도덕적으로 종용한들, 이들이 비용은 엄청나게 들어가고 그 편익은 불확실한 직업에 전념하거나 하다못해 겸직할 가능성은 거의 없다.

소크라테스는 프로타고라스, 고르기아스 같은 소피스테스들을 "가르치면서 돈을 받는다."라는 이유로 비판했다. 변론의 달인인 소크라테스가 이런 말을 했을 때는 그만큼 그것이 당시 아테네인의 통념이었기 때문이다. 만약 도산서원에서 공부하는 선비가 매달 정해진 액수를 퇴계 선생에게 냈다면 "천하에 고약한 놈." 소리를 들었을 것이다. 그래서 '학비'가 아니라 처음 선생님으로 모신다는 인사로서 '폐백'을 드리고 고마움을 뜻한다는 의미의 '촌지'를 드렸지만, 지나치게 과하지 않게 했다.

하지만 오늘날은 완전히 거꾸로 되었다. 만약 누군가가 돈을 내지도 않으면서 배우려 든다면 돈을 받고자 하는 선생보다는 거지먹으려는 학생 쪽을 비난할 것이다. 이와 같이 가르치는 일이 당연히 돈을 받는 일로 바뀐 역사는 불과 100여 년에 불과하다. 이때부터 제자와 1차적 관계를 맺는 스승이 아닌, 가르치는 것 자체를 업으로 삼는 전문 직업인으로서 교사가 정착된 것이다. 그렇다면 부모가 직업이 되지 않을 이유가 있는가? 이미 임신과 출산을 대신해 주는 대리모까지 나와 있는 상황이다. 유전자를 제공하는 사람들, 임신과 출산을 해 주는 사람들, 그리고 태어난 아이를 양육하는 사람들이 전문화되고 특화되는 것이 과연 비인간적이라고 할 수 있을까? 아무런 준비가 되어 있지 않거나, 혹은 자기애 달리 말하면 자기혐오를 자녀에게 투사하는 무분별한 부모보다는 철저히 교육받고 훈련받은 양육전문가가 아이들을 키우는 쪽이 모두에게 더 유리한 것이 아닐까?

자기 자녀니까 사랑으로 키울 것이라는 환상은 버리자. 첫 3년여의 이야기일 뿐이다. 2020년 현재 대치동은 자녀를 사랑하지 않는 부모들로 가득하다. 이들의 마음이 모질고 야차 같아서가 아니다. 긴 시간 동안 사랑하는 법을 배우지 못해서다. 양육과 부모됨을 배우지 못해서다. 만약 양육에 특별한 소질, 적성, 취향을 가지고 있고 이를 전문적으로 공부하고 익힌 프로페셔널 양부모가 있다면, 현재 상황에서는 생물학적 부모가 아니라 이 전문직에게 맡기는 쪽이 아이로선 더 행복할 가능성이 크다.

자기 핏줄 아닌데 과연 사랑하겠느냐고 반문할 수 있지만, 핏줄은 결코 사랑을 보장하지 않는다. 하지만 가능하면 그래도 자기 핏줄을 사랑으로 양육하는 쪽이 사회적인 비용을 절약하는 방법이긴 하다. 그렇다면 가르쳐야 한다. 누구나 부모가 될 수 있게 공교육, 특히 보통교육에서 부모됨을 중요한 교과 영역으로 설정하고 전문적으로 가르쳐야 한다.

부모됨의 조건

부모됨을 공교육에서 다루어야 한다는 것은 교육과정을 고민해야 한다는 뜻이다. 다른 교육과정과 마찬가지로 부모됨의 교육과정 역시 '부모됨'이 무엇인지, 그 조건은 무엇인지, 어떤 지식, 기능, 역량이 필요한지를 둘러싸고 깊은 성찰이 필요하다. 적어도 공교육이라면 목표가 있고, 그것을 달성하기 위한 배움의 과정이 있고, 그 과정이 체계적이고 과학적이라야 한다.

부모됨이 무엇인지 성찰한다는 것은 우리가 "어떤 생각과 어떤 행위를 하는 사람을 부모답다."고 인정할 것인지 따져보아야 한다는 뜻이다. 물론 이는 사람마다 상황마다 다를 것이다. 하지만 다른 생각과 상황 속에서 한 사회 구성원들이 일반적으로 동의할 수 있는 부모다운 사람의 모습을 만들어 낼 수 있다. 바로 '부모됨'의 교육 목표가 수립되는 것이다.

여기서 부모됨 교육의 목표를 당장 제시할 수는 없다. 그러기 위해서는 사회적인 합의가 필요하다. 하지만 부모됨 교육의 목표가 무엇이 되더라도 염두에 두어야 하는 가장 기본적인 것들, 즉 부모됨의 조건을 이 자리에서 두 가지 정도 제안할 수 있다. 마치 도덕의 구체적인 덕목은 사회적으로 합의된 결과이지만, 사람이라면 적어도 어찌해야 한다는 사람의 조건만큼은 여러 사회에 걸쳐 공통적인 것과 같다.

불안 다스리기

부모가 되기 위해 먼저 갖출 가장 중요한 조건은 바로 자기 자신을 안정적인 상태로 유지하는 것이다. 불안을 제거하자는 것이 아니다. 그건 부처나 되어야 가능한 일이다. 하지만 불안을 일정한 범위 안에서 다스리는 일은 교육과 훈육을 통해 할 수 있다. 불안을 다스리지 못하는 어른은 어떤 경우에도 부모 노릇을 할 수 없다. 실제로 아이들이 가장 두려워하는 상황은 폭력적이거나 무서운 상황이 아니라 부모가 불안해하는 상황이다. 불안에 떨며 안절부절못하는 부모 옆에 있는 아이는 심지어 울지도 못한다.

불안을 느끼는 것 자체는 어쩔 수 없다. 불안은 사람의 본성이며, 나름 사람의 진화 과정에서 중요한 역할을 한 정서 중 하나다. 하지만 불안에 마냥 휘둘리는 대신, 불안을 느끼는 자신을 인식하고, 의식적으로 원인을 찾고 문제를 해결하는 태도를 보이면 어느 정도는 다스릴 수 있다. 그러면 적어도 아이 앞에서 불안에 떠는 모습을 보이지는 않을 것이다.

불안의 원인을 찾고 문제를 해결하려면 우선 그 원인과 직면하고 이해해야 한다. 불안의 원인을 직면하지 않으면서 다만 불안만 제거하려는 노력은 오히려 불안해하지 않아야 한다는 강박, 다시 불안해할지도 모른다는 새로운 불안의 원인이 될 뿐이다.

무엇이 사람에게 불안이라는 정서를 일으킬까? 구체적인 위험이나 위해가 원인이 아니다. 불안의 원인은 무엇인가 잘못될 것 같은데, 구체적으로 그게 뭔지 알 수 없는 정보 부족이다. 사람은 불확실성을 회피하려는 본능과 모르는 것을 알고자 하는 본능 사이에서 위태로운 균형을 이루며 지성을 키워 왔다. 불안은 공포와 다르다. 공포는 즉시 회피하라는 신호다. 그러나 불안은 위험이 닥쳐왔지만 그게 무엇인지 알 수 없으니 조사하고 탐구해 해법을 찾으라는 신호다.

불안은 종종 터널에 비유된다. 만약 눈앞에 거대한 괴물이 버티고 있으면 공포를 느낀다. 공포는 짧고 강하다. 공포는 순간적으로 사람을 결단하게 한다. 공격 아니면 도주. 그 밖의 다른 선택지는 없다.

하지만 무엇이 기다리고 있는지, 얼마나 깊은지, 어디로 통하는지 알 수 없는 터널은 불안을 일으킨다. 그 대상을 알지 못하니 공격도 도주도 불가능하다. 게다가 불안은 공포처럼 짧지 않다. 불안은 오랫동안 유지되며 상상력과 결합되어 점점 증폭된다. 이를 견디지 못하면 어떻게 해서든 불안한 상태에서 벗어나기만을 바라게 된다. 뭐라도 좋으니 빨리 선택지가 주어지기를 바라는 것이다. 당장 무엇이라도 하고 있다면 적어도 불안은 잠재울 수 있다고 믿는다.

이 불안이 바로 우리나라의 많은 부모가 처해 있는 상황이다. '부모됨' 교육이 부족한 상태에서 부모가 되었다. 이들이 알고 있는 것이라고는 앞으로 20년 이상, 어쩌면 30년간 이 아이를 양육해야 한다는 것, 그 양육에 엄청난 비용이 들어간다는 것, 그리고 이 아이가 자라서 살아야 할 세상이 꽤 험난하리란 것뿐이다. 한평생을 가야 할 험난하면서도 알 수 없는 길. 보통 크고 깊은 터널이 아니다. 더구나 터널만 문제가 아니다. 아이도 예측불허다. 아이들은 부모의 복제품이 아니며, 부모가 양육하는 대로 자라지도 않는다. 이 아이가 장차 어떻게 자라날지 예측할 수 있는 방법은 없다. 일단 함께 살아가며 같이 경험하면서 짐작할 뿐이다. 그러니 저 터널을 함께 통과해야만 한다.

터널을 통과할 방법은 셋뿐이다. 미리 지도를 확보하고 그에 따라 통과하기, 지도를 그려 가면서 통과하기, 덮어놓고 가기. 이 중 미리 지도를 확보하는 방법은 없다. 인생이라는, 더구나 자녀의 인생이라는 기나긴 터널에 미리 그려진 지도 따위가 있을 리 없다. 그렇다고 덮어놓고 갈 수도 없다. 애석하게도 꽤 많은 사람이 덮어놓고 가긴 하지만. 결국 남은 방법은 지도를 그려 가면서 가는 것뿐이다.

지도를 그리기 위해서는 먼저 들어가 본 사람들의 경험담을 참고 하는 것이 꽤 도움이 된다. 이게 이른바 고전이라 불리는 것들이다. 하지만 고전을 과신하면 안 된다. 인생이라는 터널은 대체로 비슷하 긴 하지만 누가 들어가느냐, 언제 들어가느냐, 들어가서 어떻게 행 동하느냐에 따라 달라진다. 더구나 부모가 통과할 터널이 아니다. 아이가 통과할 터널이다. 부모 역시 아이와 다른 나름의 터널을 지 나가야 한다. 그러니 다른 사람이 그려 놓은 지도나 수집한 정보를 진리로 받아들이는 것은 위험하다.

차라리 이 터널이 만들어진 곳의 지형, 혹은 터널이 만들어진 과 정과 원리 같은 것을 공부하는 편이 바람직하다. 그러면 논리적이고 과학적인 추론을 통해 예측도를 그려 볼 수 있다. 이 예측도가 있으 면 조심스럽게 터널에 들어가 볼 수 있다. 일단 들어가 실제 예측과 일치하는지 다른지, 다르다면 어떤 원리에 의해 달라졌는지 확인하 고 검증하고 수정하면서 지도를 점점 정교하게 만들어 갈 수 있다. 이렇게 만들어 가는 지도가 점점 정교해지는 만큼 불안 역시 사라 질 것이다. 이것이 불안과 싸우는 유일한 방법이다.

지형이니, 터널공사 원리니 하는 것을 공부하는 것은, 그리고 먼 저 지나간 사람의 경험을 공부하는 것은, 더구나 이를 바탕으로 스 스로 지도를 그리는 일은 상당한 노력을 요구한다. 그런데 사람에게 는 힘든 일을 회피하려는 약한 구석이 있다. 사르트르가 '불성실'이라고 부른 것이다. 삶에의 불성실, 즉 현실로부터의 도피 말이다(사르트르, 1943).

불성실하고 약한 마음을 자본주의가 파고든다. 자본주의는 다른 사람의 노력을 돈으로 살 수 있다고 속삭인다. 아니, 돈 주고 살 수 있는데 저 고생을 왜 한단 말인가? 까짓거, 원리를 공부하고 터널을 탐색하고 지도를 만드는 일은 다른 사람에게 맡기자. 그리고 그들이 만든 지도를 돈 주고 사는 거다. 노력은 딱 한 종류만 하자. 돈을 많이 버는 것.

불성실에 굴복한 부모, 부모됨을 쉽게 하려는 많은 부모가 다른 사람이 만든 지도를 돈 주고 산다. 아무 노력 없이 그저 그대로만 따라 하면 저 터널을 통과할 수 있다고 말하는 지도를 산다. 당연히 관련 비즈니스가 만들어지고 자본이 투자된다. 지도장수들이 몰려온다.

이들은 저마다 확신에 가득 차서 말한다.

"이 지도 없이 터널에 들어가면 기다리는 것은 죽음뿐이다."

야속하다. 그 누구도 "이 지도만 있으면 터널을 무사히 통과할 수 있다."라고 말하지 않는다. 영리한 상인들은 다만 자기네가 판매하는 지도가 완전한 지도의 한 부분이라고 주장할 뿐이다. 그 지도만으로 터널을 통과할 수는 없어도, 그 지도 없이 터널을 통과할 수 없다는 것이다. 이 얼마나 영리한 마케팅인가? 불안에 사로잡힌 게으른 사람들은 그래도 좋다. 지도를 하나하나 더 살 때마다 불안을 줄일 수 있다고 믿으니 말이다.

문제는 지도 종류가 점점 늘어난다는 것이다. 하나를 사면 둘이 필요하고, 둘을 사면 넷이 필요하다. 돈을 쓰면 쓸수록, 지도를 사면 살수록 그게 원인이 되어 새로운 불안이 만들어진다. 이제 돈을 벌어야 한다. 그런데 필요한 지도를 다 사기엔 돈이 모자란다. 이제 돈을 더 벌어야 한다는 불안까지 보태진다. 지도로 가득한 서재가 만들어지고, 아이들은 지도를 외우느라 정신이 없지만, 아직도 지도가 완전하지 않다고 한다. 스스로 길을 찾고 검증할 능력이 없는 부모와 아이들은 지도만 사 모을 뿐, 막상 터널에는 한 발을 들여놓을 엄두도 나지 않는다.

아이들 입장에서 생각해 보자. 쉴 틈 놀 틈 없이 지도를 계속 외워야 하는 아이들. 물론 이는 아이들이 감당할 수 있는 수준을 넘어선다. 이들은 이렇게 많은 지도가 과연 필요한 것인지 의심하지 않고, 꼭 외워야 하는 지도를 외우지 못하는 자신을 탓한다. 부모 역시 더 좋은 지도를 구해 주지 못하는 자신을 탓하거나 지도를 외우지 못하는 자녀를 탓한다. 못하는 것이 아니라 안 하는 것이라고 비난하면서. 비난하는 부모의 모습을 보고 적대감을 키우는 자녀는 차라리 건강하다. 아이 대부분은 자신을 비난하는 부모의 모습 속에서 불안을 읽는다.

부모의 불안. 아이들이 안정을 얻어야 하고 정신적 고향이어야 하는 부모가 불안해하고 있다. 이걸 아이들이 모를까? 불안은 매우 원초적인 감정이기 때문에 미세하게나마 표정으로 드러나게 되어 있고, 어린아이나 청소년은 상대의 미세한 표정을 통한 정서적 공감, 즉 감수성이 매우 예민하다.

하물며 "그러길래 내가 뭐랬어? 내 이럴 줄 알았다니까." 이렇게 무심코 던진 한마디 말이라면? 이런 말은 어린아이나 청소년에게 아주 예리하게 꽂힌다. 자녀에게 평소에 어떤 말을 하는지 유심히 되돌아봐야 한다. 무심코 부정적인 정서를 전달하는 발언을 던졌는가? 만약 그렇게 부정적인 발언을 던지는 것이 버릇이 되었다면 자녀의 정서가 건강할 것이라는 기대는 아예 하지 않는 것이 좋다.

슬프게도 어린아이나 청소년은 부모에게 비롯되는 문제를 자기 탓이라고 생각하기 쉽다. 부모가 서로의 문제 때문에 별거나 이혼을 하더라도 그걸 자기가 잘못한 때문이라고 생각한다. 하물며 부모가 불안에 떨고 있는 이유가 다름 아닌 자기들 때문이라는 것을 감추지 않는다면?

"내가 누구 때문에 이 고생을 하는데, 엉?"

이런 말을 버릇처럼 듣는다면? 아이들이 느낄 죄책감의 무게는 실로 엄청날 것이다. 부모가 행복한 모습을 보여 주었으면 참 좋겠는데 그러지 못하는 데다, 그 까닭이 자기 때문이라니 이 얼마나 마음 찢길 이야기인가?

죄책감에 대한 방어기제는 질책과 공격의 대상을 찾는 것이다. 그것이 외부로 향하게 되면 각종 일탈이나 학교폭력이다. 그것이 내부로 향하면 자책 성향, 그리고 우울증이다. 그 종점은 자살이다. 학교폭력과 청소년 자살은 동전의 양면 같은 현상이다. 이 두 현상이 거칠고 열악한 환경에서 자라는 학생들은 물론 중상층 지역인 강남권에서도 빈번한 까닭은 다름 아닌 부모의 불안 때문이다. 불안한 부모는 차라리 무관심한 부모만 못하다.

강남 지역에서 불행한 선택을 한 청소년들이 남긴 유서에 한결같이 나타나는 내용이 "죄송합니다."라는 말이다. 이들은 죽어 가는 상황에서조차 부모를 원망하지 않는다. 오히려 제대로 하지 못해 부모를 불안하게 만들고, 기대에 부응할 가망이 없었던 자신을 탓한다. 이 지역 부모들 역시 자기네 지역의 학교폭력과 청소년 자살이 빈번한 것을 알고 있다. 그런데 이마저 돈을 주고 해결하려 한다. 그래서 이 지역은 학교폭력 전담 변호사와 소아청소년정신과 의사가 성업을 이루는 곳이기도 하다. 참으로 대단한 자본주의다.

한편 불안의 원인은 외부의 터널뿐 아니라 자기 내면의 터널에도 있다. 상처받은 자신의 참모습. 그래서 내면의 터널 깊이 감추고 싶은, 심지어 자기 자신에게도 감추고 싶은 모습. 외부의 불안은 무엇인지 모른다는 데서 비롯되었지만, 이 내면의 불안은 무엇인지 알고 있기 때문에 비롯된다. 발각될지도 모른다는 불안 말이다.

어떤 사람은 어리석고 우둔한 자신을 감추고 싶다. 어떤 사람은 약하고 겁 많은 자신을 감추고 싶다. 또 누군가는 부모나 타인에게 의존적인 자신을 감추고 싶다. 각자의 속성뿐 아니라 감추고 싶은 과거의 경험과 상처까지 여기에 포함된다.

성장 과정에서의 마음의 상처가 특히 치명적이다. 어린아이와 청소년은 자책 성향이 강하다. 이들은 부모나 어른을 비난해야 할 상황에서도 이를 자기 탓으로 돌린다. 이렇게 누적된 자기 탓이 쌓이고 쌓이면 부정적인 자아가 형성된다. 부정적인 자아는 감추어야 한다. 너무 부끄러워 직면할 용기가 나지 않는다. 이 부끄러운 자아를 감추기 위해 위장된 자아를 표면에 내세운다. 어쩌면 어른이 된다는 것은 위장된 자아가 진짜 자기 자신이라고 믿어 버리는 과정일지도 모르겠다.

하지만 이게 불안의 원인이 된다. 인생 전체가 거대한 거짓말이니 얼마나 불안하겠는가? 언제 어디서 꼬투리가 잡혀 감추고 싶은 부끄러운 자아가 노출될까 전전긍긍이다. 특히 자녀야말로 가장 강력한 불안의 원천이다. 왜냐하면 자녀는 자신을 닮기 때문이다. 자녀를 통해 자신의 어린 시절이 보인다. 자녀를 통해 감추고 싶은 자신의 부끄러운 자아가 위장막을 뚫고 나온다. 자녀는 위장막을 뚫고 나와 돌아다니는 부끄러운 자아의 화신이나 다름없다.

이런 불안을 해소하는 방법은 둘뿐이다. 하나는 위장막의 강화다. 불안에 사로잡힌 어른은 부끄러운 자아를 들키지 않으려고 더 강한 위장을 한다. 자신의 참얼굴을 부끄럽게 생각하면 화장이 점점 진해지듯이. 성공한 사람이라면 자신의 성공을 사람들이 알아주기를 바라며 여러 가지 방식으로 과시하고, 실패한 사람이라면 사람들이 알아보지 못하도록 갖가지 방법으로 허세를 부린다. 물론 자본주의는 이 과시와 허세에 필요한 모든 것을 제공한다. 돈만 내면 말이다.

그럼 감추어진 자아의 화신 같은 자녀는? 당연히 그냥 두어서는 안 된다. 어린 시절 부모가 원하는 만큼 학업 성적을 거두지 못해 형성된 부정적 자아를 가진 부모는 자녀가 어린 시절 자기 수준의 학업성취를 거두는 것을 세상에서 제일 끔찍한 일로 여긴다. 절대 그렇게 둘 수 없다. 부모 – 자식 관계를 증명하는 '닮음'이 오히려 감춰져야 할 결함이 되며, 자녀는 부모의 참된 자아가 아니라 위장된 자아를 닮도록 꾸며진다. 물론 돈을 써 가면서.

이른바 학부모 모임이라 불리는 곳에서 자기 자녀에 대해 있는 그대로 이야기하는 부모는 많지 않다. 겸손한 모습으로 "변변치 않은 자식이 폐를 끼치고 있습니다."라고 말하는 경우도 있지만, 대부분은 실제보다 훨씬 훌륭하게 말한다. 즉, 위장된 자아와 닮은꼴로 말한다. 서로 허세를 부린다는 것을 알고 있지만 그렇게 하지 않으면 불안하다. 집에 돌아오면 원래 모습, 자신의 참된 자아를 닮은 자녀가 보인다. 이걸 어떻게 두고 보겠는가? 화가 치밀어 오른다. 억지로라도 위장된 자아를 닮도록 바꾸는 수밖에.

대치동을 불야성이 되게 만들고, 어린아이들이 자기 키만 한 캐리어에 엄청나게 많은 책을 끌고 학원을 전전하게 만드는 배경에는 어쩌면 터널의 불안보다는 자아의 불안이 더 크게 작용한다. 배운 부모라면 그렇게 한다고 해서 자녀의 미래가 더 밝아지고 성공 가능성이 커지지 않는다는 것쯤은 알고 있다. 그걸 알면서도 무리한 사교육에 자녀를 갈아 넣는 까닭은 자녀를 통해 자신의 참모습이 보이는 게 싫어서다. 자녀는 자신을 감추기 위해서 가지고 다니는 명품 핸드백, 수입 자동차와 마찬가지가 되고 있다. 아동학대, 인간소외의 극치다. 이래서는 절대 안으로부터의 불안을 해소할 수 없다. 자녀는 또 다른 불안한 어른으로 자랄 뿐이다. 그리고 성장한 자녀는 늙고 무력해진 부모를 부끄러워하며 그 존재를 감추려 할 것이다.

자아를 직면하고 긍정하기

안으로부터의 불안을 해소할 진정한 해결책은 숨김없이 자아를 직면하고 긍정하는 것이다. 누적된 자책감이란 어린 시절의 일일 뿐이다. 어른이 된 상황에서 이를 직면하면 도대체 왜 그때 자신에게 책임을 전가했는지 웃음이 나올 정도인 경우가 많다. 부정적인 자아의 상당 부분은 부모, 교사, 친척 등 다른 어른의 책임이다. 어린아이가 무슨 힘이 있어 그 많은 책임을 져야 한단 말인가? 차라리 그 시절 어른들에게 욕이나 실컷 하고 감춰졌던 자아, 그 어린깃을 품어 주자. 이렇게 성장한 자신의 입장에서 과거의 어린 자신을 재평가할 수 있는 것이야말로 진정 '어른이 된다는 것'이다. 당연히 부모가 되려면 먼저 어른이 되어야 한다.

우리는 종종 자신이 어린아이였다는 사실을 잊어버린다. 어린아이와 어른은 세상을 바라보는 위치와 범위가 다르다. 어린아이인 자신과 어른인 자신도 전혀 다른 사람이다. 어린 시절은 자신도 달랐고 바라본 세상도 달랐다. 어린 시절 마주친 부모, 교사 등 어른은 지금보다 훨씬 강력하고, 거대하고, 유능하고, 완벽한 존재였다. 어릴 때는 그들의 오류 가능성을 조금도 생각할 수 없었다. 어른은 신이나 다름없었다. 그러니 모든 잘못의 책임을 자신에게 돌리고 부정적인 자아를 만든 것이다.

유럽이나 미국에는 광대공포증을 가진 사람들이 있다. 아무리 광대를 무서워할 이유가 없다고 설득해도 소용이 없다. 하지만 어린아이의 눈으로 보자. 그 울긋불긋하고 기괴한 분장, 커다란 눈, 시뻘건

입술이 얼마나 무서워 보였을까? 이렇게 어른인 자아와 어린 시절의 자아가 다른 눈높이를 가졌음을 깨닫고 나면 그 공포가 어디에서 비롯됐는지 이해하게 된다. 일단 이해된 것은 더 이상 두렵지 않다.

어린아이, 청소년으로 돌아가 보자. 그리고 어른의 마음으로 그 어린아이, 청소년과 대화해 보자. 그게 과연 너의 잘못이었는가? 네가 죄책감 느낄 일이었는가? 진정으로 죄책감을 느꼈어야 할 사람은 누구였는가? 만약 그 시절의 부모, 교사, 친척을 비난하는 마음이 생기더라도 막을 필요가 없다. 그게 자신을 책망하고 부정적인 자아를 감추는 것보다 건전하다. 심지어 이러한 과정은 이제는 나이 들어 버린 부모와의 관계를 회복하고, 새로이 사랑을 느낄 수 있는 계기가 되기도 한다. 실제로 자녀를 계속 자신의 위장된 자아의 분신으로 만들려는 부모는 자신의 부모와도 피상적인 관계만을 유지하고 있을 가능성이 크다.

이 문제가 해결되면 다시 자녀를 바라보자. 불안 없는 마음으로 자녀를 다시 바라보자. 어린 시절의 자신이 보일 것이다. 사랑받고 싶고, 사랑하고 싶은 어린 시절의 자신이. 이제 자신과 화해할 시간이다. 자녀와 화해할 시간이다. 부모와 화해할 시간이다.

물론 여기까지 오려면 엄청나게 큰 용기가 필요하다. 그리고 사실상 혼자 힘으로 끙끙거린다고 가능하지도 않다. 그래서 '교육자도 교육받아야' 한다. '부모도 교육받아야' 한다. 하물며 아픈 부모라면 치료와 교육이 함께 이루어져야 한다. 끊임없이 상처받으며 견뎌야 했던 12년간의 학창시절만 끝나면 어른이 되고, 어른이 되었으니 당연히 부모 노릇을 할 수 있다고 믿는 것은 만용이다. 지금 우리나라는 사회적 만용에 시달리고 있다. 그리고 그것이 만용임을 깨달은 젊은이들은 출산을 꺼리고 있다. 그들이 단지 편하게 살고 싶어서 그러는 것이 아니다.

안전한 보육

이제 마음을 충분히 가다듬었다. 그리고 진정한 자아를 찾았고 자녀와 사랑을 주고받을 준비가 다 되었다. 하지만 그것만으로 충분하지는 않다. 구체적으로 무엇인가 하지 않으면 사랑은 다만 따뜻한 느낌에 불과하다. 하지만 아이는 따뜻한 느낌만으로 살아갈 수 없다. 어쨌든 사람은 영혼만으로 이루어진 존재가 아니라 물질적인 존재이기 때문이다.

이제 부모됨의 실무, 부모가 되고자 한다면 반드시 해야 하는 두 종류의 업무가 시작된다. 보육과 교육이다. 통칭하여 양육이다.

그런데 사람은 자연적인 존재이면서 또한 문화적인 존재다. 따라서 이 두 영역에서의 부모됨이 모두 필요하다. 이 중 자연적인 필요를 충족시켜 주는 것이 보육이다.

사람은 미성숙 출산을 하므로 절반쯤 자란 태아 상태에서 세상에 나오고, 신체 발육도 늦어 거의 3년간 완벽한 무력 상태에 있다. 일단 머리 먼저 자라고 몸은 나중에 자라기 때문이다. 그래서 15년을 사는 개나 고양이는 수명의 1/10에도 미치지 않는 1세가 되기도 전에 사실상 어른과 비슷한 크기로 자라지만, 7~8세의 사람은 삼척동자에 불과하다. 어른의 보호가 없으면 험한 세상에서 물리적으로도 버텨 내기 어렵다.

어린 사람을 위협하는 물리적인 요인은 기온, 습도, 바람, 포식자, 감염병 등 끝이 없다. 그런데 사람은 이런 위해 요인을 본능의 힘으로 대처하지 못한다. 그럴듯한 본능의 선물이 너무 없다. 따라서 사람은 위해 요인으로부터 자녀를 지키기 위해 학습해야 한다. 즉, 사람은 자녀의 보호도 교육받아야 할 수 있다.

위험으로부터의 보호 외에 필요한 자원도 제공해야 한다. 아이는 태어나서 처음 몇 년간은 모유로 영양을 공급받지만, 결국은 부모가 구해 주는 식량을 통해 영양을 공급받는다. 식량뿐 아니라 안전하고 쾌적하게 살아가며 성장하는 데 필요한 의복, 주거 등도 계속 공급받아야 한다. 하지만 가장 필요한 것은 심리적 안전감이다.

성장단계에서 거의 10년간 무력한 상태에 있게 되는 사람은 이 시기에 다른 어른의 도움과 보호에 대단히 민감하다. 어른의 도움과 보호를 안정적으로 받아 내느냐에 생존이 걸려 있기 때문이다. 아이들은 나이가 어릴수록 주변의 어른들이 자신에게 충분히 우호적인가를 판별하는 데 온 신경을 다 쓴다. 낯선 곳에 아기를 데리고 가면 주변을 불안하게 두리번거리다가 어느 시점부터 편안한 상태가 되어 놀기 시작하는 것을 확인할 수 있다. 두리번거림은 새로운 환경, 즉 낯선 어른이 자신에게 적대적인가 우호적인가 판단하는 과정이다. 만약 낯선 어른이 눈을 마주쳐 주고 웃는 모습을 보여 주면 아이는 매우 좋아하며, 이제 새로운 환경을 불안 대신 호기심의 대상으로 삼을 것이다.

만약 낯선 어른과 마주칠 때마다 우호적인 반응을 얻어 내는 데 성공한다면 이 아이는 외부 세계, 즉 사회에 대한 신뢰감을 획득한다. 그리하여 사회성 있고 안정적인 성격으로 자란다. 어른의 우호적 반응을 충분히 얻어 내지 못한 아이는 점점 불안한 성격으로 자라, 외부 세계에 대한 불안을 키운다. 아동이니 청소년 일탈행위의 대부분은 유아기 때 형성된 불안이 원인인 경우가 많다.

영유아가 가장 자주 접하는 어른은 당연히 부모다. 따라서 부모는 자신이 아이에게 우호적이며, 아이에게 틀림없는 보호를 제공해 주리란 것을 계속 확인시켜야 한다. 실제로 말을 배우기 시작한 유아는 부모로부터 계속 확인받으려 한다. 그렇다고 마냥 오냐오냐 키울 필요는 없다. 때로는 엄밀한 훈육도 필요하다. 하지만 훈육이 이루어진 다음에도 그것이 부모의 적대적인 반응이 아님을 확인시켜 주어야 한다.

부모로부터 심하게 질책받은 유아는 심지어 울지도 못할 정도로 불안에 빠질 수 있다. 이때 부모가 바로 위로해 주면 그제야 울음을 터뜨리는데, 이는 서러워서 우는 것이 아니라 자신이 여전히 보호막 안에 들어 있음을 확인하고 긴장과 불안이 풀려 우는 것이다. 부모 말고 이런 우호적인 어른이 주변에 많을수록 좋다. 그런 아이는 나중에 사회나 공동체에 거부감을 가지지 않는다. 하지만 그런 어른을 많이 확보하지 못한 아이는 가정 바깥의 세계에 대해 불신과 불안을 느끼기 쉽다.

외부 세계를 우호적이라고 느끼는 아이는 호기심이 불안을 앞서기 때문에 진취적으로 학습하려는 경향을 보인다. 외부 세계에 대해 두려움을 가지는 아이는 불안이 호기심을 앞서기 때문에 새로운 것을 잘 익히려 하지 않는다.

아버지가 권위주의적일수록 자녀의 학습동기가 낮아지고, 결과적으로 학업성취도 떨어진다는 연구 결과가 있다. 권위주의적인 가정일수록 어린 자녀에게 따뜻하고 우호적으로 대하기보다는 냉정하고 엄하게 대하기 때문이다. 이 경우 아이들은 주변의 어른들, 나아가 환경을 안전하지 않다고 느끼고, 늘 불안을 느끼는 상태에 빠지게 된다. 당연히 호기심이 작동하지 않으며 위축되고 수동적으로 되기 쉽다.

우호적인 관계는 단지 말로 이루어지지 않는다. 이런 관계에서 가장 중요한 것은 신체적인 접촉이다. 사람을 포함한 영장류는 촉각이 매우 민감하게 발달해 있으며, 촉각을 통해 서로를 확인하는 습성이 있다. 털이 있는 영장류가 서로 간의 친밀감 확인을 위해 가장 빈번하게 사용하는 방법이 털 고르기다. 보노보 원숭이는 서로 심하게 다투는 경우에 중재자가 둘에게 서로 상대의 털을 고르게 해 친밀감의 매개자 역할을 함으로써 관계를 회복시키기까지 한다. 서로 부둥켜안는 행동 역시 영장류의 독특한 행동이다.

사람에게는 유인원 같은 털은 없지만, 여전히 예민한 촉각을 보유하여 접촉에 민감하며, 부둥켜안는 행동을 통해 친밀감을 확인한다. 사랑하는 혹은 사랑받고 싶은 상대와 부둥켜안거나 쓰다듬는 행위가 주는 즐거움이 큰 만큼, 반대로 그리고 싶지 않은 상대의 부둥켜안음이나 쓰다듬음이 주는 혐오감도 크다. 서로의 신체를 완전히 마주 보도록 배열하는 것이 가능한 영장류에게 친밀감이란 우호적인 표정으로 눈을 맞추는 것, 그리고 서로 마주 볼 수 있는 신체를 가까이 접촉하는 것 이상도 이하도 아니다.

친밀감 형성에서 신체적 접촉의 중요성을 보여 준 실험이 있다. 어린 원숭이에게 어미 원숭이와 똑같이 생긴 모형을 주었을 때, 금속이나 플라스틱 모형에는 전혀 반응하지 않았지만, 부직포로 만든 모형에는 매우 친밀하게 반응하며 어미처럼 의존하였다. 이는 친밀감에 미치는 신체적인 접촉의 중요성을 확인시켜 준 결과다(Harlow, 1958).

결국 보육이란 아이에게 필요한 영양과 자원을 공급하고, 안전하게 보호하며, 주변 환경과 사회에 대해 불안해하지 않도록 친밀한 접촉을 제공하고 접촉면을 확대해 주는 것이다. 이런 조건이 갖추어진다면 아이는 건강하게 자라고, 10여 년 뒤에는 무력한 상태에서 벗어나 적어도 신체적으로는 자립할 수 있는 수준에 이를 것이다. 이 긴 시간 동안 보육을 담당하는 어른이라면 비록 유전적으로 아무 관련이 없다 해도 아이에게는 부모다. 또 아무리 자신의 유전자 50퍼센트를 물려주었다 하더라도 이러한 일을 제대로 수행하지 못하거나, 혹은 그럴 의지가 없다면 부모가 아니다.

보육은 아무 준비 없이 이루어지지 않으며, 본능이라고 믿는 '모성'에 기대어 저절로 할 수 있는, 해야만 하는 일이라고 생각하면 안 된다. 물론 모성이 어느 정도 힘이 되긴 한다. 하지만 경제적, 신체적, 심리적으로 고통스러운 속에서도 아이 앞에서만큼은 천사 같은 표정을 짓게 할 정도로 강하지는 않다. 그런 힘은 희미한 본능만으로 만들어지지 않는다.

물론 자신의 삶이 아무리 고달파도 어린 자녀에게는 티를 내지 않으며 늘 친밀한 천사이자 든든한 울타리가 되어 주는 부모가 있다. 하지만 이는 사람이라면 누구나 가지는 부모의 본성이 아니라, 교육의 결과일 가능성이 더 크다. 마찬가지로 인생의 혹처럼 느껴지는 어린 자녀에게 "자식이 아니라 원수야!"라고 말한다거나, 배우자와의 사이가 험악할 때 분노를 자녀에게 투사하는 사람 역시 성품이 사악해서가 아니라 부모됨이 대체 어떤 것이며 어떻게 이를 감당해야 하는지에 관한 교육의 결여 때문일 가능성이 크다.

사실 아이에게 필요한 영양과 자원이 무엇이며, 그것을 어떻게 획득하는지, 아이에게 어떤 위험이 있을 수 있으며, 이것들로부터 어떻게 보호할 수 있는지, 그리고 아이가 심리적 안전감을 느끼도록 친밀한 접촉면을 확대하는 방법이 무엇인지 등은 모두 그 나름의 분과 학문을 발달시킨 영역이다. 내용은 충분히 마련되어 있다. 그러니 '부모됨 교육'의 교육과정을 개발하고, 이를 매우 중요한 과목으로 어릴 때부터 성별을 가리지 않고 가르칠 필요가 있다.

부모됨을 일종의 당위나 윤리적인 문제로 못 박아 두는 대신 진로의 하나로 열어 두는 것도 생각해 볼 만하다. 부모됨이 어떤 것이며, 어떤 일을 해야 하는지, 그것의 어려움은 무엇이고 보람은 무엇인지를 충분히 교육한 다음 '부모됨'을 선택하게 하는 것이다. 사람은 당연히 아이를 낳고 길러야 하는 것이 아니라 스스로 그 어려움과 보람을 다 알고 있는 가운데 '부모됨'을 선택한다면 매우 훌륭한 부모가 될 수밖에 없다. 그렇게 부모됨을 선택한 사람이라면 적성이 맞기 때문에 더 많은 아이를 출산할 용의도 있다.

이때 합계출산율은 그 사회가 부모됨을 얼마나 지원해 줄 수 있는지에 대한 수준을 보여 주는 것이다. 우리나라 출산율이 1 이하라는 것은 우리나라가 부모됨에 대해 지원해 줄 생각이 없으며, 각자 알아서 해결하라고 방치하고 있다는 지표일 뿐이다. 거듭 강조하지만 이런 상황에서 아무리 젊은 세대의 도덕성을 탓해 봐야 달라지는 것은 없다.

최초이자 최고의 교육자, 부모

부모됨의 실천에는 보육뿐 아니라 교육도 있다. 보육은 자연의 길을 따르는 것이다. 아이가 자연이 정해 놓은 성장의 길을 가고, 자연이 정해 놓은 수명만큼 살아갈 기반을 마련해 주는 것이다. 따라서 보육은 능동적으로 무엇을 하기보다는 자연의 길을 왜곡하거나 훼손하는 외부의 나쁜 영향으로부터 보호하는 수동적인 활동이다. 성장의 방향을 억지로 비틀거나 끌고 가려고 나서면 오히려 해롭다. 훌륭한 보육자는 필수적인 성장과 안전을 위해 반드시 해야 하고 절대 해서는 안 되는 몇 가지 행동강령만 정해 둘 뿐, 나머지는 아이들에게 맡겨 둔다. 반면 교육은 인공의 영역, 문화의 영역이다. 교육은 능동적이다. 교육은 아이들을 반드시 가야 하는 길로 이끄는 목적적 활동이다.

루소는 『에밀』에서 보육과 교육을 분명하게 구분하지 않아서 혼란을 안겨 주었다. 또한 이를 무리하게 연령에 따라 서로 다른 교육목표로 나누는 오류를 범했다. 『에밀』의 교육관은 기본적으로 자연주의적이다. 루소는 문명이 인간의 자연스러운 덕성을 오염시킨다고 비판했다. 그러면서 부자연스러운 여러 가지 가식, 위선 등으로부터 자유로운 자연스러운 환경에서 다만 위험을 적당히 통제해 주면서 아이를 키워야 한다고 주장하였다.

그런데 『에밀』에 등장하는 가상의 아이 에밀은 절대 자연스럽게 저절로 자라지 않는다. 에밀의 가상의 교사인 '나'는 에밀을 오직 자연의 경로에 따라 자라도록 한다고 강변하지만, 이는 어디까지나 신체와 정서의 발육에 한해서다. 분명 루소는 지식의 필요성을 부정하지 않는다. 다만 이를 계속 미루어 둘 뿐이다. 자연의 경로에 따라 아동기는 지식을 담당할 이성이 아니라 신체와 감성이 발달하는 시기이기 때문이다. 하지만 실제로 『에밀』을 읽어 보면 이미 12세에 이르기까지 에밀은 꽤 많은 지식을 은연중에 배우고 있다. 더구나 12~15세 사이에는 상당히 집중적으로 지식을 배운다.

심지어 이 시기에 이르면 루소는 자연주의마저 포기한다. 사춘기에 자연스럽게 솟구쳐 오르기 마련인 성적인 충동, 이성에 대한 욕구 등을 20세가 될 때까지 억제하고 그 에너지를 이용하여 지식과 지혜를 개발하는 데 사용해야 한다고까지 말한다. 그러면서 순결을 강조한다. 심지어 결혼은 늦을수록 좋다고 말한다. 이 부분은 절대 자연스러워 보이지 않는다.

도대체 이 혼란과 모순은 어디서 비롯된 것일까? 아이가 자라는 과정에서 어른이 도와주는 과정을 모두 '교육'이라고 보았기 때문이다. 그런데 아이가 어른으로 자라는 과정에서 어른이 도와주는 과정을 통칭하는 용어는 교육이 아니라 양육이다. 교육은 그 양육 중에서 인공적, 문화적 영역을 담당할 뿐이다.

자연적인 보육과 문화적인 교육. 지켜주고 자라게 하는 보육과 배우고 익히게 하는 교육. 자연적 본성을 목표로 하는 보육과 사회와 공동체의 요청을 목표로 하는 교육. 이 차이를 분명히 알고 다시 『에밀』을 읽으면 루소의 제자 에밀은 어린 시절에는 집중적으로 보육만 받다가 12세가 되면서부터 그동안 밀린 교육을 한꺼번에 받게 된다는 것을 알 수 있다. 이런, 시간이 모자란다. 그러니 자연적 본성인 연애감정을 희생해 가면서까지 20세까지 폭풍 교육을 받아야 한다.

『에밀』이 안고 있는 이 난점은 자연의 보육과 문명의 교육이, 감성과 이성의 시기가 어떤 연령을 경계로 교대되는 것으로 본 데서 비롯된다. 그런 경계를 긋는 대신, 연령에 따라 성장에 따라 보육과 교육, 감성과 이성의 중요성과 비중이 달라진다고 보면 이 난점이

해결된다. 그렇게 되면 『에밀』 600쪽을 다음과 같은 한 문단으로 정리할 수 있다.

> 아이가 어릴수록 자연의 힘이 중요하다. 인공적인, 문화적인 것들의 홍수 앞에 비틀리고 쓸려나가지 않을 힘을 길러야 한다. 하지만 그 홍수를 자신의 힘으로 전환하여 수력발전을 하거나 물레방아를 돌릴 수 있는 능력은 자연에 맡긴다고 하여 저절로 나타나지 않는다. 이는 배우고 익혀야 한다. 따라서 어릴수록 버틸 수 있는 힘을 기르는 것을 중요시해야 하겠지만, 서서히 인공적인, 문화적인 것들을 배우고 익히는 비율을 늘려 나가야 하며, 12세가 넘어서면 그 비율이 역전되도록 해야 한다.
>
> ─『에밀』(민희식 역, 육문사, 2012)

아예 한 문장으로 줄여 보자.

> 어린이는 자연의 길을 따르는 보육과 문명의 길을 따르는 교육을 통해 자라는데, 어릴수록 보육이 중요하며, 교육을 서두르면 아이를 망친다.

물론 영유아기에 보육만 이루어진다는 건 지나친 가정이다. 보육 과정에서 교육도 이루어진다. 영유아기는 신경계의 연결망이 폭발적으로 늘어나는 시기다. 기억, 습관, 지식이라는 건 결국 이 연결망이다. 이 연결망이 얼마나 만들어지며 어떤 연결망이 만들어지는지는 유전자에 따라 정해지지 않는다. 태어난 이후의 경험이 연결망의 양과 질을 결정한다. 그 경험이란 결국 보살피는 어른과의 상호작용, 주변 사물과의 상호작용, 형제나 또래와의 상호작용이다. 따라서 어린 시절 가장 친밀한 관계를 이루는 어른인 보육자는 최초의 교육자가 되기도 한다.

이 교육은 의식적으로 이루어지지는 않는다. 특히 언어를 배우기 전 영유아의 경험은 어른의 그것과 아주 다르다. 어른은 그 마음을—사실 마음이 아직 형성되지 않았다—제대로 이해하기 어려우며, 따라서 의식적이고 계획적인 영향력 행사를 통해 아이를 원하는 방향으로 이끌기는 어려울 뿐 아니라 해롭다. 아이의 세계를 너무 빨리 어른이 사용하는 언어와 개념의 세계로 한정짓거나 오히려 아이에게 예상치 못한 공포, 불안 등 부작용을 일으킬 수 있기 때문이다.

다양한 세계와 사람을 접하는 것의 중요성

어쩌라는 것인가? 보육의 시기에도 교육이 활발하게 이루어진다면서, 보육하는 어른은 동시에 교육도 하는 것이라면서 막상 교육을 서두르면 해롭다고 하면?

교육을 하지 말라는 게 아니다. 어떤 목표를 세워 놓고 의식적인 교육을 하지 말라는 것이다. 오히려 아이에게 안전한 환경과 자원을 제공하는 데 그치지 말고 다양한 방식으로 세계와 사람을 접할 수 있도록 격려해야 한다. 그것이 영유아의 교육이다. 영유아기의 교육, 보육기의 교육은 어떤 방향을 정해 두고 가는 것이 아니라 가능한 한 모든 방향을 익히는 것이다.

그렇다고 아이가 무슨 일이든 하도록 방치하는 것은 아니다. 이 시기의 교육은 경로를 따라가게 하는 것도 아니지만, 아무 경로도 없는 것 역시 아니다. 올바른 길, 안전한 길의 범위를 최대한 넓혀 두고 스스로 탐색하도록 다양한 자극과 경험을 제공하는 것이다. 다만 신체적, 정신적으로 위험하거나 다른 사람에게 폐를 끼치는 일 등 '해서는 안 되는 일'을 정해 두고 그 밖의 영역을 활짝 열어 두자는 뜻이다.

이후 어느 정도 나이가 지나면 언어라는 매체를 통해 세계를 만난다. 언어는 저절로 생기지 않는다. 언어는 배워야 한다. 세상에서 제일 중요한 교육인 언어 교육이 영유아기 때 이루어진다. 그런데 영유아의 언어 교육은 삶과 분리되지 않는다. 살면서, 즉 세계와 접하면서 언어를 획득한다. 아이는 어른을 매개로 세계와 만난다. 이 어른은 보육자다. 만약 보육자가 침묵을 지킨다면 아이는 언어를 배우지 못한다. 그러면 아이는 세계와 마주 대하지 못할 것이다.

아이가 만나는 세계는 곧 아이가 사용하고 이해하는 언어다. 언어의 폭이 넓을수록 세계의 폭도 넓어진다. 영유아기 때 되도록 많은 어휘를 획득하도록 해야 한다. 낱말공부를 말하는 게 아니다. 어른과 계속 상호작용하면서 '말'을 매개로 세계와 만나는 경험을 많이

해야 한다는 뜻이다. 자기가 마주치는 세계를 낱말로 움켜쥐는 경험을 많이 해야 한다는 뜻이다.

안 그래도 이 무렵 아이들은 "이게 뭐야?" "저건 뭐야?"라는 질문을 끝없이 한다. 이게 어느 정도 해결되면 "왜 그러는 거야?"로 질문이 확대된다. 이 질문에 최대한 성실하게 답하고, 더 많은 질문으로 이끄는 일이 영유아기의 교육이다. 이는 영유아의 삶을 공유하는 보육자가 아니면 하기 어려운 교육이다. 즉, 부모됨의 한 부분으로서의 교육이다.

친밀감이 형성된 어른이 아니면 아이는 질문하지 않으며, 만약 친밀감이 형성되지 않은 어른이 질문하면 두려워한다. 그 두려움은 결국 세계에 대한 두려움으로 바뀌어 아이의 미래를 닫아 버린다. 따라서 언어라는 매개가 제대로 자리 잡고, 충분한 어휘가 모이기 전까지 보육자와 교육자가 뚜렷하게 구별되지 않는 시기가 필요하다. 보육자를 통해 영유아는 자기 밖의 세계를 경험하며, 세계의 가능성과 위험을 배우고, 자기 자신의 존재를 경험하면서 복잡하게 뉴런 연결망을 형성해 나간다. 이처럼 보육자를 통해 여러 가지 의사소통 방법과 언어라는 매체를 배운다.

언어뿐 아니라 가장 기본적인 훈육, 즉 다른 사람과 더불어 살아가는 데 필요한 예절, 규칙, 규범 등도 보육자, 즉 부모를 통해 배우는 것이 가장 좋다. 훈육은 때로 강제성도 필요하고 벌도 필요하다. 따라서 때로는 꾸짖고 벌을 주더라도 언제든 다시 자신을 사랑해 줄 것이라는 신뢰가 확인된 어른이 담당하지 않으면 안 된다. 이런 언어와 규범의 학습은 이후 보육자나 친밀한 어른의 범위를 넘어 다른 사람과 상호작용하는 가장 기본적인 자원이 된다.

언어와 규범을 익힌다는 것은 자신과 다른 사람을 구별할 수 있다는 것을 뜻한다. 자신과 세계를 구별할 수 있음을 뜻한다. 바로 이 과정에서 자아의 관념을 얻게 된다. 자아는 마주 대하는 세계와 동전의 양면을 이룬다. 세계가 풍부하고 튼튼하지 않으면 자아도 빈약하기 마련이다. '생각하는 나'가 먼저 정립되고 이 생각이 밖으로 표출됨으로써 언어가 되는 것이 아니라, 언어를 매개로 세상과 상호작용한 결과 생각이 나오고, 이 생각을 통해 세계와 구별되는 '자아'가 만들어지는 것이다(Vygotsky, 1962).

관계가 없으면 말이 없고, 말이 없으면 생각이 없으며, 생각이 없으면 자아가 없다. 따라서 관계를 맺고 말을 익히지 않은 아이는 자아가 없다. 주체로서 존재하지 않는다. 치매가 심하게 진행된 노인과 비슷한 상태다. 치매는 먼저 다른 사람을 인지하지 못하면서 진행된다. 그다음에는 상호작용이 단절되고, 결국 자아마저 상실한다. 이는 영유아가 자아를 획득해 가는 과정과 정반대 순서를 이룬다. 참으로 기묘한 대칭이다.

이렇게 형성된 자아가 이후 삶의 주인공이 된다. 성장기의 상호작용, 특히 친밀한 관계의 어른과 나누는 상호작용이 어떤 자아를 만드느냐에 결정적이다. 이후 이 자아가 삶의 방향을 정한다. 사람은 스스로가 생각하는 자기 자신이 가리키는 방향에 따라 살아가기 마련이다. '자아'가 형성되지 않은 사람은 그냥 짐승으로서 먹고, 자고,

생식하다 죽어 간다. '자아'가 형성된 사람은 바로 자신이 생각하는 자아의 속성, 즉 정체성을 따라 자신의 삶을 이끌어 간다.

삶의 자아의존성은 사회적 아웃사이더의 형성과정에서 잘 드러난다. 한 사회에서 아웃사이더가 된 사람들은 대부분 타고난 결함이나 무능력 때문에 그렇게 되지 않았다. 무엇이 그들을 삶의 가장자리로 내몰았을까? 어린 시절에 형성된 부정적인 정체성이다. 어린 시절에 형성된 부정적인 정체성은 그렇게 규정된 대로 살아가도록 자아를 이끈다. 그리하여 어른이 되었을 때는 그런 부정적인 삶을 사는 사람이 되고 만다(휴이트, 2000).

흔히 이를 '낙인이론'이라 부른다. "바늘 도둑이 소도둑 된다."는 속담과 "세 살 버릇 여든 간다."는 속담을 연결 지으면 낙인이론에 대한 훌륭한 비유가 된다. "세 살 때 바늘 도둑이라 불리면 여든에는 소도둑이 되어 있다."라고 정리할 수 있다.

생각해 보자. 세 살 어린아이가 바늘 하나를 가져가면 그게 과연 도둑일까? 이 아이에게는 소유와 거래의 관념이 없다. 그러니 도둑이 뭔지 이해하지 못한다. 그런데 이 바늘 하나 가져간 것 때문에 친밀감의 대상이 되는 어른이 "이런 바늘 도둑!" 하며 비난했다면, 그리고 이 낙인이 반복된다면, 즉 어른들이 "하여간 넌 그 도둑질하는 버릇 때문에, 쯧쯧." 등등의 말을 계속한다면 '도둑'은 그 아이의 정체성이 되어 버릴 것이다. 그리고 점점 도둑답게 성장하고 살아가게 된다. 만약 바늘을 가져갔더라도 '도둑'이라 부르는 대신, 소유의 관념, 거래의 관념 등을 잘 가르치며 타일렀다면 이 아이는 도둑으로 자라지 않을 것이다.

정신질환으로 고생하는 성인 역시 상담치료 결과, 병의 근원이 어린 시절 부모와의 잘못된 상호작용, 부모가 심어 준 부정적인 자아상, 자기혐오임을 발견하고 놀라는 경우가 많다. 부모가 의도했건 의도하지 않았건 이는 자연적인 발달의 결과가 아니라 후천적으로 형성된 결과이기 때문에 교육이다. 바로 잘못된 교육이다.

영유아기 때 친밀한 어른과 맺는 제대로 된 상호작용은 자아형성뿐 아니라 다른 사람, 그리고 사회와 공동체를 바라보는 관점, 즉 가치관에도 큰 영향을 끼친다. 어린 시절 형성된 가치관은 쉽게 바뀌지 않는다. 피아제, 콜버그 등 도덕성발달 이론가들 역시 만 14~15세 무렵에 발달 과정이 마무리된다고 보았다(샤퍼, 1999).

중요한 것은 부모 혹은 양육자가 아동과 나누는 상호작용이다. 그 상호작용이 세계에 대한 친밀감, 신뢰, 우호적인 감정을 느끼게 하는가 아니면 세계를 적대적인 힘으로 느끼게 하느냐, 이것이 아동의 가치관 형성에 결정적인 영향을 준다. 세계를 우호적인 힘으로 받아들인 아동은 규범 역시 그렇게 받아들이겠지만, 적대적인 힘으로 받아들인 아동은 이를 저항하고 무력화시켜야 할 대상으로 받아들일 것이다. 또 세계를 적대적인 힘으로 받아들인 아동은 그 세계와 구별되는 자기만의 작은 세상에 집착하게 된다. 대부분의 청소년 일탈이 혼자가 아니라 또래집단과 함께 이루어지는 이유다.

아주 어린 시절에는 다른 아이와 미세한 차이를 만들었던 그 한 마디, 한 마디가 나이가 두 자릿수를 넘어갈 무렵이 되면 엄청난 일탈행위나 부적응행동의 원인이 될 수 있다. 이 차이는 어른이 아동과 직접 나눈 상호작용뿐 아니라, 아동과 나누지 않은 말이나 행동으로도 만들어진다. 한마디로 부모 혹은 양육자가 세계를 대하는 태도, 삶을 받아들이는 방식 그 자체가 아동에게 전달된다.

비뚤어진 가치관, 왜곡된 자아관을 가진 아이가 저지르는 그릇된 행동은 어른 기준에서는 다만 개구쟁이 짓, 혹은 재롱 정도로 보일 수 있다. 행동의 수위, 행동의 결과가 아니라 아이가 그 행동을 할 때 세계에 대해, 타인에 대해, 규범에 대해 어떤 태도를 취했는지 봐야 한다. 세계에 대해 적대적 태도를 보이고 한 행위가 다만 힘이 약해서 재롱으로 보일 수 있다. 14세 정도가 지나 청소년의 억센 힘을 얻은 다음에야 그 짓궂은 행동이 웃어넘기기 어려운 일탈행동으로 보일 수 있다.

그제야 어른들이 놀라며 "이 아이가 갑자기 왜 이렇게 되었지?" 반문하지만, 그 아이는 한참 전에 그렇게 되어 있었다. 그 청소년은 어른들의 교정 노력을 도저히 이해하지 못할 것이다. 한참 어린 시절부터 그런 행동을 계속해 왔고, 기껏해야 개구쟁이 소리를 하거나, 심지어 재미있다고 웃기까지 했던 어른들이 그 연장선에 있는 행동을 좀 했다고 저렇게 정색하는 까닭을 어떻게 이해하겠는가? 그들은 가장 가까운 어른에게 배운 대로, 어른이 원한다고 생각한 대로, 어른이 세상을 대하는 대로 생각하고 행동했을 뿐이다.

그래서 부모야말로 가장 중요하고 위대한 교육자다. 부모의 교육은 자녀의 학업성취를 높이는 것이 아니다. 만약 학업성취와 관련하여 필요한 부모의 역할이 있다면 그건 적절한 자극을 주는 환경 제공, 그리고 그 자극에 따라 학업을 계속할 수 있는 물질적, 정신적 지원이다. 이후 본격적인 학업성취는 학교가 담당할 일이다. 다만 그 학생이 너무 뛰어나서 학교 교육과정 너머의 자극이 필요하다거나, 너무 뒤떨어져서 추가적인 프로그램이 필요하다거나 하는 식의 정보를 학교와의 긴밀한 상호작용을 통해 주고받아야 한다.

그런데 학교는 이미 어느 정도 학습 준비가 되어 있는 학생을 전제로 하는 곳이다. 아이는 학습을 위한 가장 기초적인 기능인 언어 능력, 다른 사람과 함께 살아갈 준비인 기본적인 태도와 규범을 갖추고서 학교에 들어와야 한다.

한마디로 부모는 자녀의 '세 살 버릇'에 책임을 져야 한다. 그렇다고 세 살부터 이것저것 가르친다고 자녀를 몰아붙이라는 것이 아니다. 세 살 때 어른에게는 사소하지만, 영유아에게는 치명적일 수 있는 여러 외적 영향에 대해 민감하라는 것이다. 부모는 아이의 마음과 자아를 만드는 존재다. 그런데 아무리 사람일지라도 태어나서 시간이 지난다고 저절로 마음과 자아가 생기지 않는다. 이는 유전자에 새겨진 본능이 아니라 학습의 결과다. 마음과 자아를 만드는 과정은 매우 중요한 교육이며, 이것이 최초의 교육이다.

부모는 또한 아이에게 세계를 가르치는 존재다. 아이는 어른의 얼굴을 보고 감정을 읽는다. 어른이 어떤 말을 할 때 어떤 얼굴을 하고 있었는지 강하게 각인된다. 사랑스러운 얼굴을 하고 한 이야기는 사랑스럽게 각인되며, 짜증스러운 얼굴을 하고 한 이야기는 짜증스럽게 각인된다. 이 이야기들의 종합이 아이에게는 바로 세계다. 이 과 정에서 아이는 세계에서 사랑할 부분과 짜증스러워 할 부분의 관 념을 형성한다. 즉, 세계관을 형성한다. 늘 사랑스러운 얼굴로 세상 일을 이야기하는 부모와 늘 짜증 내며 세상일을 이야기하는 부모의 차이는 매우 크다.

　여기까지가 근대사회에서의 부모의 책무다. 여기서부터 책무는 서서히 학교로 넘어간다. 결국 부모의 교육은 아이가 학교라는 공동 체에서 가족이 아닌 완전한 타인들과 우호적인 상호작용을 하며 사 회생활을 할 준비를 시켜 주는 것이다. 부모가 직업교육까지 담당했 던 전통사회에 비하면 확실히 많이 줄어든 셈이다.

16

고대에서 현대까지,
학교라는 놀라운 제도

5세가 되면 아이들은 학교에 간다. 물론 학교라 이름 붙은 곳은 6세에 가지만 유치원 역시 교육법상 학교라서 사실상 이때부터 학교와 연결된다. 이후 아이들은 대부분 22세까지 무려 17년간 학교에 다닌다. 전통사회와 달리 근대사회에서는 대부분의 교육이 학교에서 이루어지는 것이다.

학교는 동네북?

동서고금을 막론하고 학교에 대한 이미지는 좋지 않다. 2018년, 〈근대 학교제도를 재판합니다〉라는 해외 동영상이 유행한 적 있었다. '교육혁신'이라는 타이틀을 붙인 연수마다 이 동영상을 틀어 주는 통에 젊은 교사들은 이 동영상의 첫 장면인 '어항'만 보면 경기를 일으킬 지경이라고 불만을 토로했다.

이 동영상은 학교라는 곳이 획일적 교육으로 학생들의 다양한 재능을 말살하며 억압의 기관이 되고 있다고 고발하면서 어항 속의 물고기더러 나무에 올라가라고 강요한다고 꼬집고 있다. 물고기는 헤엄을 쳐야 하고, 새는 하늘을 날아야 하고, 두더지는 땅을 파야 하는데, 획일적으로 나무에 올라가라고 강요한다면 천성이 그렇지 않은 학생들을 강제로 실패자로 만드는 꼴 아니냐는 것이다.

그 밖에도 학교를 비판하는 문헌이나 예술작품은 헤아릴 수 없이 많다. 학교가 산업사회에 적합한 교육기관이며 4차 산업혁명과 더불어 시대에 뒤떨어지게 되었다는 통념과 달리, 산업사회의 정점이던 19세기와 20세기에도 학교는 억압과 구시대의 상징이었다. 토마스 만의 『토니오 크뢰거』, 헤르만 헤세의 『수레바퀴 아래서』, 『데미안』 같은 작품 속의 학교가 그렇다. 이반 일리치가 『학교 없는 사회』를 발표하여 센세이션을 일으킨 시기도 역시 1970년대로, 산업사회의 하이라이트라 할 만한 테일러주의가 한창이던 시절이다.

어항 동영상이나 19세기, 20세기의 문학작품이나 학교 비판의 근거도 거의 같다. 동일성, 획일성에의 강요, 그 속에서 빛을 잃어 가는 개성이나 독특성, 영혼의 순수성 같은 것. 보수우파는 저 차갑고 획일적인 근대교육이 종교적인 심성, 영성, 전통의 가치를 소멸시키는 것을 슬퍼한다. 진보좌파는 저 차갑고 획일적인 근대교육이 다양한 가능성, 저 너머를 사고할 수 있는 창조성을 말살하는 것을 슬퍼한다.

전 세계 수많은 나라의 사람들이 수백 년에 걸쳐 학교에 다녔지만 학교에 대해 좋은 기억을 말하는 사람이 드물다. 어린아이들에게 읽히는 위인전은 대부분 위인의 재능을 이해하지 못하고 억압했던 답답한 학교에서 고통받은 어린 시절의 일화로 가득하다. 그런 위인전을 읽는 아이들이 학교에 다녀야 하는 자신들의 처지를 어떻게 받아들일지 의심스럽다.

간혹 학창시절을 아름답게 묘사한 작품이 있더라도 주로 학교 교육이 아니라 학창시절, 즉 친구들과 함께했던 여러 친교활동, 서투른 첫사랑 따위의 청춘예찬이다. 간혹 훌륭한 선생님 이야기도 나오지만 그런 선생님들은 꼭 학교에서 쫓겨 나가거나 교장이나 장학관의 억압에 시달린다.

여기서 자연스러운 의문이 생긴다. 이렇게 많은 사람, 그것도 위인전에 나올 정도로 성공한 사람들의 원망 대상이 되어 온 학교라는 제도가 이토록 오랫동안 남아 있는 이유가 대체 무엇인가?

여기에 대해 급진적인 교육사회학자들은 '이데올로기 기구'라는 설명을 한다. 지배계급은 피지배계급의 노동을 착취한다. 지배계급은 훨씬 수가 많은 피지배계급을 무력만으로 억압할 수 없다. 따라서 지배계급은 자기의 이익을 공동체 전체의 이익, 혹은 인류에게 보편적인 도덕이나 가치로 둔갑시켜 믿게 함으로써 자발적인 복종을 끌어낸다. 전통사회에서는 이를 믿게 하는 역할을 종교가 담당했지만, 합리화된 근대사회에서는 교육이 담당한다. 뒤르켕이 "학교는 세속의 성전이며 교사는 세속의 사제."라고 말한 이면에 이런 이데올로기 기구로서의 학교의 속성이 드러난다.

부르디외와 파세롱(1970), 푸코(1975), 보울스와 긴티스(1976) 등은 학교를 '재생산 기구'라고 불렀다. 학교가 단지 이데올로기만 전달하는 것이 아니라 기존 사회의 지배구조 자체를 재생산한다는 것이다. 교육과정과 교과서에는 지배 이데올로기가 담겨 있다. 학생이 학교에서 수행하는 일상생활, 교사와 나누는 담화, 학교의 운영방식, 교칙 등은 사회구조를 재생산한다. 누군가가 정해 준 업무지침을 수동적으로 수행하고, 층층으로 이루어진 계급사회의 서열구조를 정당한 것으로 내면화하는 것이다. 푸코는 정신병원, 군대, 감옥, 학교가 모두 같은 구조로 이루어져 있다고 본다. 이는 그대로 노동자들을 착취하는 작업장의 구조로 이어진다.

하지만 정말 그것뿐일까? 학교의 존재 이유를 단지 지배계급의 통치 목적만으로 설명할 수 있을까? 그렇다고 하기에는 정반대되는 증거가 너무 많다. 우선 마르크스와 엥겔스가 쓴, 전 세계 좌파의 성서 『공산당 선언』의 강령에서는 모든 어린아이에 대한 무상교육을 요구했다. 우리가 의무교육이라 부르는 보통교육에 대한 요구를 끊임없이 했던 쪽도 보수우파가 아니라 진보좌파 쪽이었다. 노동자나 소수자의 각종 보이콧 투쟁에서 자녀 등교거부 운동의 사례는 찾아보기 어렵다. 오히려 1960년대 미국 흑인 민권투쟁의 핵심에는 '등교 강행'이 자리 잡고 있었다. 이들은 왜 한사코 이데올로기 기구이자 억압적 체제의 재생산 기구인 학교에 자기 자녀를 들여보내기 위해 투쟁했을까?

학교의 역할과 기능이 절대 단순하지 않다는 진실 때문이다. 현재 존재하는 학교를 그 자체만으로 보아서는 학교의 실제 의미를 파악하기 어렵다. 학교가 만들어지고 이루어져 온 과정에서, 학교를 정지된 물체가 아니라 변화하고 발전하는 운동으로 파악해야 학교의 진실이 보인다. 학교의 진실을 보아야 학교에서 무엇을 해야 하는지도 보인다.

고대와 중세: 특권으로서의 학교

권위를 갖춘 누군가가 선생이 되어 두 사람 이상의 학생을 모아놓고 정기적으로 가르치는 곳을 학교라고 부른다면, 학교의 역사는 2500년 전으로 거슬러 올라간다. 동양에서는 공자가 노나라에 학교를 지어 제자들을 가르쳤다. 뛰어난 제자만도 72명이었다는 기록을 보면 그 규모도 매우 컸을 것이다. 교육과정도 정해져 있었다. 우선 시를 배우고, 다음은 음악을 배우고, 그다음에 상서와 춘추, 예법, 당시 관료들의 필수 기능인 활쏘기와 말타기 등을 배웠다. 이른바 육예(六藝)라고 하는 것인데, 일반 민중이 아니라 왕족이나 관료에게 필요한 것들, 즉 '왕관학'이다.

여러 기록을 통해 추론해 보면 공자 혼자 학생들을 가르치지 않았다. 육예의 일반적인 내용은 자로(자로가 사망한 뒤에는 자공)를 필두로 하는 대제자들이 나누어 가르쳤고, 공자는 주로 대제자들을 통해 간접적으로 가르치거나, 학생들의 질문을 주로 받았다.

그런데 공자의 학당은 나라를 잘 다스려 백성을 편안하게 할 사람을 배출하는 곳이었다. 비록 공자가 귀족 출신이 아닌 제자도 받아들이긴 했지만, 그렇다고 그 문이 활짝 열린 곳은 아니었다. 이 학당의 학생들은 춘추시대 말기 각 나라의 실권을 차지하고 있던 대부들의 가신이 되거나, 교육자가 되었다. 오늘날로 치면 보통학교보다는 교대, 사대, 로스쿨 등에 더 가깝다.

서양에는 플라톤이 아테네에 세운 아카데미아가 있었다. 플라톤의 아카데미아 역시 오늘날의 보통학교와는 상당히 거리가 있다. 입구에 걸려 있던 "기하학을 모르는 자는 여기에 들어오지 말라."라는 현판은 이곳이 보통교육기관이 아니라 적어도 오늘날 대학원에 해당하는 학교임을 보여 준다.

한마디로 이 학교들은 모두 특권층을 위한 학교였다. 공자의 학당은 봉건사회에 맞게 가신을 양성했고, 아카데미아는 민주사회에 맞게 정치가를 양성했다.

아테네보다 한결 실용적 기풍이 강했던 로마에서는 정치가가 되기 위해 이런 복잡한 기하학 따위를 배울 생각이 없었지만, 적어도 논리학, 수사학 같은 것은 철저히 배웠고, 이런 것들이 학교의 주요 교육과정이 되었다. 로마에서는 학교를 스콜라이(scholae)라고 불렀는데, 이는 여가를 의미하는 그리스어 스콜레(schole)에서 따온 것이다. 여기에서 학교(school), 학자(scholar)라는 단어가 모두 나왔다. 이는 학교가 직접적인 생산활동과 무관한 곳임을 보여 준다.

공자 이후 동아시아 왕조들은 적극적으로 학교를 세웠다. 우리나라 역시 고구려의 태학, 경당 같은 학교 설립의 기록이 남아 있다. 이 학교들 역시 모두 왕관학을 가르치는 곳이었다. 왕, 그리고 그 왕을 보좌하는 관리가 하나의 계급을 이루면서 이들이 백성을 통치해야 하는 근거로, 바로 통치의 학문이라 할 수 있는 왕관학에 능통함을 든 것이다. 이미 맹자는 「등문공」편에서 농부는 농사를 짓고, 어부는 고기를 잡고, 대장장이는 농기구를 만들듯, 선비는 이 모든 것을 경영하기 때문에 직접 생산하지 않고서도 대가를 받는다고 이를 정당화한 바가 있다.

　서양에서는 그리스도교를 통해 특권층의 지배가 정당화되었다. 동아시아의 왕관학에 해당하는 교육 내용이 서양에서는 신학이었다. 그리하여 서양에서는 매우 오랫동안, 심지어 아주 최근까지 교회가 교육의 방향을 결정지었다. 가령 서양의 유서 깊은 명문대학은 대부분 신학교에서 출발하였다. 가령 영국의 옥스퍼드대학교, 미국의 하버드대학교가 그렇다.

　왕관학이든 신학이든 모두 일반 민중에게 열려 있는 교육이 아니었다. 스탕달의 『적과 흑』(1830)은 심지어 프랑스혁명 이후에도 민중계급 출신의 젊은이가 상류사회로 올라가려면 '신학'을 공부하는 것만으로는 부족하고, 귀부인을 유혹까지 해야 하는 모순적인 상황을 보여 준다.

　이런 상황에서 학교는 민중에게 어떤 곳으로 보였을까? 특권층으로 들어가는 입구였다. 그럼 그들은 왜 그곳에서 공부하지 못했을까? 여유가 없었기 때문이다. 생업을 놓고 공부할 시간도 없거니와, 값비싼 학비를 댈 여유도 없었다. 본인뿐 아니라 자녀들까지 모두 가업에 달려들어야 겨우 일가족이 생존할 수 있었던 것이 당대의 생산수준이었다.

이렇게 역사적으로 아주 오랫동안 학교란 곧 여가 있는 사람이나 다닐 수 있는 곳이자, 다니기만 하면 여가 있는 삶을 누리는 위치로 올라설 수 있는 곳이었다. 한때 입시학원 중에 '등용문학원'이라는 곳이 있었는데, 실제로 꽤 오랜 시간 동안 학교에 들어간다는 것은 잉어가 용이 될 수 있는 입구에 들어가는 것이나 다름없었다.

학교의 이런 역사를 알고 있다면 지배계급의 '이데올로기 기구'로서의 학교라는 말을 쉽게 하기 어려워진다. 교육을 받을 수 없던 민중에게 학교란 자녀만은 이 지긋지긋한 삶을 물려주지 않을 구원의 동아줄 같은 것이었다.

심지어 일제강점기에도 그 가혹한 수탈을 견디며 민중은 어떻게든 자녀를 학교에 보내려 애썼다. 학교에서 조선어 사용을 금지하고, 황국신민의 서를 낭독하게 하고 군사훈련을 시키는 상황이 되어서도 등교거부 운동 같은 것은 일어나지 않았고, 일본인 교사들이 가르치는 학교가 오히려 명문학교로 선망의 대상이 되기도 했다. 여러모로 학교를 바라보는 관점은 복잡하다.

왕관학과 신학이 학교를 통해 전수되고 생산되고 있을 때, 실제 생산에 필요한 지식과 기술은 어떻게 전수되었을까? 대부분 가족을 통해 전수되었다. 가령 농민의 자녀는 제 발로 걷고 뛸 수 있게 되면 쉬운 일부터 시작해서 점점 강도를 높여 가며 농사일에 참여했고, 그 과정에서 농사일을 배웠다.

좀 더 전문적인 일인 각종 수공업이나 상업 역시 가족을 통해 계승되었다. 농사일과 마찬가지로 나이에 맞는 작업을 담당하면서 서서히 일을 배워 나갔는데, 농사일에 비해 좀 더 체계적이긴 하였지만, 여전히 노동과 교육이 구별되지는 않았다. 이런 방식의 교육을 도제식 교육이라고 한다. 간혹 가족이 아닌 고용인이 일하면서 배우는 경우도 있었는데 흔하지는 않았다. 이렇게 배워 가며 일하는 비가족 고용인을 직인(journeyman)이라고 불렀다. 이름에서 이미 짐작할 수 있듯, 긍정적인 의미는 아니다. 스승의 딸과 혼인하려는 도제들의 경쟁이 살인을 불러오곤 하는 설화의 배경을 이를 통해 이해할 수 있다. 이 경쟁에서 지면 다시 떠돌이(journey man)가 되는 것이다.

사회가 발전하면서 이러한 특수한 기술을 가진 사람들의 위상이 높아졌지만, 그렇다고 이들이 학교를 세워 농민이나 다른 민중의 자녀를 받아들였다는 기록은 찾기 어렵다. 이들은 자신의 위상이 높아질수록 오히려 자기네 기술을 가족만 공유하는 비밀로 만들어 간직했다. 학교를 세워 널리 기술을 퍼뜨린다는 것은 있을 수 없는 일이었다. 따라서 이들은 체계적인 교육과정이나 교재 등을 남기지 않았다. 오늘날 스트라디바리우스, 과르네리우스 같은 17세기의 명품 바이올린을 계속 고쳐 쓸 수밖에 없는 까닭도 이들이 제작과 관련된 아무 기록도 남기지 못한 상황에서 그만 가업의 맥이 끊어져 버렸기 때문이다.

인류문명의 역사를 3000년 정도로 볼 때 그중 적어도 1800년 동안 학교는 특권층 자녀들이 지배의 기술을 배우거나, 생산과 무관한 교양을 배우는 한가한 곳이었다. 지금도 영미권에서는 명문학교에서만 교복을 입는다. 이 교복은 학생을 통제하기 위해서가 아니라 그 학교 학생임을 드러내기 위해서다. 여전히 남아 있는 특권의 흔적이다.

근대: 공교육의 시작

18세기 들어서야 특권층의 전유물이던 교육이 모든 국민을 대상으로 하는 공교육으로 바뀌기 시작했다. 그 주역은 엉뚱하게 유럽 절대왕정의 국왕들이다. 국왕들은 봉건귀족의 세력을 약화하기 위해 평민 출신 관료와 군인을 많이 고용하려고 했다. 당연히 관료와 군인은 교육받아야 만들어지는 것이기에 일반 백성들에게까지 교육의 기회를 확대해야 했다.

프로이센의 프리드리히 2세가 아동에게 보편적인 교육을 시행하라는 「교육칙령」을 발표한 것이 그 시초였다. 그동안 동네 성직자 재량에 따라 하면 좋고 안 해도 그만이었던 교육이 왕의 명령으로 무조건 해야 하는 것으로 바뀌었다. 물론 교육 내용은 왕이 요구하는 것들로 정해져 있었다. 특히 넓은 영토에 거주하는 많은 인구가 정체성을 공유하는 데 필수적인 모국어 읽고 쓰기와 자국의 역사

교육이 강조되었다.

이를 통해 국왕은 나라와 민족을 자신의 정체성으로 삼는 충성스러운 국민이자 유능한 군인과 관료들을 길러 내려 했다. 이는 권력과 직결되는 문제였다. 왕의 권력은 영토의 크기가 아니라 국민의 숫자가 정한다. 아무리 넓은 영토를 가진 왕이라 하더라도 이 영토가 저마다의 정체성으로 찢어진 지방정권의 느슨한 연합에 불과하다면 민족으로 똘똘 뭉친 작은 나라의 왕보다 권력이 약하다. 평생가 볼 일도 없을 정도로 멀리 떨어진 곳에 사는 백성들까지도 추상적인 '민족'이라는 공동체 구성원으로 동일한 정체성을 가지게 만들수 있다면, 왕은 그 민족을 대표하는 존재로서 충성의 대상이 되며, 그 민족의 이름으로 자발적인 충성과 헌신을 바치는 용맹한 병사들을 모집할 수 있다.

하지만 모든 근대 공교육이 절대왕정을 위해 만들어진 것은 아니었다. 여기에는 근대 공화주의의 열망도 큰 몫을 담당했다. 공화주의는 기본적으로 공의를 가진 시민들의 공동체를 전제로 한다. 일찍이 키케로는 "공의가 없으면 인민이 없고, 인민이 없으면 공화국도 없다."라고 말한 바 있다. 그런데 공의란 저절로 생기는 것이 아니라 공공의 문제를 자신의 문제로 받아들이는 태도, 그리고 공공의 문제를 이해하고 그 해결책을 생각해 낼 수 있는 지식과 역량을 바탕으로 형성된다. 18세기 당시 유럽의 문맹률이 거의 70퍼센트에 이르렀음을 감안하면 이게 얼마나 심각한 문제인지 짐작할 수 있다.

모든 시민에게 참정권을 확대하는 일이 수많은 장벽에 부딪힌 까닭도 단지 특권층의 지배욕 때문만은 아니었다. 이른바 민주주의의 아버지들 역시 보통선거권에 양손 휘두르며 반대했다. 이들은 민주주의를 권리와 책임의 저울로 판단했다. 이들이 생각한 민주주의는 모든 사람이 참정권을 가지는 것이 아니라, 국가에 책임을 질 수 있는 능력이 충분히 있는 시민들을 가로막는 낡은 신분제를 철폐하는 것이었다. 이들은 시민혁명 이후 여성은 물론 일반 노동자, 농민의 정치참여를 가로막는 일에 적극적으로 나섰다. 이들이 이렇듯 일반 민중의 목소리가 정치에 반영되는 것을 꺼린 끼닭은 오직 히니 때문이었다.

"무지하기 때문."

무지하기 때문에 민중은 편협한 이익에 휘둘리며 나라 전체의 관점에서 생각하지 못하고, 비판적 사고능력이 결여되어 있어서 선동가들에게 쉽게 포획된다. 평민이 다수결 원리로 나랏일을 결정하게 되면 공화국은 결국 파멸적인 결과를 맞이하게 된다.

그러나 역사의 수레바퀴는 참정권의 확대를 향해 굴러가게 되었다. 결국 모든 인민에게 동등한 참정권을 부여하는 근대 민주정치가 정착되었다. 모든 인민이 시민이 되는, 즉 나라의 주인이자 동시에 신민이 되는 상황이 온 것이다. 그렇다면 나라의 주인인 시민은 그만한 지식과 역량을 갖추어야 한다. 따라서 교육이 필요하다.

"한 사람도 빠짐없이 교육받아야 한다."

교육은 나라의 주인으로서 당연히 받을 권리이자, 나라의 주인이 되기 위해 반드시 받아야 하는 의무이기도 하다.

이것이 바로 근대 공교육이며, 그것을 담당한 기관이 바로 학교다. 사회가 발전하고 과학기술이 발전하고 세계가 복잡해지면서 나라의 주인 노릇을 하기 위해 알아야 할 것도 많아졌다. 따라서 학교에서 배워야 할 내용도 점점 많아지고, 다녀야 할 기간도 점점 길어졌다.

근대사회는 민주주의뿐 아니라 산업화로도 규정된다. 근대사회는 곧 산업사회. 여기서 말하는 산업은 자연을 변형해 자원을 획득하는 인간활동을 통칭하는 말이 아니라, 인공적인 동력과 기계를 사용하는 대규모 공장생산방식을 의미한다.

젊은 시절 마르크스는 "괭이가 중세를, 증기기관이 근대를 만들었다."고 말했지만, 이는 살짝 초점이 어긋났다. 실제로 말년의 마르크스는 증기기관보다는 각종 제작기계의 발명을 더 중요하게 보았다. 제작기계는 장인의 손기술을 기계가 대체할 수 있음을 보여 주었기 때문이다.

이는 분업과 함께 등장했다. 장인의 손기술을 그대로 재현하는 기계는 21세기 기술로도 구현하기 어렵다. 그러나 분업은 장인의 손기술을 여러 개의 단순한 동작으로 세밀하게 분할하였다. 즉, 장인 한 사람의 복잡한 노동을 단순노동자 여러 명의 간단한 동작들로 나눈 것이다. 이렇게 나누어진 여러 명의 노동자가 단순한 동작을 반복하는 분업을 통해 장인 한 사람이 혼을 담아 며칠 동안 만들 물건을 하루에도 몇 개씩 만들어 낼 수 있게 되었다. 분업, 단순노동화, 그리고 대량생산. 이것이 산업혁명의 핵심이다.

그런데 분업을 통한 대량생산에는 맹점이 있었다. 장인 한 사람의 노동을 수많은 단순동작으로 나누었기 때문에 엄청나게 많은 일손, 즉 노동력이 필요하게 된 것이다. 게다가 아무나 데려다 시킬 수 있는 노동이 아니다. 뛰어난 기술과 지식은 필요 없지만, 기계의 리듬에 맞춰 단순한 동작을 일정 시간 동안 성실하게 반복할 그런 노동자가 대량으로 필요했다. 성실하고 정확한, 그러면서 기계의 설명서나 기본적인 작업수칙 등을 읽고 이해할 수 있는 어느 정도 교육받은 노동자 말이다.

근대 공교육이 널리 확대된 배경에는 민주주의로 인한 시민교육뿐 아니라 어느 수준으로 교육받은 노동자가 대규모로 필요하게 된 산업혁명의 영향도 있다. 근대 공교육의 필요로 인해 도입된 학교는 공장의 형태를 가지고 공장 방식으로 운영되었다. 여러 명의 교사가 저마다 한 부분씩 맡아 교육을 분업하고, 교육과정은 컨베이어벨트처럼 돌아가며, 그 결과 전인적인 스승이 있던 시절에는 상상도 못할 대규모의 학생들을 한꺼번에 교육하게 되었다.

물론 이는 매우 비인간적으로 보인다. 그리고 이런 교육에는 당연히 범속함이라는 대가가 따른다. 범속한 노동자가 아닌 특별한 재능이나 성향은 저 대량생산 교육 속에서 일종의 불량품 취급을 받기가 쉽다. 그런 사람들은 학교뿐 아니라 사회에서도 마찬가지 대우를 받았음을 염두에 두어야 한다. 1950년대까지도 영국에서는 동성애자를 체포했고, 미국에서는 다른 인종 간의 결혼이 금지될 정도로 오늘날에 비하면 꽉 막힌 사회였다.

사회가 닫힌 만큼 학교가 닫히고, 사회가 열린 만큼 학교가 열린다. 문제는 학교의 닫힘과 열림이지, 학교 그 자체가 아니다. 그리고 최근 들어 학교의 닫힘에 대한 비판이 늘어나는 것은 그만큼 사회의 열림에의 요구가 크다는 뜻이다. 즉, 사회변동의 시대가 왔다.

21세기: 사회변동과 공교육의 도전

2010년 이후 근본적인 사회변동이 일어나고 있다는 조짐이 여기저기 나타나고 있다. 전 지구적 사회경제구조의 변화와 도래하는 신기술, 급격한 기후 변화, 바이러스……. 지금과는 아주 다른 세계가 오고 있다는 조짐, 역사적으로 중요한 분기점에 서 있다는 느낌. 그걸 뭐라고 부르든 간에 말이다. 실감하지 못할 수도 있다. 몇몇 신기술을 가지고 혁명이라 이름 붙이는 건 무리라고 말할 수도 있다. 그런데 원래 혁명은 생각만큼 급격하지 않다. 긴 인류의 역사에 비춰 보면 급격할 뿐, 짧은 사람의 일생에서 급격하게 느껴질 정도는 아니다.

우리가 흔히 산업혁명이라고 부르는 현상도 거의 50~100년에 걸쳐 일어난 변화였다. 5000년간의 발전 속도를 50년이 능가했으니 지금 보면 혁명이지, 당시를 살아가던 사람들의 눈에는 점진적인 변화였다. 역사적인 격변은 그 시기를 사는 사람에게는 안개처럼 느껴지고, 한참 뒤에 서술된 역사책 속에서는 폭포처럼 그려지는 법이다. 그런 점에서 21세기 들어 일어나고 있는 변화와 발전의 속도는 어쩌면 19세기 산업혁명을 능가하는 것일 수도 있다.

지금 : 4차 산업혁명과 공교육

변화의 한 축은 산업상에서의 변화, 그리고 여기서 비롯되는 사회적 변화다. 그걸 4차 산업혁명이라 부르건, 다른 어떤 이름으로 부르건 상관없다. 큰 변화가 일어나고 있는 것만은 분명하다. 사실 4차 산업혁명이라는 용어는 정확성이 떨어진다. 이 용어가 성립되려면 그 앞의 세 차례 산업혁명이 분명해야 하는데, 여기에 대한 사회변동론이나 경제사 영역에서 보편적인 합의가 없다. 4차 산업혁명이라는 말이 유행을 하고 보니, 그 앞에 어떻게든 세 차례의 산업혁명을 쑤셔 넣는 엉뚱한 일까지 일어나고 있다.

다만 세계적으로 이름이 굵직한 사회변동학자들, 이른바 미래학자들이 산업혁명이 그동안 몇 차례 단계를 거쳐왔다고 말해 온 것만은 사실이고, 공교롭게도 그게 세 번인 경우가 많다. 그러니 지금 어떤 변화가 크게 일어나고 있다면 4차라고 부를 법도 하다.

앨빈 토플러는 지금까지 인류가 세 차례의 물결을 타고 왔다고 했다(토플러, 1980). 첫 번째 물결은 농업혁명(신석기혁명), 두 번째 물결은 산업혁명, 그리고 세 번째 물결이 지식정보화혁명이다. 제러미 리프킨은 화석연료를 동력으로 일어난 변동을 1차 산업혁명, 전기를 동력으로 일어난 변동을 2차 산업혁명, 그리고 지식정보산업, 인터넷 등 수평적 네트워크의 등장, 신재생 에너지 등이 연관되어 나타난

변동을 3차 산업혁명이라 불렀다(리프킨, 2011).

4차 산업혁명이라는 말은 클라우스 슈밥이 다보스포럼에서 논의된 것을 정리하면서 만들어 낸 것이다(슈밥, 2016). 그 내용을 보면 딥러닝과 인공지능, 빅데이터, 분산네트워크, 3D프린팅, 사물인터넷, 블록체인 등의 기술 발전이 가져올 사회변동이다. 얼핏 보면 리프킨의 3차 산업혁명과 크게 구별되지 않는다. 이런 식의 산업혁명 숫자붙이기가 유행되어 요즘은 너도 나도 자기가 발견한 변화 앞에 숫자를 붙여 5차, 6차, 7차, 8차 산업혁명까지 언급하는 실정이다.

그럼에도 리프킨의 3차 산업혁명이나 토플러의 세 번째 물결이너무 광범위하기 때문에 2010년대 이후 등장하는 신기술을 포괄하는 용어가 하나 필요하기는 하고, 4차 산업혁명이라는 말이 입에 제일 잘 붙는 것도 사실이니 4차 산업혁명이라는 말을 쓰는 게 큰 무리는 없다.

산업에서의 큰 변화는 사회의 구조와 제도를 바꾼다. 사회가 바뀐다는 것은 교육의 결과로 바뀌기를 기대하는 바람직한 사람의 모습, 즉 지식, 기능, 가치 등의 변화를 의미하기 때문에 교육 역시 바뀔 수밖에 없다. 만약 교육의 제도나 체제가 이 변화에 걸림돌이 된다면 폐지되거나 파괴될 수밖에 없다.

가령 19세기 산업혁명 이전까지 금융인, 법조인 등이 되는 데 필요한 내용은 교육과정에서 중요하게 다루어지지 않았다. 사실상 금융인이 되기 위해 대학을 다닐 필요도 없었다. 금융인이 되는 방법은 은행에서 일하면서 일을 익히는 것이었다. 아마 찰스 디킨스가 오늘날 대학을 본다면 대학원 과정인 로스쿨에서 변호사를 양성하고, 경상계열 학과가 이렇게 많이 설치되어 심지어 박사학위 과정까지 운영되는 것을 보고 놀랄 것이다.

만약 21세기 들어 사회가 크게 바뀌고 있다면, 현재 어른들의 기준으로 세워 놓은 교육 목표, 교육제도는 심각한 고민의 대상이 되어야 한다. 물론 우리는 지금 학생들이 주역으로 살아갈 앞으로 30년 뒤 세상을 생각하며 현재 아이들과 청소년의 미래 모습, 즉 교육 목표를 미리 세울 수는 없다. 그럼에도 현재 시점에서 바람직한 인간상이라고 여겨지는 것이 미래를 살아갈 아이들의 교육 목표가 되기 어려워진다는 것만은 분명하다.

이른바 4차 산업혁명은 무엇이 어떻게 바뀐다는 것일까? 일단 4차 산업혁명이라는 말과 자주 거론되는 기술을 보자. 인공지능, 사물인터넷, 자율주행, 공유경제, 블록체인, 그리고 이 모든 것의 물적 기반이 되는 무선통신인 5G 등이다. 조금 무리지만 이것을 1)스마트, 2)공유, 3)원격이라고 정리할 수 있다.

스마트는 기계 등 인공물이 상황에 따라 필요한 일을 스스로 할 수 있게 된다는 뜻이다. 2차 산업혁명이 기계 등을 자동작동하게 하는 프로그램을 개발하고, 3차 산업혁명이 지식, 정보 등 학습의 장벽을 제거한 것이라면, 4차 산업혁명은 학습의 장벽이 사람뿐 아니라 기계에서도 제거된 것이다. 스스로 학습하고 스스로 최적의 조치를 알아서 처리하는 기계는 단지 '자동'이라는 말로 부족하다. 그래서 '스마트'다. 기존의 컴퓨터는 탁월한 정보저장과 검색도구였지만, 스마트시대의 컴퓨터는 필요한 정보가 무엇인지도 스스로 알아내고, 그 정보를 활용한 솔루션도 스스로 완성한다.

공유는 지식과 정보는 물론 각종 서비스, 기계, 부동산까지 나누는 것이다. 이는 천지 사방에 흩어진 잡다한 사물들이 모두 사물인터넷으로 연결되고, 이 사물인터넷이 무선통신을 통해 사람들이 소지한 스마트폰이나 웨어러블기기와 실시간으로 정보를 공유함으로써 가능해졌다(리프킨, 2014). 어떤 사람이 언제 어디에서 무엇을 필요로 하는지, 마침 그 사람 근처에 그 시간 동안 사용할 수 있는 그것이 있는지 등의 정보가 실시간으로 전달된다. 사용할 사람은 고민할 필요 없다. 지금 필요한 것이 무엇인지 검색하면 가장 가까이 있는 그것을 알려줄 테니.

원격은 사람 간, 사물 간 시간과 거리의 제약이 사라진 것이다. 모든 것이 클라우드에 저장되고 클라우드에서 작동된다. 지구 반대편에 있는 사람들이 동시에 작업이 가능하다. 이런 놀라운 일이 선의 제약 없이 이루어진다. 어느 통신사 광고문구대로 '초시대, 초연결'이다.

이러한 변화는 학교를 다시 생각하게 만든다. 스마트 인공지능시대에 학생이 무엇을 어떻게 학습할지 정해 줄 교사가 과연 필요할까? 자신이 가진 지식과 정보를 전달하는 대신, 학생이 정보의 바다에서 지식과 정보를 찾아 활용하도록 도와주는 학습 코디네이터로서의 교사? 그마저도 인공지능이 대신할 수 있다.

학교를 포함한 공교육제도를 통해 전수되는 지식과 기능의 유효성도 의문의 대상이 된다. 공교육은 제도의 제약을 받기 때문에 발걸음이 느리다. 오늘날의 지식과 정보는 만드는 사람 따로, 사용하는 사람 따로가 아니다. 사용자들이 실시간으로 만들어 간다. 기존의 학교는 이런 속도를 도저히 따라갈 수 없다. 더구나 인공지능이 딥러닝을 통해 지식과 기능을 학습하고, 그 인공지능이 장착된 기계나 장치가 매우 정확하고 빠르게 이를 적용하여 일을 처리할 수 있다면, 과연 사람이 힘들여 배워야 할 지식과 기능에는 무엇이 남아 있을까?

더구나 원격의 시대다. 즉, 학생들이 학교라는 하나의 물리적 공간에 모여야 할 특별한 이유가 사라질 수 있다. 게다가 이미 우리는 온라인 수업이라는 사상 초유의 변화를 맞이하고 있다. 지구 반대편에 살고 있는 학생들끼리 학급이나 그룹을 이루어 협력학습을 할 수도 있다. 그렇다면 이 학생들이 꼭 특정 지역, 특정 학구에 속한 학교에 소속되고 정기적으로 출석할 이유가 있을까?

여기에 블록체인 기술까지 보태면 학교의 정당성은 그 근본부터 흔들린다. 블록체인 기술은 사용자 상호 간의 보증(peer to peer)을 통해 권한이 집중된 중심부의 필요성을 제거하는 기술이다(탭스콧, 2016). 기존의 모든 사회체제는 중심부를 필요로 했다. 중심부의 역할은 보증이다. 중심부는 구체적인 작업이나 산출을 하지 않는다. 다만 구체적인 작업이나 산출이 신뢰할 만한지 인증해 준다. 이 중심부의 인증이 없었다면 불특정 다수의 대규모 상호작용에 기반한 근대사회가 성립될 수 없었을 것이다.

지금까지 학교는 가르치는 사람과 배우는 사람 간의 상호신뢰를 보증해 주는 중개인 역할을 해 왔다. 부모 대부분이 자녀를 처음 학교에 보낼 때 그 학교에 어떤 교사가 있는지 알지 못한다. 그럼에도 교사를 신뢰하는 까닭은 교사의 자격이 국가기관을 통해 인증되었고, 학교라는 공교육기관에 소속되어 있기 때문이다.

하지만 가르치고 배우는 사람 각자가 서로를 인증할 수 있는 체제가 가능하다면? 교사의 자격과 자질을 수많은 학생이 스스로 인증할 수 있는 시스템이 있다면? 기관으로서의 학교는 그 역할이 위태로워진다. 교사와 학생이 직접 연락하고 만날 수 있기 때문이다. 군이 학교가 필요하다면 교실과 교육기자재가 모여 있는 공간으로서의 학교일 것이다.

이런 변화에도 불구하고 교사와 학생이 만나 학습 공동체를 이루는 교육 그 자체가 위태로울 것 같지는 않다. 위태로워지는 것은 중개자로서, 교사와 학생의 만남을 관리하고 인증하는 체제로서의 학교, 교사와 학생의 만남을 국가가 관리하고 인증하는 체제로서의 공교육이다. 교사는 학생을 만나기 위해 학교의 배당을 받을 필요가 없다. 학생은 원하든 원하지 않든 학교가 배당하는 교사에게 배울 필요가 없다.

서로 궁합이 맞는 교사와 학생이 중개자 없이 만날 수 있다. 장소의 제약도 없다. 지역마다 교실과 기자재가 모여 있는 학교라는 건물이 있을 것이고, 그때그때 가장 가까운 곳에 있는 학교의 교실과 시설을 사용하면 된다. 어떤 교실이 언제 비는지는 실시간으로 인공지능이 배당해 줄 것이다.

꿈같은 이야기일 수 있다. 사실 미래가 어떻게 될지 누가 알겠는가? 하지만 현재 진행 중인 기술 발달은 이런 교육이 충분히 가능한 수준이다. 반대로 이런 수준으로 진화하지 않으면 기존의 학교제도는 어쩌면 시대의 화석이 될 수도 있다. 물론 화석이 되는 것은 '기존의 학교제도', '근대 공교육제도로서의 학교'이지, 학교 그 자체가 아니다. 사람은 학습하는 동물이며 학습은 집단적인 역동이다. 그게 우리가 알고 있는 학교와 다른 모습일지언정 어떤 방식으로든 교사와 학생이 이루는 학습 공동체는 남아 있을 것이다.

페미니즘과 공교육

21세기 들어 나타난 두드러진 또 다른 사회변화는 지구상의 마지막 식민지라고도 불리던 여성의 움직임이다. 어쩌면 앞으로 어떻게 될지 모르는 4차 산업혁명보다 학교가 더 가깝게 직면한 도전일 것이다. 메리 울스턴크래프트가 벌써 몇 세기 전 사람인데 인제 와서 무슨 여성이냐 하겠지만, 최근 나타나는 변화는 심상치 않다. 과거의 여성운동은 여러 변화 중 하나였다. 그런데 2010년대 들어 나타나는 변화는 여성문제가 사회의 중심, 사회변화의 주요 동력이 되는 현상이다. 심지어 보수적인 디즈니 영화, 만화마저 바꾸어 놓았다.

그 계기가 된 것은 미국에서 터져 나오기 시작한 #미투(Me_too)운동이다. 처음에는 그저 성폭력 피해자들의 폭로 정도로 여겨졌다. 하지만 미투라는 말에서 볼 수 있듯이, 이 운동의 본질은 폭로가 아니라 공감과 연대다. 계급과 계층을 횡단하면서 이루어지는 '여성'으로서의 공감과 연대인 것이다. 사회적 지위가 높거나 낮거나 '여성'이라는 것만으로 이 사회의 피해자이자 피억압자라는 공감과 연대다.

페미니즘이라는 말이 긍정적이든 부정적이든 다시 영향력을 얻기 시작했다. 어떻게든 이 말의 의미를 부정적으로 만들고자 하는 움직임도 거세졌다. 일부 남성들을 중심으로 마치 옛날에 사회주의자나 공산주의자를 "빨갱이"라고 부른 것처럼, "페미" 혹은 "꼴페미"라는 말이 횡횡하고 있다.

여성이라는 주제가 이렇게 중심에 들어서게 된 까닭은 이제 페미니즘이 단지 남성에 대한 여성의 의견과 태도를 넘어서고 있기 때문이다. 이제 페미니즘은 '가부장제' 자체를 공격하고 있다. 페미니즘은 남성혐오든, 여성혐오든 혐오와는 거리가 멀다. 페미니즘이 반대하는 것은 오직 가부장제다. 간혹 페미니즘을 주장하는 사람 중에 남성에 대한 과도한 혐오를 뱉어 내는 사람들이 있는데, 그들은 단지 남성혐오주의자일 뿐 페미니스트가 아니다(발렌티, 2007).

가부장제는 신체의 아주 작은 한 부분에 불과한 타고난 생식기로 한 사람의 인격을 환원시키는 성차별, 그리고 이러한 성차별을 근거로 지배–피지배 관계를 만드는 체제다. 앞서 사용했던 용어를 빌리자면, 생식기 물신숭배에 기초한 사회체제와 사고방식이다. 가부장제가 반드시 부(父), 즉 아버지의 권력을 의미하지는 않는다. 가부장제는 타고난 성별에 따라 차별적인 권리, 차별적인 인정, 차별적인 권력을 부여하는 사회체제다. 다만 '부'라고 붙여진 까닭은 이런 성별에 따른 차별이 세계 공통으로 남성이 여성을 차별하는 방식으로 이루어지고 있기 때문이다.

이 물신숭배는 여성의 생식기를 가졌다는, 더 정확히 말하면 남성의 생식기가 없다는 이유만으로 다른 모든 인격, 능력 등을 평가절하하는 데서 비롯된다.

"여자가?"

이 한마디에 모든 것이 설명된다. 가장 뛰어난 여자 정도 되어야 보통 남자 수준 정도로 평가된다. 그러면서 붙는 말이 "여자치곤 제법"이다. 그래서 직업을 나타내는 명사 앞에 구태여 '여'라는 접두사를 붙인다. 여교사, 여의사, 여검사, 여배우, 여류작가 등등.

또한 여성에게는 '온순하고, 수동적이고, 의존적이며, 감정적'이라는 속성이 강제로 부과된다. 여기서 비롯되는 차별은 이중적이다. 한편에서는 여성이 이런 속성을 가지고 있기 때문에 사회적으로 중요한 책임을 맡기기에는 부적절하다며 배제된다. 여성의 판단과 기억은 감정이 앞서기 때문에 믿을 수 없는 것으로 여겨진다. 중요한 회의에서 여성에게 의견을 묻지 않는 경우가 많고, 발언을 하더라도 중요하게 귀담아듣지 않는다. 한마디로 여자가 하는 말은 안 듣는다 (휴스턴, 2016).

다른 한편 '강인하고, 능동적이고, 독립적이며, 이성적'인 여성은 엉뚱하게 '여자답지 못하다'라는 이유로 배제된다. 이른바 여자다운 여자는 붙여는 주되 무시하고, 여자답지 못한 여자는 아예 배제해 버리는 것이다. 이런 식의 문화적 코드가 사회 곳곳에 깔려 있고, 이런 식으로 양육되면서 여성은 자기도 모르게 자신의 가치와 능력을 남자보다 못한 것으로 받아들이도록 만들어진다. 만약 남자 못지않은 혹은 더 뛰어난 여성이라면 자신의 "여자답지 못함"에 콤플렉스를 느끼도록 만든다(우에노, 2012).

가부장제가 꼭 남성에게 유리한 것만도 아니다. '부' 때문에 오해하기 쉽지만, 이는 남성의 여성지배를 의미하는 것이 아니라고 했다. 남성 역시 가부장제에 의해 지배받는다. 가(家)에 부는 오직 한 명이기 때문이다. 부가 있으면 반드시 자가 있기 마련이다. 부와 자의 관계는 지배와 피지배 관계다. 가부장제는 이러한 지배-피지배 관계, 나이 많은 남자어른이 다른 사회 구성원들을 지배하는 구조가 가족뿐 아니라 사회의 다른 영역에 널리 확산해 있는 것을 말한다. 가부장의 자격은 단둘만으로 결정된다. 나이와 성별. 가부장제는 노소와 남녀가 중첩되어 이루어지는 억압적인 체제다(훅스, 2015).

그런데 가부장이 남성이 아닌 경우도 많다. 여성이라 할지라도 자기 딸, 제자, 후배 등 어린 여성을 가부장제 방식으로 지배하려는 경우가 적지 않다. 물론 이 여성 가부장은 남성 가부장 앞에서는 순종하는 여자가 된다. 가부장적 사고방식을 내면화하고 있기 때문이다.

여자는 열등하다는 것을 내면화한 남자는 남자다움을 강요받으며 자란다. 즉 '강인하고, 능동적이고, 독립적이며, 이성적'이라야 남자가 되는 것이다. 온순하고, 상냥하고, 협력적이고, 감성적인 남자는 "사내답지 못한 녀석"이 되어 남자들 사회에서 따돌림당하거나 놀림의 대상이 된다. 가부장제 사회에서 이렇게 자란 남자들은 자기 감정에 서툴고, 경쟁적이고, 공격적인 성향으로 세상을 살아가는데, 설사 그렇지 않아도 그런 척이라도 해야 한다(훅스, 2004).

이런 식의 삶 역시 고달파 보인다. 이들은 그 고달픔을 여자를 상대로 우위에 선 자신들의 지위를 확인함으로써 해소하려 한다. 그리하여 여성을 멸시하거나 대상화하는 농담이나 행위가 남자들의 우의를 다지는 계기로 활용된다. 만약 여기에 가담하지 않으면 '남자답지 못한'이란 딱지를 받는다. 이들에게 여자란 오직 성적 대상 아니면 어머니—이른바 여자일을 담당하는 가내 노동자—뿐이다.

그래서 '여'라는 접두사를 붙였던 여러 직업 앞에 한 글자를 더 붙인다. 미녀교사, 미녀의사, 미녀약사, 미녀배우. 아름답다고 예찬하는 것이 아니다. 사실 여자들을 "예쁘다"라고 말하면 좋아한다는 믿음 자체도 폭력적인 생각이다. "예쁘다"라는 말을 듣고 싶은 사람이 말해야 좋아하는 것이지, 아무 남자에게나 듣고 싶은 것이 아니다.

'미녀'라는 접두사를 붙였다는 뜻은 성적 대상으로 본다는 뜻이다. 즉, 교사, 의사, 약사, 배우로서의 역량과 기여에는 관심 없고 오직 가슴, 허리, 생식기로만 본다는 뜻이다. 오직 성적 대상으로만 본다는 것은 언제든지 기회만 주어진다면 그 신체에 대한 지배력을 행사할 용의가 있다는 뜻이다.

이런 식의 관점에서 여성에게 가해지는 요구는 둘이다. 1)남자의 눈으로 평가받으라 2)그 평가가 이루어지는 동안, 또 이루어진 다음에도 토 달지 말고 입 다물어라. '입바른 소리' 하지 말라는 것이 아니라 그냥 말하지 말라는 것이다. 가부장제는 여자에게 침묵을 요구한다. 만약 여자가 이야기하면 그건 '잔소리', '바가지' 등으로 폄하된다. 금지되거나 무시되지 않는 여자의 말은 오직 한 종류뿐이다. 스스로 남성보다 열등한 위치에서 도움과 가르침을 청한다는 형식을 띤 말. 그게 이른바 '애교'다. 침묵할 수 없는 지위의 여성, 즉 전문직에 종사하는 여성들에겐 둘 중 하나가 요구된다. '미녀' 혹은 '애교'.

교육이 비판적 정신을 길러 주어야 한다는 말을 많이 한다. 아이들이 기존 체제에 무비판적으로 순응하거나, 부모세대가 감수했던 수많은 부조리를 마치 자연법칙이나 운명처럼 받아들이는 길들여진 존재에서 벗어나도록 시야를 열어 주어야 한다고 주장한다. 그것이 프레이리가 강조했던 문제제기식 교육이다. 그동안 이 문제제기식 교육은 주로 계급문제에 집중해 왔다. 문제제기식 교육은 아이들이 빈곤을 운명으로 받아들이지 않고, 빈곤을 강요하는 사회구조에 눈을 뜨는 데 기여하고자 했다. 그렇다면 이제 또 다른 문제제기에 문을 열어야 한다. 바로 이 성차별의 문제, 가부장제의 문제, 그것이 주로 집중된 여성의 억압에 대해.

그러자면 학교는 우선 스스로 가부장제를 벗어나야 한다. 아직도 학교의 운영방식은 철저히 가부장제에 기반한다. 교육감에서부터 담임교사에 이르기까지 철저히 층층시하 관료제로 이루어진 조직체계는 물론, 가부장의 역할을 하는 '교장'의 절대적인 권위에 이르기까지. 우리나라 학교의 교장은 아직도 온갖 진자리 마른자리 갈아입히는 어머니상이 아니라, 실무에서 한걸음 물러서서 권위적인 지시를 내리는 가부장의 상을 가지고 있다. 심지어 교장이 여성이라 할지라도 마찬가지다.

더구나 교직 종사자 중 여성의 비율이 압도적으로 높아지면서 공교육 자체를 '여성'으로 간주하는 사회적 압력이 강해지고 있다. 그 결과 교육 분야는 다른 분야 전문가들—남성으로 이루어진—이 얼마든지 이래라저래라 할 수 있다는 인식이 확대되고 있다. 경제학, 정치학, 사회학 등 각 분야 남성 전문가들은 대부분 여자들로 이루어진 교사집단의 전문성을 인정하지 않는다. 그들에게 교육이란 특별히 전문적인 분야가 아니라 자기들도 얼마든지 할 수 있지만 "쩨쩨해서" 여자들에게 맡겨 놓은 분야이며, 따라서 틈틈이 자신들이 '관리·감독'해야 할 분야다.

그 결과 학교의 자율성이 갈수록 줄어들고 있다. 요즘 교사들은 지난 세기에 비해 곱절로 늘어난 각종 매뉴얼과 촘촘한 행정지침, 보고와 기록에 시달리고 있다. 이런 매뉴얼, 지침, 보고양식을 만들고 관리하는 주체는 행정관료다. 남성이다.

학교가 여성이 스스로 주체적인 존재로 눈뜨게 하는 비판적 역할을 담당하는 것은 그저 여성을 위해, 다른 무엇을 위해서가 아니다. 그것은 학교 자체의 자율성을 획득하기 위한 일이다. 나아가 교육 그 자체가 사회에서 차지하는 자율성과 위상을 확보하는 데 필요한 일이다. 가부장제가 남아 있는 한, 교육은 결국 정치, 경제, 군사에 종속되는 위치에 머무르고 만다. 즉, 행복보다 외적인 목표 달성이 더 중요한 물신숭배의 세상이 계속되고 말 것이다.

보편적 복지로서의 학교

21세기는 가난의 세기가 될 가능성이 크다. 가난이라고 해서 헐벗고 굶주리는 그런 극심한 가난을 말하는 것은 아니다. 다만 지금보다 더 많은 부를 획득할 가능성이 점점 줄어든다는, 부자가 될 가능성이 줄어든다는 의미에서의 가난이다. 어떤 면에서는 일종의 평준화라고 할 수 있다. 찢어지게 가난한 사람들은 줄어들지만 넉넉한 사람도 줄어든다. 결국 평균을 내면 더 부유해졌지만, 자신을 부유하다고 느끼는 사람들은 줄어든다.

경제학자 로버트 J. 고든은 이른바 밀레니얼세대는 "오늘날의 부모세대보다 더 가난하게 살아갈 최초의 세대"라고 아주 대못을 박아 버렸다. 일본에서는 이미 진행 중인 현상이다. 일본의 돈은 주로 노인이 가지고 있다. 나이 서른이 넘어서까지 단기 아르바이트를 전전하며, 부모의 집에서 생활하고 부모의 연금에 의존하는 젊은이들이 사회문제가 되고 있다. 지금 일본의 젊은이들은 일본의 고도성장이 끝난 1990년대에 태어난 세대다.

이런 현상은 자본주의가 성숙기에 접어들었기 때문이다. 성숙은 듣기 좋은 말이지만, 이제 더 이상 자라지 않는다는 말이기도 하다. 자본주의는 끊임없이 비자본주의 영역을 시장에 포섭해 가며 성장해 왔다. 따라서 자본주의의 성장은 항상 아직 발전하지 못한 변방을 전제한다. 하지만 이제 더 이상 변방이 없다. 한때 저개발 지역의 상징이었던 동남아시아와 인도도 빠르게 발전하고 있다. 중국마저 이미 성숙단계에 접어들면서 성장세가 꺾이기 시작했다(사카키바라 & 미즈노, 2015).

우리나라 역시 대체로 2003년을 정점으로 고도성장시대가 막을 내렸다. 40~50대 이상 세대는 하루가 다르게 눈부시게 발전하는 나라를 경험하며 자랐지만, 지금 20대는 해마다 크게 달라질 것도 없는 나라를 경험하며 자랐다. 즉, 열심히 노력하면 지금보다 훨씬 부유해지는 게 아니라 열심히 노력해야 그나마 지금 수준의 삶을 유지할 수 있는 시대가 되어 버린 것이다.

성장속도가 떨어진다는 것은 나누어야 할 파이가 더 커지지 않는다는 것이다. 자본주의 사회에서 파이는 자본가와 노동자 사이에서 불평등하게 분배된다. 파이가 계속 커질 때는 자본가에게 노동자 몫으로 제법 큰 덩어리의 파이를 나눠 줄, 그리고 해마다 더 많이 나누어 줄 여유가 있다. 심지어 파이가 워낙 빠르게 커지다 보니 그 증식분 중에는 아직 임자가 정해지지 않은 부분도 있다. 먼저 잡는 게 임자다. 부자가 되는 것이다.

그러나 자본주의의 안정기, 달리 말하면 저성장기에는 그런 여유가 없다. 이제 더 커지지 않는 파이에서 몫을 나누어야 한다. 비로소 불평등이 눈에 두드러진다. 우선 피케티가 말한 대로 재산소득자(이자, 배당, 임대료)와 다른 두 소득자(근로소득자, 사업소득자) 사이에서 불평등이 두드러진다. 하지만 재산소득만으로 생활할 수 있는 사람은 많지 않다. 기껏해야 1퍼센트 미만이다. 저성장기에 실제 체감할 수 있는 불평등은 오히려 근로소득 차이에서 나타난다. 노동자라고 같은 노동자가 아니다.

자본의 성격이 달라졌기 때문이다. 이미 에릭 라이트를 비롯해 일부 사회학자들은 자본에는 경제적 자본뿐 아니라 문화자본과 사회적 자본도 있다고 했다. 그래서 경제적 자본이 없더라도 다른 두 자본 중 하나를 가진 사람은 중간계급을 이루면서 아무것도 가지지 않은 노동계급과 구별된다고 보았다. 문화자본은 대체로 교육수준과 관련이 깊다. 사회적 자본은 이른바 연줄, 네트워크, 혹은 조직과 관련이 깊다. 즉, 월급 받고 산다고 다 노동계급이 아니다(터너, 1997).

노동력에 플러스알파가 있으면 그야말로 일반 노동자와 현격히 격차를 벌린다. 교육을 많이 받아 전문지식과 교양을 갖춘 지식노동자가 되거나, 일반적인 노동자라 할지라도 노동조합 등 강력한 조직의 보호를 받는 네트워크 안의 노동자가 될 경우, 문화자본도 없고 조직의 보호도 받지 못하는 노동자보다 월등히 많은 파이를 가져간다. 자본가가 이들의 파이를 건드리는 대신 저 경계 바깥의 노동자 몫을 줄이기 때문이다.

더 큰 문제는 이 격차가 대물림된다는 것이다. 문화자본과 사회적 자본은 일상생활과 교육을 통해 서서히 대물림된다. 어릴 때부터 보고 듣는 것, 경험하는 것, 그리고 만나고 상호작용하는 사람들이 누적되어 문화자본과 사회적 자본이 된다. 퍼트넘의 『우리 아이들』(2015)에 이 우울한 현실이 생생하게 드러나 있다. 빈곤계층 자녀들은 부모가 모두 바빠 무관심 속에 방치되거나 가정폭력 등 부정적인 상호작용에 노출된다. 이런 환경에서 자란 아이들의 세계관은 부정적이고 불안에 가득하다. 이는 그대로 학습과 성취동기, 그리고 대인관계능력에 영향을 미쳐 이들이 문화자본과 사회적 자본을 획득하지 못하게 한다. 이 격차를 줄일 힘은 결국 공교육, 즉 학교에 있다. 실제로 정부도 이를 알고 있었기에 빈곤계층 자녀들의 뒤처지는 학력을 보충하기 위해 많은 자원을 사용했다. 빈곤계층 지역에 우수한 교사를 투입하고 교재와 기자재도 최신형으로 바꾸었다. 하지만 별 효과가 없었다. 문제는 아이들의 일상경험 격차, 그리고 거기서 비롯되는 세계관에 있기 때문이다. 중요한 것은 잘 가르치는 것이 아니라 이들이 세계에 대해 긍정적이고 진취적인 태도를 보이도록 하는 것, 이들이 다양하고 창조적인 생각을 할 수 있도록 이들의 우울한 가정 바깥의 세상을 충분히 경험할 수 있도록 하는 것이다.

이렇게 되면 학교는 단지 교육기관의 범위를 넘어선다. 학교가 앞으로 어떤 기능을 더 부여받을지, 그리고 어떤 기능을 포기할지는 현재로서는 예측하기 어렵다. 다만 학교의 모습과 역할이 우리에게 익숙한 그것과는 많이 달라질 것이라는 점, 그리고 지금보다 역할과 기능이 더 확대될 것이라는 점은 분명하다.

정치와 교육,
하나의 축을 이루다

교육이, 특히 학교가 더 많은 일을 해야만 하는 시대다. 그렇다면 학교가 사회에 대해 더 많은 자원과 권리를 요구해야 할 텐데, 그게 쉽지 않다. 자원과 권리를 분배하는 힘, 즉 권력을 두고 일어나는 복잡한 현상은 '정치'의 영역이며, 정치는 교육의 순결성을 해치는 '더러운 것'처럼 여겨져 왔기 때문이다. 하지만 정치와 거리를 두고 갈수록 심각해지는 불평등을 막을 교육의 힘을 어디서 끌어올 수 있을까? 정치가들의 양심? 동정심? 더러운 사람들에게서 그걸 기대할 수 있다고?

정치는 '더러운 것'이 아니라 반드시 익혀야 할 것

정치를 더럽게 보는 것은 어떤 의미에서는 동아시아의 전통이나 다름없다. 그런데 엉뚱하게 동아시아 전통사상은 대부분 정치사상에서 비롯되었다. 물론 일단 외형상으로는 윤리학의 모습을 취하고 있다. 특히 유교 경전은 대부분 개인의 인격도야에 관한 내용이다. 하지만 그 인격도야의 궁극적인 목적이 수기치인, 즉 자신을 가다듬어 세상을 다스리는 것이라는 점에서 이는 명백히 정치사상이다. 심지어 내세 종교인 불교마저 동아시아에서는 중생을 구제한다는 대승불교, 심지어 호국불교로 변신하면서 정치사상이 되었다.

이렇게 정치를 중심으로 철학이니 사상이 이루어졌음에도 정치를 담당하는 자리, 즉 벼슬을 마치 필요악이나 더러운 일처럼 여기는 전통은 어디에서 비롯되었을까? 현실의 정치, 실제 사람들이 만나는 정치가(엄밀히 말하면 통치자)가 정치사상에서 내세우는 것과 정반대의 인물인 경우가 많았기 때문이다.

정치사상은 어디까지나 '~되어야 한다'라는 당위일 뿐, 오히려 현실이 그렇지 않았음을 반증하는 거울이었다. 정치사상에 충실한 사람일수록 존경만 받을 뿐, 현실 정치에서 제대로 자리를 잡지 못했다. 그래서 신분과 학식으로는 정치하는 위치에 올라야 마땅함에도 초야에서 소박하게 살아가는 사람들을 고결하다고 여기는 풍토가 자리 잡았다.

"나라에 도가 있으면 정치에 나아가고, 그렇지 않으면 물러나 학문을 연구한다."

이게 바로 '군자'라 불리는 인격자의 길이었다. 정치는 천하에 도를 이루기 위해 할 수 없이 가담해야 하는 일종의 필요악인 셈이다.

평소에 자신을 닦으며 인격과 학식을 기르는 사람이 선비다. 세상이 필요로 할 때 나아가 그 능력을 발휘하는 학자 출신의 관리가 대부다. 그리하여 동아시아 전통사회는 선비와 대부, 즉 사대부를 지배세력으로 삼았다.

물론 선비는 농공상이 아니다. 따라서 생산적인 노동에 종사하지 않는다. 그렇다고 생계를 아예 놓아 버릴 수는 없는 일. 따라서 선비는 학문을 연구하는 일 외에 교육을 생계수단으로 삼았다. 당장 공자부터 여러 나라에서 관직을 얻으려는 노력이 좌절되자 결국 학교를 세웠다. 우리나라도 정치의 세계에서 큰 역할을 하기 어려우면 관직을 버리고 고향에서, 심지어 귀양지에서 젊은이들을 모아 교육했다. 즉, 교육은 선비의 일, 특히 정치를 버리고 초야에서 도를 닦는 고결한 선비의 일이었다.

이러한 전통 덕분에 교육은 번잡하고 더러운 정치에서 벗어난 고결하고 청정한 영역이라는 생각이 널리 퍼졌다. 이른바 '상아탑의 우상'이다. 정치는 더러운 것이며, 교육에는 깨끗한 인재를 길러 이 더러운 정치를 바로잡을 책무가 있다는 것이다. 더구나 일제강점기와 오랜 독재시기를 거친 우리나라에서 정치는 더더욱 더러운 것으로 여겨졌다. 그러니 교육만큼은 정치로부터 보호되어야 할 무균실이었다.

여기에 반공독재까지 가세했다. 교육과 정치는 선비정신과 반공독재라는 이중 차단막으로 격리됐다. 한편에서는 정치는 더러운 것이니 교육이 거기 물들면 안 된다는 전통적인 사고방식에 편승하여,

다른 한편에서는 교육과 정치를 연결 짓는 생각을 '빨갱이 짓'으로 규정함으로써. 정치에 참여하거나 정치적 발언을 하는 교사가 학생 인권을 침해하거나 비리를 저지른 교사보다 더 무서운 징계를 받았다. 교사가 성폭력이나 아동학대 같은 범죄를 저질러도 벌금 500만 원 정도면 현직을 유지할 수 있지만, 정치참여로 엮이면 벌금 100만 원만 넘어도 자동 면직이다. 얼마나 무시무시한가?

그런데 교육은 정말 정치에서 동떨어진 무균실에서 이루어져야 할까? 교육은 너무 순결하여 정치로부터 오염되지 않게 지켜야 하는 그런 것일까? 여기서도 역시 정명이 필요하다. 정치를 더럽거나 불순하게 보고 교육으로부터 한사코 멀리하기 전에, 먼저 "정치가 무엇인가?" 물어보고, 이를 "교육이란 무엇인가?"라는 물음과 연결 지어야 한다. 배척할 것인지 연계할 것인지는 그다음의 일이다.

우선 정치를 더럽고 불순하게 보는 관점부터 의심해야 한다. 이런 관점은 정치의 핵심인 권력에 대한 정확한 이해에서 출발해야 한다. 흔히 권력을 다른 사람에게 자기 뜻을 마음대로 관철할 수 있는 힘으로 오해한다. 이 오해에서부터 권력만 잡으면 무슨 짓이든 할 수 있으니, 권력을 잡기 위해서라면 역시 무슨 짓이든 한다는 '더러운 정치' 이미지가 만들어진다.

하지만 이는 정치와 권력을 너무 협소하게 본 것이다. 적어도 민주국가에서는 누구도 그런 식으로 정치나 권력을 바라보지 않는다. 정치와 권력에 대해 수많은 정의와 논의가 있지만, 그들이 한결같이 동의하는 것은 정치란 사람들의 이견과 충돌을 조정하는 과정이며,

권력은 이 조정을 이해당사자들이 받아들이게 만드는 힘이라는 것이다(헤이우드, 2007).

아니, 민주주의 이전 왕조시대에도 권력은 멋대로 행사하는 힘이 아니었고, 정치는 권력을 놓고 다투는 일이 아니었다. 물론 권력을 자기 멋대로 휘두른 왕도 있었지만, 대부분 '폭군'으로 몰려 비참한 최후를 맞이했다. 왕은 절대적인 권력을 휘두르는 존재가 아니라 지배세력을 이루는 여러 가문, 집단 간의 이해갈등을 조정함으로써 지배세력이 전체적으로 하나의 힘을 이루게 하는 역할을 담당했다.

현대 정치학 용어로 풀이하면 왕은 여러 사람, 집단 간의 차별적인 분배를 받아들이게 만드는 권위를 행사하는 존재였다. 대체로 왕은 그 권위를 종교에서 얻었다. 왕의 힘은 '하늘', '신'으로부터 위임받은 것이기 때문에, 왕이 보증하는 신분질서, 분배질서에 맞서는 것은 하늘과 신에 맞서는 것이다.

왕의 권위가 신에게서 비롯되었기에 왕은 신의 대리인다운 품위와 위엄을 보여 주어야 했다. 즉, 인간의 모습을 들키면 권위가 무너졌다. 여기에 실패하고 한낱 욕망 덩어리인 모습을 들킨 왕은 '폭군'으로 낙인찍히고 쫓겨났다.

하늘이나 신을 끌어들여 권위를 만들어야 했던 이유는 인간의 조건인 다양성 때문이다. 사람은 다양하다. 사람을 획일화하려는 어떤 시도도 모두 실패했다. 따라서 이 다양한 사람들이 모여서 만든 사회는 복잡하게 서로 부딪치는 이해관계의 그물망을 이룰 수밖에 없다. 부딪치는 이해관계를 조정해서 어떻게든 사회가 굴러가게 하려면 결국 서로 타협하는 수밖에 없다. 이 타협의 과정이 정치이며, 이 타협을 진행하고 그 결과를 받아들이게 만드는 힘이 바로 권력이다. 그 타협의 범위가 작게는 개인들 사이에서 크게는 나라들 사이일 수 있지만, 타협의 과정에서 서로가 인정하는 권위 있는 조정자, 중재자의 역할이 있다면 이는 규모의 문제일 뿐 본질에서는 모두 정치다.

그렇다면 우리는 누구도 정치로부터 절대 자유로울 수 없다. 어린 아이도 예외가 아니다. 부모자식 간에도, 형제자매 간에도, 친구 간에도 서로 충돌하는 이익갈등은 수없이 많다. "엄마는 맨날 아빠 입맛만 맞추고." "맨날 동생만 맛있는 거 사 주고." 등등 아이들의 투정을 해결하는 과정도 이미 정치다. 사실 가족의 일상생활은 이런 종류의 갈등을 적절하게, 서로 편파적이라고 느끼지 않게 조정하는 과정의 연속이다. 즉, 가족은 정치집단이며, 가족 간의 상호작용은 정치 과정이다. 아이는 이미 가정에서 정치를 배운다. 안타깝게도 그 정치가 가부장제인 경우가 많아서 문제지만.

정치적 공간으로서의 학교

가정보다 훨씬 크고 이질적 집단인 학교가 정치적 공간이라는 것은 두말할 나위 없다. 학교에서는 가정에서 경험하지 못한 다양한 이해갈등을 마주한다. 우선 학교에서 마주치게 될 또래들은 자라난 환경과 문화가 서로 다르다. 이 속에서 아이들은 어른의 일방적인 조정이 아닌, 서로 간의 조정을 경험한다. 또 학교에서는 개인과 개인뿐 아니라 집단과 집단 간의 갈등과 조정을 경험한다. 가정에서 정치를 경험했던 아이들이 학교에서는 직접 정치적 행위를 하게 되는 것이다.

학교에서 이루어지는 수업 과정 역시 정치 과정이다. 가르치고 배우는 가장 기본적인 행위를 생각해 보자. 학습은 가르치고 배우는 두 행위자 사이의 조정 결과다. 교사가 아무리 가르치고자 해도 학생이 배우지 않고자 한다면 교육이 이뤄지지 않는다. 그렇다고 안 배우겠다는 학생을 억지로 배우게 만들 수도 없다. 이게 수업 현장의 일상이다. 교사가 가르치고자 하는 것과 학생이 배우고자 하는 것이 맞아떨어지는 경우는 거의 없다. 교사는 늘 이 이해관계 충돌을 조정하며 수업을 이끌어 나간다. 이때 학생이 교사의 조정을 받아들이는 까닭은 처벌이 두려워서가 아니라 교사의 권위를 승인하기 때문이다. 즉, 권력을 준 것이다(영, 1990).

이 조정이 교사의 뜻이 일방적으로 관철되는 방식이나 학생의 뜻이 일방적으로 관철되는 방식으로 이루어질 수도 있다. 비유하자면 독재 혹은 포퓰리즘이다. 그러나 교사와 학생 간의 타협을 통해 조정된다면 이게 바로 민주주의다. 정치적인 용어를 전혀 언급하지 않더라도 수업이 이루어지는 과정에서 이미 학생은 독재, 포퓰리즘, 민주주의를 배운다. 수업은 고도의 정치적 행위인 것이다.

이 과정에서 학생은 교사의 영향을 받아, 특정한 정치적 성향을 내면화할 수 있다. 교사의 일방적 지시와 전달로 이루어진 수업을 계속받은 학생은 독재에 적합한 정치성향을 가지게 될 것이고, 학생의 뜻에 따라 이리저리 휘둘리는 수업을 계속 받은 학생은 법과 질서보다 다수의 이익을 앞세우는 폭민의 경향을 가질 수 있다.

그렇다면 이미 정해진 교과서, 이미 정해진 출제 방향에 따라 예상 시험문제를 풀고 또 풀고 암기하는 일방적인 수업, 여기에 교사나 학생이 다른 견해를 내거나 토론하려 들면 '정치적'이라고 매도당하는 수업. 이것이야말로 너무나 정치 편향적인 수업이다. 독재자에 복종하는 신민을 길러 내는.

실제 사례가 있다. 1989년 이른바 '좌경의식화 교육'을 한다는 죄로, 한마디로 '빨갱이 선생'이라고 무려 MBC 9시 뉴스(MBC 뉴스데스크. 1989. 5. 14)에서 보도되어 결국 해임당한 초등 교사가 있었다. 이교사가 특별히 어떤 정치사상을 주입하거나 한 것이 아니었다. 그교사가 한 수업은 교과서를 그대로 가르치지 않고 학생들에게 토론을 시킨 것이었다. 그것만으로도 빨갱이로 몰리기에 충분했다. "교과서대로 하지 않다니!" 독재정권은 이른바 진보적이거나 반정부적인 내용을 가르치는 교사를 두려워하지 않았다. 진보적이거나 반정부적인 내용이라도 그게 일방적인 수업으로 전달된다면 독재에 맞설 시민을 기르지 못한다. 독재정권이 진정 두려워한 교사는 토론하는 교사다.

수업만큼이나 평가도 정치적이다. 정답이 분명한 평가, 소위 '답정너' 평가에 익숙해질수록 권위에 순응하는 신민으로 자랄 가능성이 크다. 정답이 모호하고 그 범위가 넓은 평가에 익숙해질수록, 혹은 정답이 아니라 나름의 답을 끌어내는 과정을 중시하는 평가 경험이 많을수록 민주주의의 주역인 시민으로 자랄 가능성이 크다.

학교가 운영되는 방식 역시 정치적이다. 학생은 수업시간에만 배우지 않는다. 학교는 학생에게 제시되는 사회의 디오라마 역할을 한다. 학생은 학교를 통해 장차 마주칠 사회를 본다. 학교가 권위주의적이고 독재적으로 운영된다면, 학생은 장차 마주칠 사회에 대해 긍정적이고 능동적인 태도 대신 복종, 저항, 혹은 냉소의 태도를 보일 것이다. 복종, 저항, 냉소라는 마음 이외에는 갖지 못하는 사람은 그 어느 쪽도 민주시민과는 거리가 멀다.

무엇보다도 학교가 혹은 사회가 교사를 어떻게 취급하는지가 학생의 사회관에 결정적인 영향력을 행사한다. 15세 이전까지는 자신을 교사보다 우위에 두는 학생은 흔치 않다. 따라서 학생은 자신을 교사가 받는 취급보다 하나 아래로 자신을 간주한다. 교사를 시민이 아니라 신민으로 취급한다면 학생은 자신을 천민으로 바라보게 된다.

아리스토텔레스는 교육의 목적을 사람으로서의 훌륭함과 시민으로서의 훌륭함을 기르는 것이라고 했다. 즉, 도덕 교육과 정치 교육이다. 이 중 사람으로서의 훌륭함은 '행복한 삶'을 살 수 있는 능력을 갖추는 것이고, 시민으로서의 훌륭함은 책임 있는 직책을 맡아 나라의 운영에 참여할 수 있는 능력을 갖추는 것이다. 따라서 정치 체제에 따라 정치 교육의 대상이 달라진다. 왕정이나 귀족정이라면 그 교육은 소수의 왕족이나 귀족만을 대상으로 했을 것이다. 그러나 민주주의에서는 시민의 자격에 제한이 없기 때문에 모든 국민을 대상으로 이 교육이 이루어져야 한다.

사실 플라톤이나 아리스토텔레스가 오늘날같이 전 국민이 시민의 자격을 얻는 사회를 보면 몹시 두려워할 것이다. 무지한 대중이 다수결로 윽박지르는 폭민정치, 중우정치를 떠올릴 것이기 때문이다. 그러나 전 국민이 시민인 근대 민주주의 정치는 약간의 불가피한 혼란기를 극복해 가며 번영하고 있다. 고대 현인들이 걱정했던 것만큼 대중이 무지하지 않기 때문이다. 그들은 왜 무지하지 않을까? 고대 현인들은 인민은 물론, 고대 같으면 노예에 해당하는 사람들까지도 골고루 교육의 혜택을 받는 세상을 상상하지 못했다. 바로 공교육을.

정치를 신성한 후광을 가진 사람, 강력한 권력자, 혹은 지혜로운 사람에게 맡기지 않으려면 보통 사람들도 서로 다른 이해관계와 생각의 당사자들로서 스스로 이를 조정할 수 있는 능력을 갖추고 있어야 한다. 이 능력에는 다른 사람의 생각이나 다양한 이해관계를 이해하고 해결책을 생각할 수 있을 정도의 배경 지식과 협상능력, 이해심, 공감, 관용 같은 덕성이 포함된다.

물론 이런 능력을 갖추기가 결코 쉽지는 않다. 하지만 "기하학을 모르는 자는 여기에 들어오지 말라." 일갈하는 플라톤의 아카데미아 수준은 아니다. 이 정도는 대부분의 선진국에서 의무교육 기간으로 정해 둔 9년간의 교육으로 충분히 달성할 수 있다. 달리 말하면 이런 능력을 갖추는 것이 9년간의 교육이 가장 중요한 목표로 삼아야 하는 것이기도 하다. 의무교육 기간은 예비 대학생을 기르는 기간이 아니다. 시민 자격과정이다.

모든 국민이 시민인 나라라면 당연히 모든 국민이 이 교육을 받을 권리와 의무를 질 수밖에 없다. 따라서 이 기간의 교육은 모든 국민에게 동등하게 주어져야 한다. 기회의 차등이 있어서도, 내용과 과정에 차등이 있어서도 안 된다. 내용과 과정은 시민들이 합의한 공통의 것으로 이루어져야 한다. 이것이 바로 근대 공교육제도다.

요즘은 초등학교와 중학교에 다니는 것이 마치 태어나면 숨 쉬고 밥 먹는 것처럼 당연하게 여겨지지만, 이는 민주주의라는 정치체제가 아니라면 결코 당연한 것이 아니다. 가령 일제강점기 시절, 식민지는 물론 본국 사람까지도 시민이 아니라 신민으로 간주하였던 시절, 학교에 다니는 것은 당연한 권리가 아니었다. 너무도 학교에 가고 싶었던 아이들이 학교 담장에 매달려 수업을 훔쳐보는 『상록수』의 한 장면을 학교에 가지 않을 핑계만 찾는 요즘 아이들은 도저히 이해하지 못한다. 일본이 조선에 전국적으로 소학교(초등학교)를 세운 것은 조선인을 일본인으로 개조하려는 정치적 목적을 품고 한 일이다.

교육은 정치적이다. 정치적이라는 것은 더러운 것도, 위험한 것도 아니다.

교육의 당파성

교육은 단지 정치적인 정도가 아니다. 교육은 적극적이고 능동적으로 정치적 입장을 드러낸다. 즉, 당파적이다. 교육에서 정치적 중립은 불가능하다. 교육은 이쪽이든 저쪽이든 정치적 입장을 가질 수밖에 없다. 교육의 정치적 중립을 강조하는 것 자체가 이미 '중도파'라는 당파성을 지지하는 것이다.

교육이 중립적으로 될 수 있는 유일한 방법은 역설적이게도 모든 교사에게 자신의 정치적 당파성을 충분히 드러내도록 허용하는 것이다. 물론 이는 정치적 당파성과 무관하게 교사를 선발할 때 가능하다. 좌파, 우파, 중도파 교사가 골고루 분포되고 이들이 각자 주장을 펼칠 수 있는 학교가 가장 중립적이다. 학생들은 교사의 다양한 당파적 입장을 통해 현실 세계에 존재하는 다양한 정치적 입장을 경험할 수 있다.

보통 정치적 당파성은 진보와 보수로 나눈다. 중립은 어떤 입장에서 가운데를 취하는 것이 아니라 여러 쟁점 중 사안에 따라 진보나 보수의 입장을 취하는 것이다. 모든 쟁점에서 모두 진보이거나 보수인 사람은 없다. 그중 진보적인 입장이 더 많거나 보수적인 입장이 더 많을 뿐이다. 따라서 어떤 사람을 진보, 보수, 혹은 중립으로 나누는 것은 무의미하다. 중요한 것은 구체적인 쟁점에서의 태도다.

그런데 세상의 여러 쟁점은 서로 연결되어 있다. 따라서 어느 하나의 입장이 진보적이거나 보수적이면 그것이 다른 것에도 영향을 준다. 따라서 49：51일지라도 진보나 보수의 당파성을 가지기 마련이다. 그런 점에서 오히려 중도파 되기가 가장 어렵다. 다만 신중한 진보, 신중한 보수일 뿐이다.

정치는 이 두 축 사이 어딘가에서 적절한 균형점을 찾는 '조정의 과정'이다. 즉, '조정된 결과'가 아니다. 이러한 조정의 과정을 익히려면 우선 어느 쪽이든 자신의 입장을 가지고 있어야 한다. 처음부터 가운데를 찾는 것이 버릇된 사람은 절대로 '조정의 과정'을 경험하지 못한다.

이것이 바로 교육이 정치적으로 중립이 될 수 없고, 또 되어서도 안 되는 이유다. 실제로 대한민국 헌법에서 교육의 정치적 중립은 의무가 아니라 권리로 규정되어 있다. 이는 교육이 어느 쪽 입장과도 무관해야 한다는 뜻이 아니라, 어떤 정치적 입장을 강요받지 않는다, 특히 현재 권력을 차지하고 있는 당파의 입장을 강요당하지 않는다는 뜻이다.

학생은 진보적인 교사, 보수적인 교사와 충분히 상호작용할 기회를 얻어야 한다. 그래야 각 당파의 입장을 모두 이해할 수 있게 되고, 이를 바탕으로 스스로 입장을 결정할 수 있기 때문이다. 정치적인 입장이 조금이라도 들어가면 수업에서 배제되는 정치적 무균실에서 자란 학생은 결코 민주주의 국가의 주인인 시민이 될 수 없다.

그렇다면 대체 보수가 무엇이고 진보가 무엇이길래 교육이 절대로 벗어날 수 없는 것일까? 보수와 진보는 기본적으로 세상과 사람을 바라보는 상반되는 관점이다. 마치 배터리의 양극과 음극처럼 공존하는 것이지, 어느 것이 옳고 다른 것이 그른 관계가 아니다. 그렇다고 적당히 섞어서 중도를 만드는 것도 답이 아니다. +와 −를 합하면 0이 된다. 0은 무엇인가? 존재하지 않는 것이다.

이 상반된 속성은 서로 섞는 것이 아니라 오히려 서로 부딪치게 해야 한다. 그 가운데 동적 균형과 변화가 일어난다. 정치는 진보적인 사람도 불만, 보수적인 사람도 불만이지만 그래도 전체를 위해 이 정도면 견딜 만하다고 생각하는 균형점을 찾는 과정이며, 이 과정을 통해 새로운 단계로 사회를 발전시켜 가는 과정이다.

진보는 변화가 바람직하며 세상을 긍정적인 방향으로 만드는 것이라는 믿음에 기반한다. 이 중에는 '역사에 후퇴는 없다.' 식의 직선적 발전관을 가진 사람도 있지만, 대개는 변증법적, 나선형 역사관을 가지고 있다. 단기적으로는 변화가 오히려 부작용을 일으키고 후퇴처럼 보일 수 있지만, 궁극적으로는 진퇴를 반복하면서 더 높은 단계로 발전한다는 것이다.

그럼 더 높은 단계의 기준이 무엇일까? 자유와 평등이 그 두 축이다. 진보를 사람들의 선택 가능성이 확장되는 것으로 보는 관점이 자유주의다. 자유주의는 역사가 발전할수록 인류의 능력은 증대되고 과거에는 할 수 없었던 것, 과거에는 될 수 없었던 것이 가능해진다고 본다. 이는 당위적 요청이기도 하다. 인류는 계속 능력을 증대시키고 가능성과 선택지를 늘리고 기존의 장벽과 제약을 제거해야 한다는 입장이다. 평등, 즉 가능성과 기회를 받는 사람의 범위가 넓어지는 것을 중요하게 생각하면 사회주의다. 여기서 말하는 사회주의는 중국, 북한 등이 말하는 사회주의가 아니라 독일 사민당, 프랑스 사회당 등에서 주장하는 사회주의에 가깝다.

대부분의 진보주의는 자유주의와 사회주의의 요소를 모두 가진다. 애초에 제약이나 금기를 제거하는 것 자체가 더욱 많은 사람에게 신분과 계급의 차별 없이 기회를 제공하는 사회주의적 요소를 담고 있다. 또한 억압받고 착취당하는 계급이 사회에 자신의 정당한 몫을 요구하기 위해서는 먼저 자유를 얻어야 한다.

진보주의는 사람에 대한 믿음이 강하다. 이성이라는 든든한 도구를 가진 사람은 더 나은 내일을 마냥 기다리는 것이 아니라 스스로 만들어 낼 수 있다고 본다. 따라서 진보주의자는 사회에 적극적으로 참여하며 그들의 기준에 따라 세상을 더 나은 방향으로 바꾸려 한다. 한마디로 비판적으로 참여한다. 이때 비판은 단지 현실에 대한 부정이 아니라 더 나은 미래로 나아가기 위한 부정이다.

반면 보수주의는 기본적으로 낙관주의가 아니라 회의주의적 관점을 가진다. 진보주의자의 미덕이 신념과 용기라면, 보수주의자의 미덕은 겸손과 신중이다. 보수주의는 사람이 세상을 더 나은 방향으로 바꿀 수 있다고 믿지 않는다. 오히려 '선무당이 사람 잡는 꼴'이 될 수 있다고 걱정한다.

보수주의는 흔히 생각하는 것처럼 세상을 과거를 되돌리려는 반동, 혹은 세상의 모든 변화를 거부하는 완고함이 아니다. 보수주의자도 세상의 변화를 바라며, 그 변화가 더 나은 방향으로 갈 수 있다고 믿는다. 다만 사람이 이성을 이용해 그 방향을 예측하고 촉진할 수 있다는 진보주의의 믿음을 거부할 뿐이다.

보수주의자가 보기에 사람은 불완전한 존재이며, 세상은 너무 많은 변수가 복잡하게 얽혀 있는 불확실성의 세계다. 불완전한 사람이 그려 놓은 청사진에 세상을 억지로 맞춰 나가려 하면 예상치 못한 문제점에 부딪히며, 이를 해결하다 보면 또 다른 문제점에 부딪힐 것이다. 따라서 심각한 문제가 나오기 전에는 현 상태를 함부로 뜯어고치려 해서는 안 된다. 만약 문제점이 나타나면 심모원려를 다하여 해결해야 하지만, 당면한 문제해결에만 집중해야지, 무슨 근본원인을 제거하겠다면서 사회구조나 제도를 뒤흔드는 일은 삼가야한다는 입장을 취한다.

보수주의자가 전통이나 고전을 중시하는 까닭도 바로 여기 있다. 전통이나 고전은 오랜 세월이 지난 다음에도 살아남은 것들이다. 그렇다면 이 속에 여러 문제점이나 부작용을 극복할 수 있는 선조의 지혜가 담겨 있다. 보수주의는 지금까지도 살아남은 전통과 고전에 담긴 지혜를 중요시하는 것이지, 과거의 어느 특정 시대로 되돌아가자고 떼를 쓰는 것이 아니다.

진보주의와 보수주의를 의사에 비유할 수 있다. 진보적인 의사는 치료효과에 집중한다. 그 병을 근본적으로 퇴치할 수 있는 획기적인 치료법이나 신약이 이들의 관심사다. 보수적인 의사는 부작용에 집중한다. 획기적인 효과를 기대할 수 있는 치료법이나 신약보다 수많은 임상 결과를 통해 안전성이 입증된 치료법이나 약을 선호한다. 진보적인 의사만 있는 병원은 놀라운 치료 성과를 발표할 수 있지만, 설익은 실험만 남발하다가 오히려 환자의 생명을 위험하게 할 수도 있다. 보수적인 의사만 있는 병원은 사고 위험은 줄일 수 있겠지만, 치료효과의 개선은 기대하기 어려울 것이다.

우리는 이 두 극단 사이를 오가며 살아가야 한다. 상황에 따라 위험을 무릅써야 할 때도, 부작용에 더 신경 써야 할 때도 있다. 우리는 진보성과 보수성을 모두 갖추어야 한다. 사람은 모험과 복고를 오가며 발전한다. 사람은 다른 어떤 존재보다 뛰어난 상상력과 기억력을 가지고 있다. 모두 나름의 가치가 있는 능력들이다. 나라의 정치 역시 모험과 복고를 오가며 이루어져야 한다.

교육 역시 모험과 복고를 오가며 이루어져야 한다. 그런데 모험과 복고를 오가는 것은 교사 개인이 감당하기에는 너무 벅차다. 그러나 학교 안에 진보적인 교사, 보수적인 교사가 골고루 섞여 있다면? 이들은 각자의 주장을 펼치면서 상대를 설득하고 자기 주장을 관철하려 할 것이다.

그러나 교사가 자신의 당파성을 학생에게 강요해서는 안 된다. 교사와 학생의 관계는 비대칭적이다. 이런 비대칭적인 관계에서 우위에 있는 사람이 자신의 당파성을 강하게 주장하는 것은 정치를 가르치는 것이 아니라 이데올로기를 주입하는 것이다. 교사는 자신의 정치적 당파성을 숨김없이 드러내되, 그것이 학생에게 비대칭적인 영향을 주지 않도록 제시하는 방법을 고민해야 한다.

교사는 자신의 당파성을 충분히 상대화하고 탈권위화 시켜서 드러내야 한다. 어디까지나 개인적인 주장이며 그 주장에는 빈틈이나 오류가 있을 수밖에 없음을 충분히 알리고, 오히려 그것을 찾아내도록 학생을 격려해야 한다. 또 교사 자신이 지지하는 당파의 주장뿐 아니라 반대편의 주장과 관련 자료도 충분히 제공하거나 검색하도록 격려해야 한다. 이 과정에서 학생은 정치적 주장을 비판적으로 검토하는 경험을 얻게 된다. 또한 드물지 않게 교사 자신의 당파성에도 변화가 일어날 수 있다. 교육은 가르치는 쪽과 배우는 쪽이 모두 변화하는 과정이다. 자신은 차돌처럼 굳건하게 버티고서 학생의 생각만 자신이 옳다고 믿는 쪽으로 비꾸겠다고 생각하는 교사는 학교를 정치범 수용소로 착각하는 것과 다름없다.

교사가 정치적 입장을 드러내거나, 학교에서 정치적 쟁점을 다루기만 해도 알레르기 반응을 보이는 나라에서는 절대 시민을 길러내지 못한다. 이런 나라의 정치제도가 아무리 민주주의의 꼴을 갖추고 있더라도, 이 나라의 국민은 신민이지 시민이 아니다. 실제로 우리나라가 민주화가 된 것이 아니라, 다만 복종하는 권위가 다원화된 상황에 불과한 것은 아닐지 의심스러울 때가 있다.

교육과정과 정치

모든 사람이 똑같은 이해관계를 가지는 사회는 없다. 심지어 나라가 망해도 그것이 오히려 이득이 되는 사람이 있기 마련이며, 망했던 나라가 광복을 해도 그게 치명적인 손실이 되는 사람이 있다. 따라서 모든 사회변동에는 변동의 방향, 속도에 따라 이해관계가 서로 엇갈리는 계층이나 계급이 있다. 이들은 자신의 이해관계에 따라 사회를 움직이기 위해 권력에 영향을 주려고 한다.

무력으로 반대파를 몽땅 제압하지 못한다면, 자신의 이해관계를 올바른 것으로, 또 사회 전체를 위해 불가피하고 정당한 것으로 받아들이게 만드는 것이 최선이다. 이게 바로 이데올로기다. 모든 집단, 계층, 계급은 나름의 이데올로기가 있고, 이를 공식적인 것으로 관철하고자 한다. 이때 가장 확실한 방법이 공교육과정에 이를 반영시키는 것이다.

이데올로기는 단지 어떤 주장을 나열한 것이 아니다. 이데올로기는 세상을 보고 해석하는 관점이다. 수많은 현상 중 무엇을 배울 것인가 선정하는 과정에서, 또 무엇을 먼저, 무엇을 나중에, 혹은 무엇을 많이, 무엇을 적게 배울 것인가 결정하는 과정에서 이미 이데올로기가 작용한다. 교육과정 그 자체가 이미 이데올로기다(애플, 1996). 도덕이나 국민윤리 같은 과목만 이데올로기가 아니다.

그중 가장 노골적인 방법이 바로 국가가 교과서를 독점하고, 교사가 교과서 밖의 내용을 가르치지 못하게 통제하는 것이다. 물론 말을 듣지 않는 교사도 있을 것이니 국가는 수시로 학교를 점검하여 교육이 교과서 범위 안에서만 이루어지는지 검사할 것이다. 그러한 일을 담당하기 위해 도입된 제도가 장학제도다. 장학(獎學)은 한자 뜻풀이로는 배움을 조장한다는 좋은 뜻이 있지만, 실제 숨어 있는 뜻은 국가가 요구하는 배움을 조장하는 사람이다.

그런 점에서 그 나라가 진정한 민주주의 국가인지 알아볼 수 있는 가장 중요한 지표가 바로 공교육의 교육과정이다. 이 교육과정이 만들어지고 관철되고 개정되는 과정을 국가가 독점하고 있는가, 아니면 그 과정 자체에 이미 자치와 자율의 원리가 반영되어 있는가? 교육과정이 세밀한 목표와 지침으로 이루어지고 그 관철 여부를 점검하는 제도가 있는가, 아니면 학교와 교사에게 폭넓은 해석과 적용의 자유를 허용하는가? 우리나라는 어디에 해당할까? 과연 우리나라는 1987년 이후 민주화를 완성한 단계라고 볼 수 있을까? 스스로 판단해 보자.

교육방법과 정치

교육을 통한 이데올로기 통제가 그리 쉽지는 않다. 교사가 기계가 아닐 뿐 아니라, 단순한 노동자도 아닌 지식인이기 때문이다. 아무리 국가가 교과서를 독점하고 장학사를 보내 감시하더라도 "훌륭한 교사는 가장 보수적인 교과서를 가지고 가장 진보적인 교육을 할 수 있다."(애플, 2000) 보수적인 정권이 보수적인 내용으로 가득한 국정교과서를 만들어도 진보적인 교육이 이루어질 수 있고, 진보적인 정권이 진보적인 교과서를 강요하더라도 여전히 보수적인 교육은 현장에 남아 있을 것이다. 물론 교육에 대해 잡탕 같은 관점을 가진 엉터리 정부가 목불인견의 엉터리 교과서를 내려보내더라도 진보적인 교사는 진보적인 교육을, 보수적인 교사는 보수적인 교육을 할 것이다.

교사가 교과서 내용을 무시하고 교사가 나름대로 바꾼 내용을 가르치기 때문이 아니다. 교과서에 나와 있는 내용을 그대로 가르치더라도 어떻게 가르치느냐에 따라 진보와 보수가 갈라지기 때문이다. 교사의 정치적 당파성은 그가 하는 말, 그가 취하는 정치적 입장에서 드러나는 것이 아니다. 그가 교육하는 방법, 그가 학생을 대하는 방식에서 드러난다. 그리고 교육하는 방법, 학생을 대하는 방식이야말로 교사 나름의 고유한 영역이기 때문에 통제받을 수 없고, 또 통제할 수도 없다.

진보교육학의 대표자인 파울루 프레이리가 이른바 진보적인 교사를 비판한 이유도, 그들이 좌파적 내용, 강령, 좌파의 눈으로 해석된 세계를 일방적으로 학생에게 전달했기 때문이다. 아무리 진보적인 내용으로 가득한 수업이라 할지라도 교사의 일방적 전달에 그친다면, 이는 보수적인 정도가 아니라 가장 반동적인 수업에 불과하다(프레이리, 1998).

전달, 전수(transfer)라는 것은 내용이 보수적이든, 진보적이든 학생을 수동적인 위치에 두고 더 낮은 위계서열에 위치시킨다. 학생은 이런 수업을 통해 진보적인 내용을 배우는 것이 아니라 기존의 권위, 위계에 복종하는 태도를 배운다. 이게 바로 프레이리가 말한 은행저금식 수업이다(프레이리, 1970). 이런 교육을 통해 길러지는 사람은 노예에 불과하다.

반면에 교사가 제시하는 내용을 배워야 할 것이 아니라 따져 볼 것, 생각할 거리, 질문거리로 삼는 수업, 그리하여 교사의 설명과 지시가 아니라 교사와 학생 간의 대화와 토론으로 이루어지는 수업이라면 내용이 아무리 고리타분하더라도 진보적인 교육이다. 프레이리가 말한 대화식 수업, 문제제기식 수업이다. 이 수업에서 학생은 기존에 주어진 것을 일방적으로 받아들이는 대신, 이를 상대화하고 비판적으로 검토하고 대화와 협력을 통해 답을 찾아가는 태도를 내면화한다. 단지 철자법 연습에 불과하다 할지라도 대화식 수업, 문제제기식 수업을 받은 학생은 마르크스의 현란한 이론을 일방적인 전달을 통해 배운 사람보다 더욱 진보적인 사람으로 자랄 것이다.

이는 옛 공산권 국민의 모습을 통해 증명되었다. 그들은 수십 년간 급진적인 '새빨간' 교육을 받았다. 모든 역사를 계급투쟁의 역사라고 배웠고, 자본주의와 제국주의에 대한 야멸찬 투쟁을 입에 달고 다녔다. 하지만 모든 것을 일방적으로 전달했고, 그에 대한 어떤 반론과 비판도 허용하지 않았다. 그 결과 만들어진 사람들은 자주적이고 급진적인 시민이 아니라, 급진적인 내용을 달달 외우고 있는 무력하고 순응적인 신민이었다.

그렇다고 진보적인 교육이 능사는 아니다. 학생들이 배워야 할 모든 것을 상대화할 수는 없기 때문이다. 세상의 모든 배움에는 진입 장벽이 있고, 이걸 일단 넘어가야 비판이든, 상대화든 가능하다. "그게 무슨 뜻인가요?"라는 질문은 문제제기가 아니다. 그냥 모르는 것이다. 그리고 이런 질문에 "이게 무슨 뜻이라고 생각하니?"라고 대답하는 수업은 대화식 수업이 아니다. 그냥 무책임한 수업이다. 교사는 다루어야 할 내용에 따라 때로는 보수적으로, 때로는 진보적으로, 때로는 전수를, 때로는 대화를 할 수 있어야 한다.

수업 방법보다 더 미시적인 상황에서도 교사는 진보적으로 될 수도, 보수적으로 될 수도 있다. 바로 말하는 방식이다. 교사의 말 한 마디, 한 마디가 진보와 보수를 오간다. 그러니 교사는 거의 1분 단위로 진보와 보수를 오갈 수 있다.

영은 하버마스의 의사소통행위이론을 이용해 교사의 발화를 분석했다(영, 1992). 교사는 사실을 전달하거나, 행동을 지시하거나, 자기 생각이나 감정을 표현하거나, 학생으로부터 어떤 행동을 끌어내거나, 학생과 생각을 주고받기 위해 이야기한다. 사실의 전달이나 지시는 일방적인 발화로 의사소통행위가 아니다. 자기 감정이나 생각의 표현은 일단 상대방이 알아주기를 원한다는 점에서 어느 정도 소통의 의미가 있지만, 교육적 상황에서 자주 나오지 않으며, 자주 나와서도 안 된다. 학생을 어떤 행동으로 유도하기 위해 하는 말은 진실성의 문제가 된다. 이것 역시 말하는 사람이 듣는 사람을 간접적으로 조종하고 있기 때문에 사실상 지시나 다름없다. 오직 그 차이는 말하는 사람의 뜻이 명시되었는가, 감춰졌는가 정도다.

교사가 제 생각을 드러낼 뿐 아니라 이를 학생의 생각과 동등한 위치에 두고 상호조정할 태세가 되었을 때, 비로소 의사소통적 행위가 가능하다. 영의 연구에 따르면, 교사가 교실에서 하는 발화 대부분은 지시나 전달이었다. 대부분의 시간 동안 교사는 '보수적'인 교육을 하고 있었다.

교육은 어떤 순간에도 진보든 보수든 당파성으로부터 자유로울 수 없다. 교사가 "이것을 알아 두어야 해." 말하는 순간 이미 보수다. 반대로 "이게 과연 그럴까? 왜 그럴까?" 하는 순간 이미 진보다. 이 보수와 진보의 시간은 거의 분 단위로 깜박인다. 학생들은 이 미세한 좌우 세차운동을 통해 진보가 필요한 상황과 보수가 필요한 상황을 체험하며 한쪽으로 치우치지 않는 자유로운 시민으로 성장한다. 이것이 진정한 의미의 '교육의 정치적 중립'이다.

진정한 교육의 정치적 중립은 오히려 교육이 매 상황에서 진보와 보수를 자유롭게 오갈 수 있을 때 가능하다. 만약 교사가 특정 상황에서 진보 혹은 보수의 입장을 취하는 것이 꺼려지거나 금기라고 느껴지는 순간, 이미 교육의 정치적 중립은 물 건너간 것이다.

물론 전달과 대화, 지시와 소통을 자유로이 넘나드는 것은 쉬운 일이 아니다. 어느 한쪽에 더 익숙하고 능한 경우가 대부분이다. 학생의 토론을 잘 이끌어 나가는 교사가 어렵고 복잡한 내용을 학생이 알기 쉽게 쏙쏙 설명해 주는 일에 무능할 수도 있다. 따라서 학교에는 다양한 교사들이 필요하다. 마치 유행처럼 어떤 방식의 교육만이 길인 것처럼 강요된다면, 그것이야말로 교육의 정치적 중립 위반이다. 이런 점에서 대한민국 헌법이 교육의 정치적 중립과 더불어 교육의 전문성을 보장하고 있다는 점은 우연일지 몰라도 매우 중요하다.

교사의 정치적 중립과 정치

교육이 당파성을 배제할 수 없고, 오히려 다양한 당파적인 교육이 공존하는 것이 교육의 정치적 중립이라는 것을 확인했다. 그렇다면 교육의 정치적 중립을 빌미로 교육이 어떤 당파적인 입장도 다루지 못하도록 강요하는 것이야말로 그 배후에 정치적 의도를 숨기고 있을 가능성이 크다.

특히 이 정치적 중립을 근거로 교사의 정치활동, 정치적 발언을 철저히 금지하고 있는 우리나라의 경우는 더욱 수상하다. 교사의 정치활동, 정치적 발언을 이토록 철저히 금지하고 있는 나라는 중국, 베트남 등 민주주의와 거리가 먼 나라들뿐이다. 우리나라 역시 5.16쿠데타로 집권한 박정희 군사독재정권에서 이 조항을 만들어 넣었고, 그 잔재가 지금까지 남아 있다. 이것이야말로 진정한 적폐라고 할 수 있다.

중립적인 태도가 왜 문제가 될까? 모든 사람이 무조건 좌든 우든 어느 한쪽의 선택을 강요받는 것이 더 문제가 아닐까? 물론 그렇다. 하지만 여러 당파의 자유로운 공존을 통한 균형으로서의 중립이 아니라, 처음부터 가운데만 찾는 중립, 혹은 "나는 누구 편도 들지 않겠어." 하며 뒤로 물러서는 것을 중립이라고 부른다면 이건 큰 문제다. 이는 정치적 중립이 아니다. 오히려 정치적 방관, 정치적 무지에 가깝다. 실제로 우리나라에서 교육, 아니 교사에게 요구하는 정치적 중립은 사실상 이런 정치적 무지와 방관이라 해야 한다.

정치에 대해 방관적이고 무지한 입장이야말로 가장 당파적인 입장이다. 이런 사람들이 늘어나면 가장 유리해지는 사람이나 집단은 바로 현재 권력을 쥐고 있는 쪽이다. 따라서 정치적 중립을 강조하며 정치를 금기시하고 언급하지 않는 교사, 심지어 "난 애들만 가르치느라 정치 같은 건 잘 몰라." 하면서 정치에 대한 무지를 자랑삼는 태도는 사실상 현재 권력을 움켜쥐고 있는 당파를 적극적으로 지지하는 것이나 다름없다.

한국인들은 일제강점기에 대해 민감하니 이를 예로 들자. 만약 일제강점기의 교사가 일제의 식민통치에 대한 지지나 반대를 모두 정치적이며 교육이 다룰 문제가 아니라고 아예 언급하지 않으며 영어, 수학, 과학만 열심히 가르쳤다면, 그는 정치적으로 중립적인 교사인가, 아니면 일제 앞잡이인가? 물론 그는 식민통치를 지지하는 발언을 한 적이 없다. 하지만 그것이 과연 진정한 중립이라고 할 수 있을까?

교사가 정치적으로 중립이 되기 위해서라도 오히려 더 많은 정치적인 자유가 필요하다. 대립하는 정파나 입장을 모른 척하면서 상아탑으로 만든 무균실에 스스로 감금하는 것은 교사더러 정권의 당파는 따지지 말고, 무조건 현재 권력을 잡은 정파에 충성하라는 강요나 다름없다. 진보가 집권하면 진보에 충성하고, 보수가 집권하면 보수에 충성하고.

대부분의 선진국에서는 교사의 정치활동에 아무런 제약이 없다. 오히려 교수보다 교사가 훨씬 정치적이다. 선진국 교사들은 교원노조나 교사단체를 통해 중요한 정치세력으로 자리 잡고 있다. 가령 미국의 경우, 교원노조의 지지 없이 민주당 대통령후보가 되는 게 거의 불가능할 정도다. 우리는 언제나 진정한 의미의 민주주의 국가, 선진국이 될까? 아득하기만 하다.

18

약한 자여,
그대 이름은 교육

오늘날 공교육, 특히 학교와 교사의 힘은 갈수록 약해지고 있다. 앞으로도 약해질 것이다. 학부모 갑질 때문이 아니다. 부모의 힘도 약해지기는 마찬가지다. 아이들은 지금 교사도 부모도 아닌, 네트워크의 불특정 다수의 영향에 점점 더 강하게 노출되고 있다.

요즘은 중학생은 물론 초등학생까지 화장을 한다. 교사도 부모도 화장을 가르쳐 주지도 권장하지도 않았다. 그럼에도 이제 여학생들의 화장은 일반적인 문화로 정착되고 말았다. 물론 그다지 바람직한 현상은 아니다.

아이들은 화장을 대체 어디서 배워 온 것일까? 사회의 불특정 다수로부터 배웠다. 눈을 돌려 보면 주변이 온통 화장 안 한 여자의 얼굴이 마치 속옷 차림마냥 부끄러운 것으로 취급하는 영상물이 범람한다.

"충격, 아무개 생얼굴 공개!"

약화되는 공교육

남자라면 1년 내내 생얼로 나다닐 텐데 여자는 화장 안 한 얼굴 공개가 가십거리가 된다. 이미 그런 세상을 살고 있다. 이런 세상에서 일단 자신의 여성성을 자각한 어린아이나 청소년이 화장하겠다는 것을 어떻게 말리겠는가?

더구나 국가 정책에서 공교육의 중요성도 점점 떨어지고 있다. 물론 정치가들은 공교육을 중요하게 생각한다고 말한다. 그러나 실제로 정책이 계획되고 집행되는 과정에서 공교육이 우선으로 고려되는 경우는 거의 없다. 오히려 정치적인 이유로, 단지 지지율 관리를 목적으로 이리저리 교육정책이 휘둘리는 경우가 더 많다.

이런 점에서 미국 같은 나라는 차라리 솔직하다. 미국은 교육부 장관의 서열이 매우 낮아 장관 중 12번째다. 교육부 장관 위에 주택부, 교통부, 노동부 장관 등이 있다. 반면 우리나라는 공식적으로는 교육을 엄청나게 우대한다. 헌법에도 교육의 권리와 의무를 규정하고 있고, 교육의 자주성, 전문성, 정치적 중립을 보장하는 조항도 마련해 두고 있다. 교육부 장관의 내각에서의 서열도 매우 높아 장관 중 2번째이며 무려 부총리다. 더구나 특별법까지 지정해 교원의 지위를 향상한다고 되어 있다.

그러나 모두 말뿐이다. 교육부 장관은 논란만 많고 힘은 없는 자리다. 교원의 지위도 '특별법'이 무색하게 그리 높지 않다. 대학교수는 높지 않으냐 하겠지만, 흔히 생각하는 제법 높은 지위를 누리는 대학교수는 1/3도 안 된다. 대다수의 대학교수는 언제 목이 달아날지 몰라 전전긍긍하는 비정규 교원이며, 그 보수는 사회적 통념보다 훨씬 적다. 교사가 젊은이들이 가장 선망하는 직업이 되지 않았느냐 반문하겠지만, 이것 역시 교사를 특별히 우대해서가 아니다. 다른 직종이 빠르게 비정규직화되면서 상대적으로 우대받는 것에 불과하다. 그마저도 박탈하고 싶어 하는 사회적 시기심 앞의 가시방석이다.

교육을 백년지대계라고 추켜올리는 것도 은근한 폄하의 표현이다. 백 년? 당장 내년의 일도 모르는 복잡한 세상이다. 어떤 정치가가 백 년 뒤의 일에 신경을 쓴단 말인가? 그러니 우리나라가 교육을 중요하게 생각하는 것처럼 보이는 각종 법규, 문구, 구호 따위는 그냥 희망고문에 불과하다. 우리나라에서 여전히 교육의 사회적 위상, 특히 공교육의 위상은 기껏 "여자들 일로는 최고" 정도에 불과하다.

개천에서 용 난다는 기만

우리나라는 유독 교육이 사회적 불평등을 해소할 수 있는 '계층이동의 사다리'라는, 혹은 그래야 한다는 믿음이 강하다. "옛날에는 개천에서 용이 날 수 있었는데." 따위의 말도 끊임없이 반복된다. 그런데 교육이 이제 그런 사다리 역할을 못 한다며 온갖 꾸지람이 쏟아진다. 하지만 착각이다. 교육을 통해 개천에서 용 난 사례가 줄어든 것처럼 보이는 것은, 교육 때문이 아니라 용이라 불릴 자리 자체가 줄어들었기 때문이다.

1970, 80년대까지만 해도 이른바 '회사원'이라 불리는 대졸 사무직 노동자가 나름 용다웠다. 그 정도 자리만 차지해도 처자식은 물론 형제들까지 부양할 수 있었다. 그래서 그 시절에는 명문대학은커녕 4년제 대학만 들어가면 9급 공무원은 물론 교사 자리조차 거들떠보지 않았다. 단, 남자 한정이지만.

지금은? 대기업 사원이라 하더라도 맞벌이를 하지 않으면 형제는커녕 제 자식 양육하기도 바쁘다. 게다가 그 자리 자체도 크게 줄어들거나 비정규직화되었다. 그래서 그전에는 거들떠보지 않았던 9급 공무원 시험에 대졸자들이 몰려들고, 박봉에 고생한다며 불쌍하게 여겼던 교사가 온 국민의 시기 대상이 된 것이다. 공무원이나 교사의 처우가 특별히 더 나아지지 않았음에도 불구하고. 이게 교육 탓인가?

교육을 통한 계층상승 가능성은 지금이 더 크다. 아무리 사다리가 저 하늘 꼭대기까지 이어져 있다 하더라도 사다리가 몇 개 없거나 그 사다리 자체가 꽤 높은 곳에서 출발한다면 아무 소용이 없다. 하지만 오늘날에는 비록 저 꼭대기까지는 이어져 있지 않아도 적당한 높이까지 올라갈 수 있는 사다리가 과거보다 훨씬 많고, 또 꽤 높은 곳에 있는 사다리에 올라가는 것을 도와주는 보조사다리도 제법 많다. 오늘날에는 적어도 본인 능력이 되는데 가난해서 배움을 포기하는 경우는 많지 않다. 진흙탕 밑에서 썩어 버릴 잠룡을 가려낼 가능성은 오늘날의 교육이 그 추억의 1980년대보다 훨씬 더 크다. 그 시대에는 돈 없으면 대학은커녕 중학교에 다니기도 벅찼다.

그럼에도 불구하고 과거나 오늘날이나 그 사다리의 힘은 그리 크지 않다. 공교육이 제도적으로 보장할 수 있는 것은 사다리를 제공하는 것뿐이다. 사다리는 에스컬레이터가 아니다. 본인의 힘으로 기어 올라가야 한다. 당연히 키 크고 힘센 사람이 더 빨리 올라간다. 심지어 이미 사다리 중간쯤에서 출발하는 사람도 있다. 이런 상황에서 이른바 계층상승의 사다리는 신기루이며 희망고문에 불과하다.

이 문제를 해결할 수 있는 유일한 방법은 개천 전용 사다리를 따로 만드는 것 외에는 없다. 가령 미국 명문대학이 정원의 일정 비율을 역차별 논란에도 불구하고 유색인종에게 할당한다거나, 우리나라 명문대학이 기회균등과 지역균등 전형에 일정 수를 미리 할당하는 경우가 그렇다. 이런 방법 없이 사다리만 똑같이 내려 주고 누가 먼저 올라오는지 공정하게 시합하라고 하면 잘 먹고 잘 자라 체력이 왕성한 부유층이 훨씬 빨리 올라갈 수밖에 없다. 소위 '공정한 시험'의 기만이다.

교육이 사회적으로 인재를 선발하고 할당하는 기능을 하는 것은 분명하다. 그리고 다른 어떤 방법보다 교육이 그 기능을 담당하는 것이 가장 효율적이고 공정한 것도 사실이다. 하지만 이 공정함이 오히려 기존의 불평등을 강화하고 정당화할 수 있다는 사실을 잊으면 안 된다. '절차의 공정'이 사회적 불공정의 원인이 된다. 사회적 공정을 위해서는 '절차적 불공정'을 감수해야 한다.

한마디로 교육 그 자체만으로는 사회적 불평등을 해소할 수 없다.

아무리 교사가 열심히 가르치고, 학생이 열심히 공부해도 타고난 환경의 격차를 극복할 수 없다. 교육은 사다리가 어디 있는지 어떻게 올라가는지 가르쳐 줄 수 있을 뿐, 제대로 못 먹어 힘이 부족한 학생을 튼튼한 부잣집 학생보다 더 빠르게 사다리를 올라가게 하지는 못한다. 사다리를 알려 주고, 올라가는 방법을 가르쳐 주었다면, 불리한 조건인 부족한 영양, 너무 낮은 출발점 같은 것을 해결해 주는 것은 국가의 몫이다.

이는 여러 사회통계조사로 확인되었다. 학생의 학업성취에 가장 큰 영향을 주는 변인이 부모의 사회경제적 지위라는 「콜먼 보고서 (Coleman Report)」(1996)의 충격은 아직도 계속되고 있다. 하지만 교육자들이여, 너무 슬퍼할 필요는 없다. 그것만으로도 교육은 이미 엄청난 일을 했다. 정말이다. 엄청난 변화다. 한 세기 전만 해도 가난한 학생들에게는 위아래를 연결하는 사다리가 있다는 것조차 제대로 알려지지 않았다. 설사 알았다 하더라도 저 사다리가 무엇인지, 또 어떻게 해야 올라갈 수 있는지 가르쳐주지 않았다. 게다가 사다리 첫 칸이 자기들이 서 있는 바닥이 아니라 키보다 훨씬 높은 허공에 약 올리듯 매달려 있는 경우가 많았다. 누가 들어 올려 주기 전에는 사다리 첫 칸도 디딜 수 없었다.

간혹 저 위에 계신 분들이 가난한 학생 중 특별히 뛰어난 학생만 골라 사다리 위로 데려갔을 뿐, 나머지는 그대로 방치되었다. 그렇게 특별히 선택된 가난했던 학생은 위에 올라가면 그것을 자신의 능력이라고 착각하기 쉽다. 그들은 자신이 원래 있었던 저 아래를 깡그리 잊어버리거나, 혹은 잊히기 바라며 이 모든 것이 순전히 자신의 능력과 노력의 결과임을 강변한다. "과거에는 교육을 통해 개천에서 용 날 수 있었다."라는 말이 여기서 나왔다.

이건 기만이다. 애초에 개천에 사는 종자 중 몇몇을 선택하여 저 위로 데려가게 되어 있는 제도가 없었다면 그들은 아무리 용을 쓰며 노력을 해도 결코 용이 되지 못했을 것이다. 사실 그들이 용이 되기나 했는지도 의심스럽다. 하늘 위에 하늘, 하늘 밖에 하늘이 있다. 오히려 얼마 안 되는 진짜 용들은 좁은 등용문을 만들어 놓고 저 위에서 선택하지 않는 한 결코 통과하지 못하게 한 뒤, 개천 것들이 그 문을 통과하려고 자기들끼리 아수라장을 이루는 것을 보며 재미있게 웃고 있는지도 모를 일이다.

교육의 진짜 힘은 이 기만극의 협력자가 아니라 폭로자가 되는 것이다. 개천의 아이들을 사다리에 올려 보내지 못했다고 좌절할 필요 없다. 교육은 사다리의 존재를 보여 주었고, 하늘과 개천이 갈라져 있음을 보여 주었고, 개천의 아이들이 스스로 힘으로 사다리를 타고 올라갈 수 없는 상황임을 보여 주었다. 그것으로 충분하다. 그것을 보여 주고, 알게 했다는 것 그 자체로 교육의 진정한 힘인 '비판정신'이 솟아나기 시작한다.

교육은 보이지 않던 것을 보이게 한다. 교육은 감춰진 것을 드러낸다. 교육은 세상이 어떻게 생겼고, 어떻게 움직이는지 드러내 보인다. 교육이 없었으면 결코 알지 못했을 것이다. 그런데 이렇게 드러내어 알게 하는 것은 필연적으로 다음의 질문을 수반하는 행위다.

- 자, 세상은 이렇다. 너희들은 여기에 대해 어떻게 생각하는가?
- 자, 세상은 저 위의 하늘과 개천으로 나뉘어 있다. 너희들은 여기에 대해 어떻게 생각하는가?
- 저 위의 하늘과 개천 사이에 사다리가 있다. 너희들의 힘으로 올라가기 벅찬 사다리이며, 그 숫자도 많지 않다. 그런데 저 하늘 위에서 말한다. 너희들 중 승리자에게 사다리에 올라갈 기회를 주겠다고. 이제 너희들은 어떻게 할 것인가? 서로 다투어 사다리에 올라갈 소수가 될 것인가? 아니면 저 위의 아이들도 이리 내려와 같이 출발하자고 할 것인가? 모두에게 사다리에 올라갈 기회를 달라고 요구할 것인가? 아니면 사다리 따위는 필요 없으니 개천을 하늘만큼 가치 있는 곳으로 만들고 존중하라고 요구할 것인가?

물론 앎이 먼저 오고 물음이 오는 것만은 아니다. 거꾸로 물음이 먼저 오고, 앎이 수반할 수도 있다. 앎과 물음은 직선이 아닌 원형의 관계를 이룬다. 그 시간은 신체와 무관하게 외부에서 무심하게 흘러가는 크로노스의 시간이 아니라 삶과 행함이 함께 이어지는 카이로스의 시간이다.

"저 사다리에 올라가려면 너희는 이런 것들을 배워야만 한다."

이렇게 말하는 순간, 교육은 이미 사다리로 분절된 하늘과 개천, 그리고 마치 성은이라도 베풀 듯이 감질나게 주어지는 기회를 긍정한다. 소수의 선택된 아이들을 제외한 나머지 아이들이 배우는 것은 사다리에 올라가는 방법이 아니라 바로 그 질서와 구조에 대한 체념이다. 더구나 교육자가 이른바 '개천에서 용 나게 하지 못하는 무력함'을 슬퍼하고 반성한다면 그 체념은 더욱 강렬하게 학습된다.

이건 "우리는 왜 이렇게 살고, 하늘에서는 왜 저렇게 살아요?"라는 물음에 처음부터 "그건 너희 부모가, 혹은 너희들이 사다리를 타고 올라가지 못했기 때문이란다."라고 대답을 닫아 둔 것이나 마찬가지다.

하지만 이렇게 미리 닫아 두지 않는다면 아이들은 계속 물을 것이다. 먼저 하늘에 관해 물을 것이며, 어째서 개천과 하늘이 달라야 하는지 물을 것이며, 사다리가 왜 필요한지, 어째서 사다리가 이토록 적은지, 왜 사다리가 저렇게 길고 험한지 물을 것이다. 이 모든 것은 탐구의 주제이며, 교육은 이 탐구를 계속할 힘을 길러 줄 수 있다. 아이들은 그 힘을 바탕으로 세차게 점프하여 사다리에 뛰어오를 수도 있고, 사다리를 잡아당겨 하늘을 개천 쪽으로 끌어올 수도 있으며, 개천을 가꾸어 하늘보다 더 훌륭한 곳으로 만들 수도 있으며, 내면의 세계를 키워 그 어떤 용보다도 드넓은 영혼의 세계를 만들어낼 수도 있다.

개천 것들 몇몇을 마치 적선이라도 하는 양 데려다 용 비슷하게 만들어 준다고 개천이 달라지지 않는다. 개천 것들의 삶도 달라지지 않는다. 오히려 그러면 그럴수록 하늘은 고귀하고 개천은 비천하다는 용의 이데올로기만 강화될 뿐이다. 교육을 기껏 개천 것들에게 용 흉내 내는 법을 가르쳐 은혜로운 용들의 간택을 바라게 만드는 도구로 보는 관점은 너무 천박하다. 더 이상 "개천에서 용 난다."라는 기만에 속아서는 안 된다. 심지어 나름 진보적이며 좌파라고 자처하는 사람이라면 입에 담지도 말아야 한다.

교육은 사다리 이상의 것

이제 다시 하늘로 가 보자. 용의 간택을 받아 저 사다리를 올라와 자신이 용이 되었다고 믿고 있는, 그래서 저 아래에서 허우적거리는 개천 것들의 노력 부족을 한탄하고, 자신이 타고 올라왔다고 믿는 교육이라는 사다리가 효험이 떨어졌다며 교사들을 비난하고 있는 나름 성공한 개천 출신들이 보인다. 이제 그들에게 중요한 질문을 하나 던져 보려 한다.

"그래서 당신은 지금 행복하십니까?"

이 질문은 그들을 몹시 당황스럽게 만들 것이다. 이 질문은 용이라 믿고 있는 개천 출신뿐 아니라 출생부터 고귀한 용들마저 당황스럽게 만들 것이다. 아니, 출신과 무관하게 모두를 당황스럽게 만들 것이며, 질문하는 우리도 당황스럽게 만들 것이다. 오랫동안 생각해 보지 않았던 문제를 꺼냈기 때문이다.

누구나 행복을 바란다. 그래서 이렇게저렇게 된다면 행복해질 것이라는 생각을 하며 살았을 것이다. 명문대학에 진학하기만 하면, 정규직 일자리를 얻기만 하면, 강남 건물주가 되기만 하면, 자녀가 의사나 변호사가 되기만 하면……. 하지만 막상 목표로 하던 것들을 하나하나 얻은 다음 "이 목표를 달성했으니 나는 지금 얼마나 행복한가?"라고 물어보지는 않았을 것이다. 이런저런 것들을 얻는 순간 이룩해야 할 다음 목표, 도달해야 할 더 높은 상태가 바로 눈앞에 나타났을 것이기 때문이다. 목표를 이루기가 무섭게 갖고 싶고 얻고 싶은 또 다른 것들이 신기루처럼 계속 눈앞에 나타나니 계속 달릴 수밖에 없다. 이런 일이 계속되다 보니 이제는 그것만 이루면 행복할 것으로 생각했던 기억마저 잃어버리고 그냥 달릴 수밖에 없다. 마치 거울나라의 붉은 여왕처럼 달리지 않으면 현상유지조차 어려워진다.

그러다 문득 이 무시무시한 질문이 들려온다면?

"나는 지금 행복한가?"

아주 고통스럽게 대답할 수밖에 없다.

"행복하지 않다."

아니, 그럼 대체 무엇을 위해 이렇게 힘들게 달려왔단 말인가? 아니, 달리고 있단 말인가? 왜 올라도 올라도 계속 다음 층이 나오는 사다리를 기어오르고 있단 말인가? 그리고 왜 내가 멈추기는커녕 자녀에게도 계속 달리라고, 계속 오르라고 온몸에 멍이 들 정도로 채찍질을 하며 그것을 '사랑'이라고 주장하고 '교육'이라고 우기고 있단 말인가?

그 동기는 바로 불안이다. 자기들이 밟고 올라온 그 자리를 빼앗기지 않을까 하는 불안. 그 자리를 자기 자녀에게 고스란히 물려주지 못할까 하는 불안. 이는 행복과는 정반대의 길을 가는 일이다.

행복은 자신의 확장을 의식하는 순간의 느낌이다. 불안은 위축에 대한 두려움이다. 만족함이 없으면 행복이 없고, 행복을 느끼는 순간 만족감이 따라온다. 원하는 만큼 자신을 확장하지 못했더라도 어쨌든 과거보다 더 커진 자신을 확인하면 얼마든지 만족하고 행복할 수 있다. 그러나 불안에는 끝이 없다. 불안이 동기가 되면 그 최고 지점이 기껏해야 현상유지이기 때문이다. 따라서 불안이 동기가 되는 삶은 언제나 마이너스다. 스피노자의 용어를 빌리면, '슬픈 삶'이다.

그들은 왜 불안할까? 그것은 준거를 하늘에 두었기 때문이다. 아직 도달하기도 전에 어쩌면 영원히 도달할 수 없을지도 모르고, 심지어 실재하는지조차 확인되지 않은 하늘을 준거로 두었기 때문이다. 저 하늘에 올라가야만 그나마 온전한 삶이 가능할 것 같고, 거기에 오르기 전의 삶은 불완전하다고 생각했기 때문이다. 올림픽에서 동메달을 따고 기뻐하는 선수와 은메달을 따고 세상을 잃은 듯 슬퍼하는 선수의 차이가 여기에 있다.

결국 교육의 진짜 문제가 이것이다. 만약 그들이 개천에 있을 때부터 그 삶을 그 자체로 온전한 것으로 받아들이는 경험을 계속해 왔다면 이런 불안은 없었을 것이다. 그렇다면 사다리의 높이야 높든 낮든, 지금보다 올라갈 수 있는 사다리를 줬다는 사실만으로도 충분히 만족하며 감사히 받았을 것이며, 한 칸을 올라가든, 백 칸을 올라가든 더 높고 넓은 세계를 즐기며 행복했을 것이다. 설사 사다리가 없다 하더라도 개천을 가꾸면서 하루하루 더 나아지는 자신을 즐기며 살았을 것이다.

그러나 개천을 더러운 곳, 벗어나야 할 곳으로만 여기고, 개천에서의 삶을 제대로 된 삶이 아니며, 개천 사람을 천한 개천 것으로 여기는 경험을 계속해 왔다면? 저 하늘 위에서 용이 되지 않는 한 온전한 삶이 아니게 된다. 이후 사다리를 올라가는 그 결사적인 몸부림은 자신을 키워 나가는 과정이 아니라 다만 결핍을 채우는 과정이 된다. 올라간 만큼 행복해지는 것이 아니라 올라가지 못한 만큼 불행해진다.

결국 단 한순간도 자신의 온전함, 자신의 완성을 경험하지 못한다. 아무리 올라가도 채워지지 않으니 기쁨이 없다. 인생은 유한하고 짧다. 아직 다 채우지 못했는데 아직도 빈 구석이 많은데 벌써 날이 저문다. "오르고 또 오르면 못 오를 일 없건만" 하고 한가롭게 읊을 수 없다. 오르고 또 오르다 그만 인생이 끝나는 수 있다. 그래서 이들의 삶은 온통 불안으로 가득하다.

여기에 자녀까지 있다. 사실 대부분의 자녀는 부모보다 유리한 입장에서 출발한다. 하지만 불안한 부모에게는 전혀 그렇게 보이지 않는다. 나는 바닥에서 출발했지만, 너희들은 40층에서 출발하는구나, 하고 흐뭇하게 바라볼 수 없다. 꼭대기 층이 도대체 몇 층인지 가늠이 되지 않는 상황, 아무리 올라가도 지하 100층에서 출발하여 아직도 지상에 올라가지 못한 정도로 느끼고 있는 상황에서는 바닥에서 출발하나 40층에서 출발하나 의미 있는 차이가 아니다.

더구나 그나마 그들이 용 흉내라도 낼 수 있게 만들었던 자리는 점점 줄어들고 있다. 저성장시대에 접어들면서 용들도 옛날보다 훨씬 인색해졌다. 용, 용 언저리, 개천 것으로 구성되었던 세상이 점점 용 아니면 개천 것으로 바뀌고 있다. 개천으로 돌아가? 그럴 수는 없다. 개천에서의 삶은 상상할 수도 없다. 그들의 자녀가 개천 것이 되는 것은 더더욱 상상할 수도 없다. 불안이 증폭된다.

불안은 부정적인 에너지를 만든다. 불안은 사람을 슬프게 만든다. 슬픔은 사람을 공격적이고 폭력적으로 만든다. 그래서 모든 독재자는 코미디를 싫어했다. 히틀러는 평생 기괴한 비극적 징서에 사로잡혀 살았다. 결국 이들은 혐오의 대상을 찾는다. 고전 비극은 항상 고귀한 영웅을 괴롭히고 파멸로 이끄는 천박하고 사악한 존재를 설정한다. 그러한 비뚤어진 비극적 정서가 혐오행동에 영웅적 외피를 입힌다. 이 중 가장 손쉽게 혐오할 상대는 다름 아닌 잊고 싶은 자신의 고향, 바로 개천과 개천 것들이다.

그들은 혐오의 눈을 영웅적으로 부릅뜨고 개천을 바라본다. 그런데 눈에 거슬리는 것이 있다. 공교육이다. 자기들이 개천을 벗어날 때보다 훨씬 다양한 교육이 개천 구석구석에서 이루어지고 있다. 교육을 사다리로밖에 생각할 줄 모르는 그들에게는 자신들이 개천에서 벗어났을 때보다 훨씬 더 길고 다양한 사다리들이 개천 구석구석에까지 드리워져 있는 모습이 영 마음에 들지 않는다. 심지어 어떤 사다리는 일부 구간이 에스컬레이터로 되어 있기까지 하다. 수많은 개천 것들이 기어 올라오고 있다. 그들의 자녀는 이미 개천에 있지 않다. 개천보다 꽤 위에서 출발하고 있다. 그런데 개천 것들에게 이런저런 사다리를 교육이 주고 있다. 심지어 어떤 사다리는 개천 전용이다. 그렇다면 이미 유리한 위치에서 출발하고 있는 그들의 자녀가 누릴 미래는 어떻게 된단 말인가?

그리하여 이들은 외친다.

"이것은 불공정하다."

그들에게 사다리는 딱 하나만 있어야 한다. 자기들이 올라간, 그리고 자기네 자녀가 절반쯤 위에서 출발한 오직 그 하나의 사다리만 말이다. 이렇게 구석구석 드리워진 종류도 다르고 속도도 다른 사다리는 공정하지 않다. 그리하여 그들은 자기네를 용 비슷한 거라도 만들어 준 교육을, 자기네가 개천에서 불리한 조건을 극복하게 해 주었던 교육을 도리어 공격한다. 그러면서 외친다.

"공정성! 깔끔하게 시험 치자!"

이것은 불의에 대한 감각이나 정의감에서 비롯된 목소리가 아니다. 그냥 화가 난 것이다. 화가 난 까닭도 특정할 수 없다. 무엇 때문에 화가 났는지도 모른다. 그냥 삶이 불안한 것이다. 언제나 현재를 결핍으로 생각하며 살아왔기에 살아온 나날이 살아갈 나날보다 많아지기 시작하면서 점점 더 기하급수적으로 늘어나는 불안감에 사로잡힌다.

그러나 교육을 사다리로 생각하는 한, 그들의 불안은 영원히 사라지지 않을 것이며, 자신들에게 남아 있는 나날은 점점 줄어들 것이기에 점점 더 불안이 커진다. 설사 개천 것들에게 드리워진 사다리를 치우는 데 성공했다 하더라도, 그다음에는 자기네 자녀들이 사다리 올라오는 속도가 마음에 들지 않는다. 더구나 자기네와 비슷한 지위에 있는 사람들의 자녀 역시 비슷한 위치에서 출발했고, 비슷한 속도로 올라오고 있다.

그럼 어떻게 해야 할까? 사다리에 전동 리프트를 달자. 물론 내 자녀만 탈 수 있게. 당연히 매우 비싸겠지만, 남보다 먼저 여기 올라올 수 있다면 돈을 아낄 일이 아니다. 그러자 그런대로 성공한 부모들이 저마다 자기 자녀가 타고 가는 사다리에 전동 리프트를 장치하는 경쟁이 벌어진다. 누가 더 출력 높은 모터를 설치하느냐? 누가 더 안정적으로 올라가는 리프트를 설치하느냐? 리프트값에, 모터값이 추가되니 지금까지 이루어 놓은 자신의 성취가 갑자기 몹시 부족해진다. 더 많은 돈이 필요하다. 더 큰 결핍, 더 큰 슬픔, 더 큰 불안, 그리고 더 큰 분노가 일어난다. 결국 자녀를 위해 엄청난 돈을 쓰지만, 자녀와의 관계는 점점 험악해진다. 불안한 부모와 그 이상으로 불안한 자녀의 만남은 슬픔으로 가득하며, 그들의 대화는 날 선 분노에 뭉텅뭉텅 끊어지기 마련이다.

그러다 문득 삶을 돌아본다. 그제야 삶을 돌아본다. 그리고 너무도 오래 잊었던 단어가 있었음을 깨닫는다. 하지만 그게 무엇이었는지 도무지 기억나지 않는다. 그때 어디선가 목소리가 들린다. 신의 음성일지, 혹은 아직 한 자락 남아 있는 영혼의 목소리일지.

"너 지금 행복하니?"

대답할 수 없다. 한 번도 행복해 본 적이 없으니 알 수 없다. 혹시 어린 시절 잠깐이라도 행복감을 경험했다면 그 반대급부로 아득한 불행감이 몰려온다. 그들의 삶은 총체적인 결핍, 거대한 슬픔이다. 게다가 날은 저물어가고 있다. 인제 와서 욜로니 뭐니 외쳐 봐야 이미 외통수다. 거대한 절망. 우울. 이렇게 OECD 1위를 달리는 자살의 나라가 만들어진다.

교육받는다는 것은 자유로운 존재가 된다는 것

도대체 이 불행의 씨앗은 어디에서 비롯된 것일까? 그들에게 행복할 기회는 있었다. 하지만 그것이 기회라는 것을 그들은 배우지 못했다. 진정한 행복은 교육을 통해 얻을 수 있음을 알지 못했다. 교육의 기회가 빠르게 확대되고 세계가 부러워할 정도로 높은 수준의 교육이 계층을 가리지 않고 제공된 나라였지만, 정작 '교육에 관한 교육'이 이루어지지 않았다. 그리하여 교육을 받으면서도 교육의 가치를 모르고, 교육을 받으면서도 교육을 자신의 삶을 행복하게 하는 데 사용하지 못했다. 학교는 엄청난 양을 엄청난 속도로 가르치기만 할 뿐, 그것으로 어떤 삶을 살아야 하는지 알려 주지 않았고, 그것으로 삶을 기쁘게 만드는 경험을 주지 못했다. 그럴 겨를이 없기도 했다.

결국 이들에게 교육은 다만 사다리에 불과했다. 온전한 삶이 있을 것이라고 믿는, 어디가 끝일지 모르는 저 위를 향해 올라가는 사다리. 단지 위에 올라가는 것이 목적이라면 사다리는 짧을수록 좋다. 가능하면 사다리를 거치지 않고 위에 올라올 방법이 있다면 더욱 좋다. 목적은 사다리를 오르는 게 아니라 저 위에 가는 것이니까. 그래서 그들은 사다리를 올라오는 동안 아무것도 보지도 느끼지도 않았다. 그저 이 지겨운 사다리가 언제 끝나서 그들이 동경하는 저 위에 도달할지 그 생각만 했다. 그리고 그 결과는 신기루 같은 저 위, 그리고 절망적인 노년이다.

그렇다면 도대체 교육이 그들에게 무엇을 가르쳐야 했을까? 그들은 교육에서 무엇을 얻어야 했을까? 어떻게 교육을 통해 행복한 인생을 살아갈 열쇠를 찾을 수 있을까? 아리스토텔레스는 삶의 목적이 행복이라고 했다. 그리고 교육은 삶을 도와주는 것이다. 그렇다면 교육의 목적은 사람을 행복하게 만드는 것이라야 한다. 이 목적을 잊고 오직 사다리로만 삼았다면, 그 사람은 사실은 교육받지 않은 것이다. 교육을 주었음에도 받지 않은 것이다. 같은 시기, 교육을 교육으로 받은 사람도 있었다. 그리고 그들은 밖에서 보이는 것과 달리 행복한 삶을 살았고, 살아가고 있다.

계속 사다리에 비유해 보자. 같은 사다리라도 어떻게 사용하느냐에 따라 우리에게 전혀 다른 대상이 된다. 사다리를 단지 위에 올라가는 도구로만 사용하지 않을 수 있다. 같은 사다리를 오르면서 다른 것을 보고 느낄 수 있다.

"산에 오를 때는 언제나 뒤를 바라봅니다."

어느 유명 산악인이 이런 말을 했다.

오르면 오를수록 더 멀리 넓게 펼쳐진 세상을 본 사람이 있다. 사다리를 오르면 오를수록 점점 튼튼해지는 근육과 심장의 힘을 느끼며 기쁨을 느낀 사람도 있다. 모든 사다리가 제일 꼭대기까지 연결된 것이 아니며, 개천에서는 알지 못했지만 세상에는 꼭대기 말고도 갈 곳이 많다는 것을 비로소 알게 된 사람도 있다. 혹은 사다리 위에서 자신이 살던 개천을 바라보면서 비로소 개천이 어떤 곳인지, 무엇을 어떻게 바꾸어야 하는지 깨달은 사람도 있다. 사다리를 끝까지 올라가는 대신 하늘과 개천의 거리가 너무 멀다고 항의하며 개천을 올리거나 하늘을 잡아 내리자고 주장하는 사람도 있다. 사실 이런 사람들을 길러 내는 것이야말로 진정한 교육이다.

사다리는 교육이 만드는 것도, 교육이 목표로 하는 것도 아니다. 오히려 제대로 교육받은 사람이라면 사다리가 필요한 상황에 대해 비판적인 관점을 가질 수도 있어야 한다. 교육은 사다리를 올라가기 위해 하는 것도 아니며, 용이 되기 위해 하는 것도 아니다. 교육의 가장 근본적인 목적은 아이들이 당당한 한몫의 사람 노릇을 하도록 하는 것이다.

그렇다면 여전히 교육에 희망을 걸 수밖에 없다. 사람은 변화를 통해 사람답게 살아간다. 태어난 대로 살아가지 않는다는 것, 그것이 바로 사람이며, 민주주의는 모든 사람이 사람으로 살 권리가 있음을 선언한 것이다.

물론 교육이 각자가 꿈꾸는 만큼의 변화를 선사하지 못할지도 모른다. 아니, 거의 그렇다고 봐야 한다. 각자가 원하는 변화가 100이라면 교육은 겨우 5~10 정도만 기여할 뿐이다. 그 정도만 해도 굉장한 성공이다. 우리가 교육의 신화에 취해 있는 까닭은 유례없을 정도의 압축적인 근대화를 경험했기 때문이다. 그 시절에는 교육의 효과가 특별히 강력했던 것이 아니라 세상의 모든 것이 빠르게 변했다.

1960년대만 해도 우리나라는 농업경제 기반의 사회였다. 그랬던 나라가 40년 만에 시민혁명, 2차 산업혁명, 3차 산업혁명 같은 굵직한 변동을 단숨에 처리했다. 그 시절에는 교육뿐 아니라 다른 모든 영역에서 투입에 비해 산출이 컸다. 대학만 나오면 인생이 확 달라지는 것과 마찬가지로 자본만 투입하면 엄청난 속도로 불어났다.

이런 극적인 변동이 다시 올 수 있을까? 이미 우리나라는 세계 강국의 반열에 들어섰다. 열강의 침략에 허덕이던 나라가 아니라 사실상 세계열강 중 하나다. 이제 그런 엄청난 변화 속도를 기대하기는 어렵다. 1970년대에는 금리가 10퍼센트를 넘었다. 돈을 넣어 두기만 해도 해마다 10퍼센트씩 늘어났다. 이를 투자했을 때 그보다 더 많이 벌 수 있는 시대였기 때문이다.

그 시대에는 모든 것이 부족했다. 자본도 부족했고, 교육받은 노동력, 즉 지식과 기술도 부족했다. 그러니 누구라도 자본을 투입하기만 하면, 혹은 교육을 받기만 하면 즉시 엄청난 산출을 올릴 수 있었다. 돈이 있는 사람은 자본을 투자하고, 돈이 없는 사람은 교육을 투자했다. 그마저 안 되는 사람은 온 가족이 돈을 모아 한 사람의 교육에 투자했다. 그게 바로 개천에서 용 나게 만든 교육 신화가 탄생한 원천이다.

그 시대는 무슨 일이든 하면 용 비슷한 것이 되었다. 그런데 무슨 일이든 하려면 토지, 자본, 노동이 필요한데, 대다수 서민들은 가진 것이 노동이기에 오직 교육에 매달렸다. 그리하여 중하층에 속하는 가정이 될성부른 자녀 하나(주로 아들)에 결사적으로 투자했다. 머리띠 싸매고 결사적으로 공부하던 고학생의 신화가 공연히 나온 것이 아니다. 중상층은 그럴 필요가 없다. 토지가 있고 자본이 있다. 그걸 굴리면 무럭무럭 불어나는데 고달프게 공부할 필요가 없다. 1960~70년대, 이른바 명문대학 학생 중 가난한 고학생이 많았던 까닭은 그 시대 입시제도가 공정해서가 아니라 중상층이 그렇게까지 자녀교육에 결사적이지 않았기 때문이다.

하지만 그런 시대는 다시 오지 않는다. 2020년 현재 우리나라의 금리는 1퍼센트대에 불과하다. 그나마 몇 년 안에 거의 제로금리까지 내려갈 것이다. 이는 그만큼 사회 발전의 속도가 느려졌다는 뜻이다. 반대로 말하면 경제가 이미 성숙한 것이다. 우리나라는 사람으로 비유하자면 사춘기 청소년이 아니라 어른이다. 자본도 넘치고, 교육받은 노동력도 넘친다. 교육을 통해 '대박'을 터뜨릴 가능성도 그만큼 낮다.

금리가 제로라는 것은 그만큼 자본의 가치가 낮다는 뜻이다. 사람들이 현재와 미래의 차이가 거의 없을 거라고 예상하는 것이다. 사회 전체가 큰 변화 가능성이 없으니 교육을 통해 바뀔 가능성도 그리 크지 않다(스가쓰케, 2016). 입시교육의 원조뻘인 일본은 이미 대학입시가 시들해졌다. 일본 고등학생의 50퍼센트가 아예 대학입시에 응시조차 하지 않는다. 자주적인 인생관, 삶의 다양성 이런 것 때문이 아니다. 그만큼 대학이라는 곳이 투자보다 얻는 것이 많지 않아서다.

이미 낮은 변동의 시대에 익숙해진 유럽이나 일본에서는 교육에 대해 큰 불만이 없다. 어쩌면 불만이 없다기보다는 희망을 품지 않는 것일 수도 있다. 하지만 모든 것이 빠르게 발전하던 시대, 교육이 개천 것들을 용으로 만들어 준 마법의 사다리였던 기억을 가진 한국인들에게는 교육이 불만스럽다. 개천에서 용 나기 어려워진 책임이 교육 때문이라고 착각한다.

사실 교육뿐 아니라 사본이 있어도, 토지가 있어도 용 되기 어렵다. 가령 10억이라는 돈은 1970년대 같으면 가만있어도 억대 연봉을 이자로 주는 큰 자본이지만, 지금은 최저시급 노동자 연봉도 안 되는 이자를 줄 뿐이다. "조물주 위에 건물주"라고들 하지만, 이 역시 생각보다 초라하다. 사무실 공실률은 빠르게 늘고 있고, 월세는 상대적으로 싸지고 있다. 이런 상황에서 교육을 투자 개념으로 생각한다면 불행의 씨앗을 심는 것이나 다름없다. 이런 식의 비유가 다소 천박하지만 $\frac{\Delta y}{\Delta x}$($x$: 학습시간, y: 소득)의 값은 과거 그 어느 때보다 현저히 줄어들었다. 사실 x에 학습시간이 아니라 뭘 투입해도 마찬가지일 것이다.

그렇다면 대체 교육이 무슨 소용이 있을까? 다시 교육의 의미를 되새겨 보자. 교육은 사람이 변화하는 세상에 적응할 수 있도록 변화시키는 과정이다. 사다리가 필요한 세상이라면 사다리에 오를 수 있게 해 주며, 사다리가 의미 없어진 세상이라면 그 속에서 또 의미 있는 삶을 살 수 있도록 해 줄 것이다. 이것이야말로 교육이 토지나

자본과 다른 점이다.

교육받았다는 것은 단지 특정한 기능이나 지식을 얻었다는 의미가 아니다. 혹은 사다리에 올라탈 수 있는 인증서—우리나라에서는 이 인증서 정도로 생각하는 경우가 많다—를 받은 것도 아니다. 교육받았다는 것은 힘을 기른 것이다. 새로운 것을 학습하고 받아들이면서 자신을 변화시키고, 세상을 변화시킬 힘을 기른 것이다. 교육받았다는 것은 다른 존재가 되었다는 것이다. 유전자에 사로잡히지도, 사회에서 이미 정해진 것에 사로잡히지도 않는 자유롭고 유연한 존재가 되었다는 것이다.

토지나 자본 혹은 그 밖에 어떤 가치 있다고 여겨지는 자원을 가졌다는 이유로 인정받은 사람은 세상이 바뀌어 그것의 가치가 떨어지면 그 사람의 가치도 같이 떨어진다. 1930년대까지만 해도 우리나라에서 가장 떵떵거리는 사람은 지주였다. 그러나 1940~50년대 거의 10년간 이어진 전쟁과 급격한 산업화와 더불어 자본가로 변신하지 못하고 지주에 머물렀던 사람들은 속절없이 몰락했다. 그러나 지주로 떵떵거릴 때 그 돈을 자녀의 교육에 투자했던 사람들은 그 이후에도 살아남았다. 배운 지식이나 기술은 잊어버릴지언정, 배울 수 있는 능력, 즉 자신을 변화시킬 수 있는 유연한 두뇌와 신체가 있는 한 세상이 어떻게 바뀌든 빨리 적응할 수 있었기 때문이다.

그렇다면 지금은? 앞으로 우리를 기다리는 시대는 저성장시대다. 우리나라뿐 아니다. 세계 어디를 가도 1970~80년대 같은 경제성장의 시대는 오지 않는다. 심지어 상대적으로 성장이 빠르다는 이머징 마켓조차 우리나라나 타이완이 급격히 성장했던 시절에 비하면 매우 느린 편이다. 우리나라는 심지어 선진국 반열에 올라선 1996년 이후에도 거의 10년간 5퍼센트 이상의 경제성장률을 기록했다. 그러나 중국이나 아세안 각국은 이미 성장률이 5퍼센트대로 떨어졌다.

이렇게 성장률이 떨어진 까닭은 자본주의에서 경제성장에는 반드시 변방이 필요하기 때문이다. 그 변방이 19세기까지는 식민지, 20세기 이후에는 이머징 마켓이었다. 하지만 이제 동남아시아마저 상당히 발전한 상황에서 남아 있는 변방이 거의 없다. 전 세계적인 저성장의 시대가 온 것이다. 그렇다면 토지와 자본을 통해 추가적인 소득을 올릴 가능성은 점점 줄어든다. 이미 세계 주요 선진국의 금리는 제로금리, 심지어 마이너스 금리다. 금리가 바로 자본의 가격임을 감안하면 사실상 자본주의의 시대가 막을 내린 것이나 다름없다. 그나마 남은 것이 교육이다. 하지만 교육을 통해 얻을 수 있는 소득은 고성장시대의 자본에는 한참 미치지 못할 것이다.

오히려 교육의 힘은 단지 교육을 받음으로써 추가적인 소득을 올리는 것보다는 새로운 삶의 방식을 만들 수 있다는 데 있다. 사실 소득 역시 그 자체가 목적은 아니었다. 우리는 왜 소득을 늘리고자 했을까? 결국 소득의 목적은 둘로 정리된다. 생존, 그리고 생존을 넘어서는 행복.

이 중 생존문제는 과거 어느 때보다 절박하지 않다. 저성장시대에 들어섰다는 것은 이미 자본주의가 성숙한 나라라는 뜻이며, 그만큼 발전된 나라라는 뜻이다. 이런 나라라면 최소한의 생존은 어떻게든 해결할 수 있는 나라이다. 흔히 "길바닥에 나 앉는다."라는 말을 쉽게 하지만, 우리나라를 포함하여 세계적으로 1그룹에 속하는 G10 국가들 정도라면 길바닥에 나가 죽을 가능성은 그리 크지 않다. 그럼에도 불구하고 우리가 가난을 느끼고 결핍을 느끼는 까닭은, 이미 생존만으로 만족하지 않는 존재가 되어 있기 때문이다. 사람은 생존 그 이상의 행복을 누리고자 하는 존재다. 삶의 과정이 단지 생존이 아니라 기쁨을 주기를, 그리하여 그 누적된 기쁨의 기억을 통해 행복할 수 있기를 바란다.

그런데 교육받은 사람은 그렇지 않은 사람보다 삶 속에서 기쁨을 누릴 가능성이 훨씬 크고 넓다. 가령 교육받은 사람은 돈 한 푼 들이지 않고 이용할 수 있는 공공도서관이나 문화시설을 통해 그렇지 않은 사람보다 훨씬 더 많은 기쁨을 얻을 수 있다. 교육을 더 많이 받을수록 이런 시설을 통해 얻을 수 있는 기쁨의 크기와 종류는 늘어난다. 교육받지 않은 사람, 혹은 교육의 효과가 거의 없는 사람은 이런 기쁨을 얻을 수 없기 때문에 기쁨을 직접 제공하는 재화나 서비스를 구입해야 한다. 또 자기 나름의 기쁨의 세계가 구축되어 있지 않기 때문에 특정한 재화나 서비스를 구입해야만 기쁨을 누릴 수 있다는, 혹은 구입하지 않으면 불행해질 것이라는 식의 꼬임에 쉽게 넘어간다. 하지만 교육받은 사람은 자기 나름의 기쁨을 개발하며, 자기 나름의 행복의 나라를 세워갈 수 있다.

교육과 민주주의의 새로운 관계

　돈 많은 사람과 교육을 많이 받은 사람 중 누가 행복할까? 돈으로 구입할 수 있는 재화와 서비스가 늘어날 때마다 커지는 효용, 즉 한계효용을 보면 알 수 있다. 널리 알려진 것같이 재화와 서비스의 한계효용은 기하급수적으로 줄어든다. 어느 정도 이상의 부를 획득하면 아무리 재산이 늘어나도 기쁨이 늘어나지 않는다.

　돈을 벌어도 늘어나지 않는 기쁨을 늘리기 위해 부자들은 자신이 구입하는 재화와 서비스의 종류를 바꿈으로써 대처한다. 이른바 명품이다. 가령 미국의 최상류층이 요트 길이로 서로 경쟁하는 경우가 그렇다. 하지만 요트를 통해 진정으로 기쁨을 누리는 사람들은 남보다 1미터 더 긴 요트를 가진 사람이 아니라 요트를 통해 다양하고 풍성한 경험을 누리는 사람이다. 탐험한다거나, 관측이나 채집 여행을 떠난다거나, 혹은 문명으로부터 떨어진 망망대해에서 홀로 독서하고 사색하는 경험을 한다거나.

　제 생각의 폭과 힘을 넓히고 늘려 나가는 일에는 한계효용이 없다. 사람의 마음은 거의 무제한의 힘을 가지고 있으며, 우리는 대부분 그 가능성의 끝을 구경도 못해 보고 생을 마감한다. 부지런한 독서가라도 1년에 책 200권 이상을 읽을 수 없다. 그렇다면 70년을 읽어도 14,000권 정도, 게다가 어려운 책은 서너 번 되풀이하여 읽어야 한다. 결국 아주 부지런한 독서가가 평생 읽을 수 있는 책은 3,000여 권에 불과하다. 즉, 어지간한 지식인이라 할지라도 자기 서재에 있는 책을 평생 다 읽지 못한다. 그렇다면 무료로 제공되는 공공도서관 하나만 찍어 놓고 다녀도 한평생으로 모자라 몇 차례 환생하더라도 다 읽지 못할 만큼 책이 넘쳐 난다. 더구나 마음의 힘을 키우는 즐거움이 책에만 있는 것이 아니다. 음악을 듣고, 미술작품을 감상하고, 연극이나 영화를 보고, 사색하고 토론하고 대화하는 일도 있다. 다들 별로 돈 드는 일이 아니다.

자신의 힘을 키움으로써 기쁨을 누릴 수 있는 일이 마음의 힘에만 있는 것도 아니다. 신체를 단련하고 움직임으로써 기쁨을 누릴 기회도 얼마든지 열려 있다. 약간의 교통비만 보태면 자연이 공짜로 열려 있다. 동네 뒷산을 다녀도 된다. 천변 산책로를 걸어도 된다. 그냥 집에서 유튜브를 보며 홈트레이닝, 체조나 태극권 같은 것을 할 수도 있다. 친구들과 공놀이를 하거나, 함께 여행을 떠날 수도 있다. 이 여행이 꼭 쇼핑을 곁들인 해외여행일 이유는 없다. 아는 것이 많을수록, 또 소설이나 영화 등을 통해 이야기를 많이 접할수록 무심히 보아 넘어갈 수많은 장소가 자신만의 '명소'가 된다.

해외여행도 마찬가지다. 같은 타이페이 여행을 가도 그저 관광으로 떠난 사람과 에드워드 양이나 허우 샤오시엔 감독의 영화를 두루 섭렵하고 떠난 사람이 현지에서 느끼는 기쁨은 그 양과 질이 다르다. 르네상스시대와 메디치 가문, 그리고 그 시대의 예술과 문화에 관해 알지 못하는 사람에게 피렌체는 그저 뙤약볕이 내리쬐는 오래된 길거리에 불과할 수 있다. 하지만 그런 것을 잘 아는 사람들에게는 두오모나 우피치미술관이 아니더라도 피렌체의 구불구불한

골목골목이 다 무심히 넘어갈 수 없는 곳이 된다. 일본의 근현대사에 관해 모르는 사람에게 나가사키의 가메야마 사추는 그저 가파른 언덕 위 조그마한 집에 불과하지만, 잘 아는 사람에게는 이 작고 초라한 집에서 일본 근대화의 초석이 놓이고, 그것이 결국 우리나라의 불행한 역사로까지 연결된 장소라는 점에서 한동안 깊은 감회에 사로잡히게 될 것이다.

이같이 교육은 기쁨의 종류와 크기를 늘리고 질을 높여 준다. 한마디로 교육은 삶을 경험으로 가득 채워 준다. 혹은 교육 그 자체가 그런 경험으로 가득 차야 한다. 경험을 통해 기쁨을 얻는 방법을 깨우친 사람은 이후 삶의 모든 순간을 소중하게 맞이하며 기쁨으로 전환한다. 이미 지나가 버린 일이라도 다시 불러내어 현재와 미래와 연결되는 의미를 발견하고 부여함으로써 경험으로 바꾸고, 그동안 조각나 있던 자기 삶의 순간들을 의미 있는 이야기로 엮어 낸다. 이런 사람에게는 기억하고 성찰하는 것 자체가 크나큰 기쁨이다.

다행히 우리나라는 교육의 기회가 매우 평등한 나라다. 그런데 이 소중한 기회를 엉뚱한 짓거리로 망치고 있다. 학원에서 공부하고 학교에서 무력하게 나자빠지는 학생들을 보라. 입시 사교육은 대체 어떤 경험을 제공하는가? 배움의 기쁨을 박탈하고, 아니 배움 그 자체를 박탈하고, 다만 남이 배운 결과들을 기능적으로 익혀 수단으로 삼는 요령만 전달한다. 많은 돈과 많은 시간을 들이지만, 그 과정을 통해 배우지도 기쁨을 누리지도 못하며, 배우는 방법도, 배움 속에서 기쁨을 얻는 방법도 잃어버린다. 그런 학생들이 대학에 들어가면, 배우지 못하고 기쁨을 누리지 못한다. 대학이 취업을 위한 준비라고 생각하며, 취업 관문을 통과할 요령을 따로 돈 들여 배울 뿐이다. 대학교 수업을 배움이 아니라 장차 입사지원서에 써 낼 학점을 높게 받을 수단으로 보고, 학점 잘 주는 강좌를 골라 수강신청하고, 그런 강좌에 대한 정보를 족보라며 공유하는 대학생들을 보면 그들의 대학 4년이 대체 어떤 시간이며, 과연 대학에서 어떤 교육이 이루어지는지 의심스러워진다.

반면 각종 기회균등 전형을 통해 대학에 들어간, 그들보다 한결 가난하지만 학교에서의 경험을 알차게 누리는 저소득계층의 학생들이 있다. 그들은 대학에서의 각종 수업과 활동을 훨씬 소중하게 다룬다. 이들은 이미 초중고등학교에서도 수업과 활동을 훨씬 소중히 다루어 왔다. 입시 사교육을 받을 여유가 없었기에 학교가 세상의 지식을 배울 거의 유일한 통로였기 때문이다. 그리하여 사교육을 쏟아부은 학생들보다 지식의 절대량은 더 적을지 몰라도 배우는 힘과 이를 통해 기쁨을 누리는 역량은 훨씬 크다. 결국 누가 더 알찬 인생을 살아가는 승리자가 될까? 이거야말로 답정너가 아닐까?

이런 점에서 우리나라는 교육을 통해 더 유리해질 수 있는 조건에 있는 계층이 스스로 그 가능성을 파괴하는 데 돈을 쓰는, 그리하여 스스로 교육평등에 기여하는 기묘한 현상이 일어나고 있는 나라다. 우리나라는 이미 지역과 계층의 차별 없이 수준 높은 공교육을 제공함으로써 세계적으로도 교육평등 수준이 높은 나라다. 그런데 중상층이 스스로 자기 자녀의 교육을 망치면서 교육평등을 더욱 강화하고 있다. 비교육이자 반교육적인 일에 엄청난 사교육비를 쏟으면서.

"빵이 없으면 케이크를 먹으면 되지 않나요?"

마리 앙투아네트가 정말 이런 말을 했는지 모르겠지만, 어쨌든 이 말은 가난한 민중의 처지를 이해하지 못하는 상류층의 비공감을 상징하는 말이 되었다. 그런데 이 말을 볼 때마다 당시 프랑스 귀족에 대해 분노하기보다는 오히려 측은하게 느껴진다. 그들의 앙상한 영혼 때문이다. 가난한 사람들의 처지를 모르고 공감하지 못하는 냉담성을 말하는 것이 아니나. 배움이 결여된 기쁨, 그 앙상한 기쁨의 폭때문이다.

사실 빵과 케이크는 재화 그 자체로서는 큰 차이가 나지 않는다. 맛있는 빵을 배불리 먹는 것은 물론 기쁨을 준다. 하지만 케이크가 주는 기쁨은 거기서 얼마나 많이 벗어날 수 있을까? 마리 앙투아네트의 불행은 빵이 풍족해지자 거기서 더 얻을 수 없는 기쁨을 빵을 더 호사스럽게 만든 케이크에서 얻으려 했다는 데 있었는지도 모르겠다. 실제로 그녀의 어머니 마리아 테레지아 여제는 수시로 '사치'를 경계하는 편지를 써서 보내곤 했다. 정치가로서 탁월한 능력을 발휘하고, 산업을 육성하고, 수많은 예술가, 과학자를 후원한 것을 보면—빈 자연사박물관, 예술사박물관의 방대한 컬렉션이 이때 이루어진 것이다—확실히 마리아 테레지아는 빵이 풍족해진 다음 더 큰 기쁨을 얻을 방법을 알고 있었다.

반면 부르봉왕가와 거기 기생하던 당시 프랑스 귀족사회는 빵으로 얻는 기쁨을 더 비싸고 고급스러운 빵으로 늘리는 수준 이상의 것을 알지 못했다. 아마 그들은 빵 대신 케이크, 케이크 대신 그 어떤 호사스러운 무엇인가를 먹더라도 늘 허전하고, 슬프고, 불행했을 것이다. 물질의 소유 이상의 기쁨을 얻지 못하니 그들은 가진 물질을 점점 기괴하게 만듦으로써 효용을 만들고자 했다. 장식을 하고, 희귀한 보석을 집어넣고, 거위를 괴롭혀서 음식으로 만들고. 그들이 그런 허세 대신 생각과 앎의 폭을 넓히는 경험에서 기쁨을 누리는 제대로 된 교육을 받았다면 그런 불행한 삶을 살지 않았을 것이다. 100만 평이나 되는 베르사유궁전에 살던 루이 14세보다 10평 공간에서 살던 스피노자가 더 많은 기쁨을 누리고 행복했다는 역설은 교육의 진정한 힘을 잘 보여 준다.

교육은 개개인의 기쁨의 폭과 크기를 키워 줌으로써 삶을 행복하게 하는 것 외에 사회적으로 또 다른 중요한 역할을 한다. 우선 행복한 사람의 수와 종류가 늘어나는 것 자체가 사회 발전에 매우 중요하다. 기쁨의 종류가 한정된 사회는 고립되고 정체된다. 모든 사람이 그 한정된 기쁨을 향해 한 줄을 설 것이기 때문이다. 다양성이 부족한 사회는 발전에 필요한 역동을 얻기 어려우며, 환경 변화에도 유연하게 적응하지 못한다. 19세기 중반 당시 상업이 발달하고, 지방분권으로 인해 조선보다 다소 혼란스러웠던 일본이 오히려 근대화라는 격변에 조선보다 훨씬 성공적으로 적응한 힘도 다양성에서 찾아볼 수 있었다. 당시 조선은 우리 역사상 유례가 없을 정도로 사상적 다양성이 없는 성리학 교조주의 사회였고, 심지어 당쟁마저 정리되어 세도 가문에게 권력이 집중되어 있었다.

교육받은 대중이 존재하는 사회는 이런 식의 한 줄 세우기가 불가능하다. 거꾸로 이렇게 한 줄을 세우려는 사회일수록 교육의 기회를 대중에게 확대하려 하지 않는다. 세종대왕이 백성들을 널리 가르치기 위해 한글을 창제했다지만, 19세기 중반 조선의 현실은 그 한글마저 백성들에게 널리 보급되지 않았다. "낫 놓고 기역 자도 모른다."라는 속담이 괜히 나왔겠는가? 조선은 오직 '양반'을 향한 한 줄 서기의 사회로 전락했다. 일제강점기 브나로드 운동을 펼치며 학생들이 야학에서 주민들에게 가르친 것 역시 한문이 아니라 한글이있다.

　기쁨이 한 줄이 되면 당연히 그 줄에 드는 것 외에는 선택지가 없다. 그 때문에 경쟁도 치열해진다. 그 경쟁에서 탈락한 사람들은 다른 기쁨의 줄을 찾지 못하기 때문에 결국 좌절감이나 분노에 사로잡힌다. 이렇게 좌절하고 분노한 사람이 늘어나면 사회가 유지되기 어렵다. 따라서 한 줄 서기 사회에서는 그 한 줄의 기쁨마저도 되도록 가르쳐 주지 않으려고 한다. 그렇다고 기쁨의 줄을 다양하게 늘여 세우는 것도 가르쳐 주지 않으려 한다. 그래야 자기들이 잡은 그 한 줄의 가치가 높아지기 때문이다.

　이쯤 되면 짐작할 수 있다. 교육은 곧 민주주의와 연결된다. 기쁨에 이르는 줄이 하나 혹은 소수에 불과한 사회는 그 줄에 선 사람과 서지 못한 사람으로 갈라지는 계급사회가 된다. 일단 그 줄에 선 사람은 거기 도달할 수 있는 방법을 제한함으로써 이 불평등을 구조로 고착시키려 한다.

　교육은 두 가지 방향에서 이 불평등한 계급사회를 뒤흔든다. 교육은 줄에 따른 불평등, 그리고 더 유리한 줄의 존재와 그 줄에 들어서는 방법을 널리 알리는 역할을 한다. 교육이 보편화할수록 이미 그 줄에 선 계급은 이전에는 경험하지 못한 거센 도전과 경쟁에 직면한다. 사회 곳곳에서 공정을 요구하는 목소리가 높아진다. 또한 교육은 그 줄의 위엄, 그 줄의 신비감을 현저히 떨어뜨린다. 그 줄이 특별한 사람만이 들어설 수 있는 특별하고 고결한 것이라는 생각이 유지되어야 그 줄에 든 사람의 위세가 서며, 잠재적인 경쟁자를 포기시킬 수 있다.

하지만 가장 위험한 것은 교육이 새로운 줄을 만들 수 있다는 것이다. 만약 그 줄 이외에 다른 줄이 곳곳에 세워진다면, 그 줄에 들어 있다는 것은 다만 여러 종류의 기쁨 중 하나를 누리는 것에 불과해진다. 그렇게 되면 권력이 발생하지 않는다. 권력은 다른 사람이 원하는 것을 분배할 수 있는 위치에 있어야만 누릴 수 있기 때문이다. 모두가 그 줄에 매달리고자 할 때 그 줄을 잡은 사람의 권력이 발생한다. 하지만 그 줄을 '신포도' 취급하는 사회에서는 그 줄은 다만 여러 줄 중 하나로 전락한다.

이렇게 교육은 가치를 획득하는 방법을 보편화하고, 가치 자체를 다원화함으로써 사회가 전체적으로 평등해지는 데 기여한다. 우리나라 공교육은 이 중에서 첫 번째 차원의 평등화에는 상당한 기여를 했지만, 두 번째 차원의 평등화에 대한 기여가 부족했다. 지금 우리는 그 부작용을 겪고 있다. 교육 그 자체가 한 줄 경쟁의 아사리판, 난장판으로 전락해 버린 것이다.

실제로 우리나라 고등학생의 81퍼센트가 학교를 '사활을 건 전쟁터'라고 응답한 조사결과가 나왔다(통계청, 「한국사회동향 2019」). 학교를 '동료들과의 협력을 배우는 광장'이라고 응답한 학생은 20퍼센트도 되지 않았다. 그런데 같은 조사에서 일본 학생은 우리와 정반대로 응답하였다. 80퍼센트가 광장으로, 20퍼센트가 전장으로. 충격적인 결과다.

이는 사회의 다원성을 반영한다. 엘리트와 그렇지 않은 사람들 사이의 불평등이 분명 존재하지만 그래도 적당히 만족할 만한 다른 삶의 옵션이 있다. 하지만 선택의 가능성이 별로 없다면 엘리트의 줄에 들어가지 못했을 때 쉽게 체념하고 포기하기 어렵다. 계속 눈에 밟히고 분통 터진다. 자기 대신 그 줄에 들어간 경쟁자를 폄하하지 않으면 도저히 가라앉지 않는 분노를 평생 안고 사는 것이다.

우리나라에서는 마찬가지로 경쟁 교육이 치열한 일본, 중국과 달리 승자에 대한 축하와 존경이 없다. 대신 분노와 폄하의 정서만이 넘실거린다. 패자가 승자를 폄하하는 그 반대급부에 승자의 오만과 냉혹이 자라는 것은 당연하다. 축하해 주는 패자 앞에서 승자는 관대해진다. 그러나 분통을 터뜨리는 패자 앞에서 승자는 오만해지기 쉽고, 그 위세를 과시하고 싶은 마음밖에 들지 않는다. 심지어 분통을 터뜨리며 체념하지 못하는 옛 경쟁자들을 위협으로 느낀다. 따라서 그 줄에 들어가는 경쟁을 점점 더 불공정하게 만들어 자기가 얻은 지위를 잃어버리지 않는 데 많은 신경을 쓰게 된다.

어쩌면 이는 우리나라의 역사적인 경험 때문일지 모른다. 조선시대에는 모두 관직에 들거나 거기 연줄을 대고자 했다. 그 줄에 들지 못하면 모조리 실패자, 상것 취급을 했다. 근대화 이후에는 모두 '돈벌이'라는 한 줄에 매달렸다. 세상의 모든 가치가, 삶의 성공과 실패가 오직 '돈벌이'라는 하나의 잣대로만 평가받았다. 공교롭게 혹은 고약하게 이 모든 경우 교육이 그 중간다리이자 수단으로 활용되었다. 관직으로 가는 한 줄을 설 때, 교육은 곧 과거시험 합격을 위한 수단이었다.

아내가 머리카락을 팔아가며 뒷바라지하는 선비가 죽어라, 공자, 맹자, 주자의 문헌을 읽고 또 읽는 것은 성현의 뜻을 깊이 새겨 격물치지 수신제가하기 위함이 아니었다. 한자리 얻어서 집안을 일으키고자 함이었다. 이 전통은 자본주의 사회에서는 돈 많이 벌 수 있는 직업을 얻는 수단으로 교육을 바라보는 식으로 계승되었다. 교육열 높다는 한국 학부모들이 이른바 일류대학에 자식을 집어넣으려고 그토록 비이성적인 경쟁을 벌이는 까닭은, 그 일류대학에서 받게 될 일류교육 때문이 아니다. 정작 그들은 대학에서 이루어지는 교육에 대해 아무것도 모르며 관심도 없다.

그런데 놀라운 사실은 이렇게 왜곡된 상황에서도 우리나라의 교육이 민주주의에 많은 기여를 했다는 것이다. 아무리 학부모들의 생각이 왜곡되어 있다 하더라도, 그리고 교육을 왜곡된 수단으로 활용한다 하더라도, 교육 내용만큼은 정상적일 수밖에 없다. 조선시대라면 공자와 맹자의 도리를 가르쳤을 것이고, 근대 이후라면 과학적이고 합리적인 정신, 그리고 명분일지언정 민주주의에 대해 가르쳤을 것이다. 학생 역시 비록 시험을 치기 위해서였겠지만 이런 것들을 부지런히 머릿속에 넣었을 것이다. 그런데 일단 머릿속에 들어간 지식은 어떻게든 생각과 행동에 영향을 미치게 된다.

조선이 멸망할 무렵, 비록 시대착오적이긴 했지만 수많은 유생이 의병을 일으키고 자결하는 등 결기를 드러냈다. 유교 교육의 왜곡된 수단화가 절정에 이르렀던 시기였음에도 불구하고 그렇게 그들은 의로운 일에 나섰다. 그리고 1960년 4.19혁명에 이어 1987년 6월 민주항쟁에 이르기까지 민주화운동에 가장 적극적으로 나섰던 집단은 대학생들이었다. 더구나 학교별로 그 적극성의 정도를 매겨 보면 거의 성적순으로 나열될 정도다. 민주화 과정에서 가장 많은 희생자를 낸 대학은 다름 아닌 서울대학교였다. 한마디로 공부를 가장 열심히 한 집단이 데모도 제일 열심히 했다.

민주화운동은 현실에 대해 비판적으로 바라볼 수 있는 시야를 가진 사람이 많지 않으면 절대 힘을 얻지 못한다. 대중은 권력자가 저지르는 일시적인 부조리에 대해 분노할 수 있다. 하지만 그 분노가 일시적인 폭동으로 그치지 않고, 민주화운동까지 이어져 나가려면 일시적인 분노 대신 사회구조적인 문제까지 꿰뚫어 볼 냉철한 비판 정신이 필요하다. 이런 정신은 교육이 아니고서는 얻을 수 없으며, 설사 입시교육이라 할지라도 교육이 이루어지는 한 정도의 차이일 뿐 비판적인 정신이 길러질 수밖에 없다.

교육의 진짜 효용

물론 지금 우리나라 공교육은 안팎으로 많은 어려움에 부닥쳐 있다. 공교육의 효용에 대해 의문을 던지는 목소리도 늘어나고 있다. 그러나 교육의 이런 어려움과 불확실한 효용은 결과이지, 원인이 아니다. 세계 전체가 어렵다. 교육을 통한 개인과 사회의 개선 가능성이 크게 줄어든 것은 사실이지만, 교육 이외의 다른 방법으로 개인과 사회를 개선할 가능성은 사실상 아예 사라져 버렸다.

오늘날 누가 혁명을 꿈꾸는가? 피케티는 저성장시대에는 자산소득이 경제성장률을 앞지른다고 한탄했다. 이를 아무리 교육을 많이 받아도 타고난 금수저를 당하지 못하는 시대가 되었다고 비유하기도 한다. 하지만 그나마 교육마저 주어지지 않는다면 아예 아무런 희망이 없다.

이런 점에서 공교육의 효율성에 의문을 던지며 투입되는 예산을 줄이려는 시도에는 지배계급의, 기득권층의 교묘한 이해관계가 감추어져 있다. 저성장시대에는 지배층이 선심 쓰듯이 나누어 줄 여분이 부족하다. 그런 상황에서 꾸역꾸역 자기들과 비슷한 능력을 갖춘 지식대중이 늘어나는 것은 전혀 바람직하지 않다. 이들에게 여분을 충분히 나누어 주지 못한다면, 이들은 지배의 정당성을 문제 삼는 비판세력이 될 것이기 때문이다.

공교육은 모든 계층에게 그 혜택이 골고루 주어질 뿐 아니라 비례적 평등의 원칙에 의해 오히려 기득권층보다 취약계층에게 더 많은 투자가 이루어진다. 따라서 공교육은 기득권층에게 잠재적인 반대세력과 비판세력을 길러 내는, 그것도 자기 돈으로 길러 내는 문제투성이 온상이나 다름없다. 물론 이런 공교육은 기득권층의 선심으로 만들어진 것이 아니라, 민중들의 끊임없는 투쟁의 결과이기도 하다(Martell, 2006).

지배층은 교육의 혜택이 현재의 사회적 지위에 따라 차등적으로 주어지는 체계를 원한다. 이때 끌고 들어오는 논리가 바로 수월성이라는 오해의 여지가 많은 말로 표현되는 탁월성교육(education of exellency)의 논리다. 탁월함을 가진 학생들을 중심으로 차등적인 투자를 함으로써 인적 자본 생산을 극대화해야 한다는 논리다(Schultz, 1981).

이 탁월성을 어떻게 판명할까? 이들은 효율성이라는 잣대를 들이대며 '가능성'이 아니라 '현재의 성취'를 측정함으로써 판명하자고 한다. '가능성'은 어느 정도의 모호함을 용인한다. 하지만 '현재의 성취'는 분명하다. 당장 시험을 쳐 보면 바로 드러나니까. 그리고 현재의 성취는 대부분 현재의 계층을 반영한다.

공교육 투자, 특히 취약계층에 대한 투자의 성과는 현재의 학업성취도로 드러나지 않는다. 올 3월에 투자했다고 그 학생이 올 9월 혹은 12월에 눈에 띄는 향상을 이루는 그런 것은 공교육이 추구하는 것이 아니다. 그 성과는 끈기 있는 기다림과 격려의 과정을 거쳐 여러 해 뒤, 혹은 그들이 성인이 되었을 때야 드러난다. 만약 취약계층에 대한 공교육 투자의 성과를 확인하고 싶으면 특정 학생들을 코

호트로 만들어 적어도 10년간 추적조사를 해야 한다. 교육을 백년지대계라고 사탕발림 소리를 하면서 고작 10년도 못 기다린다면 말이 안 된다.

그러니 효율성의 잣대를 들이대고, 국가예산의 회계 단위인 1년이라는 시간을 주고 당장 효과를 드러내라고 요구하면 저소득층에게 제공되는 공교육은 다음 두 가지 중 하나를 선택할 수밖에 없다. 효과 없음의 딱지를 받고 투자 축소를 감수하든가, 아니면 효율성의 잣대에서 살아남기 위해 단기적인 학업성취도를 높이는 편협한 교육에 매달리든가.

어느 쪽이든 지배층에 이득이다. 앞의 경우라면 예산을 줄여 자기들이 낼 세금을 낮출 수 있고, 뒤의 경우라면 취약계층, 저소득층의 자녀들이 공교육을 통해 자기들에게 도전할 비판적 사고능력을 기르는 것을 방해할 수 있기 때문이다. 그리하여 저소득층 자녀에게 주어지던 다양한 인문예술프로그램이 축소되고, 마치 그들에게 당장 필요한 도움을 주는 것인 양 문제풀이 입시교육이 강화되는 것은 매우 정치적인 선택이다(Martell, 2006).

교육은 여전히 영향력이 남아 있으며, 영향력을 서로 다투어야 하는 거의 유일한 영역이다. 오늘날 계급계층 간의 경계선은 생산수단을 놓고 그어져 있는 것이 아니라 삶의 영역, 특히 교육을 놓고 어린 시절부터 그어져 있다. 세상을 오른쪽으로 바꾸든 왼쪽으로 바꾸든, 그것을 결정할 힘이 교육에 있다.

그런데 문제는 갈수록 교육이 어려워지고 있다는 것이다. 어려워지는 것과 반대로 교육을 통한 변화 가능성은 점점 미약해지고 있다. 그럼에도 교육의 중요성은 오히려 더 커진다. 그나마 남아 있는 변화 가능성이기 때문이다. 덕분에 교사는 과거 어느 때보다도 줄어든 가능성을 다루면서 과거 어느 때보다도 많은 관심의 대상이 되고 있다.

교사들에게는 매우 어려운 시기다.

겨울이 다가오고 있다.

19

늙은 교사의 기도

특정 종교의 색채가 드러나는 것을 양해하기 바란다. 만약 다른 종교를 가진 독자라면 자신의 신을 생각하면 되며, 특별히 종교가 없는 독자라면, 누군지 무엇인지 알 수 없지만, 어떤 초월적인 존재가 있다고 생각하기 바란다. 만약 초월적인 존재를 생각하는 것조차 거부하는 철저한 현실주의자라면 읽지 않고 여기서 책을 덮어도 상관없다. 어차피 할 말은 다 했다.

만물을 창조하고 주재하시는 분이시여.
사람을 사랑하고 선한 길로 이끌고 싶어 하시는 분이시여.
사랑하는 사람이 스스로 선한 길로 가지 못함을 슬퍼하고 애달파하는 분이시여.
여기 당신의 자녀는 어린 생명을 당신이 기뻐하실 길로 인도하며 30년 넘는 시간을 살아왔습니다.

당신에게는 눈 깜짝하는 사이, 티끌 같은 시간이지만,

저에게는 주어진 모든 시간을 어린 생명을 위해 살아왔습니다.

당신이 어린 생명을 사랑함을 알기에 그들의 기쁨과 그들의 행복이 곧 당신의 기쁨이요 행복이라 믿고 그렇게 살아왔습니다.

이제는 그 기나긴 시간을 보내고 물러날 날을 기다리며, 당신께 제가 거쳐 갔던, 그리고 두고 떠나갈 모든 어린 생명을 위해 기도드립니다.

부디 제가 만나고 가르치고 헤어진 아이들이 어른이 되어 있기를 바랍니다.

우선 자신이 목적한 바를 이루는 데 자신의 몸이 충실한 도구가 될 수 있도록 자라기를 바랍니다. 큰 체구, 강한 힘을 바라는 것이 결코 아닙니다. 다만 자신이 타고난 그 정도 안에서 가장 튼튼하고 힘찬 그런 몸으로 자라나 있기를 바랄 뿐입니다.

마찬가지로 그들의 마음도 충분히 자라나 있기를 바랍니다. 자기 마음은 물론 다른 사람의 마음도 헤아릴 수 있고, 그럼으로써 보다 큰 자신을 만들어 갈 수 있는 그런 마음을 가진 어른이 되어 있기를 바랍니다. 자신이 다 자랐다고 생각하지 않고, 삶을 다하는 그 순간까지도 계속 배우고 자라는 그런 어른이 되어 있기를 바랍니다. 어른이란 자람이 다한 사람이 아니라 스스로 자랄 수 있는 사람임을 깨닫도록 도와주시기 바랍니다.

부디 제가 만나고 가르치고 헤어진 아이들이 넓고 큰 부모가 되어 있기를 바랍니다.

　생물학적인 부모를 넘어, 자신보다 어린 이 세상의 모든 아이에게 선배 시민으로서, 선배 인류로서 도움을 주고 함께 성장하는 그런 넓고 큰 부모가 되도록 도와주소서.

　부디 제가 만나고 가르치고 헤어진 아이들이 행복하게 살아갈 줄 아는 그런 어른이 되어 있기를 바랍니다.

　행복을 다른 사람, 물질, 지위에 저당 잡히지 않고, 하루하루 자신이 더 나은 사람이 되어 가는 모습을 확인하는 가운데 느낄 수 있도록 해 주소서.

　세상이 조금이라도 나아지는 데 자신이 작은 보탬이 되었음을 확인하는 가운데 느낄 수 있도록 해 주소서.

　세상에 가득한 기쁨의 씨앗들을 하나하나 새로이 발견하는 속에서 느낄 수 있도록 해 주소서.

　이제 저는 당신에게 티끌 같은 한평생을 마치고 물러 나오니,

　부디 저의 뒤를 이어 기꺼이 아이들의 동반자가 되기로 선택한 선량한 교육자들에게 축복을 내려 주시고, 그들이 세상의 부당한 냉대, 무시, 질투, 시기로부터 자신을 지킬 수 있도록 힘써 주소서.

　영광이 성부와 성자와 성령께, 처음과 같이 이제와 항상 영원히. 아멘.

참고문헌

1장────

마르크스, K., 『자본론 1(상)』, 김수행 역(2015), 서울: 비봉출판.

이상민(2017), "중등교사의 소진에 대한 진단과 과제", 『한국교원교육학회 학술대회
　　　자료집』: 93-107.

이홍우(1999), 『교육의 목적과 난점』, 서울: 교육과학사.

2장────

바렐라, F. J.(1992), 『윤리적 노하우』, 유권종 · 박충식 역(2009), 서울: 갈무리.

보이드, W.(1964), 『서양교육사』, 이홍우 역(1996), 서울: 교육과학사.

아리스토텔레스(1967), 『변증론』, 김재홍 역(1998), 서울: 까치.

파머, P. J.(1995), 『가르칠 수 있는 용기』, 이종인 · 이은정 역(2008), 서울: 한문화.

프레이리, P.(1970), 『페다고지』, 남경태 역(2002), 서울: 그린비.

프레이리, P.(1998), 『프레이리의 교사론』, 교육문화연구회 역(2000), 서울: 아침이슬.

3장────

나딩스, N. & 브룩스, L.(2016), 『논쟁 수업으로 시작하는 민주시민교육』,
　　　정창우 · 김윤경 역(2019), 서울: 문예출판사.

니버, R.(1960), 『도덕적 인간과 비도덕적 사회』, 이한우 역(2017), 서울: 문예출판사.

다마지오, A.(2003), 『스피노자의 뇌』, 임지원 역(2007), 서울: 사이언스북스.

듀이, J.(1916), 『민주주의와 교육』, 이홍우 역(2007), 서울: 교육과학사.

스피노자, B.(1990), 『에티카』, 강영계 역(2007), 서울: 서광사.

아렌트, H.(1958), 『인간의 조건』, 이진우 · 태정호 역(1996), 서울: 한길사.

이홍우(1999), 『교육의 목적과 난점』, 서울: 교육과학사.

프롬, E.(1941), 『자유로부터의 도피』, 원창화 역(2006), 서울: 홍신문화사.

4장 ————

노에, A.(2009), 『뇌과학의 함정』, 김미선 역(2009), 서울: 갤리온.

들뢰즈, G. & 가타리, F.(1980), 『천 개의 고원』, 김재인 역(2001), 서울: 새물결.

들뢰즈, G.(1968), 『차이와 반복』, 김상환 역(2004), 서울: 민음사.

리버먼, M.(2013), 『사회적 뇌―인류 성공의 비밀』, 최호영 역(2015), 서울: 시공사.

리키, R.(1994), 『인류의 기원』, 황현숙 역(2005), 서울: 사이언스북스.

마투라나, U. & 바렐라, F. J.(1984), 『앎의 나무』, 최호영 역(2007), 서울: 갈무리.

바렐라, F. J. & 톰슨, E. T. & 로쉬, E.(1991), 『몸의 인지과학』, 석봉래 역(2013),
         서울: 김영사.

브랜트, A.(1990), 『이성의 힘』, 김원식 역(2000), 서울: 동과서.

스피노자, B.(1990), 『에티카』, 강영계 역(2007), 서울: 서광사.

시턴, J.(2003), 『하버마스와 현대사회』, 김원식 역(2007), 서울: 동과서.

이글먼, D.(2012), 『더 브레인―삶에서 뇌는 얼마나 중요한가?』, 전대호 역(2017),
         서울: 해나무.

코흐, C.(2012), 『의식―현대과학의 최전선에서 탐구한 의식의 기원과 본질』, 이정진
         역(2014), 서울: 알마.

페이건, B.(2010), 『크로마뇽』, 김수민 역(2012), 서울: 더숲.

푸스테르, J. M.(2003), 『신경과학으로 보는 마음의 지도』, 김미선 역(2014), 서울:
         휴먼사이언스.

5장 ————

굴드, S. J.(1998), 『레오나르도 다 빈치가 조개화석을 주운 날』, 김동광·손향구
         역(2008), 서울: 세종서적.

데이비스, B. & 수마라, D.(2006), 『혁신교육, 철학을 만나다』, 현인철·서용선
         역(2011), 서울: 살림터.

리버먼, M.(2013), 『사회적 뇌―인류 성공의 비밀』, 최호영 역(2015), 서울: 시공사.

리키, R.(1994),『인류의 기원』, 황현숙 역(2005), 서울: 사이언스북스.

밸컴, J.(2006),『즐거움, 진화가 준 최고의 선물』, 노태복 역(2008), 서울: 도솔.

이글먼, D.(2012),『더 브레인—삶에서 뇌는 얼마나 중요한가?』, 전대호 역(2017),
　　서울: 해나무.

페이건, B.(2010),『크로마뇽』, 김수민 역(2012), 서울: 더숲.

푸스테르, J. M.(2003),『신경과학으로 보는 마음의 지도』, 김미선 역(2014), 서울:
　　휴먼사이언스.

6장

공자,『논어』, 김형찬 역(2016), 서울: 홍익출판사.

데카르트, R.(1637),『방법서설』, 이현복 역(2019), 서울: 문예출판사.

밸컴, J.(2006),『즐거움, 진화가 준 최고의 선물』, 노태복 역(2008), 서울: 도솔.

변광배(2005),『존재와 무—자유를 향한 실존적 탐색』, 서울: 살림출판사.

사르트르, J, P.(1938),『구토』, 방곤 역(1999), 서울: 문예출판사.

사르트르, J, P.(1943),『존재와 무』, 정소성 역(2009), 서울: 동서문화사.

프레이리, P.(1970),『페다고지』, 남경태 역(2002), 서울: 그린비.

프롬, E.(1976),『소유냐 존재냐』, 차경아 역(1996), 서울: 까치.

헤로도토스,『역사』, 천병희 역(2009), 서울: 도서출판 숲.

7장

듀이, J.(1916),『민주주의와 교육』, 이홍우 역(2007), 서울: 교육과학사.

몰렌하우어, K.(1983),『가르치기 힘든 시대의 교육』, 정창호 역(2005), 서울: 삼우반.

밸컴, J.(2006),『즐거움, 진화가 준 최고의 선물』, 노태복 역(2008), 서울: 도솔.

쇼이얼, H.(1991),『교육학의 거장들 1』, 정영근 역(2004), 서울: 한길사.

쇼이얼, H.(1995),『교육학의 거장들 2』, 정영근 역(2004), 서울: 한길사.

이홍우(1996),『교육과정탐구』, 서울: 교육과학사.

8장 ———

Erikson, E.(1950), *Childhood and Society*, New York: Norton.

Erikson, E.(1959), *Identity and the Life Cycle*, New York: Norton.

OECD(2014), *OECD Skills Outlook 2013: First Results from the Survey of Adult Skills*.

Vygotsky, L. S.(1962), *Thought and Language*, Cambridge, M. A.: MIT Press.

Vygotsky, L. S.(1986), *Mind in Society*, Cambridge, M. A.: MIT Press.

라이스, F. P.(1999), 『청소년심리학』, 정영숙·신민섭·설인자 역(2001), 서울: 시그마프레스.

린드만, E. C.(1926), 『성인교육의 의미』, 강대중·김동진 역(2013), 서울: 학이시습.

미리엄, S. 외(2007), 『성인학습론』, 기영화·홍성화·조윤정·김선주 역(2009), 서울: 아카데미프레스.

샤퍼, D.(1999), 『발달심리학』, 송길연·김수정·이지연·양돈규 역(2000), 서울: 시그마프레스.

에릭슨, E. & 에릭슨, J. M.(1998), 『인생의 아홉 단계』, 송제훈 역(2019), 서울: 교양인.

코르착, J.(1983), 『어떻게 아이들을 사랑해야 하는가』, 송순재·안미현 역(2011), 서울: 내일을여는책.

콜버그, L.(1981), 『콜버그의 도덕성 발달 이론』, 문용린 역(2000), 서울: 아카넷.

피아제, J.(1998), 『교육론』, 이병애 역(2005), 서울: 동문선.

9장 ———

공자, 『논어』, 김형찬 역(2016), 서울: 홍익출판사.

네그리, A.(2003), 『혁명의 시간』, 정남영 역(2004), 서울: 갈무리.

네그리, A.(2004), 『전복적 스피노자』, 이기웅 역(2005), 서울: 그린비.

브레이버맨, H.(1974), 『노동과 독점자본』, 이한주 역(1998), 서울: 까치.

스피노자, B.(1990), 『에티카』, 강영계 역(2007), 서울: 서광사.

10장 ———

Dewey, J.(1938), *Experience and Education*, New York: Simon and Shuster.

강인애(1997),『왜 구성주의인가?』, 서울: 문음사.

듀이, J.(1910),『하우 위 싱크』, 정희욱 역(2010), 서울: 학이시습.

로크, J.(1690),『교육론』, 박혜원 역(2011), 서울: 비봉출판사.

송영배(2014),『고대중국 철학사상』, 서울: 성균관대학교동아시아학술원.

이글먼, D.(2012),『더 브레인—삶에서 뇌는 얼마나 중요한가?』, 전대호 역(2017), 서울: 해나무.

이홍우(1996),『교육과정탐구』, 서울: 교육과학사.

이홍우(1999),『교육의 목적과 난점』, 서울: 교육과학사.

푸스테르, J. M.(2003),『신경과학으로 보는 마음의 지도』, 김미선 역(2014), 서울: 휴먼사이언스.

플라톤,『프로타고라스, 라케스, 메논』, 박종현 역(2010), 서울: 서광사.

핑커, S.(2004),『빈 서판』, 김한영 역(2004), 서울: 사이언스북스.

11장 ———

Mead, G. H.(1934), *Mind, Self, and Society*, Chicago: University of Chicago Press.

듀이, J.(1910),『하우 위 싱크』, 정희욱 역(2010), 서울: 학이시습.

듀이, J.(1916),『민주주의와 교육』, 이홍우 역(2007), 서울: 교육과학사.

보통, A.(2004),『불안』, 정영목 역(2011), 서울: 은행나무.

브루너, J. S.(2003),『이야기 만들기』, 강현석·김경수 역(2010), 서울: 교육과학사.

이홍우(1996),『교육과정탐구』, 서울: 교육과학사.

이홍우(1999),『교육의 목적과 난점』, 서울: 교육과학사.

페트리, H. (1996),『동기—이론, 연구 그리고 활용』, 박소현·김문수 역(2000), 서울: 시그마프레스.

휴이트, J.(2000),『자아와 사회』, 윤인진 역(2001), 서울: 학지사.

12장 ————

Bruner, J.(1996), *The Culture of Education*, M. A.: Harvard Univ. Press.

가드너, H.(1999), 『다중지능 — 인간 지능의 새로운 이해』, 문용린 역(2001), 서울: 김영사.

굴드, S. J.(1998), 『레오나르도 다 빈치가 조개화석을 주운 날』, 김동광·손향구 역(2008), 서울: 세종서적.

데이비스, G. & 림, S.(1997), 『영재교육의 이론과 방법』, 송인섭 외 역(2001), 서울: 학문사.

릭켄, F.(1988), 『고대 그리스 철학』, 김성진 역(2000), 서울: 서광사.

버커스, D.(2014), 『창조성, 신화를 다시 쓰다』, 박수철 역(2014), 서울: 시그마북스.

브루너, J. S.(2003), 『이야기 만들기』, 강현석·김경수 역(2010), 서울: 교육과학사.

사카키바라 에이스케 & 미즈노 가즈오(2015), 『자본주의의 종말, 그 너머의 세계』, 김정연 역(2017), 서울: 테이크원.

스가쓰케 마사노부(2016), 『물욕 없는 세계』, 현선 역(2017), 서울: 항해.

스가쓰케 마사노부(2018), 『앞으로의 교양』, 현선 역(2018), 서울: 항해.

스턴버그, R. J. 외 편저(2004), 『창의성, 그 잠재력의 실현을 위하여』, 임웅 역(2009), 서울: 학지사.

아즈마 히로키(2014), 『약한 연결』, 안천 역(2016), 서울: 북노마드.

양자오(2013), 『미국의 민주주의를 읽다』, 조필 역(2018), 서울: 유유.

칙센트미하이, M.(1990), 『몰입 — 미치도록 행복한 나를 만난다』, 최인수 역(2004), 서울: 한울림.

칙센트미하이, M.(1996), 『창의성의 즐거움』, 노혜숙 역(2003), 서울: 북로드.

칙센트미하이, M.(1998), 『몰입의 즐거움』, 이희재 역(2002), 서울: 해냄.

탭스콧, D. & 윌리엄스, A. D.(2006), 『위키노믹스』, 윤미나 역(2010), 서울: 21세기북스.

탭스콧, D. & 윌리엄스, A. D.(2010), 『매크로위키노믹스』, 김현정 역(2011), 서울:

21세기북스.

페이건, B.(2012), 『크로마뇽』, 김수민 역(2013), 서울: 더숲.

하위징아, J.(1955), 『호모루덴스』, 김윤수 역(1993), 서울: 까치.

하트, M. & 네그리, A.(2001), 『제국』, 윤수종 역(2001), 서울: 이학사.

13장 ─────

Einstein, E.(1962), *Mozart, his Character, His Works*, Oxford University Press.

기든스, A.(1984), 『사회구성론』, 황명주·정희태·권진현 역(1998), 서울:
　　　자작아카데미.

데이비스, G. & 림, S.(1997), 『영재교육의 이론과 방법』, 송인섭 외 역(2001), 서울:
　　　학문사.

스턴버그, R. J. 외 편저(2004), 『창의성, 그 잠재력의 실현을 위하여』, 임웅 역(2009),
　　　서울: 학지사.

스턴버그, R. J. & 윌리엄스, W. M.(2009), 『교육심리학』, 김정섭 외 역(2010), 서울:
　　　시그마프레스.

피터즈, R. S.(1966), 『윤리학과 교육』, 이홍우·조영태 역(2003), 서울: 교육과학사.

하위징아, J.(1955), 『호모루덴스』, 김윤수 역(1993), 서울: 까치.

화이트헤드, A. N.(1967), 『교육의 목적』, 오영환 역(2004), 서울: 궁리.

14장 ─────

Lazarus, R. & Folkman, S.(1984), *Stress, Appraisal and Coping*, New York: Springer.

OECD, UNESCO(2003), *Literacy Skills for the World of Tomorrow: Further
　　　Results from PISA 2000*.

김종서 외(2003), 『교육과정과 교육평가』, 서울: 교육과학사.

데이비스, B.(2009), 『구성주의를 넘어선 복잡성 교육과 생태주의 교육의 계보학』,
　　　심임섭 역(2014), 서울: 씨아이알.

데이비스, B. & 수마라, D.(2006),『혁신교육, 철학을 만나다』, 현인철·서용선
  역(2011), 서울: 살림터.
들뢰즈, G.(1968),『차이와 반복』, 김상환 역(2004), 서울: 민음사.
이정모(2009),『인지과학―학문간 융합의 원리와 응용』, 서울: 성균관대학교출판부.
이홍우(1996),『교육과정탐구』, 서울: 교육과학사.
푸코, M.(1975),『감시와 처벌』, 오생근 역(2016), 서울: 나남.

15장 ―――――

Harlow, H. F.(1958), The Nature of Love, *American Psychologist* 13:673–685.
Vygotsky, L. S.(1962), *Thought and Language*, Cambridge, M. A.: MIT Press.
고든, T.(2000),『부모 역할 훈련』, 이훈구 역(2002), 서울: 양철북.
누스바움, M. C.(2010),『학교는 시장이 아니다―공부를 넘어 교육으로』, 우석영
  역(2011), 서울: 궁리.
라이스, F. P.(1999),『청소년심리학』, 정영숙·신민섭·설인자 역(2001), 서울:
  시그마프레스.
루소, J. J.(1762),『에밀』, 민희식 역(2012), 서울: 육문사.
리버먼, M.(2013),『사회적 뇌―인류 성공의 비밀』, 최호영 역(2015), 서울: 시공사.
리키, R.(1994),『인류의 기원』, 황현숙 역(2005), 서울: 사이언스북스.
린드먼, E. C.(1926),『성인교육의 의미』, 강대중·김동진 역(2013), 서울: 학이시습.
몰렌하우어, K.(1983),『가르치기 힘든 시대의 교육』, 정창호 역(2005), 서울: 삼우반.
사르트르, J. P.(1943),『존재와 무』, 정소성 역(2009), 서울: 동서문화사.
샤퍼, D.(1999),『발달심리학』, 송길연·김수정·이지연·양돈규 역(2000), 서울:
  시그마프레스.
야스토미 아유무(2017),『단단한 삶』, 박동섭 역(2018), 서울: 유유.
코르착, J.(1983),『어떻게 아이들을 사랑해야 하는가』, 송순재·안미현 역(2011),
  서울: 내일을여는책.

퍼트넘, R. D.(2015), 『우리 아이들』, 정태식 역(2017), 서울: 페이퍼로드.

휴이트, J.(2000), 『자아와 사회』, 윤인진 역(2001), 서울: 학지사.

16장 ————

리프킨, J.(2011), 『3차 산업혁명』, 안진환 역(2012), 서울: 민음사.

리프킨, J.(2014), 『한계비용 제로 사회』, 안진환 역(2014), 서울: 민음사.

마쓰오 유타카(2015), 『인공지능과 딥러닝』, 박기원 역(2015), 서울: 동아M&B.

발렌티, J.(2007), 『처음 만나는 페미니즘』, 노지양 역(2018), 서울: 교양인.

보울스, S. & 긴티스, H.(1976), 『자본주의와 학교교육』, 이규환 역(1986), 서울:
　　　사계절.

보이드, W.(1964), 『서양교육사』, 이홍우 역(1996), 서울: 교육과학사.

보통, A.(2004), 『불안』, 정영목 역(2011), 서울: 은행나무.

부르디외, P. & 파세롱, J. C.(1970), 『재생산』, 이상호 역(2000), 서울: 동문선.

사카키바라 에이스케 & 미즈노 가즈오(2015), 『자본주의의 종말, 그 너머의 세계』,
　　　김정연 역(2017), 서울: 테이크원.

슈밥, K.(2016), 『제4차 산업혁명』, 송경진 역(2016), 서울: 새로운현재.

스가쓰케 마사노부(2016), 『물욕 없는 세계』, 현선 역(2017), 서울: 항해.

스가쓰케 마사노부(2018), 『앞으로의 교양』, 현선 역(2018), 서울: 항해.

아라이 노리코(2017), 『대학에 가는 AI vs 교과서를 못 읽는 아이들』, 김정환 역(2018),
　　　서울: 해냄.

아즈마 히로키(2014), 『약한 연결』, 안천 역(2016), 서울: 북노마드.

우에노 치즈코(2012), 『여성 혐오를 혐오한다』, 나일동 역(2012), 서울: 은행나무.

키케로, M. T.(1969), 『국가론』, 김창성 역(2007), 서울: 한길사.

탭스콧, D. & 탭스콧, A.(2016), 『블록체인 혁명』, 박지훈 역(2017), 서울: 을유문화사.

터너, J.(1997), 『현대 사회학 이론』, 정태환 등 역(2002), 서울: 나남.

토플러, A.(1980), 『제3의 물결』, 원창엽 역(2006), 서울: 홍신문화사.

퍼트넘, R. D.(2015), 『우리 아이들』, 정태식 역(2017), 서울: 페이퍼로드.

페트리, H.(1996), 『동기―이론, 연구 그리고 활용』, 박소현·김문수 역(2001), 서울:
시그마프레스.

포터, T.(2016), 『맨박스―남자다움에 갇힌 남자들』, 김영진 역(2019), 서울:
한빛비즈.

피케티, T.(2013), 『21세기 자본』, 장경덕 외 역(2014), 서울: 글항아리.

훅스, B.(2004), 『남자다움이 만드는 이상한 거리감―페미니스트가 말하는 남성,
남성성, 그리고 사랑』, 이순영 역(2017), 서울: 책담.

훅스, B.(2015), 『모두를 위한 페미니즘』, 이경아 역(2017), 서울: 문학동네.

휴스턴, T.(2016), 『왜 여성의 결정은 의심받을까?』, 김명신 역(2017), 서울:
문예출판사.

17장 ───

Almond, G. A. & Verba, S.(1963), *The Civic Culture*, Princeton: Princeton University
Press.

기든스, A.(1994), 『좌파와 우파를 넘어서』, 김현옥 역(1995), 서울: 한울 아카데미.

스크러튼, R.(2014), 『합리적 보수를 찾습니다』, 박수철 역(2016), 서울: 더퀘스트.

애플, M.(1996), 『문화 정치학과 교육』, 김미숙 외 역(2004), 서울: 우리교육.

애플, M.(2000), 『미국 교육 개혁, 옳은 길로 가고 있나』, 성열관 역(2003), 서울:
우리교육.

영, R. E.(1990), 『하버마스, 비판이론, 교육』, 이정화·이지헌 역(2003), 서울:
교육과학사.

영, R. E.(1992), 『하버마스의 비판이론과 담론 교실』. 이정화·이지헌 역(2003), 서울:
우리교육.

지루, H.(1988), 『교사는 지성인이다』, 이경숙 역(2001), 서울: 아침이슬.

파머, P. J.(1995), 『가르칠 수 있는 용기』, 이종인·이은정 역(2008), 서울: 한문화.

푸코, M.(1975), 『감시와 처벌』, 오생근 역(2016), 서울: 나남.

프레이리, P.(1970), 『페다고지』, 남경태 역(2002), 서울: 그린비.

프레이리, P.(1998), 『프레이리의 교사론』, 교육문화연구회 역(2000), 서울: 아침이슬

헤이우드, A.(2007), 『정치학—현대정치의 이론과 실천』, 조현수 역(2009), 서울: 성균관대학교출판부.

18장 ————

Coleman, J. S(1996), *Equality of Educational Opportunity*, Washington D. C.: Government Printing Office.

Martell, G. eds(2006), *Education's Iron Cage and It's Dismantling in The New Global Order*, Ottawa: The Canadian Centre for Policy Alternatives.

Ravitch, D.(2000), *Left Back—A Century of Battles over School Reform*, New York: Simon & Schuster.

Schultz, T. W.(1981), *Investing in People: The Economics of Population Quality*, Berkeley: University of California Press.

누스바움, M. C.(2010), 『학교는 시장이 아니다—공부를 넘어 교육으로』, 우석영 역(2011), 서울: 궁리.

스피노자, B.(1990), 『에티카』, 강영계 역(2007), 서울: 서광사.

아리스토텔레스, 『니코마코스 윤리학』, 천병희 역(2013), 서울: 도서출판 숲.

아리스토텔레스, 『정치학』, 천병희 역(2009), 서울: 도서출판 숲.

퍼트넘, R. D.(2015), 『우리 아이들』, 정태식 역(2017), 서울: 페이퍼로드.

피케티, T.(2013), 『21세기 자본』, 장경덕 외 역(2014), 서울: 글항아리.

그 외 같이 읽으면 좋은 책들 ─────

Bruner, J. S.(1971), *Curriculum of Education*, Cambridge: Havard University Press.

Cacioppo, T., Hawley, L. C., Kalil, A., Hughes, M. E., Waite, L. and Thisted, R.A.(2008), "Happiness and the Invisible threads of Social Connection in The Chicago Health, Aging, and Social Relations Study" in M. Eid and R. Larsen, eds, *The Science of Well-Being*, 2008, New York: Guilford.

Eisenberger, N.(2012). The Pain of Social Disconnection: Examining the Shared Neural Underpinnings of Physical and Social Pain, *Nature Reviews Neuroscience* 13(6):421-434.

Goffman, E.(1961), *Encounters: Two Studies in the Sociology of Interaction*, Indianapolis: Bobbs Merill.

Hebb, D. O.(1949), *The organization of behavior*, New York: Wiley.

Held, R. & Hein, A.(1963), Movement-produced Stimulation in the Development of Visually Guided Behavior, *Journal of Comparative and Physiological Psychology* 56(5):872-876.

MaCintyre, A.(1981), *After Virtue*, IN: Notre Dame University Press.

Peters, M. & Burbles, N.(2003), *Post Structuralism and Educational Research*, Boston: Rowman & Littlefield.

고든, R. J.(2016), 『미국의 성장은 끝났는가』, 이경남 역(2017), 서울: 생각의힘.

권재원(2015), 『교사가 말하는 교사 교사가 꿈꾸는 교사』, 서울: 북멘토.

권재원(2017), 『안녕하십니까, 학교입니다』, 서울: 서유재.

김신일(2015), 『교육사회학』, 서울: 교육과학사.

김재인(2017). 『인공지능의 시대, 인간을 다시 묻다』, 서울: 동아시아.

뒤르켐, E.(1902), 『사회분업론』, 민문홍 역(2012), 서울: 아카넷.

뒤르켐, E.(1956), 『교육과 사회학』, 이종각 역(1978), 서울: 배영사.

듀이, J.(1920), 『철학의 재구성』, 이유선 역(2010), 서울: 아카넷.

라우어, R. H.(1977), 『사회변동의 이론과 전망』, 정근식·김해식 역(1985), 서울: 한울아카데미.

러셀, S. & 노빅, P.(2010), 『인공지능—현대적 접근방식』, 류광 역(2016), 서울: 제이펍.

로티, D. C.(1975), 『교직사회—교직과 교사의 삶』, 진동섭 역(2002), 서울: 양서원.

마르크스, K., 『공산당 선언』, 이진우 역(1992), 서울: 범우사.

맹자, 『맹자』, 박경환 역(2005), 서울: 홍익출판사.

모리모토 안리(2015), 『반지성주의—미국이 낳은 열병의 정체』, 강혜정 역(2016), 서울: 세종서적.

밀, J. S.(1859), 『자유론』, 서병훈 역(2004), 서울: 책세상.

밀러, A.(1996), 『천재성의 비밀』, 김희봉 역(2001), 서울: 사이언스북스.

바렐라, F.(1992), 『윤리적 노하우』, 유권종·박충식 역(2009), 서울: 갈무리.

부버, M.(1954), 『너와 나』, 표재명 역(2001), 서울: 문예출판사.

셸러, M.(1928), 『우주에서 인간의 지위』, 진교훈 역(2001), 서울: 아카넷.

양은주(2005), "미국 진보주의 시대의 교육개혁 운동", 『교육의 이론과 실천』 10(2): 97-124.

이성호(1999), 『교수방법의 탐구』, 서울: 양서원.

이오덕(2004), 『삶을 가꾸는 글쓰기 교육』, 서울: 보리.

이오덕(2010), 『민주교육으로 가는 길』, 파주: 고인돌.

이유선(2006), 『듀이&로티』, 서울: 김영사.

일리치, I.(1971), 『탈학교의 사회』, 황성모 역(2002), 서울: 삼성문화문고.

정훈(2009), 『자발성과 협력의 프레네교육학』, 서울: 내일을 여는 책.

제임스, W.(1906), 『실용주의』, 정해창 역(2006), 서울: 아카넷.

주디스, J.(2016), 『포퓰리즘의 세계화』, 오공훈 역(2017), 서울: 메디치미디어.

촘스키, N.(1975), 『촘스키의 보편 문법—입문서』, 김상기 역(1995), 서울:

한신문화사.

카르본, J. & 칸, N.(2014), 『결혼 시장―계급, 젠더, 불평등 그리고 결혼의 사회학』, 김하현 역(2016), 서울: 시대의창.

카치오포, J. & 패트릭, W.(2008), 『인간은 왜 외로움을 느끼는가』, 이원기 역(2013), 서울: 민음사.

칸트, I.(1900), 『칸트의 교육사상』, 정찬익 역(1985), 서울: 배영사.

커즈와일, R.(2012), 『마음의 탄생』, 윤영삼 역(2016), 서울: 크레센도.

탈러, R. H.(1992), 『승자의 저주』, 최정규·하승아 역(2007), 서울: 이음.

투이, P.(2016), 『질투―우리 삶을 흔드는 내밀한 힘』, 김현희 역(2017), 서울: 니케북스.

플라톤, 『국가』, 박종현 역(2005), 서울: 서광사.

플라톤, 『에우티프론, 소크라테스의 변론, 크리톤, 파이돈』, 박종현 역(2003), 서울: 서광사.

피터즈, R. S.(1981), 『교육철학자 비평론』, 정희숙 역(1999), 서울: 서광사.

핀켈, D.(2000), 『침묵으로 가르치기』, 문희경 역(2010), 서울: 다산북스.

하르트만, N., 『존재론의 새로운 길』, 손동현 역(1999), 서울: 서광사.

하우블, R.(2009), 『시기심』, 이미옥 역(2009), 서울: 에코리브르.

하이데거, M.(1927), 『존재와 시간』, 이기상 역(1998), 서울: 까치출판사.

후지노 다카노리(2015), 『2020년 인공지능시대, 우리들이 행복하게 일하는 방법』, 김은혜 역(2017), 서울: 아이스토리.